Towards a
NEW MODEL
for Human Advancement

走向人类文明
新形态

陈学明 等 ◎ 著

天津出版传媒集团

天津人民出版社

图书在版编目（CIP）数据

走向人类文明新形态 / 陈学明等著. -- 天津：天
津人民出版社，2022.6（2023.8 重印）
ISBN 978-7-201-18240-7

Ⅰ.①走… Ⅱ.①陈… Ⅲ.①中国特色社会主义—研
究 Ⅳ.①D616

中国版本图书馆 CIP 数据核字(2022)第 031199 号

走向人类文明新形态
ZOUXIANG RENLEI WENMING XINXINGTAI

出　　版	天津人民出版社	
出 版 人	刘　庆	
地　　址	天津市和平区西康路35号康岳大厦	
邮政编码	300051	
邮购电话	（022）23332469	
电子信箱	reader@tjrmcbs.com	

策划编辑	王　康		
责任编辑	郑　玥　王佳欢　王　玎		
封面设计	春天·书装工作室		

印　　刷	天津市银博印刷集团有限公司
经　　销	新华书店
开　　本	710毫米×1000毫米　1/16
印　　张	32.25
插　　页	2
字　　数	420千字
版次印次	2022年6月第1版　2023年8月第4次印刷
定　　价	98.00元

前言

学习了习近平总书记在庆祝中国共产党成立 100 周年大会上的讲话(以下称"七一"重要讲话)中关于创造人类文明新形态的论述,我感到非常兴奋和激动。我关注和研究建立人类新文明已经有很长一段时间了。在 2019 年 9 月上海举办的第八届世界中国学论坛上,我作了题为"上海应成为新的人类文明的标识"的发言。在 2020 年 11 月东华大学召开的习近平新时代中国特色社会主义思想研讨会上,我的发言题目就是"习近平新时代中国特色社会主义思想将把中国引向一种人类新文明"。2021 年初,受上海社会科学界联合会之邀,我在所写的一个内部报告中,郑重地向有关方面提出建议,我国下一个时期的奋斗目标应定为创建人类新文明。对于一个热切关注在中国进行人类新文明建设的学者来说,看到中国的最高领导人在如此重要的讲话中提出创造人类文明新形态,产生兴奋与激动之情也在情理之中。

习近平总书记的"七一"重要讲话,特别是其中关于创造人类文明新形态的论述,激起了我进一步深入研究这一主题的强烈欲望,使我无论对创造人类文明新形态的意义的认识,还是对人类文明新形态的内涵的理解,都提升到新的境界。我相信,有了这样一种新的境界,我所作的研究一定会有新的收获。

我思来想去,当下应当做的一件要紧的事是将我以前对人类新文明研究的相关成果,以及与此相关的对中国特色社会主义道路研究的成果加以整理。也就是说,在习近平总书记"七一"重要讲话中关于"双创"(即创造中国式现代化新道路和人类文明新形态)思想的指引下,重新审视我以前的相关成果,把真正具有启示意义的、称得上真知灼见的篇章挑选出来。我把我的想法向天津人民出版社的王康总编说及,她建议我将挑选出来的篇章汇集成书,于是就有了这一部著作。

我把挑选出来的相关成果大致分成三个类别,相应地,也构成本书的上、中、下三篇。

上篇:马克思主义为创造中国式现代化新道路、人类文明新形态奠定理论基础。中国式现代化新道路、人类文明新形态与马克思主义有着本质性的联系。我研究的一个最重要的方向就是探讨马克思主义,特别是当代中国马克思主义如何为"双创"提供理论基础的。对于马克思主义,我着重关注三个方面的理论,即马克思主义的现代化批判理论、马克思主义的意义理论和马克思主义的文明理论。马克思主义的现代化批判理论直接证明我们开创中国式现代化新道路,以及相应地创造人类文明新形态既是必要的又是合理的;马克思主义的意义理论指导我们如何去构建人类文明新形态;马克思主义的文明理论可以帮助我们确立中国构建的人类文明新形态在世界文明史上的位置。实际上,构建人类文明新形态在当今面临着许多难题和矛盾需要破解,本书专设一章论述了如何用马克思主义破解这些难题与矛盾。对于马克思主义在"双创"中的重要功能,必须深入到马克思主义中国化的过程中才能深切把握,本书的"马克思主义中国化与人类文明新形态的可能性"一章可以用来说明这一点。

中篇:西方马克思主义为创造中国式现代化新道路、人类文明新形态提供理论启示。我长期研究西方马克思主义,最近一个阶段我专注于研究西方马克思主义为中国特色社会主义现代化道路所提供的理论资源。西方马克思主义辩证地看待现代性,这与后现代主义与新自由主义截然不同。这里具体剖析了西方马克思主义的现代性批判理论对于开创中国式现代化新道路的启示,特别是从西方马克思主义与后现代主义的对立,分析了其对开创中国式现代化新道路的意义。本书强调了西方马克思主义不仅从本体论上,而且从方法论上坚定了我们对中国道路的信念。西方马克思主义最引人入胜之处是对资本主义文明,特别是在资本主义文明状态下的人的存在状态的批判。本书除了从总体上介绍了西方马克思主义对资本主义文明下人的异化存在状态的揭露之外,还着重探讨了卢卡奇、马尔库塞对资本主义文明下的人的"原子化"和"单向度"的批判。西方马克思主义在揭露资本主义文明下人的异化存在状态的基础上,又对新的人类文明状态下人的存在方式究竟应当如何作了种种研究,对此本书特别介绍了弗洛姆的相关理论。本书还提出,在卢卡奇、马尔库塞等人对如何创立人类新的存在方式、人类新的文明状态的论述中,关于超越个人原子主义,确立"总体性"的见解对当今特别具有启示作用。

下篇:中国特色社会主义的伟大实践创造了中国式现代化新道路、人类文明新形态。习近平总书记在"七一"重要讲话中明确指出:"坚持和发展中国特色社会主义……创造了中国式现代化新道路,创造了人类文明新形态。"①本书初步探讨了中国特色社会主义是如何进行"双创"的,从中国特色社会主义的各个层面进行了论证。例如,中国梦的实现意味着一种新的人类文明的诞生,中国梦不是关门做自己的"小梦",而是做开创新的人类文明的"大梦";中国的生态文明建设会实现人与自然的高度和谐,所形成的新建制将走出个人原子主义,在实现人与自然和谐的同时也实现人与人之间的和谐,逐步走向为了人类的真实需要而进行生产,会孕育一种新的人的存在方式,从而能够创造一种人类文明新形态;与新发展理念联系在一起的是一种新的人类文明,新发展理念崇尚整体与协调,孕育人类新文明;中国实现共同富裕的过程是创建人类新文明的过程,中国方案的理论依据与制度基础决定了必然要进入一种新的人类文明。本

① 习近平:《在庆祝中国共产党成立100周年大会上的讲话》,《人民日报》,2021年7月2日。

书还通过说明"社会主义现代化强国"中的"强国"意味着什么、"社会主义"意味着什么、"现代化"意味着什么，论证建成"社会主义现代化强国"的中国必将成为第一座照亮新文明大陆的灯塔，而全面实现小康表明中国已迈入人类新文明的门槛。本书用了四万多字的篇幅着力说明习近平新时代中国特色社会主义思想蕴含着一种新的人类文明样式。

在这三篇之前，本书特地设置了"导论"。在导论中，我阐述了学习习近平总书记关于"双创"思想的重要论述的最新体会。要点是：人类文明新形态把发展目标的"三种表述"统一在一起，人类文明新形态究竟"新"在哪里，中国式现代化新道路内生出人类文明新形态，中国特色社会主义创造了中国式现代化新道路和人类文明新形态，充分认识创造人类文明新形态的历史性贡献，创造人类文明新形态还在路上。这篇导论可以视为统领全书的一个总纲。

最后需要特别说明的是，本书中的大部分章节都是我以前发表过的文章，或者是已经出版的著作中的某些章节。因此，本书中有关中国式现代化新道路、人类文明新形态的见解和观点，肯定是不成熟的，可能会存在穿凿附会、言不及义之处。本书仅是研究中国式现代化新道路、人类文明新形态的"初级产品"。在一定意义上，本书只是为读者提供一个深入研究中国式现代化新道路、人类文明新形态的参考文本，读者可以从中知道在习近平总书记正式提出"双创"思想之前，中国学者对此的认识已经达到的程度。

欢迎读者对本书的观点进行批评指正。我确实有打算，在吸收诸位高见的基础上，对本书的观点加以全面修正和充实，在适当的时候，再推出一部全面反映我对中国式现代化新道路、人类文明新形态最新认识的著作。

陈学明

2021 年 9 月 16 日

目录

上篇 马克思主义为创造中国式现代化新道路、人类文明新形态奠定理论基础

下篇 中国特色社会主义的伟大实践创造了中国式现代化新道路、人类文明新形态

导论：走向人类文明新形态

习近平总书记在"七一"重要讲话中这样说道："我们坚持和发展中国特色社会主义，推动物质文明、政治文明、精神文明、社会文明、生态文明协调发展，创造了中国式现代化新道路，创造了人类文明新形态。"①习近平总书记不但从人类发展道路新开拓和人类文明新创造的高度，对中国特色社会主义理论成就的实践意义作出了最新的概括，而且对中国特色社会主义进一步指明了前进方向。习近平总书记向全世界发出了在古老的中国大地上创建人类文明新形态的中国宣言。

（一）人类文明新形态把发展目标的"三种表述"统一在一起

中国特色社会主义有三大思想资源：马克思主义、优秀的中国传统文化、西

---

① 习近平：《在庆祝中国共产党成立 100 周年大会上的讲话》，《人民日报》，2021 年 7 月 2 日。

方优秀文化。尽管马克思主义在这三大思想资源中居于核心地位,但无疑其他两种思想资源也实实在在地起着作用。

就中国特色社会主义的目标指向而言,这三大思想资源分别为中国特色社会主义确定着前进方向。只要浏览一下这几十年党和国家领导人在各种场合的讲话、党中央和国务院的各种文件、学者在报纸杂志上发表的各种重要文章就可知道,对于中国特色社会主义的发展目标,都是基于这三种思想资源,分别而交互地加以表述。

西欧在人类历史上率先进行了工业革命,实现了以工业化为主要内容的现代化,实现了人类生产方式的一次根本性变革,对其后一个历史时代作出了根本性的规定,即把实现现代化规定为社会发展的主要目标。西方文化对中国的最大影响就是向中国"灌输"了现代化,中国道路所承继和发展的现代西方文明的首要传统,就是始终不渝的现代化取向。中国特色社会主义也把实现现代化作为自己的发展方向,中国的前进目标总离不开对现代化的追求。用实现现代化作为我们的前进目标,一个好处就是与世界的发展路径相一致。

说中国特色社会主义道路蕴含着中国传统文化的元素或资源,最重要的原因是把实现中华民族的伟大复兴作为自己的旗帜。"实现中华民族的伟大复兴"这一伟大梦想把中国传统文化与当代中国紧紧地联系在一起。中国要建设"小康社会"是邓小平于1979年12月6日在会见来访的日本首相大平正芳时首次提出来的。而"小康社会"这一概念正是来自中国传统文化,它来源于古代,又被赋予现代内容。中国共产党把全面建成小康社会作为实现中华民族伟大复兴的一个阶段性目标。中国共产党从第十一次全国代表大会以后的历次全国代表大会都把建设小康社会作为首要的奋斗目标。在《邓小平文选》第二卷、第三卷中,"小康"这个概念一共出现了四十多次。这一概念被当今中国人民所热切接受绝不是偶然的,它表述了当今中国人民对于优秀的传统文化的真切情感。现在全面小康社会基本建成了，但这并不意味着中华民族伟大复兴的目标已经实现了。中国人民清楚地知道，这只是实现了一个阶段性的目标。中国人民将继续以实现中华民族的伟大复兴作为自己的崇高使命。

中国共产党是一个以实现共产主义作为自己最高理想和最终目标的政党，每个共产党员都曾作出过"为共产主义奋斗终身"的宣誓。中国人民在中国共产党的领导下一直走在社会主义的大道上。党的十三大提出中国处于社会主义初级阶段。现在尽管尚没有完全超越这一初级阶段，但显然经过几十年的努力奋斗，中国已经大大向前推进了社会主义的进程。中国特色道路的一切行动和措施，从根本上说都是以社会主义为基本导向，都是为了贯彻实施社会主义的原则理想。当代中国改革所确立的社会主义市场经济体制和其他方面的体制，其目的也是在推动根本性的体制改革的基础上，实现社会主义制度的发展和自我完善。当代中国改革开放所贯穿的一条主线，就是在坚持科学社会主义原则的前提下，将现代性文明的市场建制纳入社会主义的基本制度框架中，建立社会主义市场经济体制，从而在经济、政治、文化、社会、生态以及党的建设等领域展开全方位的改革和制度体制机制建设，继而在体制改革和制度变迁的意义上推动当代中国社会主义基本制度的巩固、自我完善和发展。中国搞的不是其他什么主义，就是社会主义；中国搞的不是其他什么社会主义，就是科学社会主义。这清楚地表明，中国特色社会主义的方向就是社会主义、共产主义。只要中国的"航船"还是由中国共产党"掌舵"，它就只能驶向社会主义、共产主义。

可见，全面实现现代化、实现中华民族伟大复兴、实现共产主义，作为中国特色社会主义的目标同时存在着。这是从三种不同的思想资源出发，亦即从三个不同的角度，表述了中国特色社会主义的发展目标和前进方向。它们同时存在着，也都是正确的。

问题在于，我们总要找到一条主线把中国特色社会主义目标的这"三种表述"贯穿在一起。习近平总书记在"七一"重要讲话中提出了"人类文明新形态"这一重要概念，一下子使我们找到了把这"三种表述"统一起来的主线。全面实现现代化，显然将会使我们进入一种人类文明新形态。实现中华民族伟大复兴，将会对人类文明做出重大贡献，其主要贡献就是在中华大地上创建出一种新的人类文明，我们在复兴中华民族的征程上每前进一步，就是向人类新文明靠近一步。按照马克思主义的理论，社会主义、共产主义与现代文明并不冲突，共产主义社会是人类历史上最文明的社会，共产主义社会是真正的人类文明新形态，我们朝着共产主义的方向一步一步向上攀登，最终会创建出人类文明新形态。"人类文明新形态"这一概念把中国特色社会主义目标的"三种表述"有机地统一起来。当然，有了"人类文明新形态"这一概念，并不意味着原先关于中国特色社会主义目标的这"三种表述"可以"退位"了，而是意味着我们已经把握了这"三种表述"的内在联系。即使我们对中国特色社会主义的目标从三个不同的角度分别加以表述，我们还是可以更加深刻、全面地理解这三种不同的表述。

（二）人类文明新形态"新"在哪里？

我们正在创建和有待进一步完善的人类文明新形态是中国共产党对推动人类文明发展所做出的创新性贡献。它与历史上和当今世界上现存的文明形态有着本质性的区别。它以全新的形态开创了人类文明发展的广阔空间，站在了原有的一切人类文明的真理和道义的双重制高点上。

对人类文明新形态内涵和主要特征的把握关键是要了解它与其他文明形态相比究竟"新"在哪里。

在我们面前主要有三种文明形态，即资本主义文明、中华传统文明和其他社会主义文明，我们通过将人类文明新形态与这三种文明形态相比较，来探讨人类文明新形态的创新之处。

人类文明新形态与资本主义文明相比较，从表面上看有许多相似之处，因为人类文明新形态确实是在吸收和借鉴资本主义文明形态的基础上所形成的。但实际上，两者还是截然不同的。人类文明新形态所具有的一系列内涵和特征，是资本主义文明根本不可能具备的。例如，在政治上坚持中国共产党的领导；在经济上坚持社会主义市场经济体制，走共同富裕之路；在文化上坚持以人民为中心，人民群众既是美好生活的期待者、建设者，又是美好生活的享受者；在社会上坚持公平正义，推动社会全面进步和人的全面发展；在生态上坚持人与自然和谐共生。所有这些，我们在资本主义文明状态下能够见到吗？这里特别要指出的是，在人类文明新形态下，也能看到在资本主义文明状态下的那种市场和资本，但是在人类文明新形态下人们绝不是被市场和资本所统治，而是更强调以人民为中心，让市场和资本服务于人民群众，这就是人类文明新形态对资本主义文明的扬弃与超越。另外，资本主义文明显然是一种"单向度"的文明，它所注重的主要是物质财富的增加，而在人类文明新形态下，物质文明、政治文明、精神文明、社会文明、生态文明将获得全面、协调发展，人类文明新形态将资本主义"单向度"的文明改造成一种"全面、协调、和谐"发展的文明。相应地，生活在人类文明新形态下的人们也不再是资本主义文明状态下的那种"单向度"的人，而是成为自由、全面发展的人。

无疑，人类文明新形态是在中国特色社会主义与中华传统文明相结合的过程中形成和发展起来的。人类文明新形态所注重的以人民为中心、构建人类命运共同体，所蕴含的"整体协调""多元包容"等确实具有中华传统文明的基因。可以说，人类文明新形态扎根于传统的中华文明之中。但是人类文明新形态绝对不是中华文明的自然延伸,而是对其创造性转化和创新性发展的产物。例如,中华传统文明提出了以民为本,人类文明新形态则把其转化为"以人民为中心";中华传统文明强调"世界大同",人类文明新形态又把其转化为"构建人类命运共同体"。中华传统文明从总的来说还是一种封闭的、保守的文明形态,人类文明新形态将一改这种封闭性、保守性,一方面向未来开放,与时俱进,向世界开放,积极吸收人类一切优秀文明成果;另一方面又注重发展的创新性,焕发隐藏在人民群众中巨大的创造力,调动一切积极因素,将之汇成推动社会进步的洪流。如今我们正在构建的人类文明新形态绝不仅仅是简单地延续传统的中华文明,而且是把中华文明汇入人类文明的发展大潮之中,对中华文明进行再创造。追求全体人民的共同富裕在中华文明的发展史上是从来没有过的。人类文明新形态就是一种人民群众共同富裕的文明形态,追求共同富裕就是中华文明史的一个创举。不注重充分发展生产力是传统的中华文明的一个明显"短板",我们正在构建的人类文明新形态则充分解放生产力,建立了独特有效的社会主义市场经济体制,弥补了传统中华文明的不足。中国现在已经成为世界第二大经济体,在不远的将来,还有可能成为第一大经济体,这在传统的中华文明状态下是完全不可想象的。必须承认,传统的中华文明的发展遇到了瓶颈,如国家规模巨大社会却散漫无组织等,人类文明新形态则突破了这些发展瓶颈,把传统的中华文明带入了现代状态。

由于人类文明新形态属于社会主义文明形态的范畴,但它绝不是其他社会主义实践的再版,而是中国共产党在新的历史条件下,对其他社会主义文明的继承和发展。它辩证地把握了中国特色社会主义与其他社会主义之间的关系,是一种崭新的社会主义文明形态,是将社会主义推进到新的历史时期的产物。在这种崭新的社会主义文明形态下,我们看到既坚持以经济建设为中心,又坚持全面推进其他各方面的建设;既坚持四项基本原则,又坚持改革开放;既坚持社会主义制度，又坚持社会主义市场经济改革方向；既坚持独立自主、自力更生，又坚持对外开放、合作共赢。这种"既……又……"的局面，在其他社会主义国家那里是根本看不到的。我们正在构建的人类文明新形态就是与实施改革开放初的社会主义文明形态相比较，也有着明显的区别。人类文明新形态是在新时代坚持和发展中国特色社会主义道路的进程中被创造出来的一种新的社会主义文明形态。改革开放初期是现代化"起飞"的阶段，在那样一种社会主义文明状态下，首先注重的是激活经济社会发展的动力，没有"起飞"动力其他都无法实现。进入新时代，我国的现代化到了"稳定"的发展阶段，在这样一种社会主义文明状态下，在激活经济社会发展动力的同时，必须相对注重保持经济社会发展的平衡。从主要注重激活发展的动力，到在注重激活发展动力的同时也注重发展的平衡，社会主义文明的状态也发生了变化，出现了原先并不具有的新特点。社会主义文明的形态发展成了人类文明的新形态，说明在这种形态中，共产主义的元素越来越多了。人们不仅物质生活得到满足，而且精神生活也十分丰富；不仅人与自然，而且人与人之间真正实现了"和解"；努力解决发展的不充分、不平衡，不断地满足人们对美好生活的需要，这些属于共产主义的元素当然不可能出现在资本主义文明中，就是在传统的社会主义文明中也凤毛麟角，但现在出现在人类文明新形态中。

习近平总书记指出："当代中国的伟大社会变革，不是简单延续我国历史文化的母版，不是简单套用马克思主义经典作家设想的模板，不是其他国家社会主义实践的再版，也不是国外现代化发展的翻版。"①习近平总书记在这里是就"当代中国的伟大社会变革"而言的。实际上，对从这种变革中产生的人类文明新形态而言，也是如此。我们正在构建的人类文明新形态，既不是延续传统的中华文明

---

① 习近平：《在纪念马克思诞辰 200 周年大会上的讲话》，《人民日报》，2018 年 5 月 5 日。

的母版，也不是简单套用其他国家社会主义实践的再版，更不是资本主义文明的翻版。这是中国人民在中国共产党领导下正在创造的一种崭新的人类文明形态。

（三）中国式现代化新道路内生出人类文明新形态

习近平总书记在"七一"重要讲话中是并列提出"中国式现代化新道路"和"人类文明新形态"这两个概念的。如果说"中国式现代化新道路"这一概念，或者意思相近的概念，我们在学术界还能不时地看到并加以使用，那么"人类文明新形态"这一概念，则是人类文明发展进程中的一个全新的术语。

为什么在"中国式现代化新道路"后面还要紧跟上一个"人类文明新形态"的概念呢？中国式现代化新道路本质上就是中国独特地走向现代化的道路，在"中国式现代化新道路"后面紧跟着一个"人类文明新形态"的概念，就是为了将中国独特地走向现代化的道路提高到开创新的人类文明的高度来认识，这是从世界历史的视野来审视中国独特地走向现代化的道路，充分揭示它对人类文明的意义。世界上没有一个事物的意义比开创人类新的文明的意义更深远的了。我们以前也从多方面阐述过中国独特地走向现代化的道路的意义，但没有比开创新的人类文明更高屋建瓴、言近旨远的了。所以"人类文明新形态"概念的提出，使我们对中国独特地走向现代化的道路的认识，特别是对其意义的认识打开了一个新的境界。

中国式现代化新道路和人类文明新形态是相互贯通的。尽管两者是并列提出来的，但一个在前，一个在后。事实上，是中国式现代化新道路内生出人类文明新形态。如果在中国的大地上没有走出一条中国式现代化新道路，那么在中国也不可能出现人类文明新形态。所以对人类文明新形态的把握,不仅要了解它与其他文明形态的区别,对比其他文明形态它"新"在哪里,更要知道它是怎么样从中国式现代化新道路中产生出来的。

走什么样的道路,就会形成什么样的人类文明状态。也就是说,文明的发展状态是怎么样的,完全取决于所走的道路是怎么样的。中国式现代化新道路的性质、特征、内涵决定了它必然会产生一种新的人类文明形态。

中国式现代化新道路本来就是与资本主义式的现代化道路有别的道路。中国人民认定,完全照搬西方资本主义式的现代化道路,不但中国人民不能充分享受到现代化的积极成果,而且现代化的那些负面效应早已把自己葬送掉了。中国是在与西方资本主义国家完全不同的历史背景下走上现代化道路的,中国不可能跟在它们后面亦步亦趋。况且,当今资本主义社会的现代化本身也已出现了深重的危机,中国不可能明明知道前面是"陷阱",还硬要陷进去。实现现代化是中国人民长期以来的夙愿,中国人民对此不会有丝毫动摇,但走向现代化的途径需要中国人民自己去选择和探索。中国式现代化新道路实际上是在走自己的路。尽管中国式现代化新道路属于现代化道路,需要遵循现代化发展的一般规律,但是它确实具有中国特色的"新元素",也就是说,它是相对于西方资本主义现代化道路的"中国式"。正是这些"中国式"的"新元素"不是与资本主义文明形态,也不是与其他传统的文明形态联系在一起,而是跟一种从未出现过的新的人类文明形态相通。中国式现代化新道路所包含的"中国式"的"新元素"把中国引入了一种人类文明新形态。

那么中国式现代化新道路中哪些"中国式"的"新元素"是与一种新的文明形态联系在一起的呢?中国式现代化新道路的目标是实现全体人民共同富裕;哲学基础是崇尚总体性、协调性,坚持主观能动性与尊重客观性、同一性与斗争性的统一;发展的内容是强调全面发展;发展的途径是注重和平发展,强调开放包容。所有这些,都通向一种新的人类文明,实际上,它们既是中国式现代化新道路的构成要素,同时又是人类文明新形态不可或缺的部分。习近平总书记在"七一"重要讲话中表述"双创"的那段话,特别提到了"物质文明、政治文明、精神文明、社会文明、生态文明协调发展",从一定意义上,"五大文明"的协调发展是促使中国式现代化新道路上升为人类文明新形态的核心要素。

人类文明经历了从低级到高级、从简单到复杂、从落后到先进的漫长演进过程。社会形态的更替实际上也是文明形态的更替。人类文明演进到 20 世纪,由于中国式现代化新道路的开辟,人类文明终于可以进入一种崭新的形态。这种新形态归根到底是中国式现代化新道路的产物,都可以从这一道路的本质、内涵、优势中找到根源与根据。中国式现代化新道路是人类文明新形态的道路基石。不同的道路导致不同的文明形态,在中国共产党领导下逐步形成的中国式现代化新道路,创造了人与自然、人与人、人与社会新关系的新文明形态,它是社会主义的新文明形态,与此同时又是整个人类的新文明形态。显然,这种人类新文明形态的出现是中国式现代化新道路合规律发展的结果。如果一定要给它概括出一个总体特征的话,那么"五大文明"的相互协调共同发展,则是它的总体形态,显然,只有坚持中国式现代化新道路才有可能创造出这样一种总体形态。

(四)中国特色社会主义创造了中国式现代化新道路和人类文明新形态

习近平总书记在"七一"重要讲话中明确指出,中国特色社会主义既创造了中国式现代化新道路,又创造了人类文明新形态。这两个"创造"是完全一致的,中国特色社会主义创造了中国式现代化新道路,中国式现代化新道路又内生出人类文明新形态。在世界现代化进程的视野里,中国特色社会主义创造了中国式现代化新道路;而在人类文明演进史的视野里,中国特色社会主义则创造了人类文明新形态。所以当我们有了"双创"的新认识,我们会倍加珍惜和热爱中国特色社会主义。习近平总书记说:"以史为鉴、开创未来,必须坚持和发展中国特色社会主义。走自己的路,是党的全部理论和实践立足点,更是党百年奋斗得出的历史结论。中国特色社会主义是党和人民历经千辛万苦、付出巨大代价取得的根本成就,是实现中华民族伟大复兴的正确道路。"①只有把中国特色社会主义与"双创"联系在一起,我们才会更加深切地感到习近平总书记对中国特色社会主义所作出的这一判断是完全正确的。

马克思基于历史唯物主义研究了人类文明发展的一般规律。他发现,人类文明在从古代向现代乃至更高阶段的演进过程中,将经过奴隶社会、封建社会、资本主义社会,而后迈向共产主义社会,并在资本主义向共产主义跃升的过程中需要经过社会主义这样一个过渡阶段。他在早期和中期强调的是向社会主义、共产主义跃升必须要经过资本主义阶段。但是到了晚年,他通过对东方的"亚细亚生产方式"的研究,又提出东方落后国家可以跨越资本主义社会这一"卡夫丁峡谷",直接过渡到社会主义。俄国十月革命和中国革命的成功,证明马克思晚年的这一设想是成立的。但是在俄国十月革命和中国革命成功并建立了相应的社会主义国家以后,这些国家的一些领导人却没有认识到他们所建立的社会主义国家,与马克思在《资本论》等著作中所提出的诞生于资本主义社会的社会主义是不一样的,而是马克思在后期所设想的那种跨越资本主义"卡夫丁峡谷"的社会主义。前者是建立在资本主义文明成果基础上的"资本主义后的社会

① 习近平:《在庆祝中国共产党成立100周年大会上的讲话》,《人民日报》,2021年7月2日。

主义"，而后者是有待于吸收资本主义文明成果的"资本主义前的社会主义"。正因为他们没有认识到这一点，从而使社会主义的事业遭受了一系列的重大挫折。以邓小平同志为主要代表的中国共产党人，提出了中国还处于社会主义初级阶段，正确地使中国的社会主义回归到马克思所说的有待于吸收资本主义文明成果的"资本主义前的社会主义"的位置上，按照跨越资本主义"卡夫丁峡谷"所建立的社会主义的要求来进行社会主义的建设。有了这样一种理念上的正确判断，相应地进行了一系列伟大的创新实践，形成了中国特色社会主义。中国特色社会主义在一定意义上就是跨越资本主义"卡夫丁峡谷"的社会主义。这是一个伟大的创造，既创造了中国式的现代化新道路，又创造了人类文明新形态。新的人类文明历来是与"创新"联系在一起的。至今我们既没有看到哪一个资本主义国家创造出超越资本主义文明的新的人类文明，也没有发现哪一个国家从资本主义脱胎出来建立了社会主义社会，相应地创造了新的人类文明，而致力于中国特色社会主义实践的中国，却实实在在地创造出了新的人类文明。

中国特色社会主义道路把社会主义的发展逻辑、中华民族的发展逻辑、人类文明的发展逻辑有机地结合在一起。中国特色社会主义是一个广博而深厚的理论−实践结合体，并仍在现实中不断发展，其中既有马克思主义和社会主义的根本定向，这是它的理论和实践灵魂，还有中华文明"基因"和"血脉"的传统积淀，并同当今各国特别是占世界体系主导地位的现代西方资本主义文明交流切磋。这三条线索，在近代中国数千年未有之大变局之下发生了最初的碰撞，并在近现代的一百多年历史进程中不断延续，直到在当代中国改革开放进程中发生深层的交互凝聚，有机地构建起我们今天所走的中国特色社会主义道路。中国特色社会主义在中华民族、社会主义、人类问题三大逻辑线索上迄今为止的协调并进和未来的继续发展，不但形成了独特的中国式现代化新道路，而且把中国引向了一种新的文明形态。

中国特色社会主义创造了中国式现代化新道路和人类文明新形态。"创造"就是"创新"，没有"创新"就没有"创造"。中国特色社会主义往前走的每一步，都是创新的结果。提出和推进改革开放，这是一种创新。在经济领域、政治体制、社会运行、文化建设及生态发展上都在不断地推陈出新。在发展理念、所有制、分配体制、政府职能等重大问题上都提出了一系列原创性的理论。中国特色社会主义及时总结新的生动实践，在此基础上进行理论创新。中国特色社会主义在不同阶段所面临的新问题和新挑战，都可以及时地用创新加以——应对。正是这种创新，为中国特色社会主义不断灌注活力。中国式现代化新道路、人类文明新形态完全建立在中国特色社会主义不断进行创新的基础之上。中国特色社会主义创新的"新"与中国式现代化新道路之"新"、人类文明新形态之"新"是连成一体的。

（五）充分认识创造人类文明新形态的历史性贡献

中国人民在中国共产党的领导下，创建出人类文明新形态，其深远的意义已经初步显示，随着中国特色社会主义的深入推进，人类文明新形态的不断完善，其意义将会更充分地呈现在人们面前。对中国创造人类文明新形态所做出的历史性贡献，不管怎么估计，都不会过高。

1. 我们所创造的人类文明新形态是中华文明的新形态，它对中华文明做出了历史性贡献

中华文明历经五千多年始终传承不衰，历久弥新，在人类文明史上有其不可磨灭的地位。确实，在世界上除了中华文明外，还没有哪个原生文明同样经受住了历史的各种磨难和考验而延续至今。但到了近现代，中华文明面临巨大的危机。在百年征程中，中国共产党团结带领中国人民，力挽中华文明于既倒，立志于千秋伟业，书写了中华民族几千年历史上最恢宏的史诗。从"站起来""富起来"一直到"强起来"，中华民族终于逐步地走出了积贫积弱。中国式现代化新道路的形成，标志着中华民族真正开始"强起来"了，也标志着中华文明进入了一种新的形态。把中华文明推进到一种新形态，是当今中国人民对中华文明的重大贡献。中国人民当今创造的中华文明新形态当然是对传统的中华文明的传承和发展，它也代表着古老的中华文明在新时代达到的新境界，开辟的新天地。中华文明新形态使传统的中华文明的革新思想、包容理念等得到创造性转化、创新性发展，从而为人类文明形态铺陈上厚重的中华文化底色。从传统的中华文明到中华文明的新形态，确实有一个逐步"定型"的历程，但关键一步确实是在中国特色社会主义进入新时代以后实现的。习近平总书记既吸收了毛泽东"人民民主专政"等思想，又继承了邓小平"科学技术是第一生产力"、发展社会主义市场经济等理论，提出了全面从严治党和全面依法治国有机统一，实现人民民主法治，这样，中华文明新形态就基本"定型"了。如果基于"体""用"之说来解释中华文明新形态对传统的中华文明之意义，那么或许可以这样说：中国大地是"体"，道路和办法是"用"，中国特色社会主义就是在中国大地上寻找适合自己的道路和方法，即在中国之"体"上寻求中国之"用"。中华文明新形态则实现了

"体""用"合一。让传统的中华文明进入一种新的形态是近代以来中国人民孜孜以求的梦想，现在这一梦想基本实现了。

2. 我们所创造的人类文明新形态也是社会主义文明的新形态，它对社会主义文明做出了历史性的贡献

人类文明新形态与社会主义文明新形态本质上是一致的，因为社会主义文明的发展方向也就是人类文明的前进目标。社会主义制度的建立，为社会主义文明的建立开辟了空间，但在现实的社会主义发展过程中，社会主义文明的形成也经历了许多曲折和反复。中国的人类文明新形态的创造，不但捍卫了社会主义文明的一系列的基本原则，而且使传统的社会主义文明有了一种新的形态。当今在中国出现的人类文明新形态是目前为止最成熟、完美的社会主义文明形态。20 世纪 80 年代末 90 年代初，苏联解体、东欧剧变，西方国家的资产阶级政要和右翼思想家开始借机鼓噪"社会主义破产论"。而事实上，当时世界社会主义运动确实面临"社会主义向何处去"的时代之问，而与"社会主义向何处去"的问题紧密联系在一起的是"社会主义文明究竟如何构建"的难题。在这个关键时刻，中国共产党顶住巨大压力，成功地把中国特色社会主义推向了 21 世纪，开辟了中国特色社会主义新时代，不但正确地回答了"社会主义向何处去"的问题，而且破解了"社会主义文明究竟如何构建"的难题。随着人类文明新形态在中国的创造，人们对社会主义文明原先的一些理解得以更新和充实。例如，强调以人为本、以人民为中心，突出以人的现代化为核心，注重走和平发展道路等，都作为要素纳入社会主义文明之中。正是在这一意义上，中国把传统的社会主义文明推进到了新形态的社会主义文明。可以说，社会主义文明新形态的形成，是中国这些年在社会主义领域所取得的巨大成果。

3. 我们创造的人类文明新形态对人类文明的发展做出了历史性的贡献

毛泽东说过，"中国应当对于人类有较大的贡献"，这种贡献不仅是物质层面或其他什么层面的贡献，更是文明的贡献。人类文明是建立在强大的物质基础上的，没有一定的经济实力和物质基础作保证，人类社会根本谈不上是文明的。以前的文明社会是如此，当今的文明社会更是这样。中国特色社会主义使中国的经济总量跃升到世界第二位，直接增强了整个人类文明社会的物质基础，这当然是对人类文明做出的贡献。但中国特色社会主义对人类文明的主要贡献还不仅在此。中国特色社会主义对人类文明的主要贡献是促使一种新的人类文明形式的诞生。人们通常所说的"中国方案"，实际上指的是一种新的人类文明形式。这种人类文明形式的出现使西方文明模式走下了神坛，避免当今人类文明变成清一色的西方特征。中国人民创造中国式现代化新道路、人类文明新形态不但正确地回答和破解了"社会主义向何处去""社会主义文明究竟如何构建"的问题，更正确地回答和破解了"人类社会向何处去""人类文明究竟如何构建"的问题。中国人民创造中国式现代化新道路、人类文明新形态在人类社会发展史上具有重大意义，它深刻地影响了人类文明的进程，为构建新的人类文明贡献了中国智慧和中国方案。中国方案和中国智慧与人类文明的发展是融为一体的。

（六）创造人类文明新形态还在路上

中国人民创造了人类文明的新形态,但这种创造不是"完成时",而是"进行时"。中国人民创造人类文明新形态还在路上,任重而道远。中国特色社会主义有待进一步推进,中国式的现代化新道路也需要继续完善,与此相应,人类文明新形态更不应当停留在现在的水平和层次上,一定要把它建设得更加丰富、更加先进,使之更加符合中国实际,更加符合社会主义现代化规律,更加符合人类文明发展规律。2021 年,中国全面建成了小康社会,开启了全面建设社会主义现代化国家新征程,到 2035 年基本实现社会主义现代化和到 21 世纪中叶把我国建成富强民主文明和谐美丽的社会主义现代化强国。向全面建成社会主义现代化强国的目标前进,就意味着向创造更加丰富、更加先进的人类文明新形态的目标前进。到社会主义现代化强国全面建成之时,中国大地上的人类文明新形态肯定不是现在这个水平。习近平总书记说:"中国式现代化新道路越走越宽广,将更好发展自身、造福世界。"①随着中国式现代化新道路越走越宽广,中国大地上的人类文明新形态的水平与层次也会越来越高。

人类文明新形态的水平与层次的提高,不是自然完成的,而是中国人民团结奋斗的结果。不忘初心,才能拥有未来。只有看清楚过去我们为什么能够成功,才能弄明白今后我们怎样才能继续成功。只要回顾一下今天中国大地上的人类文明新形态是如何逐步形成的,就会明白,进一步推进人类文明新形态的建设,我们必须起码做到下述三点:

第一,坚持中国共产党的领导,使人类文明新形态的建设保持强大的支撑

---

① 《习近平给"国际青年领袖对话"项目外籍青年代表回信》,新华网,2021 年 8 月 11 日。

力量。中国式现代化新道路、人类文明新形态在中国的开创,说到底还是依靠中国共产党的正确领导。中国共产党的领导是创造人类文明新形态的最核心要素。中国共产党的领导是中国特色社会主义最本质的特征,当然也是中国式现代化新道路、人类文明新形态最本质的特征。中国共产党的领导,不仅明确了中国现代文明发展的方向,而且提供了建设人类文明新形态的支撑,确保了人类新文明建设的成功。没有中国共产党的领导,就没有中国式现代化新道路,更没有人类文明新形态,过去是这样,现在是这样,将来也是这样。人类文明新形态的建设需要组织、调动、凝聚广大人民群众的智慧和力量,而在当今中国,只有中国共产党才能履行这样的职责、完成这样的任务。在中国进行人类新文明的建设,是具有独特优势的,这就是有中国共产党的领导,中国人民必须充分利用和发挥好这一优势。

第二,坚持马克思主义的指导,使人类文明新形态的建设始终在马克思主义的旗帜下进行。我们所创造的人类文明新形态是中国共产党坚持和发展马克思主义,特别是不懈推进马克思主义中国化的产物。马克思主义是创建人类文明新形态的根本指导思想,是人类文明新形态的灵魂和旗帜。马克思主义是这一崭新文明形态的灯塔,为其确立了牢固的科学依据。马克思主义不但为我们提供了创建中国式现代化新道路、人类文明新形态的合理性和正当性的理论依据,使我们对从事这一事业充满了信心,而且为我们如何创建中国式现代化新道路、人类文明新形态提供了基本的战略和方针。正是马克思主义这一深刻揭示人类社会发展规律的科学理论,极大地推进了中国的人类文明新形态的建设。正如习近平总书记所说,这一理论"照亮了人类探索历史规律和寻求自身解放的道路"①。习近平总书记的这一深刻判断,对于我们每一个参与人类新文明

---

① 习近平:《在纪念马克思诞辰 200 周年大会上的讲话》,《人民日报》,2018 年 5 月 5 日。

形态建设的中国人来说,都能够深切体会到。这些年,马克思主义中国化的过程就是创建人类文明新形态的过程。我们所创造的人类文明新形态,当然不会是把马克思主义僵硬地搬过来而绘制的文明"摹本",而是对马克思主义不断与时俱进,使之不断与中国具体实际相结合、同中华优秀文化相结合所形成的新的人类文明。对于马克思主义,特别是当代中国马克思主义的旗帜作用,在创建人类文明新形态的征途上,我们必须永记心头。

第三,坚持践行中国特色社会主义,使人类文明新形态的建设永远行进在中国特色社会主义的大道上。中国式现代化新道路、人类文明新形态寻根究底是中国特色社会主义的产物。中国式现代化新道路、人类文明新形态是结在中国特色社会主义这棵大树上的"硕果",对此,中国人民的头脑必须十分清醒。现在我们有了中国式现代化新道路、人类文明新形态的新理念,不是要淡化而是要强化对中国特色社会主义的理论和实践的自信和自觉。经过几十年的艰苦奋斗,以及付出了巨大代价,中国特色社会主义已经形成了成熟、完整的基本理论、基本路线、基本方略。所有这些,在进一步推进人类文明新形态建设的征途上,都必须毫不动摇地坚持。例如,统筹推进"五位一体"总体布局、协调推进"四个全面"战略布局;全面深化改革开放;立足新发展阶段,完整、准确、全面贯彻新发展理念,构建新发展格局;推动高质量发展;推进科技自主创新;保证人民当家做主;坚持依法治国;坚持社会主义核心价值体系;坚持在发展中保障和改善民生;坚持人与自然和谐共生;协同推进人民富裕、国家强盛、美丽中国等,都是必须要继续实施的。随着中国特色社会主义实践的不断深化,我们的基本理论、基本路线、基本方略也会日趋完善,只要我们的人类文明新形态建设跟着中国特色社会主义的脚步走,前景就会无限光明。

上 篇

马克思主义为创造中国式现代化新道路、人类文明新形态奠定理论基础

一、从马克思主义的现代性批判理论
看中国式现代化新道路的合理性

    中国特色社会主义道路实际上是一条中国独特的走向现代文明的新道路。之所以说它是"独特的",是因为它与西方的那条被认为是"别无选择的""普适的"现代化道路不一样。西方的现代化道路产生了巨大的成果,整个现代文明都是这条道路的产物,但与此同时,这条道路也带来了诸多不幸甚至灾难。可以说,现代文明的创造是在巨大代价的基础上建立的。中国是个后发现代化国家,如果中国完全按照西方的现代化路子走,那无疑在享受现代化的成果的同时,也得承受现代化的负面效应。问题在于,在特殊的历史条件下,中国根本承受不起这种代价。很有可能现代化的正面成果还未充分享受到,就使自己陷于万劫不复之地。面对这样一种局面,中国人民唯一的选择是走出一条既能充分享受现代化的正面成果又可使代价降到最低限度,即"鱼和熊掌兼得"的现代化之路。按照新自由主义和后现代主义思潮等理论,这是不可能的,因为现代化过程中出现的负面效应是与现代性的理念,与理性、科学、技术等不可分割的,在某种意义上,现代化的负面效应是由现代性理念本身滋生的。人类在追求现代化的过程中必然得接受其负面效应。而能够为中国独特的现代化道路提供理论依据的正是马克思主义,严格地说,是马克思主义的现代性批判理论。关键在于,马克思主义的现代性批判理论并不把现代化过程中所出现的种种消极影响归结于现代性理念本身,而是强调社会制度、生产方式促使现代化走向了反面,强调现代性理念与现代化过程中的消极作用之间并不存在必然联系。由此看来,正是马克思主义的现代性批判理论为中国的社会主义现代化道路,为中国特色社会主义道路的合理性与合法性提供了理论依据。而中国特色社会主义道路事实上的成功,则为这一道路的合理性与合法性给予了实践上的证明。中国人民对这一道路的自信既有理论上的依据,又有实践的支撑。

(一)中国旨在开辟一条既能充分享受现代性的成果,又要把代价降到最低限度的独特的道路

马克思和恩格斯在《共产党宣言》的第一章一开头对资本主义生产力的巨大作用的描述,实际上也就是对现代性辉煌的描述,资本主义生产力发展的过程也就是现代性展现的过程。他们是这样说的:

> 资产阶级在它的不到一百年的阶级统治中所创造的生产力,比过去一切世代创造的全部生产力还要多,还要大。自然力的征服,机器的采用,化学在工业和农业中的应用,轮船的行驶,铁路的通行,电报的使用,整个整个大陆的开垦,河川的通航,仿佛用法术从地下呼唤出来的大量人口——过去哪一个世纪料想到在社会劳动里蕴藏有这样的生产力呢?①

―――――――――

① 《马克思恩格斯文集》(第二卷),人民出版社,2009 年,第 36 页。

资产阶级，由于一切生产工具的迅速改进，由于交通的极其便利，把一切民族甚至最野蛮的民族都卷到文明中来了。它的商品的低廉价格，是它用来摧毁一切万里长城、征服野蛮人最顽强的仇外心理的重炮。它迫使一切民族——如果它们不想灭亡的话——采用资产阶级的生产方式；它迫使它们在自己那里推行所谓的文明，即变成资产者。一句话，它按照自己的面貌为自己创造出一个世界。①

资产阶级使农村屈服于城市的统治。它创立了巨大的城市，使城市人口比农村人口大大增加起来，因而使很大一部分居民脱离了农村生活的愚昧状态。正像它使农村从属于城市一样，它使未开化和半开化的国家从属于文明的国家，使农民的民族从属于资产阶级的民族，使东方从属于西方。②

西方社会自 15 世纪以来，随着启蒙的开启，就踏上了实现现代性的征程。这一现代性确切地说，是资本主义的现代性，因为其主要的推动力是理性与资本的结盟。这种以资本与理性相结盟的方式为主要特征的资本主义现代性，正如马克思和恩格斯所描述的那样，使社会摆脱了旧有的、固定的生产关系和社会关系，展现了超乎人们想象的工业和科学的神奇力量，生产力获得了突飞猛进的发展，实现了"数千年未有之大变局"。这一实现现代性的征程，自 15 世纪以来一直处于增长和扩张之中，现代人都在享用现代性所带来的巨大成果。

问题在于，资本主义现代性给人类带来无限享受的同时，也使人类付出了沉重的代价。如果说到 18 世纪末 19 世纪初，人们还能承受这种代价的话，那么到了 20 世纪末，这种代价已充分显示，人们对这种代价的承受快接近极限了。

---

① 《马克思恩格斯文集》(第二卷)，人民出版社，2009 年，第 35~36 页。

② 同上，第 36 页。

马克思和恩格斯在《共产党宣言》第一章,描述了资本主义生产力、资本主义的现代性的辉煌成就以后,马上笔锋一转,深刻地揭示了资本主义生产力、资本主义现代性的恶果。

资产阶级的生产关系和交换关系,资产阶级的所有制关系,这个曾经仿佛用法术创造了如此庞大的生产资料和交换手段的现代资产阶级社会,现在像一个魔法师一样不能再支配自己用法术呼唤出来的魔鬼了。……社会突然发现自己回到了一时的野蛮状态;仿佛是一次饥荒、一场普遍的毁灭性战争,使社会失去了全部生活资料;仿佛是工业和商业全被毁灭了。①

随着资产阶级即资本的发展,无产阶级即现代工人阶级也在同一程度上得到发展;现代的工人只有当他们找到工作的时候才能生存,而且只有当他们的劳动增殖资本的时候才能找到工作。这些不得不把自己零星出卖的工人,像其他任何货物一样,也是一种商品,所以他们同样地受到竞争的一切变化、市场的一切波动的影响。②

资产阶级抹去了一切向来受人尊崇和令人敬畏的职业的神圣光环。它把医生、律师、教士、诗人和学者变成了它出钱招雇的雇佣劳动者。

资产阶级撕下了罩在家族关系上的温情脉脉的面纱,把这种关系变成了纯粹的金钱关系。③

马克思和恩格斯在这里深刻地审视了资本主义生产力、资本主义现代性所带来的社会的衰颓、人特别是工人阶级的异化,审视了资本与理性的结盟亵渎

---

① 《马克思恩格斯文集》(第二卷),人民出版社,2009 年,第 37 页。
② 同上,第 38 页。
③ 同上,第 34 页。

了一切神圣的东西，不仅抹去了一切职业的神圣光环，而且无情地将温情脉脉的家族关系变成了纯粹的金钱关系。

西方社会孕育了资本现代性，资本现代性带来了"祸福相倚"的现代文明。显然，资本现代性发源于西方社会，但它不仅仅是属于西方社会的，地球上的所有国家和地区，都不可避免地卷入全球现代化的进程之中。15世纪以来的世界历史，实际上就是西方资本现代性全球扩张的历史。西方资本现代性不断地越过西方国家、西方文明的界限，把商品、工业、经济以外的东西，如政治、法律、社会、文化等体现的"资本现代性"的内容，送到了非西方国家和地区、非西方文明之中。

无疑，非西方的落后国家与西方发达资本主义国家在现代性问题上的关系，就是学生与老师、模仿与原形的关系。西方文明似乎就是现代文明，而西方资本现代性的归宿似乎就是全球所有国家与地区的共同归宿。这样，非西方国家与地区的历史似乎都只是现代性的"史前史"。如果用资本的现代性作为衡量标准，那么处于"史前史"的这些非西方国家和地区，就可以被称为"野蛮地"。

当然，这些非西方国家与地区卷入资本现代性的结果，不仅仅是享受到了现代文明的正面效应，与此同时也得忍受资本现代性所造成的磨难。资本现代性给予西方国家的那种繁荣昌盛，非西方国家和地区领悟到了，而资本现代性在西方国家所表现出来的凶险，非西方国家与地区更有深刻的体会。所以非西方国家和地区面对汹涌而来的资本现代性，往往所表现出来的不仅是兴奋，更有焦虑，这也在情理之中。

比起其他非西方国家和地区，中国较晚走上资本现代性的道路，就现代性而言，有人把中国说成是"后发外生型"国家，即中国不但走上现代性道路较晚，而且主要是在西方资本现代性的影响下"被迫"地卷入现代性的洪流之中。这样，即使中国跨入现代性的门槛时间不长，对资本现代性的"祸福相倚"这一点的感受可能特别深切。

面对西方资本现代性的浪潮,在当代中国,似乎只有要么放弃对现代性的追求,要么执着地按西方的现代性路子走下去这两种选择。但事实清楚地摆在那里:第一种选择是要中国人民放弃对现代文明成果的享受;第二种选择由于置现代性的负面效应于不顾,很有可能中国人民还没有充分享受到现代性的成果,代价却已把中国拖垮了。①

那么还有没有其他的选择呢? 还有没有其他道路可走呢?

看来,中国必须选择一条既能充分享受现代性的成果,又能把现代性展现过程中所要付出的代价降到最低限度的道路,即"鱼和熊掌兼得"的道路。如果说原先的现代性都是资本主义的现代性,那么中国实际上要走出一条与其不同的道路。西方文明不等于现代文明,同样,西方资本主义的现代性不等于现代性。中国要追求的是社会主义的现代性。中国特色社会主义道路在一定意义上就是一条社会主义的现代性道路,它所追求的正是既能充分享受现代性的成果,又能把现代性展现过程中所要付出的代价降到最低限度,让中国人民在尽情享受现代性所给予的愉悦的同时,不会经受现代性的种种磨难。

中国道路是不可避免地与西方的资本现代性"纠缠"在一起的,其原因就在于中国道路是在现代西方文明这个大背景下展开的。在一定意义上,没有这个大的历史背景,也就不可能有中国道路,离开西方现代性大谈中国道路是历史虚无主义的表现。但是中国道路与西方资本现代性"纠缠"在一起,并不意味着中国道路无可选择地一定要全盘接受西方的资本现代性,并不意味着中国道路所追求的现代性一定是西方资本现代性的中国化,即西方资本现代性在中国的翻版,当然也并不意味着中国人民在追求现代性的过程中一定要如西方人那

---

① 参见陈学明:《中国正道》,人民出版社,2015 年,第 181~182 页。

样,在享受现代性成果的同时必然经受现代性所带来的折磨。

(二)按照新自由主义、后现代主义等思潮的观点, 中国不可能开辟新型的现代性道路

中国要开辟一条既能充分享受现代性的成果,又能把现代性展现过程中所要付出的代价降到最低限度的现代性道路,即中国特色社会主义道路,这有可能吗? 它究竟有没有合理性?

目前在西方世界,乃至在整个世界流传最广、影响最大的思潮还是新自由主义和后现代主义,而按照这两大思潮,中国要开辟一条"鱼和熊掌兼得"的道路并不具有合理性,从而也是不可能的。

说及现代性,不能不谈启蒙,启蒙是现代性的前提准备和开端,如有学者所指出的:"因为通常认为,现代性的基本观念来自启蒙运动的精神。"①而谈及启蒙,最权威的就是康德。康德撰有《答复这个问题:"什么是启蒙运动?"》一文,在该文中他这样论述了启蒙运动的宗旨:"启蒙运动就是人类脱离自己所加之于自己的不成熟状态。不成熟状态就是不经别人的引导,就对自己运用自己的理智无能为力。当然其原因不在于缺乏理智,而在于不经别人的引导就缺乏勇气与决心去加以运用时,那么这种不成熟状态就是自己所加之于自己的了。"②康德在这里指出,启蒙运动的宗旨就是使自己从"不成熟状态"中摆脱出来,而所谓"不成熟状态"就是"对自己运用自己的理智无能为力",而之所以说这种"不成熟状态"是"自己加之于自己"的,是因为人本来实际上并不"缺乏理智",而只

① 陈嘉明:《现代性与后现代性十五讲》,北京大学出版社,2006年,第5~6页。
② [德]康德:《历史理性批判文集》,何兆武译,商务印书馆,1990年,第22页。

是没有得到"别人的引导"从而就没有"勇气和决心"去运用自己的理智。对于什么是启蒙运动的基本精神和原则,他有一连串经典的表述:"Sapere aude![要敢于认识!——引者译]要有勇气运用你自己的理智!这就是启蒙运动的口号。"①"公众要启蒙自己,却是很可能的;只要允许他们自由,这还确实几乎是无可避免的。因为哪怕是在为广大人群所设立的保护者们中间,也总会发现一些有独立思想的人;他们自己在抛却了不成熟状态的羁绊之后,就会传播合理地估计自己的价值以及每个人的本分就在于思想其自身的那种精神。"②"这一启蒙运动除了自由而外并不需要任何别的东西,而且还确乎是一切可以称之为自由的东西之中最无害的东西,那就是在一切事情上都有公开运用自己理性的自由。"③"必须永远有公开运用自己理性的自由,并且唯有它才能带来人类的启蒙。"④康德在这里明确地把理性与自由视为启蒙的基本原则,尽管在他看来,人的理性是要依靠先知先觉者开启的。

康德把启蒙与理性联系在一起,是符合实际的。在西方,启蒙原初就意味着人运用自己的理性能力从宗教的蒙昧中解放出来,它确立了理性在人间的至高原则。有学者曾经根据康德的论述,提出启蒙有着"永不过时的三大遗产"⑤:理性的自我批判能力、理性公开运用的勇气、自由而正义的法治秩序。这位学者所说的启蒙的"永不过时的三大遗产"正是现代性的核心内容。现代性正是在这"三大遗产"的基础上生成的。启蒙主义者都是这"三大遗产"的推崇者,当然也是现代性的推崇者。而西方的新老自由主义者在一定意义上都是启蒙主义者,新老自由主义者都崇尚启蒙,拥抱现代性。在他们那里,崇尚启蒙与拥抱现代性

---

① [德]康德:《历史理性批判文集》,何兆武译,商务印书馆,1990年,第22页。

② 同上,第23~24页。

③④ 同上,第24页。

⑤ 参见邓安庆:《德国启蒙哲学永不过时的三大遗产》,《华东师范大学学报》(哲学社会科学版),2017年第2期。

是一回事;而他们对启蒙和现代性的推崇,寻根究底,就是对启蒙的这"三大遗产"的推崇。

在当今世界,思想学术界居于支配地位的新自由主义者竭力维护和肯定启蒙、现代性的这些基本精神。他们反复强调的是,这些基本精神是当今世界唯一完美的、不可超越的人类的宝贵精神财富,它们构成现代社会和现代主体的生存之基。正是现代性的内在驱动使近现代的人类历史内涵之丰富达到了一个登峰造极的程度。人类面对现代性是别无选择的,人类社会唯一的发展方向就是西方式的现代化模式。启蒙、现代性永远在路上,人类只有忠诚于启蒙和现代性,才能有自己的出路和生机。新自由主义者用来为现代社会高唱赞歌和竭力辩护的理论依据就是从 15 世纪以来逐步形成并不断完善的启蒙、现代性理论。他们的主要立足点就是启蒙、现代性的精神遗产是"永不过时"的。新自由主义者常常这样来说服人们必须接受现代性的基本原则:现代性反对蒙昧,而反对蒙昧依然是当下时代的任务;现代性提倡自由,而追求自由依然是当下时代的主旋律;现代性相信理性,而崇尚理性依然是当下时代的思维方式。

新自由主义者对待现代性的基本立场大致可以归结为:其一,全盘肯定现代性的成果。在他们眼里,现代性永远是无限美好的,现代性就是"真、善、美",现代性对人类只有正效应,没有负效应,或者说负效应相对于正效应可以忽略不计。其二,现代性给人类带来的这些美好成果都来自启蒙、现代性的"精神内涵",肯定现代性就是肯定启蒙、现代性的"精神内涵"。其三,现代性的展现具有唯一性,这就是 15 世纪以来在西方世界所出现的那种现代化模式,这种现代化模式具有普适性。

启蒙、现代性在起源上的西方属性与进步性,使新自由主义者在现代性问题上形成了一种"意识形态的霸权",这就是使他们有理由这样去宣扬:西方社会终结了人类现代性的其他可能性,西方现代性方案作为人类走向现代化过程中的最优选择，具备无条件对外扩散的至高道义优先性。有学者深刻地指出："在此背景下，广大后发民族国家应当而且只能走一条道路，那就是照搬西方现代性方案。这种意识形态的幻象在很大程度上也为殖民主义现代性的侵略与扩张披上了神圣的外衣，似乎使殖民主义现代性历史本身成为最高的道德律令。因为人类社会发展的唯一可能性无外乎就是无条件、无差别地延续西方现代性的基本方针。"①

这些新自由主义者从其对现代性的基本立场，即现代性问题上的"意识形态霸权"立场出发，"合乎逻辑"地得出结论：中国要开辟一条新型的现代性道路是不可能的。中国要实现现代性，唯一的选择就是走西方式的，也是普适的现代性道路。在他们看来，企图在这一普适的现代性模式之外，去探索另一种新的什么现代性模式，实际上是对现代性的基本原则和基本精神遗产的挑战和否定。由于新自由主义者所宣扬的是整个世界必须"无条件、无差别地延续西方的现代性"，而且这样做符合"最高的道德律令"，具有"至高道义优先性"，从而在他们看来，中国企图在这种西方的现代性之外寻找另一种独特的现代性，是"大逆不道"的。

后现代主义者在什么是现代性的精神内涵，即认为理性是现代性的精神内涵这一点上，与新自由主义者是一致的，不同之处在于，他们不是一味地看到现代性的积极成果，也正视在现代性展现过程中所伴随的消极效应，不是一味地赞颂作为现代性的精神驱动力的理性的正面作用，也正视理性把现代性引向反面，因而他们对现代性、对理性展开了批判。

以市场经济为根基、以自由理性为内核、以个人主义和民主政治为向度的西方现代性，成为一种强大的意识形态宰制着现代社会。但是历史无情地表明，

① 张明：《西方现代性困境与中国道路的理论前景》，《毛泽东邓小平理论研究》，2016 年第 2 期。

由于其自身内部矛盾而呈现出一种张力，现代性给人类所带来的并不是无限光明，还有黑暗与灾难。

正是在这样一种背景下，出现了波澜壮阔的现代性批判，而后现代主义与新自由主义相对应，也开始流行起来。后现代主义者高举批判的大旗，直面人类的生存困境，尤其是战争和其他现代灾难事件给人类带来的巨大冲击，从理论上探索现代性困境的深层根源。他们把批判矛头直指现代性的核心范畴——理性，把现代性批判变成理性主义批判。他们在现代性范畴与启蒙精神之间建立同一关系，进而又在启蒙精神与工具理性之间建立同一关系。他们强调，导致现代性陷入危机和困境的根本原因就在于"理性"，因为"理性"本来就是矛盾的产物，是带着矛盾来到"人"的世界里的。启蒙主义者、现代主义者所推崇的"永不过时的遗产"，在他们眼里，同时也是人类无法摆脱的"包袱"。在他们看来，随着理性的失落，现代性也已跌落神坛。

他们对现代性、理性主义的批判，主要表现为他们对从理性演化为对工具理性的揭示。韦伯通过"合理性""合理化"这些概念开创了将现代性作为工具理性批判的先河。后现代主义者基本上继承了韦伯的批判思路，强调工具理性是理性极端化的表现，当知识与权力结盟，理性就必然走向工具理性，理性需要工具理性为其合理性提供合理化合法化证明。"所谓工具理性，是指随着大机器生产的发展，人的主体性逐渐让位于工具的主体性，从而使工具成为人的实际统治者，人的生活方式乃至存在方式都被工具化，目的和手段关系被完全颠倒了。"[1]后现代主义者要说明的正是"工具理性是人的主体性逐渐消解并最终本质性失落的表征"。他们揭示了工具理性的滥觞所带来的严重后果：一方面"人死了"，"人被技术所控制，人失去了批判性和超越性，世界成为一个机械的、冷

---

① 张三元：《中国道路对西方现代性的超越》，《山东社会科学》，2017年第6期。

冰冰的物的世界";另一方面,"工具理性正是人类中主义得以确立的关键性前提。技术与人类中心主义联姻,又使工具理性得到进一步的膨胀,其结果是人与自然关系的破坏,从而造成生态危机"。①

后现代主义者对现代性的批判非常尖锐,但关键在于,他们真正找到了现代性的病根了吗? 实际上并没有。严格地说,他们对现代性的批判主要是一种"观念论"的批判,因为他们主要是揭示现代性的精神特征和精神原则,没有进一步深入揭示这些精神特征和精神原则的社会历史存在论基础。他们所展示的理性演变为工具理性的过程和所揭示的由此带来的不良后果确实没有多少可以挑剔的,但他们认为这一过程是必然的、不可改变的。也就是说,他们把现代性、启蒙精神定向为一种"工具理性",强调这是理性的必然归宿。这样,在他们那里,现代性的危机就是启蒙精神的危机、理性主义的危机。

通过上面的论述,我们可清楚地看到,后现代主义者强调的是,现代性在展现过程中所出现的那些消极效应是同现代性的核心精神原则紧紧联系在一起的,是这些核心精神原则本身所带来的,从而也具有必然性,是不可避免的。选择了现代性,也就选择了这些核心精神原则,就得接受由此带来的负面效应。现代性有正效应,也有负效应,而且随着现代性的深入展现,后者的成分越来越多,但要明了,正效应、负效应都是与现代性的核心精神原则捆绑在一起的,不可能只要前者而不要后者。

这样,按照后现代主义理论,中国特色社会主义道路由于所要追求的正是在充分享受现代性的正面效应的同时,把负面效应降到最低限度,从而并不具有合理性。中国如要选择现代性的道路,那就应准备承受现代性所带来的种种不良后果,准备付出沉重的代价,但倘若感到无法承受这些不良后果,那么就干

---

① 张三元:《中国道路对西方现代性的超越》,《山东社会科学》,2017 年第 6 期。

脆放弃走现代性的道路。西方面对现代性，主要有两种截然有别的思潮：一是坚守现代性的新自由主义，二是批判现代性的后现代主义。我们看到，不但坚守现代性的新自由主义认为，旨在既充分享受现代性的积极成果又要把代价降到最低限度的中国特色社会主义道路，并不具有合理性，而且批判现代性的后现代主义也强调，中国特色社会主义企图"鱼和熊掌兼得"仅仅是一厢情愿。

（三）马克思主义的现代性批判理论，
为中国特色的新型现代化道路提供理论上的依据

能够为中国特色的新型现代化道路提供理论依据的是马克思主义，严格地说，是马克思主义的现代性批判理论。

马克思与后现代主义者一样，都看到了现代性展现过程中所出现的种种弊端，都对此展开了激烈的批判，主要有：这些弊端是如何造成的？它们是可以改变的吗？在这些关键的问题上，马克思与后现代主义者形成了尖锐的对立。

马克思对现代性的批判绝不如后现代主义者那样仅仅是"观念论"的批判，即马克思绝不仅仅是"观念的历史叙述"，而且是开辟了"现实的历史叙述"。马克思的这种批判绝不是停留于观念的层面上，而是把矛头直接指向现代社会的存在论的根基，正如海德格尔所指出的那样，马克思深入到历史的本质的维度之中了。按照马克思对现代性的批判，现代性展现过程中之所以导致了如此多的不良后果，问题不是出在现代性的理念本身，不是由现代性的精神原则，即理性带来的，笼统地把现代性的恶果归结于理性、知识、科学是不公平的，而应当追溯隐藏在所有这些背后的"物质"的动因。马克思对现代性的批判也正视了现代社会中价值理性向工具理性的"蜕化"，但并不认为这种"蜕化"

是由理性本身所必然带来的，而是认为是理性背后更深层的社会原因在导致理性的这种"蜕化"。

马克思认为，隐藏在理性背后导致现代性日益走向反面的是"资本"。马克思强调，是资本这一现代社会的存在论根基，才把现代性引向这种可恶的不归路。马克思用"资本"这一范畴将现代社会概念化了，用"资本"置换掉了"现代性"。这样，我们就有理由把马克思对现代性的批判说成是"资本现代性"批判。对于这样做的意义与实质，有学者总结说：

> 这不是简单的置换，而是一个根本性的转向：从"观念的历史叙述"向"现实的历史叙述"、从历史唯心主义向历史唯物主义的转向。毫无疑问，只有站在历史唯物主义的高度，深入到历史的本质的维度之中，才能洞察现代性的内在本质。……对资本的总体性的考察是对现代性的总体性考察的当然前提，或者坦白地说，对资本总体性的考察实质上是对现代性总体性的考察。在这个意义上，马克思的现代性批判本质是资本批判。①

资本是现代性的本质范畴，现代性实质上只是资本本性的意识形态化，是资本逻辑在人们观念领域中的呈现。马克思对现代性展开过程中负面作用的批判，也就是对资本展开过程中负面作用的批判。马克思认为现代性本身包含着对立、冲突、分离、悖论，也就是认为资本本身包含着对立、冲突、分离、悖论。就这样，马克思把导致现代性出现"坏"的方面的真正根源揭示出来了。

对于马克思有关现代性批判的最大误解在于，认为马克思也如后现代主义者那样，把现代性的原则界定为理性，或者认为马克思现代性批判的原则是理

---

① 张三元：《中国道路对西方现代性的超越》，《山东社会科学》，2017 年第 6 期。

性与资本的混合,从而强调马克思的现代性批判也是一种理性主义批判。这是用后现代主义的现代性批判理论来解读马克思,或者说把马克思的现代性批判理论后现代主义化了。马克思在早期,例如在《关于林木盗窃法的辩论》中,确实曾经依据理性法和理性基础国家的理论基础批判资本主义、批判现代性,当然"这种批判无疑是立足启蒙理性"之上,但是不能因此就断定在马克思那里,"现代性的逻辑即理性"。事实上,没过不久,马克思就对这种基于理性主义的批判持怀疑态度,马克思不断地加以思考:究竟是资本主义社会的私有制利益决定了国家和法的理性,还是国家和法的理性决定了现实的物质利益? 有学者指出:"这是马克思一直思考的问题, 即启蒙理性与现代性究竟有没有那么密切的关系? 现代性的逻辑在现代社会真的就是理性吗? 马克思认为并不是。"①确实正如这位学者所指出的那样,关键就在于,马克思后来认识到了资本才是现代性的逻辑原则,一改原先把现代性的逻辑界定为理性的传统。理性原则与资本原则相比,只是后者的一种表面解释而已。"在马克思那里,资本取代理性成为现代性的逻辑。资本比理性更能够明晰地解释现代性问题,同时,资本比理性更能够明晰地解释马克思的现代性批判本质。"②马克思把资本而不是把理性视为现代性的基本原则,把现代性批判变成资本批判,不但使他找到了造成现代性走向反面的真正的根源,而且也与强调现代性走向反面是不可避免的观点划清了界限。

马克思主义的现代性批判理论与后现代主义的现代性批判理论的区别可以归结如下:其一,马克思主义的现代性批判理论虽然与后现代主义的现代性批判理论一样都激烈地批判现代性, 但并不像后者那样全盘否定现代性的成果,而是强调对现代性持辩证的态度。其二,马克思主义的现代性批判理论在揭示现代性的种种弊端时,并不像后者那样简单地把这些弊端归结为理性,而是

---

①② 漆思、于翔:《理性与资本:马克思现代性批判本质之辨》,《社会科学战线》,2016 年第 7 期。

揭示理性背后更深层的"物质"原因,即资本逻辑,马克思主义的现代性批判并不是一种"观念论"的批判,而是基于历史唯物主义的资本现代性的批判。其三,正因为马克思主义的现代性批判理论并不把现代性的弊端归结为理性,而是归结为资本,从而并不像后现代主义那样认为现代性走向反面是现代性的逻辑展开的必然结果,并不像后现代主义那样强调现代性走向反面是必然的,不可以改变的。其四,马克思主义的现代性批判理论就不会如后现代主义的现代性批判理论那样认为,人们选择现代性就必然要承受由此带来的痛苦与不幸,倘若不想承受这些痛苦与不幸,那只能放弃现代性,回到前现代去,而是强调只要找到了造成现代性走向反面的真正根源,正确地限制与驾驭资本,创建一种与资本现代性不一样的新的现代性,就能实现"鱼和熊掌兼得",即既能充分享受现代性的积极成果,又可避免承受现代性实现过程中所付出的沉重代价。其五,马克思主义的现代性批判理论强烈要求现代化运动不是与资本主义而是与社会主义结合在一起,提出了实现现代性的资本主义形式与社会主义形式之间的区别,这样它对现代性及现代化运动的负面效应的揭露和批判,就变成了对社会主义理想追求的必然性的论证。

知道了马克思主义的现代性批判理论与后现代主义的现代性批判理论的这些区别,就可以明白,正是这样一种理论可以为中国特色社会主义道路提供坚实的理论依据。马克思主义的现代性批判理论以其深刻性和前瞻性,在中国特色社会主义道路的开辟中具有天然的"在场"权和话语权。关键就在于,按照马克思主义的现代性批判理论,既然在现代性实现过程中所出现的种种负面效应并不是现代性逻辑所必然带来的,那么中国人民完全可以找出并逐步消除造成现代性走向反面的根源,从而在充分享受现代性的积极成果的同时,使所付出的代价降到最低限度。所谓中国特色社会主义道路其宗旨正在于此,而这样做得到马克思主义的现代性批判理论的强有力支撑。中国人民有理由对这样一条道路充满理论自信。

（四）实践证明，中国选择走这样一条道路是正确的

中国人民对自己选择的道路的自信心不仅来自马克思主义的现代性批判理论的支撑，更基于实践上的成功。现实生活是判定一条道路、一种选择是否具有合理性的根本标准。中国这几十年的成功，证明了在马克思主义，特别是在马克思主义的现代性批判理论指引下的中国特色社会主义道路，既能充分享受现代性的积极成果，又把代价降到最低限度。

中国道路，即中国特色社会主义道路从一开始就与现代性"纠缠"在一起，中国人民是在与现代性"纠缠"的过程中开辟自己独特的发展道路的。

中国人民坚持辩证地对待现代性。只要把现代性放在辩证的视野中加以思考就可以知道，现代性是可以选择的，中国就是要创建一种适合自己国情的新现代性。中国实践的成功，是中国人民辩证地对待现代性，创建新的现代性的成功。

中国人民在面对和处置现代性问题上的成功经验，大致可以归结为以下五点：

第一，坚持现代性的发展目标，决不放弃对现代性目标的追求。中国自近代以来，就有实现现代性的梦想，中国追求现代性的过程是与中国近代以来的启蒙过程相一致的。尽管这一过程那么曲折，但先进的中国人从来没有放弃过这一梦想。当中国处于最有可能实现这一梦想的历史时刻，就更不会放弃这一梦想。

第二，不是停留于"片面的现代性"，而是全面地实现现代性。中国所要实现

的现代性,并不是局限于社会的某一领域,而是在社会的方方面面都要实现现代性。实际上,资本主义社会的现代性主要是"单向度现代性",这就是说,主要是在经济领域实现现代性;而中国所追求的是"多向度现代性",即在经济发展、政治建设、文化创新、社会进步和人的现代转型等方面全面地赋予现代性的价值。在中国,"强起来"是"富起来"的升级版,与此相应,"全面的现代性"也是"片面的现代性"的升级版。

第三,根据复杂现代性的现实,正确驾驭各种矛盾。要正视在当代中国现代性总是与前现代性、后现代性交织在一起这一客观事实,在深刻认识现代性的复杂性的基础上,知道自己是如何卷入现代性的复杂矛盾与关系之中,从而制定出切实可行的处置这种复杂性的政策措施。当认识到应当并致力于超越现代性时,千万不能忽视我们的社会实际上还存在着许多前现代的东西,现代性在中国还没有完全确立,从而应当继续关注如何用现代性来消除前现代性。

第四,正视现代性的负面效应,找出造成负面效应的真正根源,从而逐步消除这些负面效应。在特定的历史时期,人们往往突出某一目标而忽视其他目标,从而为了实现某一特定的目标而不惜采取一些损害其他目标的手段。为了"富起来"这一目标,我们必须充分利用资本,对利用资本可能带来的有损于其他目标的实现这一点,暂时不过多考虑。现在在我们的目标系统中,"强起来"成了主要目标,那么对资本所带来的负面效应就非但不能忽视,而应着重关注加以切实克服,否则就无从谈及"强起来"。

第五,在实现现代性的同时还要超越现代性,通过超越现代性来使自己真正"强起来"。必须明确,不仅批判现代性是为了超越现代性,而且实现现代性也是为了超越现代性,把超越现代性作为自己最为根本和彻底的任务。如果说我们在致力于"富起来"之时关注的重点是如何实现现代性、如何利用资本,那么在致力于"强起来"之时就应当较多地关注超越现代性、超越资本。中国的真正

"强起来"必然不是完全建立在实现现代性、利用资本上，而是必然与超越现代性、超越资本联系在一起。已经基本实现了"富起来"的当下中国，完全有条件超越现代性，进行新的现代性建构。中国特色社会主义理论本质上是对当代中国既实现现代性又超越现代性的一种理论规划。

《21世纪资本论》的作者托马斯·皮凯蒂指出："数十年来，中国一直在摸索自己的模式，从19世纪至20世纪西方实践经验的成败中汲取教训，同时立足于本国国情，寻找一条融合资本主义与社会主义优点的道路。"①我们可以对他所说的"融合"资本主义与社会主义的说法表示异议，但不可否认他表述了一个事实：中国这些年来的成功离不开正确地对待本属于资本主义的一些东西。中国道路与现代性的"纠缠"说到底是与资本的"纠缠"。中国道路正确面对现代性，说到底是正确面对资本。尽管现代性的许多弊端源自资本逻辑，但中国人民并不因此而丢弃资本，因为中国人民明白，中国要实现现代性，离不开资本逻辑这个现代社会的基本元素。正如有学者所指出的那样："中国道路面临社会发展的基本事实是经济全球化。经济全球化实质上是资本扩张的全球化，是资本逻辑的全球性扩张。中国加入全球化，也就意味着我们在一定程度上和范围内接受了资本逻辑。在这个意义上，资本逻辑是中国道路的题中应有之义，中国道路不能没有资本逻辑这个现代社会的基本元素。"②当中国人民利用资本逻辑这个强大的动力系统来发展生产力时，也并没有忘记资本逻辑毕竟还会导致一系列消极作用，所以中国人民所作的选择是：充分展现资本逻辑"伟大的文明作用"或"非常革命"的方面，"而这又以遮蔽、压制资本逻辑的'邪恶性'为前提"。③中国道路利用社会主义制度和马克思主义价值观的优势，致力于消除资本逻辑的种种消极作用。中国道路的复杂性、艰巨性在某种意义上正是体现在对资本逻

---

① ［法］托马斯·皮凯蒂：《21世纪资本论》，巴曙松等译，中信出版社，2014年，中文版序言第1页。
②③ 张三元：《中国道路对西方现代性的超越》，《山东社会科学》，2017年第6期。

辑既要利用,又要限制,在利用与限制之间保持"张力"的复杂性与艰巨性上。中国人民在走向现代性的道路上,如果既想要享受现代性的积极成果,又想要使现代性的消极作用降到最低限度,就必须正确地面对资本,即在利用资本与限制资本之间找到一个平衡点。而中国人民在正确面对资本方面所取得的成功,哪怕是沿着正确的方向跨出了可贵的几步,也足以表明:中国开辟一条旨在既要享受现代性的积极成果,又要使现代性的消极作用降到最低限度的独特的现代性道路,是完全可行的。

二、从马克思主义的现代性批判理论 看中国如何"强起来"

当今中国站到了实现"强起来"的新的历史起点上,迎来了从"富起来"到"强起来"的伟大飞跃。那么什么叫"强起来"? 如何才能"强起来"?

中国自近代以来就走上了力求实现现代化的征途。中国从"站起来"到"富起来",再到"强起来"的过程,实际上是在现代化的道路上不断前进、现代性在中国大地上不断实现的过程。所以研究什么叫"强起来",以及如何才能"强起来",就是要研究现代性在中国处于一种什么样的状态下可以称之为"强起来",我们今天究竟如何正确地对待"现代性"中国才能"强起来"。也就是说,研究什么叫"强起来"以及如何才能"强起来",必须借助于现代性理论的视角。中国特色社会主义道路的根本问题是如何面对现代性,中国要"强起来"的根本问题也正是如何面对现代性。

在当今世界存在着形形色色的现代性理论,马克思主义的现代性批判理论具有特殊的地位。马克思主义在历史唯物主义的思想视域中,以"资本"为本质范畴所展开的现代性批判,重建了现代性批判的规范基础,至今还闪耀着真理的光芒。世界上没有一种现代性理论可以与马克思主义的现代性批判理论相提并论，马克思主义的现代性批判理论的当代意义是任何一种现代性理论所不能替代的。马克思主义的现代性批判理论中包含着对现代性的诊断、批判和超越的理论框架和思维模式。尽管马克思很少使用"现代性"这一概念，但通过对现代社会的深入探究，深刻地论述了具有实质内容和鲜明特征的现代性理论。我们说要借助于现代性理论的视角来研究中国的"强起来"，主要借助的是马克思主义的现代性批判理论的视角。马克思主义对当今中国的现实意义，特别是对中国"强起来"的现实意义，在很大程度上就体现为马克思主义的现代性批判理论对中国"强起来"的指导作用。

（一）中国不能停留于"片面的现代性"，只有全面地实现现代性，才能真正"强起来"

我们习惯于把马克思对现代性的相关研究说成是"现代性批判理论"，这容易造成一种误解，似乎马克思只注重于对现代性的批判。其实不然，马克思对现代性的首要态度是赞颂，马克思对发端于欧洲近代的现代性首先是持肯定态度的，肯定其对人类文明的推进。马克思对现代性的赞颂与对人类现代文明的赞颂是相一致的。一些后现代主义者把马克思说成是与他们一样的现代性的全盘否定者、批判者，是别有用心的。一讲起马克思对现代性、现代文明的赞颂，马上会想起《共产党宣言》。确实，马克思和恩格斯的《共产党宣言》可以说是马克思主义的现代性批判理论的纲领性文献，这一著作的一开头就向我们肯定了资本现代性的辉煌，为我们确立了一个鲜明的现代性形象。必须指出的是，在马克思和恩格斯看来，这种对人类社会起着巨大解放作用的现代性的确立，是历史必然性的过程。正因为现代性的这种正面效应是必然的，所以按照马克思的观点，尽管现代性产生了如此大的消极影响，但落后的发展中国家仍应积极地进入现代化的进程以发展自身。

在指出马克思对现代性首要的态度是肯定的这一点以后，必须进一步强调，马克思肯定的是整体的现代性，而不是片面的现代性。与马克思把现代社会历史视为一个不断总体化的过程相一致，马克思也认为现代性具有总体性特征。"现代""现代性"在马克思那里是一个形态学概念，"马克思以生产方式概念为基础，在历史的形态变迁中确定了现代的位置，将现代看成是一个总体性的'世界历史时代'。从历时性的纵向来看，它等义于'现代历史'，从共时性的横向来看，它等义于'现代社会'，它既同人类历史的总体联系起来，本身又构成一个具体的总体"①。资本是现代性的本质范畴，马克思时常以资本来命名现代性。而"资本"在马克思那里，实际上并不单纯是一个狭义的经济学概念，马克思认为资本的内在原则贯穿于现代经济、政治、文化和人们的内在心理结构，资本显然具有整体性特征，而资本的那种整体性特征也正标识了现代性的整体性特征。由此可见，马克思的现代性理论是一种总体性的现代性理论，它绝不只涉及现代性的政治、经济或文化的某一方面，而是涉及整个社会。

正因为"现代性"概念在马克思那里是个总体性概念，所以马克思所期望的现代性的实现应当是整体性的实现，即不仅仅是社会的某一领域实现现代性，而且是社会的各个领域实现现代性，社会在整体上贯穿现代性。马克思对资本主义社会的现代性之所以加以批判，一个重要原因就是资本主义社会的现代性是片面的现代性，只是在社会的某一个领域，即经济的领域实现现代性。批判资本主义社会的现代性的片面、畸形的发展，是马克思批判资本主义社会的一个主要视角。如果把资本主义社会的现代性视为"一元现代性"，即只是在经济领

---

① 罗骞：《论马克思的现代性批判及其当代意义》，上海人民出版社，2007年，第197页。

域实现现代性,那么马克思批评的正是这种"一元现代性",马克思要求的是"多元现代性",即在经济发展、政治建设、文化创新、社会进步和人的现代转型等方面全面地赋予现代性的价值。

新中国成立以后,中国就在"站起来"的基础上走上了"富起来"的道路,特别是在改革开放以后,中国更是走上了"富起来"的快车道。改革开放的总设计师邓小平一句"贫穷不是社会主义",唤醒了全中国人民。经过四十多年的不懈努力,虽然当前全球经济发展的深层次矛盾不断显现、国际环境不稳定因素日益增多,但是中国经济一直在稳步增长,国内生产总值稳居世界第二,对世界经济增长贡献率不断提升。中国已经"富起来"了,这是不容否认的事实。但是用马克思主义的现代性批判理论加以对照,不难看出,这种"富起来"主要是现代性在经济领域的实现。与"富起来"相对应的现代性是"片面的现代性"。当然,在特定的历史条件下,中国选择首先在经济领域实现现代性,走上"片面的现代性"道路,有其历史的必然性。但是当今天中国站到"强起来"这一新的历史起点上之时,就必须克服这种"片面的现代性",即必须实施"全面的现代性"。不全面地实施现代性,中国进一步走向"强起来"是不可能的。如果说中国的"富起来"是与"片面的现代性"联系在一起,那么中国的"强起来"就应当与"全面的现代性"联系在一起。在中国,"强起来"是"富起来"的升级版,与此相应,"全面的现代性"也是"片面的现代性"的升级版。"富起来"的中国往哪里去?党的十九大提出了"两个阶段"的发展战略。这"两步走"的发展战略,全面、生动地描述了中国如何从"片面的现代性"走向"全面的现代性"。

按照马克思主义的现代性批判理论对现代性的整体性要求,中国必须全面提升物质文明、政治文明、精神文明、社会文明、生态文明,实现国家治理体系和治理能力现代化,全面建成富强民主文明和谐美丽的社会主义强国。如果说"站起来"主要着眼于取得民族独立和人民解放的政治层面,即着眼于为中国实施现代性创造政治基础，"富起来"主要着眼于解放生产力和提高人民物质生活水平的经济层面，即着眼于在经济领域首先实施现代性，那么"强起来"则着眼于实现"两个一百年"奋斗目标和中华民族伟大复兴中国梦的整体概括，即着眼于在中国这块古老的大地上全面地实施现代性。就经济发展而言，根据全面现代性的要求，"强起来"体现在发展更重质量的经济，致力于经济结构和发展动力的重大转变，使技术要素和创新要素逐步成为经济发展的第一动力。当然，根据全面现代性的要求，中国要"强起来"，在经济领域之外的其他领域都必须与现代性相符。例如，民主的改善和社会福利的提升、文化事业的发展和文化自信的增加、美丽中国建设成绩斐然等。"片面的现代性"带给中国的只是"富强"这一现代性的元素，而实施"全面的现代性"，使中国的现代化真正成为具有"富强""民主""文明""和谐""美丽"五个元素的现代性。从"片面的现代性"向"全面的现代性"的发展，就是从"大国"向"强国"的提升，其中根本的是从数量向质量的提升，从硬实力向软实力的提升。

（二）必须正视并去除现代性的负面效应，才能真正"强起来"

马克思对现代性持辩证的态度，在肯定现代性的正面效应的同时，又对现代性的负面效应持批判态度。面对现代性，马克思鲜明地坚持了辩证的态度，即既与保守的浪漫主义的那种怀旧、全盘否定现代性相对立，又与自由主义那种现代化的自鸣得意、全盘肯定现代性相抵触。正是在辩证的思维中，马克思深刻地揭示了现代性的分裂与矛盾。在他看来，对现代性的进步的肯定与对现代性异化本质的批判是由现代性本身的辩证特征所决定的。现代性就是一个矛盾的综合体,对立、冲突、分离、悖论是现代性的基本特征。他还指出,由于现代性的自由、平等的价值取向受制于现代社会的物质条件,现代性的解放只是政治意义上的抽象解放,现代性的价值理念和现代社会制度之间存在着矛盾。作为政治解放的现代性解放使人们过着分裂的双重生活。马克思又通过政治经济学批判,深刻洞见了现代性矛盾的经济学基础,并把这一基础看作现代性的基本框架。这样,马克思一方面颂扬了现代社会巨大的经济成就和文化成就,另一方面又尖锐地揭示了异化的现代性境遇,揭示了现代性内部的分裂与矛盾。马克思强调,现代的危机与动荡,正是产生于现代性的分裂与矛盾,产生于现代性自身的悖论。[①]必须指出的是,马克思批判现代性的理论基础是"现代社会经济规律"的揭示,而不是出于"应然"立场的道德评判,将批判奠定在坚实的存在论分析基础之上。

资本是现代性的本质范畴,马克思对现代性展开过程中负面作用的批判,也就是对资本展开过程中负面作用的批判。马克思认为现代性本身包含着对立、冲突、分离、悖论,也就是认为资本本身包含着对立、冲突、分离、悖论。"在马克思那里,现代性的这种矛盾性,现代性的这种'好的方面'和'坏的方面',都同现代的资本原则相关,是现代社会异化的现象学呈现,并不是我们能够保存或剔除的。如果资本还是历史的基本建制,资本主义生产方式还是现代性的存在论基础,现代性的矛盾将被保存着,它由资本的本性所决定。"[②]矛盾性包含在"资本"的概念中,是现代性的"天使"。我们不可能在资本的统治中,只要资本的"好的方面",而不要资本的"坏的方面",当然,我们也不可能在追求现代性的过程中,只要现代性"好的方面",而不要现代性"坏的方面"。

① 参见罗骞:《论马克思的现代性批判及其当代意义》,上海人民出版社,2007年,第180、181页。

② 罗骞:《论马克思的现代性批判及其当代意义》,上海人民出版社,2007年,第182页。

这里的关键在于，资本本身就体现了一种生产关系，而不是一种"自在之物"。对于这一点，马克思在论述资本时是讲得非常清楚的。马克思说："资本不是物，而是一定的、社会的、属于一定历史社会形态的生产关系，后者体现在一个物上，并赋予这个物以独特的社会性质。资本不是物质的和生产出来的生产资料的总和。"①马克思明明白白地告诉人们，资本是现代存在物的存在形式和存在规定，资本的运行原则就是现代社会的构成原则。而资本成为存在的普遍抽象形式，不仅是指物作为社会的物的抽象形式，而且是指人作为社会的人的普遍抽象形式，甚至资本家的雇佣工人也不过是资本的人格化。只要消除了资本"中立"的假象，就能从根本上认清资本的本质是什么，也才能把资本带来的负面影响与资本的本质联系在一起。正因为资本在展现过程中有着负面作用，而且这种负面作用是必然的，所以我们不能忽视而必须正视资本的这种负面作用。我们感受到资本的"恩泽"之时，也应体会到资本所带来的种种不幸。资本具有两大基本原则：一是竞争原则，二是增殖原则，这两大原则所造成的不良后果是实实在在地存在着的。资本的运营和扩张大大促进了生产力的发展，导致了财富的大规模积累和社会的进步，但无论在动力上还是在运行机制上都是一个不讲道德的过程。由于资本的本质是营利，是贪婪的化身，所以资本的不断扩张过程，也是一个侵犯他人权益的过程，是一个导致各种社会矛盾的过程。②

实际上，中国在利用资本追求现代性的过程中，由资本、现代性本性所决定的那些负面效应在中国也日益显露。在致力于"富起来"的日子里，这些负面效应可能还不那么明显，可能时常被人们所忽视。但是一旦中国人民在"富起来"的基础上走向"强起来"之时，这些负面效应就变得那么显眼，就成了必须正视的问题。人们的目标是个系统，由各种目标组合在一起，不是单一的。在特定的

① 《马克思恩格斯全集》（第46卷），人民出版社，2003年，第922页。

② 参见陈学明：《中国正道》，人民出版社，2015年，第213、212页。

历史时期,人们往往突出某一目标而忽视其他目标,从而往往为了实现某一特定的目标而不惜采取一些损害其他目标的手段。为了"富起来"这一目标,我们必须充分利用资本,对利用资本可能带来的有损于其他目标的实现这一点,暂时不加以过多考虑。现在在我们的目标系统中,"强起来"成了主要目标,那么对资本所带来的负面效应就非但不能忽视,而应着重关注加以切实克服,否则就无从谈及"强起来"。

第一种选择:因为现代性给我们带来了磨难,使我们失去了诸多美好的东西,所以憧憬前现代性的生活,产生了干脆放弃对现代性的追求,使中国成为一块置身于世界之外的"非现代化的圣地"的意念。有些人开始主张中国停止始于20世纪70年代末的西方化、现代化的历程。在这些人看来,既然现代化的弊端已暴露无遗,我们为什么不马上悬崖勒马呢?

第二种选择:现代性是人类的必由之路,西方人走过的道路我们中国人也得跟着走。现代性的正面效应与负面效应都不可避免。我们只能置现代化所带来的种种负面效应于不顾,继续沿着原先的路走下去,让中国这块古老的大地彻底经历一次西方式的现代性"洗礼"。只有等到中国的现代化过程基本完成了才有可能解决这些负面问题,倘若现在就着手去解决,只能干扰中国的现代化建设。

实际上,以上两种选择都是"死路"。前者要中国重新走回头路,而倒退无论如何是无奈之举;后者则迟早会葬送中国,很有可能中国人民还没有充分享受到现代化的成果,而代价却已把中国拖垮了。

中国人民为了"强起来",必须作出第三种选择——正视并去除它们。

所谓负面效应,主要体现在三个方面:第一,两极分化越来越严重。第二,自然环境越来越恶劣。第三,人越来越成为"单向度"的消费机器。无疑,这三个方面的负面效应的逐步解决有赖于马克思主义的指引。我们不否认,什么西方的新、老自由主义理论，什么西方的民主社会主义理论，什么中国的传统文化，能够为我们提供某种借鉴和启示。对这些完全加以拒斥是愚蠢的。但无疑，马克思主义仍然是当今中国人民认识和解决这些难题、矛盾的主要思想武器。

（三）必须实现并超越现代性，使自己真正"强起来"

对马克思来说，谈及现代，都必须联系"资本主义生产方式"来加以理解，现代社会就是资产阶级社会，现代文明就是资本主义文明。也就是说，资本主义生产方式，作为社会经济形态本身具有的历史性，决定了"现代"在人类历史演变中的位置和历史意义。资本主义生产方式具有历史性，现代社会、现代文明也具有历史性，它在一定历史条件下形成，也在一定的历史条件下消失。现代社会、现代文明被一种新的社会、新的文明所取代这是必然的。所谓现代性是现代之所以成为现代的内在规定及其基本特征。现代性的历史性又是与现代社会的历史性相一致的。马克思把"流动性"视为现代性的一个基本特征。①"现代性"在马克思那里确实是一个历史性的时间概念，用它来表达历史现时性中对于现时的理解。在流动的、历史的现代性中，存在变成了一种当下的"切面"，变成了一种瞬间化的现身，变成了不断的自我批判和自我扬弃，变成了"运动"本身，即马克思所说的"一切新形式的关系等不到固定下来就陈旧了"。

马克思强调现代性的流动性、历史性，根本目的是为了指引人们超越它。马克思对现代性的基本态度，一是实现它，二是批判它，三是超越它。在某种意义上说，不仅批判现代性是为了超越现代性，而且实现现代性也是为了超越现代

---

① 参见罗骞：《论马克思的现代性批判及其当代意义》，上海人民出版社，2007年，第173~179页。

性。马克思对现代性的批判的核心是开启了超越现代性的理论可能性空间。现代性是与启蒙联系在一起的,实际上马克思早在 1845 年前后,也就是在其青年时期,就开始考虑超越现代性的问题。马克思原先是个启蒙现代性的崇拜者,后来他发现,启蒙现代性在引导人们脱离对"神圣形象"膜拜的同时,又使人们陷入对"非神圣形象"的膜拜,即对商品、货币和资本的膜拜。对"神圣形象"的膜拜意味着人还没有获得自己,而对商品、货币和资本的膜拜,则标志着人再次丧失了自己。马克思得出结论,在"非神圣形象"的统治下,现代性的每一个胜利都是资产阶级的胜利,而无产阶级和广大劳动人民则再度失落了。作为现代性最大追求者的马克思,开始具有十分清醒的自觉意识:把超越现代性作为人类的最为根本和彻底的任务。以后,马克思就在"政治经济学批判"的视野中,进一步展开了对这一最为根本和彻底的任务的论述。当然,马克思认为,超越现代性的道路不得不经过和扬弃现代性,而不是摆脱现代性。[①]马克思为人类所描绘的共产主义社会,既不是旧有观念中的"大同"社会和宗教的天堂,也不是现代性个人主义的极端表现,更不是要以更加充分而且更加深刻的现代性来医治现代性的创伤,而是对现代性的超越。[②]

马克思的现代性概念就是资本现代性概念,所以马克思认为人类最终要超越现代性,也就是把超越资本作为人类的目标。马克思的现代性批判实质上就是要以实践的方式消除资本的现实前提和存在基础,亦即超越资本。在马克思看来,只要资本还是基本的存在规定和存在形式,无论以何种话语形式来批判现代性,以何种话语来宣布现代性的终结,人们实际上并不因此而真的超越了现代性的历史境遇,充其量只是"话语"上的自我翻新而已。资本的流动性是不

[①] 参见白刚、吴留戈:《"超现代性"的现代性——马克思的现代性追求》,《理论探索》,2015 年第 6 期。

[②] 参见罗骞:《论马克思的现代性批判及其当代意义》,上海人民出版社,2007 年,第 201 页。

言而喻的，资本总是按照自己的趋势，导致一切固定关系的解体和静止形象的消除，总要破坏着一切并使之发生变革。资本没有界限，资本破坏一切界限，不仅是在广延的空间上，而且在生命的时间方面也是如此。现代性的流动性正是由资本的流动性所决定的。资本的流动性和现代性的流动性是同一过程的两个方面。现代性的流动与现代性的坚硬，都只是资本的面相。由此说来，现代性的超越完全取决于资本的超越。而在马克思看来，资本是完全可以超越的。马克思说，资本不可遏止地追求的普遍性，将使资本遭遇本身的限制。"这些限制在资本发展到一定阶段时，会使人们认识到资本本身就是这种趋势的最大限制，因而驱使人们利用资本本身来消灭资本。"①在马克思看来，超越资本的必然性和必要性都来自资本本身。马克思激烈地批评了"资本没有替代物"的呐喊。

资本在一定时期有其存在的合理性，但在马克思看来，这种合理性并不意味着资本的存在是永恒的、不可超越的，也就是说，不能从资本在一定时期存在的合理性推论出它的存在的永恒性。按照马克思的论述，资本即使在当今具有合理性，也并不意味着它永远具有合理性，就是说，并不意味着它永远是不可超越的。确实，这种把资本存在的合理性加以永恒化、绝对化的立场与马克思主义风马牛不相及。正因为马克思对资本的最终被超越这一点充满了信心，所以他在《资本论》第一卷的结尾，坚定地向人类宣告：资本的垄断成了与这种垄断一起并在这种垄断之下繁荣起来的生产力的桎梏。生产资料的集中和劳动的社会化，达到了同它们的资本主义外壳不能相容的地步。这个外壳就要炸毁了。资本主义的丧钟就要敲响了。剥夺者就要被剥夺了。坚持改革开放路线的中国人也应当有与马克思同样的信念，万不可因为资本在当今中国存在的合理性就动摇超越资本的信念。I.梅扎罗斯的《超越资本》一书在当今的历史条件下论证了人

---

① 《马克思恩格斯全集》（第30卷），人民出版社，1995年，第390~391页。

类超越资本的必要性和可能性,并在此基础上批判了对资本主义"别无选择"的观点,提出了人类作出的另一种选择,即建立社会主义社会是完全可能的。①

如果说我们在致力于"富起来"之时关注的重点是如何实现现代性、如何利用资本,那么在致力于"强起来"之时就应当较多地关注超越现代性、超越资本。中国真正"强起来"必然不是完全建立在实现现代性、利用资本上,而是必然与超越现代性、超越资本联系在一起。按照"强起来"的内涵,其基本要求远远超出了现代性的范围,仅仅停留于现代性上,是无法跨入"强起来"的境地的。立志使中国"强起来"的中国人民,必须思考如何从现代性中超越出来。只有当超越现代性全面展开之际,中国才真正称得上"强起来"了。实际上,已经基本实现了"富起来"的当下中国,完全有条件超越现代性,进行新的现代性建构。

首先,中国近代以来对实现现代性的探索,本来就具有"另类现代性"的特性。中国人民本来就是一方面抱有学习西方现代性的心理依赖和无意识选择,另一方面又对西方的现代性持有强烈的警惕。这种复杂矛盾的心态曾被人描述为"反现代性的现代性理论"。可以说,中国人本来就具有超越现代性,追求"另类现代性"的"文化基因"。

其次,中国是在社会主义的旗帜下致力于现代化建设的,当代中国的现代性方案必然置于科学社会主义的框架内,马克思主义的价值导向决定了中国对于现代性的一般逻辑及其内在弊端保持高度的警惕与拒绝姿态,决定了中国存在着对现代性的一种可能性超越。②

综观中国特色社会主义道路的开启和推进过程,我们不仅看到这是一个实现现代性的过程,而且也是一个超越现代性的过程。中国特色社会主义理论本质上是对当代中国既实现现代性又超越现代性的一种理论规划。有人提出,中

① 参见陈学明:《中国正道》,人民出版社,2015年,第214、215页。
② 参见张明:《西方现代性困境与中国道路的理论前景》,《毛泽东邓小平理论研究》,2016年第2期。

国实际上正在追求一种与传统现代性不一样的"新现代性"，这是用另一种表述来说明中国正在超越现代性。党的十九大以来，中国特色社会主义进入新时代，这个新时代可以视为致力于实现"强起来"的新时代，与此相应，党的十九大所制定的一系列发展战略和方针也包含超越现代性的因素。党的十九大认定"我国社会主要矛盾已经转化为人民日益增长的美好生活需要和不平衡不充分的发展之间的矛盾"，把实现人民对美好生活的向往作为奋斗目标，这一奋斗目标显然是超现代性的，突破了现代性的物质主义、消费主义，已接近于马克思对人的自由而全面发展的要求；党的十九大明确中国特色社会主义事业总体布局是"五位一体"、战略布局是"四个全面"，强调物质文明、政治文明、精神文明、社会文明、生态文明全面提升，其中许多内容，都是超现代性的；党的十九大强调要坚持新发展理念，必须坚定不移地贯彻创新、协调、绿色、开放、共享的发展理念，努力实现更高质量、更有效率、更加公平、更可持续的发展，这种新发展理念实现了对旧的现代性发展理念的突围与超越；党的十九大提出我们要建设的现代化是人与自然和谐共生的现代化，要形成节约资源和保护环境的空间格局、产业结构、生产方式、生活方式，还自然以宁静、和谐、美丽，这种判断和要求绝不是局限于现代性的思维所能提出来的；党的十九大表达了推动构建人类命运共同体的坚强决心，提出始终不渝走和平发展道路、奉行互利共赢的开放战略，坚持正确义利观，树立共同、综合、合作、可持续的新安全观，谋求开放创新、包容互惠的发展前景，这种世界历史的眼光和以天下为怀的胸襟，绝不是属于崇尚个人本位的现代性世界观。

(四)必须根据现代性复杂的现实，正确驾驭各种矛盾，使自己走向"强起来"

在马克思主义的现代性批判理论视野中，"现代性"概念是个复杂的概念。马克思看到了现代性必然卷入各种复杂的关系与矛盾之中，所以他在论述现代性的实现与超越时，也就强调这是一个复杂的过程。马克思对现代性的反思和批判，体现了对西方启蒙运动以来现代理性精神的深刻反省和复杂现代性内在矛盾的揭示。国内一些学者根据马克思和其他一些研究现代性理论的学者的相关观点，更基于对当今中国现代性构建的现状的考察，提出了"复杂现代性"的术语。[①]围绕现代性，国外学界提出了一系列的术语，如"早期与晚期现代性""未完成的现代性"(哈贝马斯)、"反思现代性"(吉登斯)、"多元现代性"(艾森斯塔特)、"第二现代性"(贝尔)等，所有这些术语都包含着对现代性的复杂性的认知。如前所述，马克思对现代性的研究有着方法论上的总体性的特征，这就是把现代社会视为一个复杂的系统，并不认为它是由单一原则所支配，同样在他那里，"现代性"也是一个具有复杂性的概念。现代社会是个"复合社会"，决定了现代性也是个由各种因素形成的"复合体"。现代性理念并不存在于真空中，作为一种规范的理念和计划，它以复杂的生存环境为基础。就是说，现代性的复杂性是长期以来的社会中各种矛盾与冲突所带来的复杂结果和经验。在现代性这个"复合体"中，"既包含着社会条件的变化，也包含着社会理念的变化，它们之间相互作用使现代性本身成为一个复杂的事物"[②]。与复杂性相对应的是单纯性，

---

① 参见汪行福：《复杂现代性与思想再解放》，《学术界》，2015年第10期。

② 汪行福：《复杂现代性与思想再解放》，《学术界》，2015年第10期。

现代性明显与单纯性无缘。有学者这样提出："强调'现代性'在空间、时间和内在结构上的特殊性、多样性和实现过程的阶段性和不确定性（包括试错），是'复杂现代性'概念对现代性在经历与不同文化相结合的历史演变和当代呈现的一种把握。"他们还提出，复杂现代性所包含的复杂性包含"三个维度"："其一是指，在现代性诸多规范的协调性和内在结构的自洽性方面呈现的复杂性；其二是指，现代性在实现条件和实现方式上的复杂性；其三是指，现代性所呈现出来的一种发展性，即在其实现过程中它的规范、内在结构所呈现出来的生成性和所具有的开放性。"①

实际上，也不要把现代性的复杂性解释得太复杂，在马克思那里，现代性的复杂性主要表现在两个方面：

其一，现代性的起源是相同的，但其过程并不是统一的。一方面，人类历史在从传统向现代社会转型的过程中，表现出现代性的普遍性，即都朝向现代性的目标；另一方面，不同时代的民族国家在其现代化具体演进中，在现代性的具体展现中，又显示出多样性与差异性的发展路径和表征。马克思论述现代性时总是渗透着对世界性与民族性的双重审视。在历史唯物主义视野中的现代性的构架，体现着普遍性与特殊性的统一。从马克思对现代性的论述中可以清楚地看到，现代性本质上是一元的，而现代性本质的表现形式可以是多样的。现代性包含着"物质内容"和"社会形式"两个方面。从"物质内容"来看，现代性主要是指生产力获得史无前例的解放和发展，引发社会生活各个方面的深刻变革和显著进步；而"社会形式"则是指实现这些内容的方式。显然，现代性的特定社会形式具有特殊性，可以多种多样；而现代性的物质内容却具有普遍性。有学者指出："对于现代性的物质内容与社会形式之间的矛盾关系，马克思曾以劳资对抗

---

① 冯平等：《"复杂现代性"框架下的核心价值建构》，《中国社会科学》，2013 年第 7 期。

关系为中心做过具体而深刻的阐释。"①

其二,现代性总是与前现代性、后现代性交织在一起。从传统社会中孕育现代社会不是一蹴而就的,并不是突然间现代社会取代了传统社会。随着现代性因素的不断增加,前现代性因素的日益减少,现代社会才得以确立。判断一个社会是不是现代社会,主要是看这个社会中现代性因素是不是占了主导地位,而不是说这个社会是清一色的现代性因素。这样,即使在一个现代社会中,包含着一系列的前现代因素,也属非常正常。马克思在许多场合曾详尽地分析过存在于现代社会中的前现代的东西如何顽强地起着作用。而在进行现代性建构的过程中,一些超越现代性的属于后现代的东西也会不可避免地出现,后现代性因素与现代性因素往往同时出现。在消解前现代因素的过程中,人们所期望的现代性因素没有出现,而后现代的东西却呈现于前。这样,在一个现代社会中,又必然包含前、后现代的因素。

中国从"富起来"走向"强起来"的过程一定是一个正确地面对和处置现代性的复杂性的过程。如果说在实现"富起来"的过程中,面对和处置现代性的复杂性的问题还不十分突出,那么要实现"强起来",如何正确地面对和处置现代性的复杂性变得异常急切。要实现"强起来",首先应做的事情就是科学判断当今中国的现代性所处的历史方位,也就是在深刻认识现代性的复杂性的基础上,知道自己是如何卷入现代性的复杂的矛盾与关系之中,从而制定出切实可行的处置这种复杂性、实现并超越现代性的政策措施。具体地说,要继续探索与一般现代化道路有别的中国式的现代化道路。既然现代性的复杂性就在于实现现代性的方式具有多样性和差异性,那么我们就要致力于创建中国模式的现代化道路。中国的"富起来"有赖于这种中国模式的现代化道路,而中国的"强起

---

① 郗戈:《马克思资本主义批判理论与现代性的"内在超越"问题》,《高校理论战线》,2012年第5期。

来"则完全取决于能否沿着中国模式的现代化道路走顺、走通。我们既要批判借鉴西方现代性的经验教训，也要立足中国国情；既要体现现代性的一般本质，也要考虑中国的特殊实际；既要遵循人类社会历史发展规律和我国社会历史发展规律，也要符合人性发展的价值诉求；既要克服现代性的消极弊端，又要释放出现代性中的积极精神；既要力求克服我国现代性进程中出现的问题，也要确定中国现代性建构的目标走向。①另外，既然现代性的复杂性还表现在现代性总是与前现代性、后现代性交织在一起，那么中国要"强起来"就必须正视前现代性、现代性与后现代性之间的纠结，牢牢掌握驾驭现代性的主动权。随着中国逐步"强起来"，三者之间的纠结会越发严重，中国正是在面对而不是回避这种纠结中实现"强起来"。当我们认识到应当并致力于超越现代性时，我们千万不能忽视我们的社会实际上还存在着的许多前现代的东西，现代性在中国还没有完全确立，从而应当继续关注如何用现代性来消除前现代性。当我们把注意力还停留于如何消除传统因素确立现代性之时，我们又千万不能忘记从总体上来说我们已应当把如何超越现代性摆到议事日程。

我们在前面反复强调，现代性内含于资本的逻辑之中。当今中国要实现"强起来"的当务之急是如何正确面对和处置现代性的复杂性，说到底是如何正确面对和处置资本逻辑的复杂性。为了"强起来"必须超越资本，但资本在当今中国还有着不可替代的作用。"强起来"是建立在"富起来"的基础上，"强起来"不是对"富起来"的否定，而是对"富起来"的升华，从而为了维护"富"这一基础，还得充分发挥资本的功能。这样，我们就陷入了超越资本、限制资本与利用资本、发展资本的复杂性之中。目前中国人面对资本的复杂性就在于，我们既要考虑如何充分地利用资本，让资本最大限度地发挥其正面效应，又要思考如何不能

---

① 参见韩庆祥：《现代性的本质、矛盾及其时空分析》，《中国社会科学》，2016年第2期。

像资本主义国家的资本家那样去利用资本,而是在利用资本的同时又要超越资本,在利用资本与超越资本之间保持一种合理的张力。所以在当今中国,如何承认资本、利用资本、限制资本、超越资本并反思资本,成了求解中国如何"强起来"的关键。随着马克思主义中国化的深入推进,特别是随着马克思主义的现代性批判理论结合中国现代化实际的创造性地运用,中国正在通过"驾驭资本"的实践,破解这一如何使中国"强起来"的难题。

三、马克思所构建的"意义世界"是走向人类文明新形态的指路明灯

人们经常说，马克思主义在当代世界上已成了"他者"。实际上，这一说法只是在下述意义上才是正确的：在当代世界的绝大部分地区，统治者精英们正把马克思主义作为异端邪说加以围剿、打击，不断地宣布马克思主义业已死亡而加以埋葬，从而马克思主义只能在"边缘"艰难地生存着；而在当代世界的另一些地区，尽管马克思主义仍被奉为主流意识形态，但实际上它也正遭到一些人肆意地曲解而被"掏空"、变质。所以从马克思主义的现实遭遇和处境这一意义上，把马克思主义说成是当代世界的"他者"并没有什么不对。

但是一种学说是不是仅作为当今人类的"他者"而存在，关键不是看其现实的遭遇和处境，不是看其在形式上是否占支配地位，而主要是看其对当今世界的实际价值。具体地说就是，主要看其能否揭示出当今人类生存的真正意义所在，能否为当今人类的发展指明一条正确的道路，能否为当今人类构建出一个"意义世界"。如果能做到这一点，那就说明这种学说与当今人类有着本质性的联系，它不是"外在于"而是"内生于"这个世界，也就是说，它并不是我们当下这个世界的"他者"。马克思主义正是这样一种学说。当代世界无数的有识之士一

再指出，马克思主义虽然在当代世界不断地被边缘化，但唯有它才能为处于困惑和迷惘中的当代人指明正确的前进方向，唯有它才能真正满足当代人对精神向导的需求。21 世纪的人类离不开马克思主义，没有马克思主义，就没有人类的将来。正如德国学者罗伯特·库尔茨(Robert Kurz)在其《资本主义黑皮书——自由市场经济的终曲》一书中所说："马克思的理论并没有被驳倒，它现在才获得了其历史的真理内涵。"①马克思主义实际上并没有沦为当代世界的"他者"，而是越来越显示出其"主体"的角色，尽管这种"主体"的角色在很大程度上还是潜在的，但确实已有"非它莫属"的意味。

对于把自己的生活活动作为自己意识和意志的对象的人来说，确立自己在宇宙中的位置，探索自己能够也应当通往的方向，比什么都重要。人是一种追求普遍性的类存在物，必然要把活动的实际目的提升，普遍化出生存的"绝对目的"。这种人的活动的"绝对目的"，就是人活动的终极依据或全部生存的意义。如果没有这种"绝对目的"，人就成了无意义的破碎的非人。海德格尔说，意义是在人领会着自身并展开自己的生活活动中加以关联的东西。没有意义，人的生存就失去方向。人不知道自己从哪里来，又要走向何处，人就不能展开自己的生命活动，就不能获得自己本质的现实规定性。显然，生存的意义，便是人生存的理由与依据，是人安身立命之本。②确实，马克思曾反对"人的意义"的提法，但马克思反对的不是对人与意义的关系的探讨，而是要说明：意义除了是人的，难道还是其他什么东西的意义吗？他说："好像人除了是人之外还有什么其他的意义似的！"③所以马克思把对人的本质、对人的生存的意义的研究作为自己理论创

① ［德］罗伯特·库尔茨：《资本主义黑皮书——自由市场经济的终曲》(下)，钱敏汝等译，社会科学文献出版社，2003 年，第 870 页。
② 参见高绍君：《存在论视域中的人的价值》，《湖南文理学院学报》(社会科学版)，2004 年第 2 期。
③ 《马克思恩格斯全集》(第 2 卷)，人民出版社，1972 年，第 118 页。

造活动的宗旨，他对人类的突出贡献就是为人类构建了一个"意义世界"。

环顾今日之世界，人类面临的最大危机就是意义的缺失。尽管当今世界，无论科学技术的发展、物质财富的丰富，还是人类信息的传递与沟通，都到了一个无与伦比的时期，然而人类突然感到无法辨识自己前进的方向，不知道自己究竟应当通往何处。人一下子觉得自己是个无根的浮萍，甚至还常常有"行尸走肉"之感。这种状况从 19 世纪末开始一直存在着，但无疑到了 21 世纪越来越严重了。人类迫切希望走出迷茫，奔向一种真正能够实现自身的新的文明世界。欲问马克思主义的当代意义究竟在哪里？那么可以明确地说，马克思主义的当代意义主要就是在这里，即指引我们走向一种新的文明。尽管马克思主义学说的其他内容因遭到这样或那样的指责而显得暗淡，但马克思对人类生存意义的探讨，对人类"意义世界"、对人类新的文明的正确的价值观念的构建，依然闪耀着栩栩如生的真理的光芒。尽管人们对马克思主义学说的其他内容提出了铺天盖地的批评，但对马克思主义的这一方面的理论依然持敬畏态度（包括那些对马克思主义抱有各种偏见的人）。确实，当今人类只有凭借马克思所揭示的"意义世界"，才能在"一堆乱麻"中理出一个思路，找到自己真正应当通往的方向，知道自己的目标，即新的人类文明之所在，以及为了实现这一目标，眼下究竟应该做些什么和如何去做。

下面我们就从马克思所构建的"意义世界"中挑选若干内容作些评析。

（一）指引实现人的全面发展

20 世纪 60 年代初，西方马克思主义的著名代表人物马尔库塞发表了《单向度的人》一书，对现代社会中人的片面发展提出了尖锐的批评。虽然这一著作一出版就引起了整个世界的轰动,引起了世界上许多人对自己成为"单向度的人"的警觉,但可惜时至今日,人的片面发展越演越烈。人的生存的意义是不是仅在物质领域就能全部实现,还是必须从各个方面满足自己,在追求全面满足中来实现自己的意义,这一问题越来越尖锐地摆在人们面前。

显然,在马克思为人类所构建的"意义世界"中,人应当是全面发展的,而人类要走向新的文明,首要的条件必须是人实现全面的发展,只有全面发展的人才是真正有意义的人。

马克思通过对人的本质的各种精辟的阐述,引出人的生存的意义就在于全面发展的结论。

马克思曾把人的本质归结为自由自觉的活动,即作为目的本身的消遣性的劳动。马克思强调,如果人类要沿着使人的本质——劳动得以实现的方向发展自己,就应该使自己从旧的分工体系中解脱出来,自由地选择自己的职业,全面地发展自己的爱好和天赋。这里关键的是要在劳动的过程中,注意形成自己全面的、综合的劳动能力。这种劳动能力的全面性,可从两个不同的角度概括:一是概括为物质生产能力、精神生产能力和人自身生产能力,二是概括为人与自然发生关系的能力、人与社会发生关系的能力和人自己与自己发生关系即自我调控的能力。马克思把这种实现人的劳动这一本质所要求的人的能力的全面发展,直接表述为"全面发展自己的能力""发挥他的全部才能和力量""人的全部力量的全面发展"等。马克思在《德意志意识形态》中这一段耳熟能详的话可以视为什么是人的全面发展的最经典的论述:"我有可能随自己的兴趣,今天干这事,明天干那事……这样就不会使我老是一个猎人、渔夫、牧人或批判者。"①

马克思也曾提出人的本质是社会关系的总和。这是从社会性的角度规定人

---

① 《马克思恩格斯选集》(第一卷),人民出版社,2012年,第165页。

的本质。马克思说："人的本质不是单个人所固有的抽象物，在其现实性上，它是一切社会关系的总和。"①马克思关于人的本质的这一著名的论断不但告诉我们，人的本质存在于社会关系之中，而且也向我们揭示这里所说的"社会关系"是一个全面的、综合的、外延广泛的概念。也就是说，作为人的本质存在的根基的"社会关系"，包括了与人生存和发展相联系的一切历史的、现存的、自然的、社会的条件和关系。既然如此，人的社会特性的充分实现，完全有赖于人的社会关系的全面生成，即人的社会特性的充分发展与人的社会关系的全面生成相一致。马克思说，个人的全面性不是想象的或设想的全面性，而是他们的现实关系和观念关系的全面性。这样，马克思从把人的本质规定为"社会关系的总和"出发，推论出人的发展离不开社会关系的充分丰富与全面占有。

马克思又强调人的本质是人的自然属性、社会属性和精神属性的统一。人的自然属性是指人的天赋，包括智力和体力两个方面。人的社会属性和精神属性则构成人的个性的基本内容。既然人的本质是三种属性的统一，要实现人的本质则务必应使这三种属性全面地得以发展。这就是说，不但要使作为人的自然属性的两大组成部分的体力和智力都得到自由而充分的发展，而且更要使另外两种属性也相互协调地展示和强化。后两种属性的全面发展是与人的个性的全面发展紧密联系在一起的，它们构成了人的全面发展的综合表现和最高指标。从马克思以三种属性的统一的角度规定人的本质的思路不难得出结论，人的全面发展的根本特征，不仅体现在脑力劳动与体力劳动的结合上，也体现在高度政治觉悟和科学文化知识的结合上。换言之，人的完整本质在多方面的自由发展和发挥，就是对人的肉体和精神上的异化的扬弃，就是对人的体力、智力和道德上的片面发展的克服。

---

① 《马克思恩格斯选集》(第一卷)，人民出版社，2012年，第135页。

马克思还曾把人的本质与人的需求联系在一起。马克思认为："他们(指人——引者注)的需要即他们的本性。"①按照马克思的观点,需要是人内在的、本质的规定性,是人的全部生命活动的动力和根据,因此需要的满足程度直接涉及人的本质的实现程度。无疑,人的需要是全面的、综合的和多层次的,所以为了实现人的本质,不仅要在广度上而且应在深度上满足人的需要,即应全面地、综合性地、多层次地满足人的需要。马克思把人的需求概括为生存需求、发展需求和享乐需求,认为它们共同构成一个开放的动态系统。如果细分一下,可以把人的需要列为六个不同的层次:生存需要、情感需要、服务需要、社会需要、享受需要和发展需要。它们都是人的基本需要,既属个人,也属群体、社会和整个人类。人的全面发展当然包括人的所有需要的全面满足与发展,其具体趋向不断在丰富和理性化。

上述是马克思关于人的本质的各种论断,以及由此引发的他对人的发展的思考。从中我们可以领悟到,马克思所说的人的发展的基本内涵就在于"全面"二字上:不管你从什么样的角度去规定人的本质,所看到的人都是具有无限丰富性的总体的人。不管你从什么样的角度去探讨人的发展,所得出的结论只能是,人的发展的第一个要求就是它的全面性,即人的各个方面、各个层次兼容并包地、铢两悉称地、相互协调地得到发展。

马克思关于人的生存意义在于全面发展这一点,已越来越引起人们的重视。人们注意到,苏东剧变后,西方的一批马克思主义研究者,特别推崇马克思的人的全面发展理论,他们对马克思主义现实性的论证,主要是对马克思的人的全面发展理论的现实性的论证。这里仅以法国共产党的两个理论家的观点来加以说明。法共理论家吕西安·塞夫指出,要通过向人民提出反对金钱至上和金

———————
① 《马克思恩格斯全集》(第3卷),人民出版社,1960年,第514页。

钱统治社会的资本主义，提出人的全面发展等社会目标来赢得人民的信任和支持；马克思有一个论点，资本主义的发展是建立在多数人的痛苦之上的，当今世界依然是这样一种状况，人文科学的目的就是要研究怎样才能使人得到共同全面的发展。①法共另一位理论家拉扎尔也指出，如果仅仅从以经济的发展和人民的物质生活来看，马克思主义和社会主义对人民的吸引力确实大不如以前，但如果从人的全面发展尤其是从整个社会的精神方面来看，马克思主义和社会主义要做的事情很多，资本主义存在的问题也很多；法国共产党人的任务就是要把人的全面发展与经济发展结合起来，用马克思主义关于共产主义和人的全面发展的理论来逐步改变资本主义的统治状况，吸引人民，求得法国社会的发展。②显然，这些国外的马克思主义研究者极其重视马克思的人的全面发展理论在当代西方社会中的现实意义，认为这些现实意义主要表现为，可以用它来评判现代资本主义，提醒人们对其所处境遇的认识，可以用它作为社会发展目标来赢得人民的支持。

真正掌握了马克思的人的全面发展理论的人都会深切地感受到，无论资产阶级怎样炫耀自己的价值观念，他们所拥有的精神遗产都不能代表人类文明的最高目标和追求方向。没有两极分化、生活有保障、在物质生活资料相对充裕的同时精神生活也非常充实等社会状况，与根源于资本主义制度的两极分化、尽管物质生活充裕但精神上极端空虚、用精神上的堕落换取相对丰富的物质生活的社会状况相比，无论如何要崇高得多、永恒得多。

---

①② 参见中国社科院学者访欧代表团：《访欧纪要之二：欧洲学者谈马克思主义和社会主义》，《马克思主义研究》，1996 年第 2 期。

（二）指引实现劳动的解放

当代社会有一个现象正在引起人们深深的忧虑,这就是:通过微电子生产力而大大增多的社会时间储蓄并没有等量地转换为所有人都能享受到的闲暇,而是一方面造成了大规模失业,另一方面又加剧了劳动的紧张程度。第二次工业革命使人转变成一个"机器人",人当然不可能获得幸福和解放;当人们以为通过第三次工业革命真正实现机器人替代时,人就可以获得幸福和解放了,但客观存在的现实把人们的这一幻想碾得粉碎。人们看到的残酷现实是:现代社会不断地抛弃"过剩者"使之陷于贫困的境地,同时其成本核算机器又昼夜不停地驱赶那个最后剩下的工人去干活。看来人如何在劳动中实现人生的意义和相应获得享受的问题,在第三次工业革命的背景下,反而变得更加尖锐和紧迫。事实十分清楚,我们要走向一种新的人类文明,必须致力于改变那种使人成为劳动工具的状况,实现劳动的解放,使人真正从劳动中获取无上的幸福。

在这个时候,只有求助于马克思的劳动解放理论才能解决这一时代难题。

马克思主要是从批判资本主义异化劳动入手阐述人的生存意义之所在的。马克思认为,资本主义制度最大的罪恶就是把人的劳动变成异化劳动。具体地说,资本主义社会的异化劳动造成了三个分裂:一是使劳动的主客体相分裂,即工人从主体变成了客体,在精神和肉体上被贬为机器或附件,使劳动失去了人的自主性;二是造成了人的目的和手段相分裂,劳动成了劳动者纯粹谋生的手段,劳动者把劳动看作一种机械的沉重负担;三是使人的劳动和享受相分裂,人的劳动过程是个强迫的痛苦的过程,只要劳动的强迫性一解除,人们会像逃避瘟疫一样逃避劳动。①马克思对此作了生动的描述："人（工人）只有在运用自己的动物机能——吃、喝、性行为，至多还有居住、修饰等等的时候，才觉得自己是自由活动，而在运用人的机能时，却觉得自己不过是动物。动物的东西成为人的东西，而人的东西成为动物的东西。"②在马克思看来，资本主义社会的罪恶在于造成了这样的颠倒：吃、喝等明明是动物的功能，可人却完全专心致志地享受，把此当作人独有的功能来对待；而劳动明明是只属于人的功能，可人却偏偏不加重视，只是以此作为一种手段，实际上已将此视为动物的功能了。

马克思批判资本主义社会中异化劳动的过程，也是阐述劳动是人的本质，阐述劳动对人的意义的过程。他不但从人与自然界的关系的角度，把人类劳动规定为改造世界的对象性活动，即认定人类劳动的过程是劳动者主体把自己的体力和脑力对象化到某个产品上的创造性过程，而且又从人与动物相区别的角度，把人类劳动规定为人的自由自觉的创造性活动。马克思说："动物不能把自己同自己的生命活动本身变成自己的意志和意识的对象"，"正是由于这一点，人才是类存在物"。③马克思还说道："正是在改造对象世界中，人才真正地证明自己是类存在物。这种生产是人的能动的类生活。通过这种生产，自然界才表现为他的作品和他的现实。因此，劳动的对象是人的类生活的对象化：人不仅象在意识中那样理智地复现自己，而且能动地、现实地复现自己，从而在他们所创造的世界中直观自身。"④按照马克思的说法，人在其对象化劳动的实践中非但没有丧失自身，而且表现、实现和确证人的内在力量和主体性。马克思还非常明确地把劳动的意义概括为可以满足人的三个方面的基本需求，即生存的需求、发

① 参见吴焕新：《劳动创造与实现人的全面发展：对马克思思想史的一个考察》，《探索》，2003 年第6 期。

② 《马克思恩格斯全集》（第 42 卷），人民出版社，1979 年，第 94 页。

③ ［德］卡尔·马克思：《1844 年经济学－哲学手稿》，刘丕坤译，人民出版社，1979 年，第 53 页。

④ 《马克思恩格斯全集》（第 42 卷），人民出版社，1979 年，第 97 页。

展的需求和享乐的需求。正因为他对劳动的意义有如此深刻的认识，所以他对在当代资本主义社会中劳动失去其本真，成为劳动主体没有任何自主性的异化劳动深恶痛绝。

由此可见，劳动的解放，即把异化劳动变成真正自由自觉的人的活动，在马克思所构建的"意义世界"中具有核心的地位。马克思把作为人类理想的共产主义社会定义为"劳动复归"的社会。他认为，在那样的社会中，真正消灭了异化劳动，树立起了人类劳动的全新的观念，即劳动不再是强迫的而完全是自觉的，不再是痛苦的而完全是一种消遣和享受。他甚至把"人的自由自觉的劳动—异化劳动—劳动复归"的历史视为即是"人—非人—人的复归"的历史。这里的关键是实现人的劳动的自主性，因为在实现劳动的自主性的同时，人的才能可以得到充分发挥，即每个人都能够在他所喜欢的活动领域自由地发挥自己的才能，每个人都能自由全面地发展。因此，上面所说的人的全面发展的中心环节就是实现人的劳动的自主性。

不要认为马克思只是在《1844年经济学哲学手稿》等早期著作中才高扬人类劳动的旗帜，实际上，马克思对异化劳动的批判，以及关于劳动对人生意义的阐述贯穿于他一生的理论研究和斗争实践之中。《资本论》当然是论资本，但是论资本的实质就是论劳动，即论异化劳动和雇佣劳动。确实，马克思在中后期的著作中较多关注的是现实的劳动，即现实的物质生产过程，但这并不意味着马克思就不关心人的自由自觉的活动的实现了。马克思在中后期根本没有抛弃实现自由自觉的劳动的理想，他只是要为实现这一理想建立一个新的理论平台。在关注现实劳动的同时，他脑海中所想的仍然是人的自由自觉劳动的实现。他之所以转到对现实的生产过程中的雇佣劳动，就是为了通过研究雇佣劳动所承载的资本主义生产关系的内在矛盾，不但要论证自由自觉的劳动实现的必然性，而且还要论证自由自觉的劳动实现的现实性。

人们总喜欢把马克思劳动解放的思想说成是一种"劳动乌托邦"。实际上，正如一些生态学马克思主义者所指出的那样，正是马克思的所谓"劳动乌托邦"的思想显示出了极高的当代价值。当今虽然尚不能完全实现劳动的真正解放，但我们必须朝着这一目标前进。起码可以从以下两个方面作出努力：

其一，不要随随便便地把人们从传统的直接性的劳动岗位上驱赶出去，确保人们有一个实现自身价值的平台。直接性的生产活动最能发挥人的创造性，从而最能体现人生的意义，所以应该让尽可能多的人都有直接性的生产劳动岗位。鉴于目前出现了将大批人驱赶出直接性的生产活动领域，而只是让一小部分职业精英从事这种活动，从而使前者沦为后者的仆人的情况，生态学马克思主义者高兹特别指出了当前公平地分配劳动岗位的重要性。他认为，面对劳动岗位日益减少的局面，有两种不同的解决办法：一种是像现代社会正在发生的那样，把减少掉的劳动岗位交给一部分职业精英，而让大部分人失业下岗，再让前者廉价去购买后者的劳动为其效劳，当他们的奴隶；另一种解决办法就是"尽管劳动减少了但仍然让每个人能够劳动"，哪怕把劳动时间减少到一天两小时，也得让每个人都在劳动岗位上。他认为，如果被排斥出经济活动领域，那就无从谈起劳动的权利和劳动的自主性。所以在目前情况下，劳动的解放第一位的要求就是把劳动的时间减少些，但必须每个人都能从事劳动，都有其劳动的岗位。他说："劳动的解放和'劳动得少些从而每个人都能从事劳动'的理念，就到底是劳动的斗争运动的发源地。"①高兹所提出的"尽管劳动减少了但仍然让每个人能够劳动"的思想极有针对性。我们一定要避免高兹所说的第一种办法，而尽量按照第二种办法去做。也就是说，我们万不能把传统劳动岗位只是集中于人数很少的"劳动精英"那里，而让大多数人离开传统劳动岗位，沦为只能从事围绕

---

① A. Gorz, *Crique of Economic Reason*, London, 1989, p.221.

"劳动精英"转的服务性工作。对于广大下岗者和失业者来说,仅仅给予生活补助让他们能生存下去是远远不够的,他们不仅需要活下去,更需要一个能证明自身价值的天地。实践证明,让每个人都有活干的意义并不逊于让每个人都有饭吃。

其二,在把当今人们的劳动转变成真正自主性的活动上下功夫。生态学马克思主义者提出了"人的满足最终在于生产活动而不在于消费活动"的命题,我们要像生态学马克思主义者所说的那样,把注意力转移到人们的生产活动中来,引导人们在生产活动中获取享受和满足。劳动时间的减少并不意味着人的快感的自然增加。现代人一定要在有限的劳动时间里开辟出一个足够大的自由和享受的空间。在这一空间中,人们的生活不再完全被消费所占据,从而也不再被只是作为谋取生活资料的手段的劳动所占有。人们发现这是一个价值不能被量化的领域,发现这才是生活自主的领域。这里关键的是要逐步改变目前的那种"付薪劳动"的形式。如果不改变目前通行的"付薪劳动"形式,要实现所有人的生产活动的自主化是不可能的。高兹尖锐地向当今的人类提出这样一个问题:"我们是否不得不去寻找一种替代付薪劳动的活动资源和社会一体化模式?我们是否必须超越完全职业化的社会,而去计划建立一种'完全活动性'的社会,在这一社会中,每个人的收入不再是其出卖劳动所获得的价格?"①一定要把"劳动"(work)与"工作"(job)或"就业"(employment)区别开来,相应地把"劳动的权利"与"挣钱的权利"或"得到收入的权利"区别开来,只有让"劳动"取代"工作"或"就业",让"劳动的权利"取代"挣钱的权利"或"得到收入的权利",才能真正实现劳动的解放。

---

① [法]高兹:《社会主义、资本主义和生态学》,伦敦,1994年,第IX页。

（三）指引实现人与自然的和谐共生

20世纪60年代末，全世界都把目光投向罗马。在那里，几十名专家、学者成立了专门研究全球问题和人类困境的"罗马俱乐部"，写出了一份份足以使全体地球人失魂夺魄的报告。这些报告告诉人们：人类在对自然界的开发与征服的同时，正在侵犯自己的生存基地，并且在掠夺子孙的生存空间，人类借以生存的整个生命圈在缩小，自然灾害将空前地增多并趋向恶性，现代人和未来人的生存空间将被沙漠吞噬……

几十年过去了，"罗马俱乐部"的告诫与呼唤，以及随后联合国就环保问题所发表的一系列宣言，并没有使人类真正苏醒过来。综观整个世界，环境的污染、生态的破坏在继续，并且在有的地区还变本加厉。人类仍面临自然危机、生态危机的威胁。显然，只要人与自然还处于这种对立状态，创建一种新的人类文明纯属空谈。创建人类新的文明，必须从建立人与自然的和谐关系着手。

为什么人们在环保方面如此举步维艰？关键是人们对生态环境保护对人类生存之意义尚未真正认识。现实告诉人们，当今人类确实迫切需要用马克思所构建的"意义世界"中关于人与自然和谐相处的内容加以启蒙教育。

人与自然的和谐统一，是马克思所要我们追求的崇高境界，也是马克思为人类所构建的"意义世界"的一项重要内容。马克思说："这种共产主义，作为完成了的自然主义，等于人道主义，而作为完成了的人道主义，等于自然主义，它是人和自然界之间、人和人之间矛盾的真正解决……"他还说："社会（指共产主义社会——引者注）是人同自然界的完成了的本质的统一，是自然界的复活，是人的实现了的自然主义和自然界实现了的人道主义。"马克思在这里向人们所描述的这一共产主义的前景，正是他所构建的"意义世界"的人与自然完全和谐高度统一的前景。

人与自然的关系问题是人类面临的一个永恒的主题，也是任何哲学都无法回避的重大理论课题。可惜在马克思之前的所有哲学都未能正确地解决这个问题。马克思基于他的感性活动原则和实践思维方式，用其毕生的心血，正确地解决了人与自然的关系，为人类正确地处理与自然界的关系奠定了理论基础，确立了基本原则，从人与自然界相互关系的角度为人类构建了一个"意义世界"。马克思早在青年时期的博士论文《德谟克利特的自然哲学和伊壁鸠鲁的自然哲学的差别》(以下简称《博士论文》)中，就通过考察德谟克利特和伊壁鸠鲁在自然哲学中的差别，来说明在人与自然的关系上，人只有掌握自然界的客观理性才能达到"定在中的自由"，马克思在当时就已开始重视自我意识和现实世界、人和自然界内在的有机联系，马克思在《博士论文》中的思想孕育着其后来的关于人与自然理论的思想萌芽。马克思在《1844年经济学哲学手稿》中则通过对黑格尔的辩证法和整个哲学的批判，一方面摒弃了"抽象的自然界"，另一方面又阐述了人与自然的对象性关系，提出了人与自然是在对象性的活动中自我生存的，从而初步形成了人与自然的理论。马克思在《关于费尔巴哈的提纲》中通过确立实践思维方式，超越了人与自然界截然相分的理论思维前提，从而克服了传统哲学在对待人与自然关系问题上的局限性。在稍后的《德意志意识形态》中，马克思更为深刻地阐述了"人和自然以及人与人之间在历史中形成的关系"，他站在感性活动的立场上，揭示了在"工业"这种感性活动中，向来就存在的人和自然的现实统一性。至此，马克思就基本确立了关于人与自然的理论。自此以后，马克思的关于人与自然相互关系的理论经过一系列的重大历史事件和资本主义社会的发展的检验，不断得到补充、深化和展开，这一进程的最终成果都凝结在《资本论》中。马克思在《资本论》中把内蕴于思维方式中的革命、批判主旨进一步披露出来，从而寻找到了消除人与自然的对立，摆脱生存环境危机的根本出路。①

在马克思所构建的"意义世界"中明明包括了人与自然和谐相处的重要内容，马克思明明把消除人与自然的对立，实现自然主义与人道主义的统一作为实现人的生存的意义的一个必不可少的环节，但有些人却偏偏要否定在马克思的著作中包括人与自然相统一的理论，否定马克思是把实现人与自然的统一作为人生价值的重要内容的。他们强调，马克思虽然看到了资本主义以不断扩张作为利润源泉的商品生产为基础，但是忽视或者根本不理解这种形式的浪费性过度生产对地球的生态系统所造成的后果，因而在马克思的思想中，只有关于资本主义经济危机的理论，而没有关于资本主义生态危机的理论。他们抓住马克思讴歌科学技术的发展对于改造自然的功能的有关词句大做文章，认为马克思也是一个鼓动人类利用知识去征服与伤害自然界从而带来人与自然严重对立的思想家。他们认为，马克思所论述的人类的解放包括了人的政治解放和经济解放，但没有包括实现人与自然相统一的内容。这实际上是对马克思理论的一个重大误读，尽管在马克思的著作中确实可以找到与其实现人与自然相统一的宗旨不相一致的个别词句，但贯穿于马克思整个思想体系的核心观点无疑是对人与自然相统一的强调。对此，两位西方马克思主义理论家作过富有说服力的论证。

一是马尔库塞。他指出，把自然视为"解放的一个重要领域"是马克思的《1844 年经济学哲学手稿》的主要论点，在这部手稿中，"'自然占据了它在革命理论中应该占有的位置'"②。他认为，按照马克思的观点，自然界不仅仅是材料，

① 参见张传开、牛菲：《探索、建构、确立和展开——马克思人与自然理论的历史发展》，《巢湖学院学报》，2005 年第 1 期。

② ［美］马尔库塞：《反革命和造反》，波士顿，1972 年，第 63~64 页。

"不仅仅作为在有机的或无机的物质而出现,而且是作为独立的生命体,作为主体-客体而出现,对生命的追求中人与自然的共同本质"①。人为什么能同自然界发生关系? 这不仅由于"物本身就是人的关系的对象化",而且由于"物本身也像人同它发生关系那样同人发生关系"。也就是说,这不仅由于"物是客体",而且由于"物是主体"。他还说,当马克思把自然界看作一种主体时,曾被一些人作为"人本学的、唯心主义的思想"加以指责,但实际上这一观念与唯心主义风马牛不相及。"它是成熟的唯物主义理论的先驱","是唯物主义基础的一种扩大"。当然,"这不再是费尔巴哈的'自然主义',而是相反,是在一个方面发展了的历史唯物主义,而这一方面将对人的解放发挥一种重要作用"②。在他看来,马克思有关如何正确地处理人与自然相互关系的论述,是当今人类正确地面对自然界,建立人与自然和谐关系,从而真正使人通过"解放自然"再解放自身,使自己的生存真正获得意义的基本准则。他说,马克思所说的"对自然的人道的占有"就是要求人们"把自然界改造成符合人的本质的环境世界"。③由于马克思从来没有把追求物质生活的满足看作人的本质,所以马克思也不会把按照"符合人的本质"的原则去"占有"自然界,具体化为尽可能多地从自然界中获取物质生活资料。马克思认为人的需求是多种多样的,人应全面发展,所以马克思在这里所提出的"对自然的人道的占有",是要人们让自然为满足人的各种需求,促进人的全面发展服务。马尔库塞还指出:"当马克思讲到'按照美的法则来塑造对象的世界'时,他既不是附带说的,也不是为了表示自己的慷慨激昂。"④这是马克思为人类正确地面对自然界指出的根本方向。

---

① [美]马尔库塞:《反革命和造反》,波士顿,1972 年,第 65 页。

② 同上,第 67~68 页。

③ 同上,第 64 页。

④ 同上,第 74 页。

二是佩珀。他强调，"马克思主义对生态社会主义来说是至关重要的，它不应该在总体上被抛弃"，"马克思主义对生态社会主义来说就犹如一剂'解毒药'，它能够消除弥漫于主流绿党和无政府主义绿党言谈之中的那种理论上的含混不清、自相矛盾、枯燥无味等毒素"。①他指出，在马克思主义的所有理论中，其"自然"概念对生态保护的意义最有争议。许多人，特别是那些生态原教旨主义者对马克思的"自然"概念持否定态度，强调正是马克思的"自然"概念为人们伤害自然、破坏自然提供了理论依据。佩珀与这些人的观点截然相反，他高度肯定马克思的"自然"概念对生态保护的意义。他指出，马克思的"自然"概念属于培根、黑格尔的思想范畴，但又不仅仅是追随他们，而且是超越了他们，发展出一种独特的立场。他说："在马克思那里的自然概念，不仅仅只是把自然当作经济物品的原料（一种技术中心主义的观点），也不仅仅只是把自然当作物品的固有价值的发源地（一种深层生态学的观点），更不仅仅只是把自然当作一个濒于灭绝的生态系统，马克思的自然概念把自然设想为是一种社会范畴，尽管自然具有'客观性'，但它被自身的某一个组成部分重新塑造和重新解释了，即重新塑造和重新被解释成人类社会。"②他强调，研究马克思的"自然"概念对生态保护的意义，必须从马克思辩证地看待自然与社会之间的关系的基本思想出发。他还强调，在研究马克思的"自然"概念时，不能忘记马克思关于"自然界具有优先地位"的基本观点。在佩珀看来，从马克思的这一论述中不能仅仅领会到马克思的唯物主义，还应看出马克思尊重自然的基本立场。马克思关于把第一自然转化为第二自然的思想是遭到生态中心主义者批评最多的，而在佩珀看来，正是马克思的这一思想深刻地指明了人如何解决人既存在于自然又与之相对立的矛盾的途径。人造的自然是人们与自然作斗争的必然性体现。把自然界与

---

① ［英］佩珀：《生态社会主义——从深层生态学到社会正义》，伦敦洛特雷出版社，1993年，第248页。
② 同上，第114页。

"好"，而把技术、人类文化与"坏"联系在一起是错误的，人类完全能够创造出一个比自然给予的世界更好的世界。只要第二自然使人成为自己命运的主人，只要第二自然能符合人的美的观念，就谈不上对自然的伤害，就能实现人与自然高度的和谐，因为对美的追求是人与自然所共同的。

这两位西方马克思主义理论家对马克思的关于人与自然相互关系的理论的实质与意义的理解是正确的。只要我们都能像他们那样自觉地重视与深刻地领会马克思的这一方面的理论，我们就一定能在实际行动上按照马克思为人类所构建的"意义世界"中关于人与自然和谐相处的要求，去解决日趋严重的自然危机、生态危机，真正找回自己在自然界中应有的位置，尊重自然，回归自然，提高生存质量，展现生存意义。

(四)指引实现人与人和谐相处

人都是经济人①，人都是在追求自己个人利益的最大化，人都是自私自利的，这正在成为一个"公理"广泛流传。随着市场经济的普遍推行，信奉这个"公理"的人与日俱增。而实际上，正是在这样一个"公理"的影响下，我们这个社会变得越来越尔虞我诈、善自为谋、唯利是图。如果社会一直这样发展下去的话，总有一天会因无法承受内在的冲突而走向毁灭，建立人类新的文明更是缘木求

---

① 必须指出，"经济人"的概念在当代中国是在遭曲解的意义上被普遍接受的。在有些人看来，认可人都是"经济人"，也就等于认可人都是自私自利的，都是追求自己利益的最大化的，而这不完全符合"经济人"概念提出者的原意。最早提出"经济人"概念的是亚当·斯密，诚然亚当·斯密强调人都是按照普遍的行为方式从事经济活动的人，而这种普遍的行为方式就是由人的基本动机决定的"以牟取利润为唯一的目的"，但与此同时亚当·斯密指出，支配人类行为的动机不仅有"自爱"，即利己的一面，而且还有"同情"，即利他的一面，他认为这两种基本动机总是相互伴随的。

鱼、一句空话。新的人类文明的一个重要标志就是人与人之间的和谐相处。

看来，我们确实需要一种能正确地揭示人与人之间应该具有的关系的理论，来矫正目前的人际关系，以及指引人们去建立符合人的本性的、能使人的生存真正具有意义的新的人际关系。在这一问题上我们只能再一次求助于马克思，因为在马克思所构建的"意义世界"中包含着如何正确处理人际关系的基本准则，而唯有这些准则才能使我们建立起真正令我们的人生具有意义和价值的人际关系。

在马克思那里，共产主义既表征一种合乎人性的，即使人的生命真正获得意义的存在模式，又是为保证这种存在模式得以实现而设想的一种特定社会制度安排。对这种存在模式和社会制度安排，马克思称之为"自由人联合体"："在那里，每个人的自由发展是一切人的自由发展的条件。"①可见，"自由人联合""每个人的自由发展是一切人的自由发展的条件"是马克思所构建的"意义世界"中处理个人与个人之间，特别是个人与集体之间关系的基本准则。马克思在这里起码告诉我们两层意思：

其一，在作为一种真正理想的存在模式的"自由人联合体"中，不可能把个人吞没了，不可能把个人的利益完全排除掉了，而恰恰相反，其出发点是"现实中的、有生命的、从事实际活动的个人"②。在"自由人联合体"中联合起来的是"个人"，"在这个集体中个人是作为个人参加的"③。这意味着自由发展的个人是这一联合体的宗旨。对此，马克思讲得十分清楚明白："共产主义所建立的制度排除一切不依赖于个人而存在的东西。"④

---

① 《马克思恩格斯选集》（第一卷），人民出版社，1972年，第273页。

② 同上，第24、29页。

③ 同上，第83页。

④ 同上，第78页。

其二，在这个"自由人联合体"中，尽管个人的全面发展是宗旨，但个人只有在集体中通过"自由的联合"才能实现这种发展。马克思说："只有在集体中，个人才能够获得全面发展其才能的手段，也就是说，只有在集体中才可能有个人自由。"①他还设想在这种新的人的存在模式中，"集体的活动和集体的享受，亦即直接通过同其他人的实际聚合来表现自己和确证自己的那种活动和享受……是到处存在的"②。在这里，马克思既表现了对"个人"利益的强烈关注，又强调了"联合体"是通向个人自由，确保个人利益的唯一道路。③

马克思在这里所说的"个人"与"集体"的关系，在一定意义上也就是所谓"利己主义"与"自我牺牲"的关系问题。而对"利己主义"和"自我牺牲"的关系，马克思和恩格斯在《德意志意识形态》一书中有一段非常精辟的论述：

> 对我们这位圣者来说，共产主义简直是不能理解的，因为共产主义既不拿利己主义来反对自我牺牲，也不拿自我牺牲来反对利己主义，理论上既不是从那情感的形式，也不是从那夸张的思想形式去领会这个对立，而是在于揭示这个对立的物质根源，随着物质根源的消失，这种对立自然而然也就消灭。共产主义者根本不进行任何道德说教，施蒂纳却大量地进行道德说教。共产主义者不向人们提出道德上的要求，例如你们应该彼此互爱呀，不要做利己主义者呀等等；相反，他们清楚地知道，无论利己主义还是自我牺牲，都是一定条件下个人自我实现的一种必要形式。④

马克思和恩格斯在这里所说的这位"圣者"就是19世纪德国哲学家约翰·

---

① 《马克思恩格斯选集》（第一卷），人民出版社，1972年，第82页。
② ［德］卡尔·马克思：《1844年经济学-哲学手稿》，刘丕坤译，人民出版社，1979年，第75页。
③ 参见张盾：《马克思哲学革命中的伦理学问题》，《哲学研究》，2004年第5期。
④ 《马克思恩格斯全集》（第3卷），人民出版社，1960年，第275页。

施米特。麦克斯·施蒂纳是他的笔名。施蒂纳出版过一本题为"唯一者及其所有物"的书，他在书中从作为"自我""唯一者"的个人出发，宣扬绝对自由的极端利己主义和唯我主义，并用虚构和夸张的宣传把"利己主义"和"自我牺牲"对立起来。马克思和恩格斯上述这段话，以及《德意志意识形态》整部著作，一方面解开了施蒂纳布下的利己主义的迷魂阵，另一方面又深刻地阐明了"利己主义"和"自我牺牲"、个人利益和普遍利益之间的关系，这又成为其所构建的"意义世界"中一项不可或缺的重要内容。

从马克思和恩格斯的这段话中，我们起码可以获得以下三点启发。

其一，无论是"利己主义"还是"自我牺牲"，都是在一定历史条件下自我实现的一种必要形式。个人的自我实现的过程，也是个人的生存和发展的过程，而在这一过程中具体采取何种形式则完全取决于每个个人的具体条件，具体地说，取决于个人与社会、主观与客观的综合条件。自我实现既可能是为己、利己的，也可能是为他、利他的。必须肯定的是，无论是为己、利己还是为他、利他都是在一定历史条件下形成的，从而都是自我实现的一种形式。

其二，既不能拿"利己主义"来反对"自我牺牲"，也不能拿"自我牺牲"来反对"利己主义"。既然"利己主义"和"自我牺牲"都是人的自我实现形式，那就可以顺理成章地得出结论：不能用其中的一个去否定和反对另一个的存在。在现实社会中，由于个人的具体情况和社会条件的不同，一些人更倾向于利己，另一些人则更倾向于利他，这都是十分正常的现象，这些不同的境界或表现并不是截然对立的。而且这种利己与利他并不截然对立，在现实社会中具体的每个个人身上表现得更为明显，因为就某一个具体的个人来说，不可能只利己而完全不利他或有自我牺牲精神，或者只利他、自我牺牲而完全没有利己。如果是这样，那么这样的人就是抽象的人，而不是现实的人。

其三，努力揭示"利己主义"和"自我牺牲"对立的物质根源，必须明确只有随着物质根源的消失，这种对立自然而然也就消失。不能把克服"利己主义"和"自我牺牲"的对立，以及反对"利己主义"的道德要求建立在想象的、幻想的基础上，而是要把它建立在现实的基础上。对于这两者之间的对立，不能单纯从道德情感或思辨理论的形式上去理解，当然也不能用坚持一个方面、反对另一个方面的方法去解决，关键在于要从其产生、发展的根源和条件上去理解和解决它们之间的对立。①

千万不能把马克思和恩格斯的这段话理解成马克思主义者不要批判"利己主义"，更不要宣扬"自我牺牲"。马克思和恩格斯在这里之所以希望人们不要从情感的形式或单纯的思想的形式去理解"利己主义"和"自我牺牲"之间的对立，之所以强调在现实社会中这两者都是自我实现的形式，而不能简单地用其中的一个去反对另一个，之所以要求人们通过消除两者对立的物质根源来最终消除两者之间的对立，就是为了使人们自觉地从"利己主义"的个人成为社会化的、高尚的人。马克思和恩格斯强调要注意人们不能不追求的个人利益，但这并不意味着在应当反对"利己主义"的时候也不加以反对，应当提倡公共利益的时候也不加以提倡。施蒂纳提出"在我们能够为某件事情作些什么以前，我们必须首先把它变成自己的事，利己的事"，就像做事必须首先为了自己的胃而吃饭一样，马克思和恩格斯认为施蒂纳的这一思想并没有什么错，要加以吸收，但他们同时又强调，不要因此而陷入"利己主义"的个人中，而是要把"利己主义"的个人引向一种社会化的、高尚的人。恩格斯就曾经说过他和马克思也是"从利己主义走上共产主义的"。

马克思看到在资本主义社会中，占统治地位的倾向不是对"自我牺牲"和公共利益的强调，而是突出"利己主义"和个人利益。问题在于，马克思并没有把这

---

① 参见宋希仁：《唯物史观视界下的"利己主义"与"自我牺牲"——被误解了的马克思、恩格斯的论断》，《中国矿业大学学报》（社会科学版），2004年第2期。

种"追求个人利益最大化"的倾向视为人生来就具有的品格，即并没有把"经济人"视为天经地义和永恒不变的，而是把这种倾向与资本主义生产关系联系在一起。这是马克思坚持"不是原则创造出经验生活，而是生活创造了原则"的历史唯物主义观点的必然结果。我们可以看到，马克思对资本主义社会的剖析是在两个方面同时展开的：一方面，分析资产阶级社会条件下的社会关系如何形成了资本主义时期人的那种追求自身私利的本性；另一方面，分析这种作为资产阶级普遍人性的追求自身私利的本性又如何在维护和扩展资本主义中起着作用。马克思既然看到人的那种追求自身私利的本性是资本主义生产关系的产物，既然是历史地看待这种追求私利的人的本性的，从而他深信这种人性的统治地位也会历史地改变，即只要资本主义的生产关系被历史地改变了，如变为社会主义生产关系，那么占统治地位的有可能是注重公共利益和"自我牺牲"的人性。

问题在于必须明确，按照马克思主义的观点，即使公共利益至上、集体主义占了统治地位，也并不意味着集体主义成了否定个人存在与阻滞个人发展的障碍，而只是意味着集体主义为促进个人的发展提供了最好的条件。由此看来，在马克思为人类构建的"意义世界"中，"自我牺牲"、普遍利益和集体主义占有中心的利益，马克思在"自我牺牲"、普遍利益和集体主义与"利己主义"、个人利益两者之间，认为尽管两者都是自我实现的形式，但前者比后者要高尚，前者更应成为人类所追求的目标。但由于这里所说的"自我牺牲"、普遍利益和集体主义并不是与"利己主义"、个人利益完全对立的，"自我牺牲"、普遍利益和集体主义占统治地位只是说明人已实现了从"利己主义"的个人向社会化的、高尚的人的转换，只是说明集体主义已为个人的全面发展提供了最好的条件，所以在这一意义上，又可以认为在马克思所构建的"意义世界"中，个人与集体、"利己主义"和"自我牺牲"是统一的。我们只有这样完整地理解马克思所构建的"意义世界"

中关于个人利益与公共利益相互关系的内容，并坚持将此付诸行动，才能有效地反对当前那种一味地把"经济人"神圣化、永恒化和普遍化的倾向，即才能有效地用大公无私、先人后己的价值取向稀释和校正损人利己、唯利是图的价值取向。

上面我们从四个方面论述了马克思所构建的"意义世界"对创建人类新文明的指导意义。最后必须要说明的是，马克思为人类构建的"意义世界"内容是非常丰富的，其内容当然远远不止这四个方面。我们在这里是把这些内容分别加以剖析的，而实际上它们应是合为一体的，它们是有着内在联系的一个整体。我们之所以在马克思所构建的"意义世界"中特别挑出这四个方面的内容，并分门别类地加以论述，主要是这四个方面的内容对我们创建人类新文明特别具有针对性，也就是说，当今人类主要在这四个问题上失去了方向感和意义感，从而特别需要用马克思相应的思想加以指导。

四、用马克思主义破解
当今创造人类文明新形态所面临的难题和矛盾

当今中国人民正在致力于创造一种新的人类文明形态。但无疑,要创造一种新的人类文明形态,必须破解所面临的一系列难题和矛盾。这些矛盾和难题倘若得不到解决,我们只能在传统的资本主义文明的圈子里"打转"。中国人民创造新的人类文明形态的过程必然是破解这些矛盾和难题的过程,而能够指引我们破解这些矛盾和难题的理论资源只能是马克思主义。

(一)当今中国创造人类文明新形态必须要解决的
难题和矛盾

自 20 世纪 70 年代末 80 年代初以来,中国社会已经历了三次重大变化:第一次是从"以阶级斗争为纲"转变为"以经济建设为中心",第二次是从闭关自守转变为全面开放,第三次是从计划经济模式转变为市场经济模式。

第一次转变使中国摆脱了传统的马克思主义的以政治为基础的路线,使中国走上了注重经济发展、把促进生产力发展作为目标的道路。那么这一条道路究竟如何走呢？第二次转变使中国的门户大开，中国决定向西方学习，通过引进西方的一切先进的东西来发展生产力。那么向西方首先学习什么呢？第三次转变则对此作出了明确的回答，这就是首先要学习西方的市场经济模式，通过实施市场化来推进经济的发展。

这三次转变使中国人长期以来的现代化之梦有可能付诸现实。在中国的发展过程中，既注入了西方的因素，又加进了现代的因素。中国的一些志士仁人从19世纪末开始就一心想通过现代化让中国变得富裕和强大，到了20世纪末21世纪初，通过这样三次大的社会转变终于使自己的这一梦想成真。这三次转变的性质是一目了然的，即中国实施的是向西方看齐的现代化模式；这三次转变的成果也是有目共睹的，即随着带有一定西方色彩的现代化模式在中国生了根、在了场，中国变得富裕起来了，中国的经济奇迹为世人所瞩目。中国成为世界第二大经济体将作为一个辉煌成就载入人类史册。

人们原以为，中国会沿着这条道路继续走下去。但是当人类历史进入21世纪以后，一些中国人突然醒悟，看到中国目前的发展模式存在着弊端，发现这一发展模式实际上是把"双刃剑"，它在给中国带来富裕的同时也正使中国面临一系列难题，从而对此产生了深深的怀疑，也忽然发现实际上中国又面临新的历史的转变。

从表面上看，这种醒悟、怀疑与发现是由西方世界特别是美国的金融危机带来的。几十年来，中国一直以西方的经济发展道路为楷模，一直老老实实地把自己摆在"学生"的地位，恭恭敬敬地奉西方人为"先生"。但金融危机爆发的严酷事实清楚地告诉人们：西方的发展模式也并非那么完美无缺，西方式的现代化给人们带来的并不全是"福音"。一场金融危机把这种发展模式所隐含的矛盾充分地"显像化"了。我们一心想学习的东西原来是如此劣迹斑斑。一些中国人面对这场危机开始思考:中国是否还应当继续按照西方的发展模式走下去吗?人家已经为这种模式吃足了苦头,难道我们要明知前有"南墙"还非得"撞"上去吗?

从本质上看,这种醒悟、怀疑与发现是中国社会的现实所给予人们的。中国这些年是发展了、富裕了,但这只是事情的一个方面,事情还有另一方面。实际上,所有这些成就都是建立在付出代价的基础上的。归结起来,当前中国主要面临以下三个问题:第一,两极分化依然存在。第二,自然环境问题不容忽视。第三,人越来越成为"单向度"的消费机器。

面对这样的现实,一些中国人对目前所走的道路开始重新反思是理所当然的。我们必须正确地做事,做正确的事。成功的经验我们应当坚持,走弯路的教训我们应当吸取。

看来中国还得经历新的变革,中国再次处于历史的拐点上。

中国目前所面临的问题实际上是现代性的问题,中国目前所处的危机实际上是现代化的危机。处于新的历史拐点上的中国所要探讨的问题实际上就是如何创建富有中国特色的新的现代化道路,如何创建出一种人类文明的新形态。

中国必须正视和解决当今面临的这三大矛盾和难题,并在这一过程中开辟一条自己的现代化新道路。这是当今中国人民唯一正确的选择。

问题是,如何正视和解决这些难题和矛盾?如何开辟出一条自己的发展道路?当然,需要思想武器,更需要理论资源。马克思主义仍然是当今中国人民认识和解决这些难题矛盾的主要思想武器。马克思主义哲学对处于新时代的中国有着不可估量的、其他任何思潮都不能替代的现实意义。面对这三大难题和矛盾,马克思主义应当有所作为,甚至应当承担起主要的历史责任。

（二）运用马克思主义的理论去认识和 解决人与人之间的矛盾，即两极分化问题

两极分化仍然存在毕竟是个客观事实。我们看到一些自由主义思想家和文化保守主义者都在"安抚"那些处于两极分化一极的广大"穷人"。在一些自由主义思想家的言辞中，富人与穷人的区别即是成功人士与失败者之间的区别，他们把富人称为"成功人士"，而把"穷人"称为"失败者"。在他们看来，穷人之所以"穷"，主要由于他们在激烈的竞争中败了下来，他们没有把握住机会，所以失败了。尽管他们没有说出来，但显然他们要对这些穷人说的话是："你们活该。"而一些文化保守主义者则将传统儒学与佛学的一些理论经过他们"折射"后变成了纯粹的"天命论"，他们正是用这种"天命论"向广大穷人说教："一切都是命里注定的，你们认命吧！"

马克思主义的研究者能容忍这些自由主义思想家和文化保守主义者这样去"安抚"广大劳动人民吗？当然不能。我们必须用马克思为我们奠定的理论基础来说明这种两极分化为什么严重存在，以及为解决这种两极分化寻找出路。

我们认为，在马克思主义的理论体系中，起码有两个方面的理论，即关于"劳动与资本"相互关系的理论和"事实上的平等"的理论，具有这样的功能。马克思主义这两个方面的理论是我们认识和解决两极分化的强大思想武器。

1. "劳动与资本"相互关系的理论

恩格斯曾经这样说道："资本和劳动的关系，是我们全部现代社会体系所围

绕旋转的轴心。""资本与劳动"关系理论的提出，使马克思"攀登最高点"，"把现代社会关系的全部领域看得明白而且一览无遗，就像一个观察者站在最高的山巅观赏下面的山景那样"。①诚如恩格斯所言，只要我们拿起马克思的"资本与劳动"关系的理论来观察当今中国的两极分化现象，就犹如"站在最高的山巅观赏下面的山景那样"看得一清二楚，这究竟是怎么回事。

马克思历史唯物主义的一个基本原则是着眼于生产关系来观察和解决问题，从"劳动与资本"的关系理论出发来研究当前中国的两极分化问题，就是贯彻这一历史唯物主义的基本原则。②

马克思把劳动与资本的关系视为资本主义社会的基础。他认为，"劳动并不向来就是雇佣劳动，即自由劳动"，"劳动力并不向来就是商品"。③只有到了资本主义社会，劳动者即工人逐日将自己的劳动力出卖给生产资料的所有者即资本家，挣得工资来维持自己的生存，也就是说，只有到了资本主义社会，劳动成了雇佣劳动，劳动力才成为商品。

劳动力成为商品，需要具备两个前提：一是劳动者即工人获得了人身自由，他可以自由地出卖劳动力；二是劳动者即工人不占有生产资料，只能依靠出卖劳动力谋生。针对第一个前提，马克思把雇佣劳动称为"自由劳动"，但他所说的"自由"是带有讽刺意味的，是说这种"自由"无非是指可以自由地出卖自己，这是建立在除了把自己出卖给资本家之外别无他路！这叫什么"自由"？马克思强调，作为资本主义生产方式中另一极的资本本质上不是物，而是在物的外壳掩盖下的一种社会生产关系，即资本家凭借对生产资料的占有，剥削失去生产资

---

① 《马克思恩格斯选集》(第二卷)，人民出版社，1995 年，第 589 页。

② 上海社会科学院权衡研究员于 2012 年 5 月 3 日下午在由中共上海市委宣传部等单位举办的题为"马克思主义在当今中国：面临的问题与挑战"的马克思主义论坛上，就马克思主义的劳动与资本的关系的理论对认识和解决当今中国两极分化的意义作了演讲。这里的一些观点和材料引自他的这一演讲。

③ 《马克思恩格斯选集》(第一卷)，人民出版社，1995 年，第 336 页。

料的雇佣工人和剩余劳动。资产阶级经济学家认为一种生产资料和货币投入生产就成了资本，马克思不这样认为，在他看来，投入生产之中的生产资料和货币只有在一定的社会生产关系下才成为资本。"纺纱机是纺棉花的机器。只有在一定的关系下，它才成为资本。"①马克思这里所说的一定的社会生产关系显然指的就是使劳动成为雇佣劳动，使劳动力成为商品的那种社会生产关系。马克思在《雇佣劳动与资本》中这样说道："资本的实质并不在于积累起来的劳动是替活劳动充当进行新生产的手段。它的实质在于活劳动是替积累起来的劳动充当保存并增加其交换价值的手段。"②在这段话中，"积累起来的劳动"指的是作为资本投入生产中的生产资料和货币，而"增加其交换价值"则指的就是资本增殖。马克思强调的资本之所以是资本，不是因为它是生产的手段，而是因为它使雇佣工人的劳动成为增殖的手段。

只要弄懂了马克思对雇佣劳动与资本的实质的揭示，就不难理解马克思何以认为把雇佣劳动与资本结合在一起的那种资本主义生产方式，必然导致资本家对工人的无情剥削，必然导致资本家与工人的两极分化。在马克思看来，关键之处是，由雇佣劳动与资本相结合的那种生产关系是一种反映剥削与被剥削的生产关系。资本主义生产过程是劳动与生产资料相结合创造出商品的过程，当然这一过程也伴随着价值的增殖，即剩余价值的生产。关键在于，"活劳动"在这里处于从属地位，这就意味着它必然不断地受资本家支配，以使资本能源源不绝地获取剩余价值。资本主义经济运行过程中资本与劳动之间的对立，体现为生产资料的占有者与劳动力的出卖者在分享劳动成果时的相互排斥与对抗。资本主义的生产过程也是资本积累的过程，而资本积累的一般规律则体现了资本

---

① 《马克思恩格斯选集》(第一卷)，人民出版社，1995年，第344页。
② 同上，第346页。

家的财富不断增加和无产阶级贫困日益加剧这一内在的必然联系。一方面，借助于资本的积累、积聚和集中，社会财富越来越集中在少数资本家手中；另一方面，为了提高劳动生产率，必然要相应地提高资本的有机构成。随着资本有机构成的提高，随着可变资本在总资本中所占的比例不断下降，劳动者越来越处于不利的地位，越来越沦为失业者和贫困者。马克思是这样具体描述在资本主义生产方式下，生产资料的占有者即资本家与劳动力的出卖者即工人必然会出现两极分化的：

> 社会的财富即执行职能的资本越大，它的增长的规模和能力越大，从而无产阶级的绝对数量和他们的劳动生产力越大，产业后备军也就越大。……工人阶级中贫苦阶层和产业后备军越大，官方认为需要救济的贫民也就越多。这就是资本主义积累的绝对的、一般的规律。①
>
> 这一规律制约着同资本积累相适应的贫困积累。因此，在一极是财富的积累，同时在另一极，即在把自己的产品作为资本来生产的阶级方面，是贫困、劳动折磨、受奴役、无知、粗野和道德堕落的积累。②

社会的一极即资本家"财富的积累"，社会的另一极即工人"贫困的积累"，是马克思用"劳动-资本"的理论框架分析资本主义社会所得出的结论。

当然，马克思所说的那种具有剥削性和对抗性的劳动与资本的关系具有历史性，即这是属于资本主义历史阶段的劳动与资本的关系，马克思所分析的那种劳动与资本相结合的生产方式必然导致两极分化，是指特定的以社会化大生

---

① 《资本论》(第一卷)，人民出版社，1975 年，第 707 页。
② 同上，第 708 页。

产与生产资料私人占有为主要特征的资本主义的生产方式。按照马克思的理论,在社会主义条件下,劳动不再是雇佣劳动,劳动力也不再是商品,从而生产资料和货币也不能成为资本,这样,传统意义上的劳动与资本的关系也就失去了存在的前提和基础。也就是说,在社会主义社会中,不可能出现类似于资本主义社会中的那种劳动与资本的关系。但现实情况是,我们处于社会主义初级阶段,我们实施与这一历史阶段相适应的社会主义市场经济。而只要我们实施社会主义市场经济的体制,就必然要发挥市场在劳动力资源配置、工资形成和劳动力的流动中决定性作用,而这就意味着一方面劳动力又成了商品,另一方面生产资料与货币又成了资本。劳动力市场的形成,以及雇佣制度化、契约化,这岂不是使传统意义上的劳动与资本之间的雇佣关系又得以成立了! 这样,我们必须承认,马克思所分析的在资本主义社会中出现的那种劳动与资本的关系,在我们这里似乎又再现了。而且从理论上讲,既然劳动与资本的关系成了雇佣关系,那么劳动力的使用价值与剩余价值的关系也成立了,双方之间的剥削与被剥削的关系也成立了。

尽管我们清醒地认识到,中国现阶段的那种劳动与资本的关系,即在社会主义市场经济体制下的那种劳动与资本的关系,与马克思当年所研究的劳动与资本的关系有着本质性的区别,马克思所研究的劳动与资本的关系是建立在生产资料私有制基础上的,它具有阶级斗争的性质,它体现的是无产阶级与资产阶级剥削与被剥削的对抗性的阶级关系,而我们今天面临的劳动与资本的关系,更多地体现一种劳动与资本双方利益的诉求,是在社会主义劳动所有权与资本所有权实现过程中所发生的对立与统一的关系。但是我们还得承认,当下中国确实存在着劳动与资本的关系,一方面我们不能把目前面临的劳动与资本的关系跟资本主义社会中的劳动与资本的关系混为一谈,另一方面也不能回避现实,干脆不重视甚至不承认这种劳动与资本的关系的存在。

　　既然在当前中国还存在着劳动与资本的关系,那么马克思当年从劳动与资本的关系的角度来探索两极分化的基本思路,对我们就有借鉴作用和启示意义。只有我们真正从劳动与资本关系的角度去观察当今中国的两极分化,才能知道这究竟是怎么回事。确实,当今中国存在着城乡差距、地区差距、行业差距等各种差距,但核心还是劳动者与各种形式的生产资料的占有者之间的差距。可以说,所有差距都是围绕着"劳动者与各种形式的生产资料的占有者之间的差距"这一"轴心"旋转。当今中国的要害还在于所谓"强资本、弱劳动",即当今中国劳动与资本在收入分配中所占的比重存在较大差异,而且呈急剧扩大的趋势。无论是国有企业,还是民营企业、外资企业,因为存在着资本稀缺等因素,在分配上向资方倾斜十分明显,资方经营者或管理者往往通过持股、年薪制、技术入股等形式,把主要利润圈入自己的口袋,其收入所得远远高于普通劳动者的劳动所得。现在是由传统资本高回报所刺激的高投资推动的快速工业时代,这一时代的格局就是"强资本、弱劳动",这一格局决定了资本在分配制度中处于强势,而劳动者无法获取与其劳动价值相当的劳动报酬。

　　从表面上看,这种由分配不合理导致的两极分化,问题出在分配制度上,即没有真正体现功能性意义的"按劳分配"或"按贡献分配",但是分配是由生产决定的,实际上真正的根源还是在于目前的生产关系的不合理和不完善。正如刘国光先生所指出的,我国贫富差距的扩大和两极分化趋势的形成,究其原因,所有制结构上的和财产关系中的"公"降"私"升和化公为私、财富积累迅速集中于少数私人,才是最根本的。既然如此,我们要真正解决当今中国的两极分化问题,关键就在于完善和改变现存的生产关系,从根本上解决当今的劳动与资本的关系那种错位和扭曲状态。

2. "事实上的平等"的理论

两极分化的存在说明当今中国在公平方面存在问题。除了马克思的关于劳动与资本的理论之外,马克思的公平观,即马克思关于"形式上的公平"与"事实上的公平"的论述,也是我们认识和解决当今中国两极分化的思想武器。

马克思的《哥达纲领批判》一书集中反映了马克思的公平观。我们就根据马克思的这一著作来剖析一下马克思的公平观。

作为 19 世纪 70 年代即将合并的德国社会民主党纲领草案的《哥达纲领》提出,劳动的解放要求把劳动资料提高到公共财产,要求集体调节总劳动并公平分配劳动所得。马克思一看到这里"公平分配"的字眼,马上发问道:"难道资产者不是断言今天的分配是'公平的'吗?难道它事实上不是在现今的生产方式基础上唯一'公平的'分配吗?难道经济关系是由法的概念来调节,而不是相反,从经济关系中产生出法的关系吗?难道各种社会主义宗派分子关于'公平的'分配不是也有各种极不相同的观念吗?"①马克思的意思是,《哥达纲领》所推崇的未来社会"公平的"分配实际上正是当今资产阶级所实施的那种分配,资产阶级同样强调这种分配是"公平的",而且这种分配原则是在现今的生产方式基础上唯一能推行的"公平的"的分配原则。

马克思接着就对这种"公平的"分配进行了分析。他强调,在这里所说的平等的权利按其原则是"资产阶级法权",虽然这种平等的权利从历史发展的角度看是进步的,但"总还是被限制在一个资产阶级的框框里"②。这里的关键是生产者的权利是同他们提供的劳动成比例的,所谓平等就在于以同一尺度——劳

---

① 《马克思恩格斯选集》(第三卷),人民出版社,1995 年,第 303 页。
② 同上,第 304 页。

动——来计量。但是一个人在体力或智力上胜过另一个人,因此在同一时间内能够提供较多的劳动,或者能够劳动较长的时间;而劳动,要当作尺度来用,就必须按照它的时间或强度来确定,不然它就不能成为尺度了。马克思说道:

这种平等的权利,对不同等的劳动来说是不平等的权利。它不承认任何阶级差别,因为每个人都像其他人一样只是劳动者;但是它默认,劳动者的不同等的个人天赋,从而不同等的工作能力,是天然特权。所以就它的内容来讲,它像一切权利一样是一种不平等的权利。权利,就它的本性来讲,只在于使用同一尺度;但是不同等的个人(而如果他们不是不同等的,他们就不成其为不同的个人)要用同一尺度去计量,就只有从同一个角度去看待他们,从一个特定的方面去对待他们,例如在现在所讲的这个场合,把他们只当作劳动者,再不把他们看作别的什么,把其他一切都撇开了。①

马克思不但指出了劳动者在体力和智力上的差异,而且还指出了劳动者家庭情况的差异。一个劳动者已经结婚,另一个则没有;一个劳动者的子女较多,另一个的子女较少,如此等等。因此,在提供的劳动相同,从而由社会消费基金中分得的份额相同的条件下,某一个人事实上所得到的比另一个人多些,也就比另一个人富些,如此等等。

马克思在这里强调,这种按照劳动者的劳动来相应地进行"平等的"分配,实际上只是一种形式上的"公平",因为它的"公平"只在于使用同一尺度来对待本来不同等的个人。这种形式上的"公平"实际上就是不公平。在马克思看来,即使是这种形式上的"公平",即"用同一尺度去对待天赋本来就有差异的个人",在资本主义社会中也不可能真正做到,因为在资本主义社会中"原则与实践"是

---

① 《马克思恩格斯选集》(第三卷),人民出版社,1995 年,第 305 页。

"互相矛盾"的。而在"经过长久阵痛刚刚从资本主义社会中产生出来的共产主义社会第一阶段",不可避免地还要实施这种"用同一尺度去对待天赋本来就有差异的个人"的分配原则,从而也不可避免地要承受由这一原则所带来的弊端。它与资本主义社会的区别之处只在于,"原则和实践在这里已不再互相矛盾"。①也就是说,在作为共产主义社会的第一阶段的社会主义社会,真正有可能实施按劳分配这一"公平分配"原则了。但从马克思的整个论述来看,马克思确实并不把这种形式上的"公平的"分配视为人类最高的精神境界,他所期望的是"事实上的公平",即把个人体力与智力的差异和个人家庭情况的差异也考虑在内的真正的公平。当然马克思深深地知道,即使在作为共产主义初级阶段的社会主义社会,也不可能完全做到这种事实上的公平,但是他提醒人们,在不可能完全做到事实上的平等而只能实施形式上的平等的情况下,人们一方面千万不能忘记这种形式上的公平的实质与弊端,另一方面又必须不断地创造条件向事实上的公平方向前进。

归纳一下马克思在《哥达纲领批判》中所阐述的公平观,有四个要点:

第一,在资本主义社会中所实施的公平原则,比起封建社会的等级制度来说,即从历史发展的角度看是"进步的"。

第二,在肯定资本主义社会实现的公平原则具有进步作用的同时,必须看到这种公平不是"事实上的公平",而只是"形式上的公平",即它只是崇尚用"同一尺度"来计量。

第三,即使这种"形式上的公平"在资本主义社会中也不可能完全做到,事实上,资产阶级的"原则"与其"实践"有着尖锐的矛盾。

第四,人类真正所追求的崇高境界是"事实上的平等",即把个人体力与智

---

① 《马克思恩格斯选集》(第三卷),人民出版社,1995年,第304页。

力的差异，以及个人家庭情况的差异也考虑在内的真正的平等。

显然，按照马克思的公平观，主要由于我们在实施社会主义市场经济的过程中在以下两个方面做得不尽如人意，才带来了两极分化：

一是没有充分认识到实施社会主义市场经济，就是要通过发挥社会主义制度的优势，不断地消除造成市场经济所奉行的"机会公平"等原则与实践之间发生冲突的因素，从而并没有使"机会公平"等原则完全付诸实践，在"原则"与"实践"之间并没有如马克思所说的那样"已不再互相矛盾"。

我们之所以要在"市场经济"前加上一个限制词，强调我们是在社会主义的制度下实施市场经济，一个重要原因就是为了消除市场经济的"原则"与"实践"之间的矛盾。现在的问题是，我们在具体实施社会主义市场经济的过程中，在资本主义社会中"原则"与"实践"发生尖锐冲突的因素，在我们的社会里继续存在与发展。我们承认，当前的社会是马克思所说的带有旧社会痕迹的社会主义社会，而且实际上还处于社会主义的初级阶段。资本主义社会中那些造成"原则"与"实践"发生冲突的因素不可能马上全部消除掉，还会起作用。具体来说，影响"机会公平"等原则实现的因素主要有两个：一是政治特权，即通过政治权力的滥用来不公平地猎取机会；二是生产资料的私人占有，即把对生产资料的垄断变成对机会的垄断。

二是没有充分认识到实施社会主义市场经济，就是要通过发挥社会主义制度的优势，不断地创造条件从"形式上的公平"向"事实上的公平"发展，而是满足于"形式上的公平"，在进行分配时对个人的能力差异和个人情况的其他方面的差异这一点顾及不够，把同一尺度使用在状况本来就完全不平等的个人身上。

事实上，马克思关于社会主义社会（处于社会主义初级阶段的社会）必须不能满足于"形式上的公平"而应向"事实上的公平"发展的思想还没有进入我们的视野。在"文化大革命"中对"按劳分配"作为"资产阶级法权"加以批判所造成的恶果至今还使人心有余悸。可是按照马克思的公平观,"按劳取酬"是属于"资产阶级法权"这一点是毫无疑问的,那个时候的错误不在于对"按劳取酬"是属于"资产阶级法权"这一点的认定,而在于完全无视包括"按劳分配"在内的"资产阶级法权"的存在在一定的历史条件下有其合理性,消灭它必须有一个历史过程。时至今日,我们不能回避这一问题,面对"机会平等"这样的"形式上的平等",我们应持的正确态度是:一方面,必须认识到它的公平尽管是"形式上的",尽管在一定意义上它是属于"资产阶级法权"的范畴,但是即使在今天我们还需要它,它存在的合理性还没有完全丧失掉;另一方面,还须认识到它所体现的公平毕竟是"形式上的",它毕竟属于"资产阶级法权"的范畴,现在已经有必要和有条件逐步限制它、超越它,使我们社会中的公平逐步成为事实上的公平。让人认识到"机会公平"只是"形式上的公平"这一点并不太困难,困难在于认识到这一点以后究竟如何对待。我们当然不能听之任之,也不能因为市场经济只是实施"形式上的公平"而重新设法消灭市场。正确的态度应当是通过制度设计或采取其他措施限制这种"形式上的公平",向"事实上的公平"发展。现在为了消除"形式上的公平"的负面效应从而要求从根本上取消市场的声音虽然不时听到,但并不强烈,最可怕的是人们对这种"形式上的公平"的本质缺乏认识,对其已经产生和将会更加严重地产生的不良后果不加正视,而是持一种放任自流、听之任之的态度。

在知道了造成当今中国出现两极分化的根源究竟是什么以后,下一步如何消除这种两极分化的道路究竟在哪里自然也清楚了。我们一定要在改变上述的两个"做得不尽如人意"的方面下功夫:

首先,我们一定要利用社会主义制度的有利条件确保"原则"与"实践"不再产生冲突。具体地说:一是要斩断特权参与分配,解决权贵"垄断机会"的问题;

二是要巩固和发展生产资料的公有制，削弱利用生产手段占有他人劳动的客观基础。

社会主义政权的性质本来决定了不可能出现特权参与分配、权贵"垄断机会"的问题，可实际上这方面的问题却依然存在，而正是这一点构成了影响"机会公平"的实现，造成两极分化的主要因素。当前的政治体制改革的迫切性之所以进一步突现，在我们看来，一个重要原因就是为了从速解决特权参与分配、权贵"垄断机会"的问题。我们的各级领导一定要做到"权为民所用"，不再利用人民赋予的权力为自己谋利益。把在政治上解决权为谁所用的问题，与真正实现"机会平等"紧紧联系在一起。所有的改革，特别是政治体制上的改革，必须以保护人民大众的利益为前提，而不是越改革权力越集中于一小部分"精英分子"的手中。必须明确，既然我们目前是处于社会主义制度之下，那么这就是题中应有之义。

对必须坚持社会主义公有制才能实现"机会平等"这一点，西方的一些市场社会主义者看得非常清楚。他们反复强调的是："市场社会主义只要消除了大规模的资本私人所有制，实行某种形式的公有制或社会所有制，资本主义社会中的制度性剥削和不公平一定会随之消除。"①他们对市场社会主义如此充满信心，就是因为他们坚信"只要消灭了资本主义社会中资本剥削劳动的关系，市场就能够合理运行，达到人们预期的公平"。国内一些长期推崇市场经济体制的著名学者，他们提出必须建立"法律统治下的市场经济"。他们把市场经济的"合理运行"寄托于消除权力对市场的干预是正确的，但与此同时，他们无视各种形式的生产资料私人占有对市场经济合理运行的影响是错误的。事实上，我们为了确保"机会公平"的实现，必须坚持市场经济与公有制的结合。

---

① 余文烈等：《市场社会主义》，经济日报出版社，2008 年，第 359 页。

其次，利用社会主义制度的有利条件促使"形式上的公平"向"事实上的公平"发展，当前必须做的是从注重过程公平逐步转移到注重起点公平和结果公平上来。

解决"形式上的公平"给人带来的事实上的不公平的问题，是解决市场本身带来的不公平，而不是市场以外的因素所造成的不公平。把市场与资本主义分离开来，只是解决了由制度带来的不公平，还没有解决伴随市场交易本身的不公平。社会主义制度在解决这一方面问题的优势是十分明显的，关键在于看你是不是正视这些优势和自觉地利用这些优势。这里最重要的是切实利用社会主义制度的优势把注意力从过程公平转移到起点公平与结果公平上来。一个负责任的国家和人民政府必须不仅为过程公平，而且为起点公平和结果公平作出不懈的努力。西方的一些市场社会主义者为实现"事实上的公平"提出了许多方案，例如，实施充分就业政策、实行最低工资制、将企业利润在全体社会成员中加以分配、使社会成员拥有"初始资本"、社会控制投资、推行"从摇篮到坟墓"的福利制度、扩展"利害攸关经济"，等等。所有这些措施都是围绕"使市场在某种限制下运作、以缩小两极分化"这一基点进行。①这些市场社会主义者的良好愿望以及所提出的所有这些措施都值得我们借鉴。

事实上，最近几年国家已开始关注并推出相应的政策来解决如何实现"事实上的公平"的问题，关键在于，我们必须更加自觉地、理直气壮地去做，必须强化这方面的力度。一些学者提出的"三次分配"概念在一定程度上是可取的。第一次分配按照贡献大小是应当的，"按劳分配"是以效率为出发点的，目前还必须讲效率。第二次分配必须真正以公平为出发点，通过第二次分配确保绝大多数人过上幸福生活，这是一个政府通过税收、政策、法律等措施，调节各收入主

---

① 参见余文烈等：《市场社会主义》，经济日报出版社，2008年，第359、360~361页。

体现金或实物的分配过程，也是对要素收入的再次调节过程。第三次分配是强制性地让富人"承担"起"责任"。这就需要明确富人的社会责任，鼓励富人每年拿出一部分财富，帮助穷人改善生活和教育、医疗和住房条件。我们知道，完全推行不计能力等差异的实际平等，那当然是很遥远的事，但这并不等于我们如今对此什么都不能做，仅仅是等待那一天的到来。我们必须从眼下开始一步一步地做起，哪怕是跨出很小的一步，也必须向那个方面迈进。

（三）以马克思主义的理论为思想资源去寻找破解人与自然的矛盾的出路，改变日益加剧的对生态环境的破坏

面对当代如此严重的生态危机，人们都没有熟视无睹，而是提出了各种方案企图从这种危机中走出来。问题在于，这些方案真的能帮助人们消除生态危机吗？且看下述各种方案：

有的人企图通过将资本主义经济"非物质化"（dematerialization）来解决所有环境问题。所谓"非物质化"就是提高能源的使用效率，减少向环境倾倒废料的数量。将经济"非物质化"的途径就是通常所说的实施"低碳经济"，也就是说，使经济成为"低碳经济"。

有的人企图通过发展科学技术来解决所有环境问题。他们向人们灌输这样一种观点：只要技术改进能够提高效率，特别是能源利用效率，并且采用更良性的生产工艺，清除最严重的污染物，那么所有的环境问题都可以迎刃而解。

有的人企图通过把自然市场化、资本化来解决所有环境问题。持有这种观点的人坚持认为，"生态退化是市场化不彻底所带来的"，必须"在市场中内化外

部成本",因此他们主张通过赋予自然以经济价值并更加充分地把环境纳入市场体系之中,来解决所有的环境问题。

有的人企图通过道德改革、建立生态伦理来解决所有环境问题。一些人正在呼吁展开一场"将生态价值与文化融为一体的道德革命",把拯救地球、消除生态危机寄托于人的思想观念的变革。

我们不否认上述所有这些企图消除生态危机的设想有其合理性,但无论是哥本哈根世界峰会所发生的一切,还是日益严重的环境恶化的事实都无情地告诉我们,仅仅指望通过上述这些途径来解决环境问题是徒劳的。当代西方著名的生态学马克思主义者 J.B.福斯特把上述所有这些途径和方法都称为在解决环境问题上的"幻想",是有道理的。可以说,当今人类面对日益严重的生态危机,还没有找到真正能使自己从这种危机中走出来的思想武器。

那么人类究竟到哪里去寻找这种思想武器呢?这种思想武器就是马克思主义,就是马克思主义的唯物史观,就是从马克思主义的唯物史观引出的马克思主义的生态世界观。马克思主义的生态世界观是当今世界唯一能指引人们消除生态危机,建设生态文明的思想武器。一部分人已经认识到,其他的人也终将认识到,唯有马克思主义才能承担起指引人们消除生态危机的重任。

马克思在《1844 年经济学哲学手稿》《共产党宣言》和《资本论》等著作中所阐述的生态世界观起码对我们有以下四点启示。

第一,人类社会究竟向何处去?人类究竟应当具有什么样的存在状态?人与自然之间的和谐相处在人类理想社会中究竟居于什么地位?对此,马克思主义的生态世界观已经作出了明确的回答。我们应当毫不犹豫地向着马克思所指引的方向前进。

既然在马克思那里,一方面,人类属于物质世界的一个组成部分,人也是一种自然存在物;另一方面,整个自然界"首先作为人的直接的生活资料,其次作为人的生命活动的材料"，变成了"人的无机的身体"，从而两者原本非但不冲突，而且有着不可分割的内在联系。人与自然界中的其他存在物的关系是伙伴关系，它们之间是完全平等的。理想的社会应当是人与自然和谐相处的社会。

马克思所说的理想社会不仅是一个人道主义的社会，而且也是一个自然主义的社会。把自然主义作为共产主义的一个主要特征，强调共产主义就是人道主义与自然主义的有机结合，是马克思主义的生态世界观的最根本之处。马克思明确地说，这种积极的共产主义，"作为完成了的自然主义，等于人道主义，而作为完成了的人道主义，等于自然主义，它是人和自然界之间、人和人之间的矛盾的真正解决，是存在和本质、对象化和自我确证、自由和必然、个体和类之间的斗争的真正解决"。未来的共产主义社会，"是人同自然界的完成了的本质的统一，是自然界的真正复活，是人的实现了的自然主义和自然界的实现了的人道主义"①。我们要永远记住马克思为我们所描述的这一理想社会的图景，永远不要忘记自然主义与人道主义的完美结合这一奋斗目标！

第二，我们正面临着生态危机，这一危机究竟对人类意味着什么？它究竟会把人类引向何处？马克思主义的生态世界观能使我们充分认识到生态危机的本质，充分认识到生态危机对人类的危害的严重性。也就是说，马克思主义的生态世界观将使人类充分认识到，人类社会究竟能否延续下去就取决于当今人类能否跨过生态危机这个坎。

马克思主义的生态世界观一方面在"应然"的层面上展开，即从人与自然相互关系的角度论述了理想社会究竟应当是怎么样的，另一方面又在"实然"的层面上展开，即回到现实世界之中，揭示了现实世界中人与自然之间是如何对立的。

---

① 《马克思恩格斯全集》（第42卷），人民出版社，1979年，第122页。

由于马克思是从哲学的高度、从本体论的高度阐述了人与自然对立的实质,阐述了生态危机的本质,从而我们也可以从根本上来认识生态危机的危害。

按照马克思的论述,生态危机将使人类丧失基本的生活要素,生态危机不消除,人就不成其为人,就是非人。如果我们以牺牲自然环境为代价来获取那种富裕的生活,那么这样的生活由于以人与自然相对立为前提,根本谈不上什么幸福。按照马克思的论述,人无止境地侵犯自然,自然界也会对人类进行报复,其结果是人类社会必然毁灭。我们一定要以马克思的这些论述来警示自己。

第三,当今人类至关重要的是要知道生态危机究竟是如何造成的? 是一些人所说的由于科学技术、现代性、工业化本身造成的,还是由其他原因造成的? 生态危机是人类追求现代文明的一个必然归宿,还是可以消除的? 马克思主义的生态世界观最有价值之处是论述了生态危机是由资本主义的生产方式和生活方式,由资本主义的利润原则,由资本逻辑带来的。因此,生态危机并不是不可消除的,只要人类限制和消除资本逻辑,人类就可以走出生态危机。解决生态危机的最终出路就是变资本主义为私有制社会主义公有制。

马克思主义的生态世界观清清楚楚地告诉人们:人类消除生态危机、在人与自然之间建立起真正和谐的关系的最大障碍就是资本主义制度。资本的本性是与自然根本对立的,只要资本的逻辑在这个世界上还畅通无阻,那么人类要走出生态危机就是缘木求鱼,一句空话。马克思主义的生态世界观对当今人类的最大启示就是,如果不触动资本主义制度,要摆脱生态危机就只能是梦想。人类反对资本主义的理由不仅仅在于这是一个促使一些人残酷地剥削另一些人,造成人与人之间不平等的制度, 也在于这是一个促使一些人无止境地盘剥自然,造成人与自然之间对抗的制度。

第四,当今人类究竟如何着手去消除生态危机呢? 消除生态危机是一项综合工程，其中最本质、最核心的是什么呢？由于马克思主义的生态世界观把生态危机的根源归结于资本主义制度，归结于资本逻辑，因而它就必然合乎逻辑地得出结论，消除生态危机就是一场反对资本主义的斗争。人类反对生态危机与反对资本主义应当是同步的。

由于马克思用以说明资本主义制度在破坏"新陈代谢"、导致了生态危机的理由是十分充分的，因而马克思对只有推翻资本主义制度、消灭资本主义私有制才能消除"新陈代谢断裂"，实现可持续发展的论证也是富有说服力的。我们必须记住：改变资本主义生产关系的过程就是"与资本主义利润原则彻底决裂的过程"，只有与利润原则相决裂，才能确保维护人类与自然之间健康的"新陈代谢"；解决所有制问题，即变资本主义私有制为社会主义公有制是消除"新陈代谢断裂"，实现可持续发展的前提；任何反对生态危机的斗争都必须紧紧地与反对资本主义结合在一起，反对生态危机与反对资本主义是同步的，建设生态文明与建设社会主义也是一致的。

按照马克思主义的生态世界观，在当今中国，消除对自然环境日益严重的破坏的关键就是限制资本逻辑。确实如马克思所分析的那样，当今中国几乎所有的生态问题都与资本无节制地追求利润联系在一起。离开了对资本逻辑的限制讨论保护生态环境就无从谈起。

那么为了保护生态环境，中国是不是马上应当告别资本，建立一个没有资本的世界？问题的复杂性在于，一方面我们必须非常清醒地认识到，中国如世界上其他地方一样，资本逻辑确实是导致生态危机的主要根源；另一方面，我们又必须具有鲜明的务实态度，即在当今中国不可能也不应当对资本采取简单的决裂、废除的态度。

首先，资本是一个社会的、历史的范畴，在资本的概念中既包含着对人类血腥的负面效应，也包含着对人类所带来的"文明化趋势"。尽管随着历史的进程，它的正负效应之间的比例正在日益发生变化,即正效应日益下降、负效应不断增加。但资本按其内在的逻辑,一定要突破现有的生产能力和生产手段的限制,一定要突破现有的消费数量、消费范围和消费种类的限制。而这个突破的过程,显然也就是文明进步的过程,当然也是资本发挥其文明化作用的过程。[1]资本的这种创造生产力、促使人类"文明化"的作用的历史使命尚没有完成,这对整个世界来说是这样,对我们中国也是如此。

其次,人类活动的目标不是单一的,而是多元的。这种多元性决定了社会系统的活动指向是一个有机的目标系统。对当今的中国人民来说,消除生态危机、建设生态文明肯定是一个奋斗目标,甚至可以说是一个重大目标,但同样肯定的是当今中国人民除了这一目标之外还有其他目标的存在。我们不可能为了一个目标而舍弃其他目标。当消除生态危机、建设生态文明这一目标需要人类与资本逻辑决裂之时,其他的目标或许还需要进一步实施资本逻辑。具体地说,当今中国人民除了急需摆脱生态危机之外,还有继续发展生产力、增加社会财富、实现现代化的既定目标,而为了达到后者的目标,现实告诉人们必须选择市场经济的道路,选择市场经济在某种意义上就是选择资本逻辑,即使经济的运行按照资本的逻辑展开。

最后,人类消除生态危机、建设生态文明的关键是改变资本主义生产方式,改变以利润为宗旨的资本逻辑,但这种改变不是一蹴而就的,而是一个长期、艰巨的过程,甚至还会出现这样的情况:要限制、消除资本对生态的破坏,还得利用资本,即用资本的力量来限制、消除资本对生态的破坏。不可否认,正是资本带来了对生态环境的破坏;同样不可否认,修复生态环境在一定意义上还得需要资本的力量。既然资本给生态环境带来了如此严重的后果,那么这一后果当

---

① 参见童世骏:《中西对话中的现代性问题》,学林出版社,2010年,第403页。

然也应由资本来承担。如果我们只知道为了保护生态环境对资本一味地、简单地持否定态度，那么这实际上太"便宜"了资本，它所造成的后果还得由它自身来消除。

由于上述三大缘由的存在，我们在面对生态环境的日益恶化需要对造成这一局面的"元凶"资本展开斗争之时，应当持一种谨慎的、复杂的态度。我们对资本加以批判、展开斗争这一态度是明确的、不可动摇的，但至于如何批判、如何斗争则必须有一种务实的、科学的态度。这一点，对我们这些已经建立社会主义制度的国家来说尤其重要。我们唯一正确的选择就是在限制与超越资本逻辑和发挥与实施资本逻辑之间保持合理的张力，即对资本既要利用又应限制，把资本在实现利润最大化的过程中对自然环境的伤害降到最低的程度。

更明确地说，我们必须在实现现代化和保护生态环境之间找到一个联结点，这就是必须明确我们所要实施的现代化不是传统的现代化，而是"以生态导向的现代化"。实施传统的现代化必然一味地利用资本，而实施"以生态导向的现代化"就不能完全拜倒在资本的脚下，在利用资本的同时还应限制资本。我们虽然不能改变资本的本性，但可以采取种种限制措施，例如对资本运行进行伦理约束，将资本对自然界的伤害降到最低程度。如果我们的目标只是建设工业文明，我们有理由不去考虑对资本的限制问题，按照工业文明自身的要求，我们目前对资本的利用不是太多而是太少，我们对资本的发展不是太快而是太慢。但是倘若我们的目标不仅是工业文明还有生态文明，或者说是工业文明与生态文明的结合，那么我们就不能只是利用资本，还要限制资本。这里还须说明的是，资本在当今中国的存在肯定还有其合理性，但不能认为只有等到资本的合理性完全丧失殆尽以后再去考虑超越资本。正如异化的生成与异化的扬弃是同一个历史过程，资本的利用与资本的超越也是同一个历史过程。既然我们已把建设生态文明作为当下的一个奋斗目标，那么我们就应把超越资本也提上议事日程。

（四）在马克思主义的指导下
去分析人自身内在的"身心"之间的矛盾，
创建一种人的新的存在方式

从 20 世纪中后期起，实际上我们许多中国人在生活方式上都在向西方人看齐，即努力使自己过一种以消费主义为主要标志的生活。对于当今人们正日益成为"单向度的人"，即只是从满足自己物质方面的贪欲这一维度来发展自己这一点，一些学者，特别是一些自由主义经济学家非但不加以指正，而且还想方设法推波助澜。由此造成人的生存的意义是不是仅在物质领域就能全部实现，还是必须从各个方面满足自己，在追求全面满足中来实现自己的意义，这一问题越来越尖锐地摆在人们面前。我们许多人可能并没有完全意识到，当今普遍崇尚的以消费主义为导向的生活方式，正在把人类引向一种可怕的境地。我们如果不换一种"活法"，即不改变消费主义的生活方式，前景堪忧。

沧海横流，方显英雄本色。马克思关于人的全面发展理论在这一事关人类究竟应当如何活下去的关键时刻，显得具有特别重大的意义。

马克思是通过对人的本质的各种精辟的阐述，引出人的生存的意义就在于全面发展的结论的。

正因为马克思对人的生活的基本要求是全面性，因而他对资本主义社会只是从物质需求方面来满足人，即对资本主义社会中的消费主义提出了尖锐的批评。有些人总认为马克思之所以要批判和推翻资本主义，只是因为这一社会中的工人阶级和广大劳动人民处于贫困状态、物质需求得不到满足，只是因为这一社会财富分配的不公正。这样去理解马克思对资本主义社会的批判有一定的根据,但肯定是肤浅的和片面的。

考察马克思对资本主义的全部批判我们可以深刻地领悟到,马克思之所以对资本主义不满,不仅是因为这种社会形态无法使资本主义社会中人的那种以对物的依赖,即以"占有"为特征的存在方式得到充分实现,只能建立一种新的社会形态即社会主义来使之得以实现,而主要是出于对资本主义社会中人的那种存在方式的强烈不满。他对资本主义的批判归根到底是对资本主义社会中人的存在方式的批判。他把对资本主义生产方式的批判与对资本主义社会中那种人的存在方式的否定紧紧地联系在一起,批判前者是为了否定后者,而不是为了维护和实现后者。这样,他要建立一种新的社会形态的根本目的实际上就是为了构建一种与资本主义社会中那种人的存在方式截然有别的新的存在方式。

马克思批判资本主义社会把人歪曲成经济动物,当然他所希望建立的社会主义社会的基本要求是把人从那种使人变成物,特别是变成消费动物的状态中解放出来。但一些人在曲解马克思对资本主义社会的批评的同时,又错误地理解马克思所要建立的社会主义的真正内涵。正如西方马克思主义理论家弗洛姆所指出的,"对马克思的这种看法进一步把马克思的社会主义天堂描绘成这样一种情景:成千上万的人听命于一个拥有至高无上权力的国家官僚机构,这些人即使可能争取到平等地位,可是牺牲了他们的自由;这些在物质方面得到满足的'个人'失去了他们的个性,而被变为成千上万个同一规格的机器人和自动机器,领导他们的则是一小撮吃得更好的上层人物"[①]。在弗洛姆看来,社会主义

---

① [美]弗洛姆:《马克思关于人的概念》,载《西方学者论〈1844年经济学–哲学手稿〉》,复旦大学出版社,1983年,第21~22页。

是要消灭妨碍尊严生活的贫困,但不能由此推论出社会主义的目的就是满足消费。他说:"我们决不能把这样两个目标混淆起来,一个是要克服妨碍尊严生活的赤贫,另一个是不断增长消费,后一目标对于资本主义和赫鲁晓夫来说具有最高价值。马克思的立场是十分清楚的:既要征服贫困,又要反对把消费作为最高目的。"①应当说,弗洛姆对马克思所提出的社会主义内涵的理解基本上是正确的。确实,按照马克思的原意,人类之所以要搞社会主义,并不仅仅在于使人们都拥有昔日的资本家所拥有的那么多的财富,使人们都过着穷奢极欲、金玉满堂、纸醉金迷的生活,社会主义与资本主义确实是两种根本对立的社会制度,在这两种制度下,人的生活方式也迥然有别,社会主义决不把最大限度地进行消费作为自身的目的。社会主义必须消除有损人的尊严的贫困,但并不能因此得出结论,社会主义就是为了获得富裕。社会主义社会决不像资本主义社会那样,把人引向一种只知道从物质方面来满足自身的"经济动物"。社会主义不是为了使资本主义条件下的生活方式更顺利地发展下去,而是旨在创建一种新的生活方式。

中国从"以阶级斗争为纲"转变为"以经济建设为中心",这是历史的选择,时代的进步。但实施"以经济建设为中心"必须以马克思主义人的全面发展理论为指导。如果真正想用这一理论来加以指导,起码得做到以下两点:

其一,在强调"以经济建设为中心"时,不要忘记经济建设仅仅是手段,它是为人的全面发展服务的,是为满足人民不断增长的美好生活需要服务的。应使经济的发展惠及广大人民群众的全面发展。

其二,在强调"以经济建设为中心"时,不要忘记尽管经济发展是满足广大

---

① [美]弗洛姆:《马克思关于人的概念》,载《西方学者论〈1844年经济学–哲学手稿〉》,复旦大学出版社,1983年,第51页。

人民群众美好生活的基础，在一定意义上说是主要的手段，但为达到人的全面发展这一目的还应有其他手段，因此必须让经济发展这一主要手段与其他手段相互协调、相互配合。

当今中国人民下决心沿着中国特色社会主义道路走下去。这条道路的开创是一个具有世界历史意义的重大事件。这条道路既具有中国性，也具有世界性。

如果把中国特色社会主义道路对人类文明的贡献，仅仅归结为使中国成为世界第二大经济体，那么对这种贡献的意义的认识肯定是肤浅的。当亚洲经济、世界经济出现危机之时，如此大体量的中国经济充当了稳定的"金锚"，这确实体现了中国特色社会主义道路对世界的贡献。然而中国特色社会主义道路对世界的贡献绝不仅在此。当今世界对中国的渴求不简单地是经济贡献。中国的发展如果仅体现于国内生产总值的增长，对世界来说未必完全是好事。

问题的关键在于，如果当今中国人完全按照西方人的生活方式来过日子，也就是说，西方人怎么活我们就怎么活，那么我们不可能创建出一条自己的实现现代化的道路，人选择什么样的存在方式决定了人选择什么样的实现现代化的道路。创建中国道路的前提就是中国人要有自己的活法。新的生活方式会促使我们走一条崭新的发展道路。如果我们的存在方式不改变，那么我们必然会在西方式的现代化道路上亦步亦趋。

客观现实是，中国特色社会主义道路给中国所带来的不仅是国内生产总值的高速增长，而是在中国古老的大地上，按照马克思的人的全面发展理论探索出了一种新的发展模式，而在这种新的发展模式的背后是中国人民正在创造一种新的存在方式，两者结合起来造就了一种新的文明形态。虽然我们不能说一种新的发展模式和人的存在状态在当今中国已完全形成，但我们可以有把握地作出判断，我们正在朝着这一方向坚定而大步地迈进。说中国特色社会主义道路代表了对真正属人的生存状态的一种追求，说中国特色社会主义道路的开创是对处于危机之中的西方文明支配下的人类存在方式的革命，并不算夸张。如果这样来认识中国特色社会主义道路，那么不论如何估计其对人类文明、对世界历史的意义都不会过分。

五、马克思主义指明在人类文明新形态下 人的生活方式应当是怎样的

我们正在致力于创建一种人类文明新形态。显然,我们一旦处于新的人类文明形态,我们将过着一种崭新的生活。那么在新的文明形态下我们的生活方式究竟是怎样的? 我们在马克思主义中也能找到清晰的描述。

(一)从唯物史观引出的生活方式并不是只注重物质享受

在马克思主义看来,人究竟应当过什么样的生活,是由人究竟是什么所决定的。而在马克思主义那里,人是具有无限丰富性的总体的人,所以人应当过的生活是一种"全面"的生活,即人不应当只是在某一方面满足和实现自己,而是应当全面地,即从各个方面、各个层次来满足和实现自己。

马克思的人的全面发展理论与马克思的唯物史观在马克思那里是同步形成的。马克思在创立其唯物史观的过程中,提出了他的注重人的全面发展的生活方式理论。在整个马克思主义理论体系中,人的全面发展理论绝不仅仅是一

个具体的学科,即"人学"的原理,而且是一个凝聚着马克思的唯物史观的精华,统领着马克思的一系列理论观点的核心理论。《德意志意识形态》是唯物史观确立的标志,也正是在《德意志意识形态》中,马克思和恩格斯系统地提出了人的全面发展理论。通过这部著作,我们可以清楚地看到马克思注重人的全面发展的生活方式理论是怎么样与马克思的唯物史观紧密联系在一起的。

马克思思想的出发点是人,他一生所追求的就是人与人之间的生存与发展的平等权利,探求人的自由与全面发展的崇高境界。在《德意志意识形态》中,马克思和恩格斯针对费尔巴哈、鲍威尔、施蒂纳等脱离现实的抽象的人,明确地表示,人的全面发展是有客观前提的,这一客观前提应该首先到物质生产活动领域内去寻找。而正是在从物质生产过程中寻找人的全面发展的客观前提时,他们发现了历史的进程无非是生产力基础上形成的生产关系发生发展的进程,发现人总是处于生产力和生产关系一定发展阶段上的个人,生产力与生产关系的辩证法,就是物质生产内在的客观辩证法。马克思和恩格斯正是通过对这一内在辩证法的揭示,即通过对物质生产方式内在矛盾运动的揭示,第一次阐明了人类历史为什么必然要造就全面发展的人及全面发展的人的基本特征。可以说,马克思和恩格斯是为了寻找人的全面发展的客观前提才发现了唯物史观,而唯物史观的发现又阐明了人的全面发展的必然性和基本特征。这就是马克思的人的全面发展理论与马克思的唯物史观的内在联系所在。既然两者有如此不可分割的内在联系,当人们突出唯物史观在马克思主义理论体系中的地位时,实际上也相应地把马克思的人的全面发展理论从整个马克思主义体系中凸现出来。

如果仅仅从马克思的人的全面发展理论是与马克思的唯物史观紧密相连的角度,来论证前者在整个马克思主义体系中的核心地位,还是缺乏说服力。这是一种外在的论证,因为按照这种论证思路,马克思的人的全面发展理论是外在于唯物史观的，不管两者的联系是多么的密切。外在于唯物史观的理论地位总不能与唯物史观本身的地位相提并论。实际上，马克思的人的全面发展理论并不是外在于而是内在于马克思的唯物史观。建立人的全面发展的生活方式理论是唯物史观，乃至整个马克思主义本身的目标。

现在存在着一个普遍的对唯物史观的曲解，即认为注重物质利益是唯物史观的实质。唯物史观的宗旨就是把不断增加自己的物质福利和使生活日益舒适的愿望视为人的主要动力，甚至是社会发展的主要动力。从这一曲解出发，又错误地认为唯物史观乃至整个马克思主义的目标就是改变人的物质生活，进行最大限度的生产和消费。关于这种对唯物史观和马克思主义的实质和目标的曲解，弗洛姆作过清楚的表述。他说，"在形形色色的说教中间，也许没有什么观念比马克思的'唯物主义'观念传播得更为广泛了。在有些人看来，仿佛马克思认为人的最重要的心理动机是希望获得金钱和享受，这种为获得最大利润而作出的努力，构成个人生活和人类生活中的首要动力。作为对这种观念的补充，下述这个看法同样广泛流传：马克思没有看到人的重要作用，马克思对人的精神需要既不重视，也不了解；马克思的'理想人物'是那种吃得好，穿得好然而'没有灵魂的人'"①。"为了正确理解马克思的哲学，应当扫除的第一个障碍就是对唯物主义和唯物史观概念的曲解。有些人认为，唯物史观应该是这样一种哲学，这种哲学主张人的物质利益，人对不断增加自己的物质福利和使生活日益舒适的愿望是他的主要动力。"②

这种对马克思的唯物史观的实质和目标的曲解，是不难驳倒的。稍有一点儿马克思主义知识的人都知道，唯物史观的基本内容和实质是认为人们的生产方式决定人们的思想和欲望，但并没有由此进一步推论出，人们的主观欲望就

---

① [美]弗洛姆：《马克思关于人的概念》，纽约，1961年，第2页。

② 同上，第8页。

是想获得最大的物质利益,更没有推论出这种欲望构成人类历史发展的主要动力。马克思的唯物史观乃至整个马克思主义的目标不是不断助长和满足人的物质方面的欲求,而是使人摆脱经济决定论的枷锁,使人的完整的人性得到恢复,实现自身的全面发展。还是看看弗洛姆是怎么论述的:"马克思的学说并不认为人的主要动机就是获得物质财富;不仅如此,马克思的目标恰恰是使人从经济需要的压迫下解脱出来,以便他能够作为具有充分人性的人;马克思主要关心的事情是使人作为个人得到解放,克服异化,恢复人使他自己与别人以及自然界密切联系的能力。"①弗洛姆对马克思主义唯物史观的目标的这一解释,是符合马克思的原意的。马克思本人则这样直言不讳地指出,任何人的职责、使命、任务就是全面地发展自己一切的能力,每一个人都无可争辩地有权全面发展自身的才能。实现人的全面发展,建立注重人的全面发展的生活方式,是马克思终生追求的目标,当然也是他的学说特别是他的唯物史观的目标。只有从目标上去认识,才能真正把握马克思的人的全面发展理论在马克思主义唯物史观乃至整个马克思主义体系中的核心地位。

20世纪后半叶以来,整个世界的生活方式开始趋同,大家都过着一种生活,我把它概括为五个方面的主义:消费主义、个人主义、现实主义、享乐主义、科学主义。人类在这五个主义的价值观念下生活。

消费主义——把最大限度地进行消费作为生活的宗旨,不是商品为了满足人的需要而生产,而是人类为了消费商品而存在。

个人主义——强调个人利益的最大化,为了满足个人利益不惜损人利己以邻为壑。

现实主义——只关注眼前的切身利益,告别崇高和理想。

---

① [美]弗洛姆:《马克思关于人的概念》,纽约,1961年,第4页。

享乐主义——追求通过感官刺激及时行乐，声色犬马，醉生梦死。

科学主义——把人类的命运寄托在科学的发展上，凡是"符合"科学的人类都必须去做，在科学面前完全放弃人类的主动权。

或者可以这样说，消费主义、个人主义、现实主义、享乐主义和科学主义是当今人类生活方式的主要特征。现在的问题是，人类跨入 21 世纪以后是否应当继续在这五种价值观念的支配下生活？是否应当继续坚持这样的生活方式？

人类可能并没有完全意识到，当今在世界上普遍崇尚的以消费主义为导向的生活方式，正在把我们引向一种可怕的境地。人类如果不换一种"活法"，即不改变消费主义的生活方式，前景堪忧。

人们对十几年前发生的次贷危机、金融危机记忆犹新。这场危机发生于美国，影响整个地球，影响世界上每个人。

美国的次贷危机究竟是一种什么样的危机？一般都认为，这是一场金融危机，也是经济危机。这没错。但是从另外的角度看，美国的这场危机应当说是美国人的生活方式的危机。用哲学的语言来说，是美国人的存在状态出了问题。

所以这场危机是全方位的。从表面上看，危机发生在经济领域，实际上是发生在人的生活领域。

为什么这样说？自 20 世纪 90 年代以来，美国人就进入了一个过度消费的时代，全美国的信用体系和文化体系都在引导人们消费，高度地、无节制地刺激人对物的欲望。许多美国人都在贪得无厌地享受一直处在攀升之中的物质生活，大家都往这条道路上奔。

如何来满足这种贪得无厌呢？要有资本、财富、金钱。这些东西从哪里来？消费文化又引导我们走两条道路，第一条是"赌"，想方设法把别人口袋里的钱变成自己的钱。为了满足这个"贪"就去赌，美国的资本主义变成了"赌场资本主义"。但是在赌场里，不是每个人都能够实现自己的愿望，总是赢少输多。怎么办?还有第二条路,叫"借"。向银行借,跟他人借,今天用明天的钱、寅吃卯粮。至于明天的钱我是不是能够挣到,不知道,用了再说。

所以用三个字可以概括当今美国主流的生活方式:贪、赌、借。这就是当今美国乃至整个西方世界主导的生活方式,并且这样的生活方式正在悄悄地向中国走来。如果当今的世界坚持走这样的生活道路,那么次贷危机、金融危机、经济危机,乃至更大的危机都是不可避免的,都在等待着我们。

危机就在我们身边,它的根源是人的生活方式。如果说我们的生活方式不改变,那么人类没有希望、世界没有希望。

我认为,要正确地回答这个问题,全部取决于对以下两点能否作出正确的判断:其一,以消费主义等为主要内容的生活方式究竟给人类带来了什么? 人类在消费主义等支配下生活,真的十分幸福吗? 如果回答是肯定的,那么我们没有理由放弃这种生活方式,但倘若不能作出肯定的回答,那就得思考一下是否需要对这种生活方式加以某种改变了。其二,退一步说,即使以消费主义等为主要内容的生活方式确实给人类带来了无穷的幸福,确实是人类所需要的那种理想生活,那么目前人类所居住的家园——地球——有条件允许我们继续这样过下去吗? 地球能提供足够多的能源和资源让我们继续像现在这样活下去吗? 如果回答是肯定的,那么我们可以高枕无忧地坚持目前的生活方式,但倘若我们只能作出否定的回答,那么这种生活方式即使非常美好且具有莫大的吸引力,我们也得加以改变。

下面我对这两个前提作两个判断。

第一个判断是,这种生活是否正是我们所希望的生活? 美国心理学家马斯洛提出"人的需求有五个层次",最底层的就是生理的需求,要吃得好、穿得好、要生存,这是最基本、最表面的一个需求。在这个需求之上,叫安全的需求。人要追求安全、安稳,才会幸福。安全有了,上面一个层次叫爱和交往。人需要爱情,这个爱既是狭义的亲情、爱情，又是广义的人和他人之间的友爱。第四个层次是尊严，人活在世界上要有尊严，人家要尊重你，要说你好，要像模像样地活在世界上。第五个层次也是最高层次，就是人要自我实现，我活在世界上就要把我的能力施展出来、贡献出来，这是最大的幸福。

所以如果仅仅说把我的幸福，或者快感建立在个人今朝有酒今朝醉的物质生活享受当中，那么他满足的需求是很浅薄的，所以人还是不幸福。现在我们可以得出一个结论：在消费主义、个人主义、现实主义、享乐主义和科学主义的生活中，人们表面上很安乐、幸福，其实依然在痛苦当中生活，或者不那么幸福。

比如 2010 年上海世博会，有一句口号叫"城市，让生活更美好"。这个口号为什么不是"让马路更宽敞"或者"让高楼更林立"之类？很明显，如果是这样的主题，我们只能向外国人展现我们的繁华和奢侈，外国人会觉得这种生活他们西方也有。那让外国人来看什么呢？我们要展示的是跟消费主义的生活方式不同的另外一种新的生活：早晨起来，看到的是上海大街小巷晨练的人们；晚上，到上海各种旅游场所去，看到的不是一个个赌场，而是有文化含量的娱乐活动；到饭店，看到的不是一桌桌吃了一半甚至是三分之一就倒掉的菜和大声嚷嚷的人们，这才是上海人、长三角人、中国人的骄傲。

马克思曾提出五个关于人类幸福的基本命题：①《1844 年经济学哲学手稿》中，他提出自由自觉的活动是人类幸福的前提；②《德意志意识形态》中，他认为感性活动是现实的有生命的个人获得幸福的手段；③他提出过社会实践活动就是人类追求幸福的活动；④他还提出，幸福是人的生活目的的实现，即追求幸福是人的类特性；⑤他也提出，人的自由全面的发展是人类获得和实现幸福追求的保障。

显然，当下人的那种生活方式用马克思所说的幸福生活的标准来衡量，并不是幸福的生活方式。

第二个判断是,即使这样的生活很好,资源、能源允许吗?这个不用我个人回答,全人类都能够回答——"不允许"。如今的地球已经快到了生态容量的底线了。

如果我的这两个判断都正确的话,那么我们就可以合乎逻辑地得出一个结论:人们必须要改变我们现有的生活方式,必须要换一种活法。

对于马克思主义如何指导我们构建新的生活方式,我们已在本书的其他章节对马克思主义如何指导我们劳动、消费、交往等进行了论述,在这里,仅探讨一下马克思主义如何指导我们享受爱情、如何休闲。

(二)马克思主义告诉我们究竟如何享受爱情

马克思主义之所以要推翻资本主义社会,一个重要理由是让人们充分享受爱情婚姻生活的快乐。恩格斯曾经说道:"结婚的充分自由,只有在消灭了资本主义生产和它所造成的财产关系,从而把今日对选择配偶还有巨大影响的一切附加的经济考虑消除以后,才能普遍实现。到那时,除了相互的爱慕以外,就再也不会有别的动机了。"[1]按照马克思和恩格斯的设想,进入社会主义社会后,爱情婚姻生活将出现以下特点:其一,由于资本主义私有制的消灭,经济因素不再对婚姻关系产生巨大影响;其二,婚姻的基础是爱情,其他功利权衡在新的一代成长起来后不再存在;其三,只有以爱情为基础的婚姻才是合乎道德的婚姻,因而也只有继续保持爱情的婚姻才合乎道德。[2]

应当说,马克思和恩格斯所说的这种爱情婚姻生活就是我们今天所要构建的爱情婚姻生活。但现实是,目前我们还处于社会主义初级阶段,我们还不可能

---

① 《马克思恩格斯选集》(第四卷),人民出版社,1995年,第80页。

② 参见李真、汪锡奎:《当代中国生活方式论》,东南大学出版社,1997年,第183页。

实现马克思和恩格斯所设想的那种爱情婚姻生活。确实，我们还不完全具备马克思和恩格斯所预言的那种爱情婚姻生活的现实条件。我们虽然已经建立了以公有制为主导的社会主义制度，从法律上取消了男人对女人的奴役，反对男性"用金钱或其他社会权力手段去买得妇女的献身"，但是在社会主义初级阶段，经济的因素还是人们选择配偶、组建家庭的重要考虑，经济生活水平的低下依然是限制人们组建幸福家庭、限制真正相爱的人生活在一起的重要因素。尽管社会主义制度为追求以爱情为基础的婚姻开辟了新的可能性，但在现阶段我国经济文化及社会条件下，爱情不可能成为缔结和维持婚姻的唯一基础，婚姻中情感因素的作用常是和其他功利性考虑共同起作用的。[1]

在这种情况下，即在处于社会主义初级阶段的现实条件下，我们是不是可以放弃对马克思和恩格斯所构建的那种爱情婚姻生活的追求呢？显然不能。我们必须朝着这一方向去努力。我们不能超越历史阶段去做将来才能实现的事，但不等于现在什么都不能做。"只有以爱情为基础的婚姻才是合乎道德的"，虽然不能作为现实道德意识的出发点，但对这一道德尺度的正确性不能加以怀疑，还是应当在一定的范围内加以使用，或者说，附上一些限制条件后加以使用。家庭的稳定和健全是社会稳定与安定的基础，应当减少缔结或解除婚姻的随意性，这并没有错，但这并不等于可以限制婚姻自由，婚姻的可离异性还是应当视为社会进步的表现。社会主义初级阶段的家庭婚姻生活方式的发展应当是向爱情至上、婚姻自由目标不断接受的过程。

这里问题的关键是，应当让世界上真正相爱的人生活在一起，这是我们构建社会主义爱情婚姻生活的一个基本原则，即使在社会主义初级阶段，也应当坚持这一原则。理想的爱情婚姻生活就是世界上真正相爱的人能够生活在一

---

① 参见李真、汪锡奎：《当代中国生活方式论》，东南大学出版社，1997年，第183~184页。

起,即使在社会主义初级阶段我们也应当尽最大可能做到这一点。马尔库塞说:"人正是在他的满足中,特别是在他的爱欲满足过程中,才成了一种高级存在物,才有了较高的存在价值。"①我们的社会一定要让社会成员最大限度地享受"寓于爱情中的自然的幸福"。保加利亚哲学家瓦西列夫在《情爱论》中给爱情下了一个定义:爱情是"在传宗接代的本能基础上产生于男女之间、使人能获得特别强烈的肉体和精神享受的这种综合的(既是生物的、又是社会的)互相倾慕和交往之情"②。应当说,这个定义基本上是正确的。不是真正相爱的男女在一起,是不可能产生这种"特别强烈的肉体和精神享受"的。

(三)马克思主义告诉我们究竟如何休闲

按照马克思主义的理论,闲暇生活方式是社会生产力发展到一定水平的产物。在生产活动吞没了人类整个生活活动的自然经济形态下,无所谓闲暇时间,当然也就无所谓闲暇生活方式了。那时,人类的全部活动就是维持生计的生产活动,生产就是一切。随着生产力的发展和生产效率的提高,社会必要劳动时间缩短了,人类才有可能实现从自然经济向商品经济的过渡,才会出现由人自由支配的闲暇时间和对闲暇活动的需求,闲暇活动方式才会应运而生。③对于整个人类是如此,对于我们每个具体个人来说也是这样。我们每个人,倘若还处于贫穷状态,必须整天劳作才能解决自己基本的生存所需要的物质生活资料,那么对他来说,也就不可能有闲暇的生活方式。换句话说,只有首先解决了温饱问

---

① 〔美〕马尔库塞:《爱欲与文明》,纽约,1961年,第183页。

② 〔保〕基·瓦西列夫:《情爱论》,赵永穆、范国恩、陈行慧译,生活·读书·新知三联书店,1984年,第5-6页。

③ 参见王雅林主编:《生活方式概论》,黑龙江人民出版社,1989年,第469页。

题,才有可能考虑如何度过自己的闲暇生活。

马克思研究闲暇总是同研究"时间"联系在一起的。马克思说,自由时间是使个人得到充分发展的时间,而个人的充分发展又作为最大的生产力反作用于劳动生产力,自由时间,可以支配的时间,就是财富本身:一部分用于消费产品,一部分用于从事自由活动,这种自由活动不像劳动那样是在必须实现的外在目的的压力下决定的,而这种外在目的的实现是自然的必然性,或者说社会义务——怎么说都行。马克思在这里论述了什么是自由时间。时间作为运动着的物质的一种存在方式,历来引起人们的关注。18世纪美国的发明家富兰克林说,时间就是生命。鲁迅先生也指出,生命是以时间为单位的,浪费别人的时间等于谋财害命,浪费自己的时间等于慢性自杀。①但是在我们所拥有的时间中,不是所有的时间都是闲暇时间,只有自由时间才是闲暇时间。

马克思在论述资本主义社会和未来的美好的共产主义社会的区别时,总是把自由时间的多少作为一个重要的标志。而他对资本主义的批判也往往着眼于对工人的自由时间的剥夺。很明显,当工人劳动时间一定时,必要劳动时间和剩余劳动时间就是此消彼长的关系。工人剩余劳动时间创造的财富被资本家无偿占有,成为他们的自由时间和享受生活的物质基础,资本家之所得正是工人之所失。因此,资本家占有工人剩余价值的主要手段即无偿占有工人的剩余劳动也就是对工人自由时间权利的侵犯,其实质就是靠强力和饥饿纪律来剥夺工人享受自由时间和权利,这是马克思思想的深层意蕴。②由于在资本主义制度下,自由时间远没成为广大劳动者普遍享受的现实,马克思只能从最内在的时间维度上对其合法性作最直接论证,而更多的内容则只能作为资本主义制度的对立面、对照物或否定中来隐喻,作为否定资本主义制度的成果来体认。比如像"自

---

① 参见王伟光等:《社会生活方式论》,江苏人民出版社,1988年,第171页。

② 参见刘晨晔:《解读马克思休闲思想的几个问题》,《自然辩证法研究》,2003年第6期。

主自由劳动""联合劳动""剩余劳动"等,虽然直接讲的是劳动,但它已隐含闲暇时间的意蕴。①

我们得承认,事实上,在中国特色社会主义新时代,我们已有了大把的闲暇时间。对此,我们每个人都会有深切的体会。跟以前相比,我们用不着花那么多的时间进行单纯为了谋取生活资料的劳动。纯粹是为了生产出人的物质生活资料的劳动时间日益减少,大量时间可用作休闲。知晓了马克思和恩格斯关于"自由时间"的论述,我们深深感到今天有这么多的闲暇时间享用是多么来之不易。这说明,中国特色社会主义走出了人类文明发展的新道路。我们应当充分珍惜和享受这来之不易的闲暇时间,一定要守住来之不易的休闲机会,尽量使自己通过休闲活动获取美的享受和愉悦。

人整天劳作而没有休闲时间是可悲的,但一旦有了休闲时间却使休闲丧失文化含量,即休闲根本没有情趣那也是可悲的。一方面我们要守住来之不易的休闲机会,另一方面要尽量使自己通过休闲活动获取美的享受和愉悦,这里关键的就是要赋予休闲文化含量。马克思把休闲视为生命个体生存和发展的必然要求。显然,休闲一方面让人放松、消遣、休息、舒适;另一方面,真正的休闲不是让人沉迷于放松、放纵于享乐,而是压力的释放和力量的聚集,休闲的终极目标不是停留在休闲活动本身,而是为了更远大目标的实现和更高意义上的自我完善。正如马克思所说:"个性得到自由发展,因此,并不是为了获得剩余劳动而缩减必要劳动时间,而是直接把社会必要劳动缩减到最低限度,那时,与此相适应,由于给所有的人腾出了时间和创造了手段,个人会在艺术、科学等等方面得到发展。"②我们一定要像马克思所说的那样,让休闲具有文化含量和人文价值,

---

① 参见刘晨晔:《解读马克思休闲思想的几个问题》,《自然辩证法研究》,2003 年第 6 期。
② 《马克思恩格斯全集》(第 46 卷)(下),人民出版社,1979 年,第 218~219 页。

让休闲生活成为我们自由自觉的一种活动，让我们在这样一种活动中实现自己的自由全面的发展。

六、马克思主义中国化与
人类文明新形态的可能性

以五四运动为起点,中国道路的百年探索可以用两个关键词来概括,那就是现代化与马克思主义中国化。虽说其他形式的概括可能具有特定的意义,但无论从理论上还是从实践上来说,现代化与马克思主义中国化仍是一百多年来中国道路最本质的规定。因此,需要深入把握的是,在中国道路的百年探索中,现代化与马克思主义中国化建立起怎样的本质关联?在这种本质关联中,马克思主义中国化对于今天的世界历史进程来说又具有怎样的意义?

(一)中国的现代化进程与马克思主义有着本质的关联

1840 年以来,中国遭遇到极为严峻的挑战和危机。与以往的任何一种严峻局面不同的是,这次的挑战和危机归根到底起源于现代性(modernity)在特定阶段上的"绝对权利"。这样一种由现代性来主导的绝对权利不仅开辟出所谓的"世界历史",而且在世界历史的基础架构中建立起特定的支配–从属关系。关于此种支配和从属关系，马克思的说法是："正像它（资产阶级——引者注）使农村从属于城市一样，它使未开化和半开化的国家从属于文明的国家，使农民的民族从属于资产阶级的民族，使东方从属于西方。"①海德格尔则将这种关系简要地表述为"地球和人类的欧洲化"。这意味着，当时的中国是不可避免地——或早或迟——被卷入世界历史的进程之中，并且是不可避免地被抛到由现代性所设置的支配-从属关系中。正是这种情形深刻表明，中国所面临的现代化任务是历史的必然，是不以人们的主观意志或愿望为转移的。如果有人认为，中国本应当或本可以避开"导致灾难的"现代化，那么正如黑格尔所说，他只不过是在随便谈谈他个人的"主观想法"罢了。

为什么中国在要求并执行其现代化任务的进程中又与马克思主义建立起本质的关联呢？至少在西方，整个现代世界的出生与成长初始并不与马克思主义有什么关联，毋宁说，马克思主义倒是现代世界之矛盾冲突发展到特定阶段上的产物。是否可以因此假设说，在中国完成其现代化任务之前，马克思主义（作为对现代性的有原则高度的批判）是完全不必要的？抽象的假设可以如此，但现实的历史绝非如此。最为关键的要点是，中国的现代化进程之所以与马克思主义建立起关乎本质的联系，是因为从根本上来说，中国的现代化事业必须经由一场彻底的社会革命来为之奠基，而这场社会革命历史地采取了新民主主义-社会主义的定向。不消说，没有一场彻底的社会革命，中国的现代化事业就不可能全面地开展并得以真正实现。正像中国的新民主主义革命在其定义中将社会主义把握为自身之完成了的本质一样，以新民主主义-社会主义来定向的社会革命在现实的历史中将马克思主义规定为自身的思想-理论基础。因此，中国的现代化进程与马克思主义的本质关联同样是历史的必然的，是不以人们的

---

① 《马克思恩格斯选集》（第一卷），人民出版社，1995年，第276~277页。

主观意志或愿望为转移的。如果有人认为，中国的社会革命本应当或本可以避开新民主主义-社会主义的定向，中国的现代化事业本应当或本可以脱离马克思主义的影响而得到"纯净的"展开的话，那么他同样只不过是在随便谈谈他个人的"主观想法"罢了。

每个人当然都可以随便谈谈他自己的主观想法，但如果这样的想法——常常以"假设历史"的方式——出现在哲学社会科学中（并作为其前提或预设来使用），那么它们就立即沦落为学术上彻头彻尾的主观主义。这种主观主义以单纯的"应当"来谈论历史或假设历史，仿佛现实的历史本该听命于这种或那种"应当"似的。就像那种认为中国道路"应当"避开现代化任务从而"应当"返回宋代或汉唐或先秦的观点一样，认为中国的现代化进程"应当"避开马克思主义影响的观点也是假设历史，宣称中国"应当"走英国道路，或法国道路，或美国道路。这两种观点不多不少乃是同样性质的主观主义，而且事实上是极为幼稚和无头脑的主观主义。这类"应当"的主观主义性质从其假设的杂乱无章和彼此对立中便可识别出来，而黑格尔则在哲学上明确地指出："……惯于运用理智的人特别喜欢把理念与现实分离开，他们把理智的抽象作用所产生的梦想当成真实可靠，以命令式的'应当'自夸，并且尤其喜欢在政治领域中去规定'应当'。这个世界好象是在静候他们的睿智，以便向他们学习什么是应当的，但又是这个世界所未曾达到的。"①这就是说，以单纯的"应当"来命令现实或假设历史的主观主义，完全滞留在抽象的观念中；由于这种抽象观念从根本上分离隔绝于现实的历史，分离隔绝于社会历史进程的实体性内容，所以不过是理智之抽象作用"所产生的梦想"。无论如何，自黑格尔以来，用那种脱离社会-历史的实体性内容来玩弄抽象观念的知识方式，已经是时代的错误了；而自马克思以来，由于他

---

① ［德］黑格尔：《小逻辑》，贺麟译，商务印书馆，1980年，第44~45页。

批判地继承了黑格尔的现实立场，那种离开既定社会（作为"实在主体"）的自我活动来伪造历史的虚构，则尤其是时代的错误了。

如果从现实历史的观点——而不是从抽象的观念——出发，来观察一百多年前发生的五四新文化运动，我们会从中突出地把握到什么呢？

第一，这一运动的旗帜上赫然写着"科学"与"民主"。毫无疑问，科学与民主既是现代性的基本价值与目标，同时又是五四新文化运动的口号与纲领，也就是说，这一运动提出了文化的甚至是整体的现代化任务目标。然而如果口号或纲领不仅仅是抽象的观念，那它就需要通过现实的历史运动来展开和实现。

第二，作为现实的历史运动，五四新文化运动是彻底的不妥协的反对帝国主义和封建主义的运动。如果说先前的现代性理念及其完美实现似乎是现成地存在于资本主义的世界中，那么五四新文化运动则揭示出这样一种历史的现实性：已成为帝国主义的资本主义世界恰恰构成中国革命的敌人——除非中国革命同时反对帝国主义这个敌人，否则的话，它就不可能完成反对封建主义的任务，从而为其现代化事业真正奠基。然而事情还不止如此，五四新文化运动更代表着一种趋势，而历史发展的总体趋势比既成的历史事实具有更高的现实性。

第三，由于五四新文化运动以反帝反封建作为基本定位，所以这一运动就不能不成为当时世界革命的组成部分，并且在成为世界革命之组成部分的同时，为中国共产党的成立作好了准备，从而为中国的现代化事业与马克思主义的本质关联作好了准备。"五四运动时期虽然还没有中国共产党，但是已经有了大批的赞成俄国革命的具有初步共产主义思想的知识分子。……五四运动是在思想上和干部上准备了一九二一年中国共产党的成立，又准备了五卅运动和北伐战争。"①

　　因此,从真正历史的观点来把握五四新文化运动的重大意义,不仅要求标举现代性的基本理念,而且要求将之特别地理解为反帝反封建的现实运动,要求从这一运动的趋势中辨别出马克思主义与中国革命,从而与中国现代化事业建立起本质关联的必然性(在黑格尔看来,现实性即是展开过程中的必然性)。那种仅仅将现代性的诉求局限于抽象理念的观点,尤其是那种试图以出自西方的抽象观念来裁决现实的历史运动,来抹杀现实历史之本质趋势的观点,难道不是在理论上完全没有头脑,而在实践上则指望中国革命实际上可以不这样发生或实际上不发生吗? 仿佛他可以凭借抽象的观念来命令现实的历史"应当"如何,仿佛他大喝一声就可以阻遏历史之客观趋势似的。即使是稍有见识的西方历史学家也早就明白,以抽象的观念(例如以美国的自由观念)来阻碍中国革命的现实进程实在是荒诞无稽的。例如,费正清在《伟大的中国革命》中写道,第一次世界大战后来到中国的杜威,曾对他的学生胡适说:军阀和现代教育不可能并行不悖;而我们可以同样在历史上得出结论说:美国式的自由主义和中国革命不可能并行不悖。"……杜威于 1921 年 7 月 11 日离开上海时中国共产党刚好要在那里成立。……哥伦比亚大学教师学院在共产国际阳光照耀之下,变得暗淡无光。显然,美国的自由主义解决不了中国的问题,虽然它作为主流思潮后来又苟延了 15 年。"②费正清清晰地意识到,在中国革命之现实的历史面前,抽象的观念或美国的教义是无济于事的,"中国最需要的是些别的东西"③。

　　唯有现实的历史性才能够揭示出中国革命所需要的"别的东西"(亦即超出抽象观念的东西),而处在特别关节点上的五四新文化运动则以其历史性表明:

---

① 《毛泽东选集》(第二卷),人民出版社,1991 年,第 699~700 页。

② [美]费正清:《伟大的中国革命》,刘尊棋译,世界知识出版社,2000 年,第 243 页。

③ 同上,第 242 页。

中国要实现现代化，必须经历一场彻底的社会革命来为之奠基；而这场社会革命已在其基本的趋势中要求采取特殊的定向——它很快就表明自身采取了新民主主义-社会主义的定向。正是这一社会革命的主导定向，建立起中国的现代化事业与马克思主义的本质关联。

（二）唯有中国化的马克思主义才能与中国的历史性实践建立起本质的关联

在中国革命和中国的现代化实践之间建立起本质联系的，不仅是马克思主义，更是在这一历史性实践中生成的中国化的马克思主义，正像马克思主义经由这一历史性实践而被大规模地中国化一样。马克思主义中国化的最一般的含义无非是：把马克思主义的基本原理同中国革命、建设和改革的实际结合起来。因此，与中国化的马克思主义相对峙的，乃是不欲同中国革命和现代化实践相结合的马克思主义。由于这样的"马克思主义"一般地拒绝同特定的社会现实、特定的历史性实践相结合，又由于这种结合恰是马克思主义学说的灵魂和题中应有之义，所以真正说来，它便成为马克思主义的反面。在这样的反面中，一般的原理完全滞留于抽象的观念之中，也就是说，这样的原理仅仅保持自身为抽象的马克思主义中国化与新文明类型的可能性的、无内容的和僵死的公式。然而自黑格尔以来我们就知道"……一个所谓哲学原理或原则，即使是真的，只要它仅仅是个原理或原则，它就已经也是假的了；要反驳它因此也就很容易"[1]。同样，恩格斯晚年曾指证说，唯物史观似乎有不少朋友，但他们是把原理当作"不

---

① ［德］黑格尔：《精神现象学》（上卷），贺麟、王玖兴译，商务印书馆，1979年，第14页。

研究历史的借口的"；而当他们只是把抽象的原理作为现成的公式来裁剪各种历史事实时,唯物史观就立即转变为"自己的对立物"。①

中国革命时期就有一部分这样的马克思主义者,他们被很恰当地称为"教条主义的马克思主义者"。一方面由于中国革命的历史性实践本身尚待展开,另一方面由于他们在接受马克思主义时初始的"学徒状态",因而往往易于采取抽象的理论态度,并在思维方面采取哲学上所谓"外在反思"的方式。外在反思是作为一种忽此忽彼的推理能力,它从不深入于事物本身的实体性内容之中,但它知道一般的抽象原则,并且把这样的原则运用到——先验地强加到——任何内容之上。很容易看出,外在反思也就是一般而言的教条主义(哲学上更多地称为形式主义),因为教条主义就是没有深入地把握事物本身的内容,而仅仅将抽象原则外在地加诸任何内容之上。我们很熟悉的一个例证是:1927 年以后,教条主义的马克思主义者把来自俄国的"中心城市武装起义"变成抽象的原则,并且试图把这一原则先验地强加给中国革命的进程。其结果是一连串悲惨的和灾难性的失败。在这里导致失败的根源,既不是马克思主义的原理本身,也不是俄国革命的经验,而是局限于外在反思的教条主义。唯当中国共产党人终于意识到,中国革命的道路不是"中心城市武装起义",而是"农村包围城市"时,他们才开始摆脱了教条主义,才开始深入地把握到中国特定的社会现实,也就是说,才开始使马克思主义的普遍原理与中国革命的实践结合起来。"农村包围城市"的纲领,说到底无非是与中国的社会现实相结合、与中国的历史性实践相结合的马克思主义,并且是批判地脱离了教条主义的马克思主义。在这个典型的例证中,外在反思的主观主义性质突出地表现出来了;黑格尔很正确地把外在反思叫作"诡辩论的现代形式",把仅仅知道外在反思的人称为"门外汉"。

---

① 《马克思恩格斯选集》(第四卷),人民出版社,1995 年,第 691、688 页。

因此，进一步说来，问题的关键不仅在于中国的现代化进程与马克思主义建立起一般的关联，而且在于马克思主义的中国化——唯有中国化的马克思主义才与中国的历史性实践建立起内在的和本质的关联，而滞留在抽象原理中的、教条主义的马克思主义则根本不欲与这一进程相联系，或仅仅是在表面上与之发生某种外在的、非本质的联系。在这个意义上，对于指导中国革命（乃至于指导整个现代化事业）来说，没有什么比马克思主义的中国化更重要、更具决定性的了。正如毛泽东所指出的："形式主义地吸收外国的东西，在中国过去是吃过大亏的。中国共产主义者对于马克思主义在中国的应用也是这样，必须将马克思主义的普遍真理和中国革命的具体实践完全地恰当地统一起来，就是说，和民族的特点相结合，经过一定的民族形式，才有用处，决不能主观地公式地应用它。公式的马克思主义者，只是对于马克思主义和中国革命开玩笑，在中国革命队伍中是没有他们的位置的。"[1]

马克思主义的中国化，不仅伴随着中国革命的磅礴进程，而且伴随着新中国成立七十多年、改革开放四十多年来的伟大历程。在整个波澜壮阔的历史性实践中，中国的现代化任务与马克思主义的结合不断开展着并且深化着，中国化的马克思主义既作为这一历史性实践的不竭动力又作为其丰硕成果突出地展现出来。很明显，作为一个整体的马克思主义中国化的重大意义，无论怎样评价都不会过高；但同样明显的是，中国化的马克思主义绝不是某种简单现成的、一经达到就被固定下来的东西。毋宁说，它作为中国自近代以来无与伦比的历史性事件，是在错综迂回的进程中不断生成的，是在历史之繁复的矛盾和冲突中不断发展的。就像革命时期马克思主义的中国化是在同各种主观主义——特别是教条主义——的斗争中实现的一样，此后的整个马克思主义中国化的进程

---

[1] 《毛泽东选集》（第二卷），人民出版社，1991年，第707页。

在理论上和实践上继续进行着同样性质的斗争：它是在许多经验和教训的积累中进一步开展的，是通过一次次的思想解放来达到自己的目的的。在这里，同样性质的斗争之所以会持续展开，是因为历史进程的内容和条件在不断地改变，而主观主义——特别是教条主义——的观点总是一再偏离这种变化着的现实；在这里，思想解放之所以经常成为必要，是因为必须不断地从上述的偏离中摆脱出来，以便使我们的思想能够重新面向特定的现实。由此展现出来的整个过程，就是作为总体的马克思主义中国化。从现实历史的观点来看，正是这个过程牢固地建立起中国的现代化事业与马克思主义的本质关联；而这种关联无所不在地体现在近百年来中国历史性实践的各个阶段上，以至于我们可以从所有这些阶段的重大事件中来寻找马克思主义中国化的主导线索，来分辨并深思这一线索中作为经验和作为教训推动我们前进的东西。

一种初始是外来的思想理论或精神形态，如何可能最关乎本质地参与到中国之特定的历史进程中并成为其自身文化的一部分，这样的事例我们在中国自近代以来对外学习的过程中，尤其是在马克思主义中国化的过程中，可以被特别地观察到和意识到。而马克思主义中国化之尤为突出的意义—— 一种真正关乎本质的意义，就像前面已经提到过的那样，是由中国进入"世界历史"之中的独特处境来规定的，并且是由此种处境中历史性实践的特定取向来规定的。在某种虽说不同但或可比拟的意义上，一种外来的思想理论或精神形态如此大规模地中国化，对于我们来说并不是第一次，可以说佛教的中国化庶几近之。我们由此可以获得的教益是：第一，这样的中国化必定来自巨大而迫切的需要——无论是实践的需要还是理论的或精神的需要，总而言之是必出于历史整体之真实而普遍的需要。第二，这样的中国化必定要使外来的思想理论或精神形态适合于中国之特定的历史性实践和特定的精神文化轨道，亦即真正采取中国的立脚点和中国的形式。如海德格尔所说：一切本质的和伟大的东西，都从人有个家并且在传统中生了根这一点产生出来。①第三,这样的中国化进程不能不成为独立自主的和创造性的;而停滞于抽象的教义或一味地模仿根本就不意味着中国化,倒是意味着它的反面。对于中国影响最为深远的佛教乃是"教下三家"(天台宗、华严宗、唯识宗)和"教外别传"(禅宗)。按梁启超的说法,其中天台宗、华严宗和禅宗几乎没有印度的渊源,完全是中国人的创造;而其中的唯识宗虽说有很深的印度传承,但却由中国的玄奘及后辈做出了真正建设性的贡献和创造性的发挥。当佛教开始在印度衰微并且于13世纪几乎熄灭之时,中国化的佛教却方兴未艾,在很大的范围内传播并产生巨大的辐射力,并贯注到中国文化的种种制作中。有谁竟能断言,在中国流布并通过中国传播的佛教根本不是佛教?恰当的说法毋宁是,佛教被大规模地中国化了。历史学家布罗代尔很正确地指出:"因而,我们不能说佛教被中国文明毁掉了。反过来,它对中国文明作出了补充,在它身上打上了自己永久的烙印(比如说在不计其数的艺术作品中),同时浸淫于中国文明的影响之中,无法祛除。"②如果说佛教的中国化及其深远意义是不可否认的,那我们要怎样来估量马克思主义的中国化及其意义呢?

(三)中国的现代化实践必然
在人类文明新形态的开启中得到真正的实现

要能够正确估量马克思主义中国化的意义,就必须将这种意义置入"世界历史"的进程之中,因为正是现代性本身开辟了世界历史,而中国的现代化事业——包括为其现代化奠基的社会革命——是在世界历史的格局中活动并作

---

① 参见《海德格尔选集》(下卷),孙周兴选编,上海三联书店,1996年,第1305页。
② [法]费尔南·布罗代尔:《文明史纲》,肖昶等译,广西师范大学出版社,2003年,第189~190页。

为它的重要组成部分来展开的。马克思主义中国化之较为晚近的形式叫作中国特色社会主义理论,而这一马克思主义中国化的成果在今天具有怎样的意义呢?且让我们就此先行给出一个简要的回答:中国特色社会主义所具有的意义——它的世界历史意义——在于它在使中国完成现代化任务的同时,亦即在使之成为一个现代化强国的同时,正积极地开启一种新文明形态的可能性。

为了能够较为具体并且是历史地说明这一点,我们须得回到三十多年前,也就是回到20世纪的最后十多年。那时中国的改革开放刚刚起步,而亲历那个时代的人一定非常清楚地记得:当时的世界社会主义或国际共产主义运动正经历一种前所未有的挫折,正面临一个极度灾难性的危急时刻。苏联解体,东欧以及其他地区的一些社会主义国家纷纷改旗易帜,一场又一场"颜色革命"接踵而至——有的"颜色革命"是如此轻易,以至于被称为"天鹅绒革命"。当时一般的意识形态,以及在很大范围内知识界的普遍氛围,似乎都认为"这一次"马克思是最终被送进了坟墓(尽管这样的讣闻先前曾多次发布),马克思主义最终被安顿到博物馆中了,而《共产党宣言》的结论最终破灭了。特别能体现这种观点的是美籍日裔学者福山的著作《历史的终结与最后的人》。这部著作宣称世界历史是在现代性中达到了它的最高的和最后的完成,也就是说,人类历史终结了,它终结于现代资本主义世界之政治、经济、社会、文化等等的建制中,除了这种建制的扩张和流布之外,历史已无事可做——它不再能够发展出任何一种其他的可能性了。这部伪黑格尔主义的著作,虽说学术水平并不高,但却风行一时,因为它迎合了当时一般的意识形态和流俗的知识氛围罢了。

正是激愤于当时一般意识形态和知识氛围中的短视、偏见和无头脑,后现代主义哲学家德里达发表了一系列的讲演,这些讲演以"马克思的幽灵"为题结集出版。这部著作尖锐地抨击了福山的观点,并试图更加深入地思考我们的时代。作者由之申说的基本见解是:在世界社会主义经历了史无前例的挫败之后,马克思主义在今天也许不再具有现实的存在、肉体的存在，但它依然存在——它是一个幽灵般的存在。就像 1848 年共产主义在欧洲是作为幽灵来活动的那样，就像《哈姆莱特》一剧中的幽灵（哈姆莱特已死父亲的幽灵）以告知真相、发出指令并敦促行动来显示自身的那样，马克思主义在今天不是不存在，它在没有肉身的时候也必定依然作为幽灵而存在，因为马克思的思想和学说决定性地与现代世界的本质–根据相联系，与这种本质–根据的内在矛盾和自我否定相联系。很显然，德里达的见解比起那种目光如豆和缺失思想的观点来说，要优越得多也深刻得多。但是这位哲学家没有看到——事实上我们也不应要求他当时就能清晰地看到：有一支马克思主义——它是现实存在的和有肉体的马克思主义——正在强有力地兴起，正在生机勃勃地成长壮大。这就是中国化的马克思主义，就是在改革开放中发展的中国特色社会主义。

与刚刚踏上漫漫改革之路并遭遇世界性变局时的情形已然不同，在经历了几十年的历史发展之后，我们今天不仅可以清晰地看到中国化马克思主义所取得的巨大进展和成果，而且可以对这一进展和成果即中国特色社会主义的非凡意义作出历史性的估量了。我们之所以能够对其意义作出历史性的估量，是因为中国特色社会主义的发展已进入一个重要的转折点，进入一个全新的阶段。对此的基本描述是，就其作为"新的历史方位"而言，中国特色社会主义进入新时代。通过这一新的历史方位所揭示出来的意义是深远的，是真正历史性的。中国特色社会主义进入新时代，首先意味着中华民族"迎来了从站起来、富起来到强起来的伟大飞跃，迎来了实现中华民族伟大复兴的光明前景"[①]。这是一个关于中华民族的叙事，特别是关于新中国成立七十多年来的历史性叙事。不仅如此，新的历史方位还"意味着科学社会主义在二十一世纪的中国焕发出强大生机活

---

① 习近平：《决胜全面建成小康社会 夺取新时代中国特色社会主义伟大胜利——在中国共产党第十九次全国代表大会上的报告》，人民出版社，2017 年，第 10 页。

力,在世界上高高举起了中国特色社会主义伟大旗帜"①。这也是一个关于世界社会主义的叙事,特别是关于 21 世纪社会主义命运的历史性叙事。同样,新的历史方位更进一步意味着:中国特色社会主义各方面的不断发展,拓展了发展中国家走向现代化的途径和选择,"为解决人类问题贡献了中国智慧和中国方案"②。这又是一个关于人类普遍发展的叙事,特别是关于世界历史中不同国家和民族发展路径的叙事。很明显,已经到来的新的历史方位揭示出中国特色社会主义即马克思主义中国化的当今形态开始出现的多重意义;而在这多重的意义中,正像中华民族波澜壮阔的现代化进程与马克思主义、社会主义具有愈益加深的本质联系一样,以中国化马克思主义、中国特色社会主义来定向的现代化事业,已开始建立起与人类之整体发展、世界历史之未来的本质联系。正是这种本质联系,使马克思主义中国化以及由之获得决定性推动的现代化进程,具有所谓的"世界历史意义"。

我们所说的世界历史意义,是在黑格尔大体规定的那种含义上来使用的。它意味着:特定的"世界历史民族",在特定的阶段上承担起世界历史任务,在突出地占据世界历史之发展高点的同时,获得并开展出由之代表的普遍性。世界历史中的真正普遍性,那唯一可能并且得到恰当理解的普遍性,正是特定的世界历史民族在特定阶段上所具有的世界历史意义,而根本不是、也不可能是任何一种抽象的、没有实体性内容的普遍性,仿佛某种空洞的抽象(事实上,往往只是辞令)可以把持和操纵整个"古往今来"和"六合之内"似的。那种仅仅从抽象的观念、抽象的普遍性来裁断或假设历史的方式,虽说在今天的知识和学术中依然盛行,但自黑格尔以来,特别是自马克思以来,早已是巨大的时代错误了。也正因为如此,作为世界历史意义的那种普遍性,就其本身来说不能不是历

---

①② 习近平:《决胜全面建成小康社会 夺取新时代中国特色社会主义伟大胜利——在中国共产党第十九次全国代表大会上的报告》,人民出版社,2017 年,第 10 页。

史的，也就是说，有它的出生和成长，有它的鼎盛时期和伟大成就，也有它的衰老和死亡。就像罗马文明是历史的(当其衰败之际，是野蛮的日耳曼人为欧洲重新注入了活力)一样，现代文明——实质地说来，资本主义文明——及其普遍性或普遍意义也是历史的，亦即只是在特定阶段上具有"绝对权利"的。

当今中国的发展之所以显露其世界历史意义，是因为中华民族的伟大复兴不仅在于中国将成为一个现代化强国，而且还在于，它在完成其现代化任务的同时，在积极地占有现代文明成果的同时，正在开启出一种新文明形态的可能性。如果说中华民族的复兴仅仅是成为一个如英、美、德、法等的现代化强国，那么这一发展就并不具有新的世界历史意义，毋宁说，它只是作为某种表征，从属于现代-资本主义文明及其被规定的意义范围；唯当这一复兴在消化现代性成果的进程中能够超越现代性(即现代世界的本质-根据)本身，它所具有的世界历史意义才开始被揭示着前来同我们照面。一方面，由于现代性本身具有其特定的历史限度，并且在当今时代的历史行程中愈益突出地表现这种限度；另一方面，由于中国的现代化发展在特定的历史境况中时常陷入现代性本身的冲突和对立，从而快速抵达并触动其限度，所以中国的现代化进程就必定在特定的转折点上突出地表现出它的"改弦更张"，而这种"改弦更张"便标志着新文明形态的可能性。更加实质地说来，作为中华民族伟大复兴的历史性实践，中国的现代化进程之所以能够开启新文明形态的可能性，一方面是因为这一现代化事业历史地采取了社会主义的定向，而"社会主义现代化强国"的目标本身就表明：此一现代化任务的实现是由中国化的马克思主义来为其确定方向的，是由中国特色社会主义来为之开辟道路的；另一方面是因为，中华民族的复兴在占有现代文明成果的同时，还必须能够历史地重建它自己的伟大传统，而这样的传统并不现成地持续存在于遥远的过去，它只有在一种新文明形态的开启中才可能得到真正的复活与再生。

在这样的意义上，历史现实所指示的是这样一种展开过程中的必然性：正像中国的现代化实践必然导致马克思主义中国化并开辟出中国特色社会主义道路一样，这种现代化的实践也必然在新文明形态的开启中得到真正的完成与实现。正是历史现实的观点拒绝抽象的观念或抽象的普遍性（无论它出自何处），拒绝由这种抽象性而来的"外在反思"。真正的现实并不是通过知觉可以直接给予我们的东西，它是实存中的本质，是展开过程中的必然性。那种试图使中国道路的进程摆脱现代化任务而回到古代的观点，就像试图使这一进程摆脱马克思主义中国化任务而归结为"西化"的观点一样，马克思主义中国化与新文明形态的可能性仅仅滞留于纯抽象的主观性之中，而与真正的现实了无关碍。中国道路的百年探索，新中国成立七十多年，作为历史的实存，其本质一度特别地体现为马克思主义中国化，并且历史地汇聚于中国特色社会主义。正是这种本质性现实地规定着我们现代化任务的性质与取向，也规定着我们复活并重建传统的性质与取向。如果说这样的性质与取向在展开过程中必然地——亦即现实地——表现为一种新文明形态的可能性，那么中华民族的伟大复兴难道不就是积极地筹划、赢取并实现这样一种可能性吗？我们在这里只是简要地指出，以中国化的马克思主义来定向的历史性实践，如何在完成现代化任务的同时将不可避免地开启一种新文明形态的可能性，但还是需要进一步对新文明形态之初始的基本规定进行更加严整的理论阐述。

新的文明形态以克服并同时占有（即所谓"扬弃"）现代-资本主义文明为前提，但扬弃意义上的"超出"必已表明，这种新文明形态根本不可能局限于现代性的范围之内，根本不可能仅仅依循现代性及其变换形式来得到真正的把握。如此这般的表现和迹象难道不是已经在我们的眼前随处可见了吗？举例来说，"新型大国关系"就根本不可能在现代性的框架内得到恰当的理解，因为它并不建立在以"威斯特伐利亚体系"为准则的现代性世界秩序的基础之上；毋宁说，它只有在一种新的文明形态中才具有其完整的意义领域，因此也无怪乎那种局限于现代性冲突（其实质一向就是强权支配或丛林法则）的狭隘观点始终弄不明白了。至于"人类命运共同体"，至于"大道之行，天下为公"，则尤其只有在新的文明形态中才可能得到积极的生成和真正实现。虽说类似的理念曾经是人们长久的冀望与期待，但它们却始终滞留于同现实相对抗的抽象理念之中，并且尤其是同现代世界的现实相对抗。因为现代-资本主义文明的基础就是以"原子个人"为前提的"市民社会"，而市民社会的定义自霍布斯、黑格尔以来就一直是："一切人反对一切人的战争。"①如果说中华民族的伟大复兴在完成其现代化任务的同时将开启一种新的文明形态，如果说在我们面前展开的历史性进程正到处提示并标识这种现实的可能性（而非抽象的可能性），那么以马克思主义中国化来定向的中国道路，尤其是中国特色社会主义道路，就开始展现出它的世界历史意义了。这里并没有什么可以虚夸的荣耀，毋宁说倒是一种重担的指派：我们这个历尽艰辛的民族被要求去完成特定的世界历史任务。能否完成这项任务，以及在多大程度上去完成这项任务，乃是一种艰巨的考验；而历史性地经受住这种考验，才真正意味着中华民族的伟大复兴，意味着这个民族的再度青春化。

---

① ［德］黑格尔：《法哲学原理》，范扬、张企泰译，商务印书馆，1961年，第309页。

七、从马克思主义的人类文明理论看 21 世纪人类文明新形态的中国道路

上面我们主要从马克思主义的现代化批判理论、当代中国马克思主义等角度论述了中国式的现代化新道路和人类文明的新形态。实际上，马克思主义还有着完整的关于人类文明的理论，下面我们则通过马克思主义的人类文明理论来探讨一下中国式的现代化新道路和人类文明的新形态。

马克思主义本身就是西方文明演进到资本主义社会和人类文明演进到世界历史时代的产物，是人类文明从阶级社会向无阶级社会复归的思想指南。因此，马克思主义关于人类文明的理论，不仅能够最集中深刻地反映人类文明演进的历史规律，还肩负着能动自觉地引领人类文明完成大变局的历史使命。从表面上看，包括马克思本人在内的马克思主义经典作家，并没有留下以人类文明为标题的专门性著述，但是只要我们充分把握住马克思主义的精神实质，就可以很明显地看到，马克思主义经典作家给我们留下了涉及人类文明发展规律的丰富而系统的思想。

（一）马克思主义关于"人类文明一般"的演进规律的理论

首先，让我们来看一下，马克思主义人类文明理论是怎样紧紧围绕人的社会性，对人类文明一般形态的历史演进展开论述的。在这里，最有名的论断无疑是马克思在《1857—1858 年经济学手稿》中提出的三形态说：

> 人的依赖关系（起初完全是自然发生的），是最初的社会形态，在这种形态下，人的生产能力只是在狭窄的范围内和孤立的地点上发展着。以物的依赖性为基础的人的独立性，是第二大形态，在这种形态下，才形成普遍的社会物质变换，全面的关系，多方面的需求以及全面的能力的体系。建立在个人全面发展和他们共同的社会生产能力成为他们的社会财富这一基础上的自由个性，是第三个阶段。第二个阶段为第三个阶段创造条件。[①]

这段话的直接聚焦点，是放在人与社会的关系到底是体现为人的关系还是物的关系这一问题上的。而决定这一不同结果的因素，则是生产范围的大小和分工的程度，也就是生产方式。当生产在"狭窄的范围内和孤立的地点上"进行时，经济在该狭窄范围内是自给自足的，无须与外部经济发生大规模的劳动产品的交换，因此人与社会的关系表现为该狭窄经济体内的人与人的直接关系，而不是更大范围不同生产单位之间的物的交换关系。"人的依赖关系"指的是人直接与人发生关系，而非必须通过物来发生关系。当生产在更大的范围内进行

---

① 《马克思恩格斯全集》（第 46 卷）（上册），人民出版社，1979 年，第 104 页。

组织,分工更加细化,以致人们必须通过全方位的物的交换来满足多方面的需求时,人与社会的关系就表现为人对物的依赖性和人与人之间的独立性。很明显,这种社会形态是建立在商品经济基础之上的,而前一种社会形态则是典型的自给自足的自然经济。

必须澄清的是,在这里所谓的人依赖物还是不依赖物,并非对社会产品的丰裕程度进行衡量,并非说产量小的时候人更依赖物,而产品丰富的时候人就不依物了。人依赖物,指的是人与人的关系体现为物的交换关系。因此,哪怕产品更为丰富,只要产品的生产和获取是在商品交换的网络中进行的,那么人与社会的关系就是一种以物的依赖性为基础的关系。同理,人依赖人还是独立于人,也并非说个人能否脱离他人独立进行生产和生活,而是说人与人是否必须在一个狭小的自给自足的范围内发生社会关系,如果是的话,那就是"人的依赖关系",如果经常性地通过物的交换同更大范围的其他生产单位的人发生相互关系的话,那就是独立于人。马克思从来都强调,资本主义社会的生产是一个高度社会化的生产体系,而资产阶级经济学家对鲁滨孙式的个人经济独立的幻想是对现实的歪曲。毫无疑问,任何个人在任何社会形态下,都是需要依赖他人,也都是需要依赖劳动产品这样的物才能正常生活的。所以马克思这段论述里的"依赖"和"独立",都是基于人和人的社会关系是否局限于狭小的自给自足的生产共同体,是否需要通过更大范围的商品交换来进行而谈的。

马克思谈到的第三种社会形态,是人既不依赖人,也不依赖物的"自由个性"阶段。在这种社会形态里,经过第二种社会形态的"创造条件"的准备,人早已不在一个狭小的自给自足的生产范围内依赖他人了,而第二种社会形态中人依赖物的状态也被摆脱了。用马克思的原话来说,人摆脱了依赖物的状态,得益于人们"共同的社会生产能力成为他们的社会财富",也就是社会化大生产的劳动资料、劳动过程和劳动产品不再被私人独占,而是被全社会自觉控制起来。这样，人生产和获得产品，就不再需要通过私有制基础上的商品交换来进行，人和人之间不需要借助于物的交换而发生的关系就得到了恢复。但这一次不是简单地在第一种社会形态的狭小范围内予以恢复，而是在第二种社会形态已经打造好的更大的社会交往的范围内得到了恢复。这样，人就既不在狭小范围内依赖人，也不在商品交换中依赖物了。自由个性，是既不能在狭小范围内依赖人，也不能在商品交换中依赖物的。

马克思的这一人类文明三形态的历史演变论，虽然是在他生前未正式出版的手稿中明确提出的，但是这一思想并非空穴来风，而是他自 19 世纪 40 年代起就一直坚持并予以发展的长期思想。在《共产党宣言》中，他对第三种形态的核心内涵——人的自由个性，进行了界定："代替那存在着阶级和阶级对立的资产阶级旧社会的，将是这样一个联合体，在那里，每个人的自由发展是一切人的自由发展的条件。"[1]这一"自由人联合体"的思想，还在《资本论》中得到了进一步的阐发。在对商品拜物教进行批判的著名的《资本论》第一卷第一章第四节中，马克思依照前述《1857—1858 年经济学手稿》的三形态说，以发达的资本主义商品经济为参照系，紧紧围绕个人劳动和社会劳动的关系，对人类文明演进的各个形态进行了详细的对比综述。[2]他把原始公有制的生产方式，中世纪人身依附的农奴制庄园生产，以及农村家长制的自给自足的家庭劳动，都归为个人劳动直接表现为社会劳动的社会形态。而在为鲁滨孙式幻想所遮盖的资本主义商品经济下，个人劳动则要通过物的形式间接表现为社会劳动。到了自由人联合体的社会形态下，个人劳动重新直接表现为社会劳动，但这次不再局限于血缘共同体、封建庄园或是家长制家庭，而是在全社会的大范围内实现的。

从马克思的人类文明三形态论中，可以很清楚地看出，他是在生产方式的

---

① 《马克思恩格斯选集》（第一卷），人民出版社，1972 年，第 294 页。

② 参见《马克思恩格斯文集》（第五卷），人民出版社，2009 年，第 94~97 页。

意义上,也就是劳动者与生产资料相结合的形式上来作出论断的。在这里,生产关系中的所有制因素及其所制约的劳动过程和产品分配的阶级控制,都被抽象掉了。因此,我们看到,原始公有制、封建制、自我雇佣的家庭劳动制,尽管阶级关系完全不同,但是都属于劳动者在狭窄范围内和生产资料相结合的小生产模式,个人劳动因而直接表现为社会劳动,人的社会关系则表现为在狭窄范围内对人的依赖关系。资本主义生产方式之所以属于第二种社会形态,即人独立于人而依赖物的社会形态,并不是出于资本主义社会阶级关系的原因,而是由于专业化分工的大生产及其基础上的不同生产单位之间的广泛的商品交换。也就是说,在资本主义生产方式下,劳动者得以在更大的全社会范围内和生产资料相结合,因此不用在狭窄范围内依赖人了。但由于这种结合还不是完全自由的,而是遭遇了运营彼此独立的各生产单位之间的阻隔,所以人与人的经济关系不得不表现为商品交换的物的形式,也就是说,人虽然不再在狭窄范围内依赖人了,却要在更大范围内依赖物。到了自由人联合体的共产主义社会,各生产单位的独立运营已经被全社会对于生产的自觉控制所代替,各生产单位之间的商品交换关系也就不复存在了。只有在这时,人类社会的生产方式才实现了劳动者和生产资料在全社会范围内的自由结合,人的社会关系也就不再表现为对人的狭窄依赖或者对物的依赖了。只有在这个意义上,人才能追求自己的自由个性,人类社会也才成为自由人的联合体。

特别值得一提的是,马克思围绕生产方式标准得出的人类文明抽象社会形态的三阶段论,也被他用来分析人类文明中的文化上层建筑的演进。这正和历史唯物主义把社会生产视为文化的决定性因素的思路相一致。同样是在《资本论》第一卷第一章第四节,在讨论完人类文明的社会形态从狭隘的直接社会关系,到商品经济下物的关系,再到自由人联合体的演变之后,马克思对各个社会形态下的宗教形式作了分析。他认为,第一种社会形态下人类共同体的狭隘性,

"观念地反映在古代的自然宗教和民间宗教中"。而在第二种社会形态下，"生产者把他们的产品当做商品，从而当做价值来对待，而且通过这种物的形式，把他们的私人劳动当做等同的人类劳动来互相发生关系。对于这种社会来说，崇拜抽象人的基督教，特别是资产阶级发展阶段的基督教，如新教、自然神教等等，是最适当的宗教形式"。而到了第三种社会形态下，宗教才会消失："只有当实际日常生活的关系，在人们面前表现为人与人之间和人与自然之间极明白而合理的关系的时候，现实世界的宗教反映才会消失。只有当社会生活过程即物质生产过程的形态，作为自由联合的人的产物，处于人的有意识有计划的控制之下的时候，它才会把自己的神秘的纱幕揭掉"。[①]马克思的这段论述，把人类文明的宗教意识形式和人类文明的生产方式相挂钩，并依照三阶段社会形态演进历程对两者的联系加以分析，集中反映了以历史唯物主义为指导的马克思主义人类文明理论所特有的思想方法。

如上所述，马克思提出的人类文明的生产方式三形态，如果使用最简单的语言，可以依次概括为①人的依赖性，②物的依赖性，③自由个性。或者如果把这三种社会形态的共同主题视为个人与社会之间的关系的话，那么也可以把它们依次概括为①个人依附于社会，②个人与社会相对立，③个人与社会和谐相处。这样一种表述方式，虽然可能失之于简略，但会有助于今天的读者明晰地把握马克思的原意。这样一个术语框架，也有助于我们把马克思主义的三阶段抽象人类文明形态论和波兰尼的市场经济社会内嵌论[②]进行对比，后者在新自由主义全球化频发经济危机的大背景下，重新引起了学界的极大兴趣。波兰尼认为，由于19世纪的西方文明以市场的自发调节为根本特征，随着市场经济的扩

---

① 《马克思恩格斯文集》(第五卷)，人民出版社，2009年，第97页。

② 参见[英]卡尔·波兰尼：《大转型：我们时代的政治与经济起源》，冯钢、刘阳译，浙江人民出版社，2007年。

张日益对社会共同体的种种网络进行侵蚀,市场自身内嵌于社会的基础也就不断丧失,最终会引发市场经济文明的崩溃。要想拯救西方文明,就要求社会共同体对市场经济的自发调节进行干预,以恢复市场内嵌于社会的正常基础。波兰尼的这一套理论和凯恩斯的国家干预论是大致在同一个时代提出的,对资本主义市场经济运行弊病的诊断和所开列的药方也如出一辙。但是波兰尼的立意更高,他从人类文明的高度,从经济学、人类学、历史学和政治学等跨学科角度的大历史观出发,来审视现代西方资本主义文明的。我们不难看出,尽管波兰尼对自发调节的市场经济有尖锐的分析和批评,但他的理论倾向仍是典型的资产阶级改良主义,其着眼点在流通领域而非生产方式,其主张也是和资产阶级作为一个整体运用国家力量在市场和社会之间取得平衡的方略相一致的。而马克思则要求彻底废除市场力量和作为其基础的资本对各生产单位的私人控制,并进而由全社会在生产资料公有的前提下,统一对所有的生产单位进行自觉的计划控制。

在人与社会的关系角度之外,马克思主义人类文明理论还可以从人与自然的关系角度,对"人类文明一般"的历史演进脉络进行透视。马克思著名的三形态论,即从"人的依赖性"到"物的依赖性"再到"自由个性"的社会形态演进,可以通过更为符合当代人习惯的简洁语言,转译成从"个人依附于社会",到"个人与社会相对立",再到"个人与社会和谐相处"的社会形态演进。现在,就让我们循着相类似的逻辑,来看一下怎样从人与自然的关系角度,运用马克思主义对人类文明的社会形态演进进行梳理。

马克思主义关于人的自然性的论述,也是紧紧围绕社会生产展开的。因此,人和自然的关系,并不是一成不变的,而是随着生产技术、生产方式和生产关系的发展而历史地发展着的。在人类刚刚诞生的时候,生产技术还处于远古的旧石器时代,在这一生产技术制约下的人类的生产方式,也必然只能是以原始族群和氏族公社下的性别自然分工为基础的集体采猎，而生产关系也必然只能是无阶级分化的原始共产制度。于是，人与自然的最初关系，就表现为对自然的依附。

随着畜牧业的出现和定居农业的发展，专门化的手工业和商业逐渐兴起，人类社会的分工和交换日渐深入开展，并带动了生产技术的进一步提高。从以农业革命为标志的新石器时代开始，人类不断付出努力，试图摆脱对大自然的依附状态。这一努力到了近代自然科学兴起并被应用于工业革命之时进入了一个崭新的阶段。商品化大生产和利润驱动的资本主义所有制，一方面赋予了人类此前难以想象的改造和征服自然的能力，另一方面也给大自然带来了前所未有的资源压力和排污负荷。人与自然开始进入一种相对立的状态之中。

资本主义生产关系对现代化大生产无节制扩张的利润导向的设定，是人类在改造和征服自然阶段不断与自然走向对立的经济根源。从马克思主义人类文明理论的视角看，要让人与自然的关系走向和谐，既不能简单地回复到资本主义生产方式兴起之前的人对自然的依附状态，也不能仅仅由国家代表社会对资本主义生产和交换过程进行上层建筑反作用式的干预和调节，而必须要对资本主义进行彻底超越。要做到这一点，就必须实现生产资料的公有制并对社会生产进行自觉的计划控制。

总而言之，马克思主义人类文明理论从人与自然关系的角度，可以对人类文明社会形态的演进作出这样三个阶段的划分：①人依附于自然（从原始社会一直到资本主义大生产出现前的封建社会或小生产者社会），②人与自然相对立（资本主义社会），③人与自然和谐相处（共产主义社会）。这一划分，和前面从人与社会关系的角度得出的三阶段论（也包括结合阶级关系的四阶段论在内）一样，都是在马克思主义的历史唯物主义思想指导下，对人类社会生产诸方面的历史演进进行考察，所得到的具有抽象和一般意义的结论。

值得指出的是，马克思主义视角下的"人类文明一般"的社会形态演进，尽管可以从人与社会和人与自然这两个不同的角度进行分析,但得出的结论却是十分相似的,都是三阶段论。这并非偶然,而是因为这三个阶段的特征和演进的动因的确是相互联系在一起的。马克思主义从来都是把人与社会的关系和人与自然的关系建立在社会生产这同一个基础之上,这两类关系也就构成了同一个有机整体的两个不同侧面。因此,社会生产的发展,推动着人与自然的关系形态和人与社会的关系形态同步向前发展。马克思对于人与自然和人与社会的关系是社会生产的一体两面,有着精辟的总结:

> 人们在生产中不仅仅同自然界发生关系。他们如果不以一定方式结合起来共同活动和互相交换其活动,便不能进行生产。为了进行生产,人们便发生一定的联系和关系;只有在这些社会联系和社会关系的范围内,才会有他们对自然界的关系,才会有生产。①

早在《德意志意识形态》中,马克思和恩格斯就对人与自然和人与社会的关系的相互影响有过点评。在最初的社会形态中,“自然界起初是作为一种完全异己的、有无限威力的和不可制服的力量与人们对立的,人们同它的关系完全像动物同它的关系一样,人们就像牲畜一样服从它的权力……人们对自然界的狭隘的关系制约着他们之间的狭隘的关系,而他们之间的狭隘的关系又制约着他们对自然界的狭隘的关系,这正是因为自然界几乎还没有被历史的进程所改变”②。马克思和恩格斯还对生产局限于狭隘地域的情况和分工交换关系高度发展的两种不同情况进行了对比。在对比中,人与自然的关系和人与社会的关系是彼此紧密交织在一起的:“在前一种情况下,即在自然产生的生产工具的情况

---

① 《马克思恩格斯选集》(第一卷),人民出版社,1972年,第362页。
② 同上,第35页。

下，各个个人受自然界的支配，在后一种情况下，他们则受劳动产品的支配……前一种情况的前提是，各个个人通过某种联系——家庭的、部落的或者甚至是地区的联系而结合在一起；后一种情况的前提是，各个个人互不依赖，联系仅限于交换。在前一种情况下，交换主要是人和自然之间的交换，即以人的劳动换取自然的产品，而在后一种情况下，主要是人与人之间所进行的交换……在前一种情况下，所有者可以依靠个人关系，依靠这种或那种形式的共同体来统治非所有者；在后一种情况下这种统治必须采取物的形式。"①

从马克思主义人类文明理论的视角，我们可以对人与自然和人与社会关系的三种形态之间的相互联系和同步演进，作出下面这样的概括：在人依附于自然的社会形态中，人与社会关系意义上的社会形态也只能表现为人在狭隘共同体中的人的依赖性。随着人在社会生产中改造和征服自然能力的增强，尤其是机器大生产商品经济的出现，人类文明进入了以物的依赖性为特征的人与社会相对立的社会形态，人与自然的关系也一同进入了相对立的状态。这两种对立关系，即人与社会、人与自然的双重对立关系，只有社会生产被全社会自觉地加以控制之后，才会同步消失，那时，人类文明就会进入人与社会、人与自然都和谐相处的社会形态。

（二）马克思主义论东西方文明之关系

马克思主义人类文明理论，一贯强调家庭、阶级、国家的文明标志意义，但是有一点也必须加以澄清，那就是私有制其实不应该作为文明门槛的一个标

---

① 《马克思恩格斯选集》（第一卷），人民出版社，1972年，第71~72页。

志。恩格斯的《家庭、私有制和国家的起源》一书，主要是以西欧的罗马、日耳曼民族为对象探讨文明的诞生，因而不可避免地烙上了西方文明的印记。但从家庭、阶级和国家的起源角度看，东西方文明是有着共同的源头的。其实，对于东西方文明两者而言，用"阶级"来代替"私有制"更加准确。

从原始氏族公社向家族和家庭公社的过渡，在新石器时代晚期和铜石并用时代，引发了东西方文明所共有的公私二重性社会形态的诞生。到了农村公社时代，个体家庭、家族和残留的氏族（或宗族）都在经济和社会组织中发挥一定的作用，因此，阶级分化中的一个典型特征，就是影响力大的家族会利用残存的氏族（或宗族）组织中的社会公职来谋取私利。这些公职和相关的制度虽然在形式上还保持着原始氏族公社的平等色彩，但在实质上已经被占据优势地位的家族所控制，甚至会发展出新的公职和制度形式来。这样，作为公共强制力的国家就诞生了。由于西方文明也经历过新石器时代晚期和铜石并用时代，所以这个家庭、阶级和国家的起源过程为东西方文明所共有。也就是说，以土地公有制和公私二重性为特点、社会公共权力在经济生活中发挥内在塑造作用的亚细亚社会形态是东西方文明的共同源头。古希腊的克里特–迈锡尼文明就是这样一个典型。

但到了铁器广泛应用的时代，在那些亚细亚社会形态遭到严重破坏，而农村公社在免受强制性的亚细亚国家的外在支配后重新开始发展的地域里，农村公社内部的私有制势力及时壮大，从而在强势的贵族家族试图利用社会公职来支配其他个体家庭的企图得到巩固之前，就摧毁了形式上还带有氏族公社制度某些残余的不稳固的亚细亚国家。这些未及时巩固就被摧毁的处于临时状态的亚细亚国家，在古希腊的雅典城邦进行梭伦改革之前就曾存在过，这其实也可以算作东西方文明享有共同源头的一个旁证。

由于铁器在生产中的广泛运用发生的时机不同，东西方文明开始了大分流的过程。在东方的中国，新石器时代晚期和铜石并用时代就已经建立起来的亚细亚社会，因为创造了灿烂的物质、制度和精神文明，所以历经各种内乱和外部的侵袭而屹立不倒，反而一次次地把血腥混乱的外敌入侵转化成了民族融合和文明创新的历史契机。及至铁器得到广泛运用的战国时代，中国亚细亚文明"政经交错"的社会形态已经根深蒂固，故而铁器引发的私有制商品经济势力是在专制国家的鼓励、利用和限制下不断发展起来的。这样，私有制商品经济不仅没有成功挑战亚细亚文明，反而成为后者框架内的一个得力帮手，使中国古典文明能够饱经内外战乱而稳步走向强盛。但在西方的古希腊和古罗马，铁器时代到来时，旧的亚细亚文明早已衰亡，而重新孕育的亚细亚文明也在私有制商品经济的强大挑战下胎死腹中。以私有制商品经济为基础的新型文明诞生了，它很快发展成为西方文明的第一次巅峰，即奴隶制文明的繁荣。东西方文明的大分流就这样板上钉钉地进入了第一次高潮。

在东西方文明分流的第一次高潮中，古希腊和古罗马依靠奴隶制商品经济取得的文明成就至今依然令人津津乐道、心驰神往。而中国同时期的春秋战国秦汉时代，也奉献了"百家争鸣"、秦皇一统、文景之治、汉武霸业等异彩纷呈的成就。正是以此历史为背景，德国哲学家雅斯贝尔斯提出了"轴心时代"的说法。但马克思主义人类文明理论对这一历史时代的唯物主义解释，重点没放在那些定义经典文化的哲学思想上，而是放在了为东西方文明大分流奠基的奴隶制商品经济和亚细亚大一统社会的对立上。这次对立，也是西方文明的"政经分离"社会形态和东方文明的"政经交错"社会形态的第一次巅峰对峙。

说来也巧，东西方文明第一次高潮结束的时间，也大致相同。3世纪罗马帝国爆发了深刻的奴隶制危机，而中国秦汉大一统的盛世也在三国鼎立中宣告结束。代之而起的，分别是西方日耳曼蛮族毁灭西罗马帝国和中国的"五胡乱华"毁灭西晋帝国开启了大动荡时代。这一段历史在东西方真的有诸多令人不可思议的相似。在遭到北方蛮族毁灭之前，中国的西晋帝国曾经有过一统三国的短暂辉煌，而西方的罗马帝国也大致在同一时期有过戴克里先和君士坦丁的中兴业绩。在西晋帝国灭亡之后，晋朝并没有彻底倾覆，而是以东晋的形式继续存在着。而西罗马帝国灭亡之后，罗马帝国也没有彻底倾覆，而是以东罗马帝国的形式继续存在着。

如果只是在形式上追溯东西方文明大分流的轨迹的话，我们就会发现，东西方文明大分流的开端，以及东西方文明大分流的第一次高潮的结束，都和游牧民族的入侵息息相关。正是约公元前 11 世纪多利亚人的入侵，使得古希腊亚细亚形态的克里特–迈锡尼文明衰亡，从而为西方文明的私有制商品经济形态打开了大门。同时期在中国发生了西周灭商，虽然不能说周是游牧民族，但是在物质文明水平上的确低于商，而这次殷周之变，也是东方文明发展史上的重要里程碑，中国的亚细亚文明进入了第二阶段的分层复合制王国时期，而且正是在周王朝的基础上，中国的亚细亚文明迎来了春秋战国秦汉时期的高潮。到了 4 世纪，中国的"五胡乱华"毁灭了西晋帝国，西方的日耳曼蛮族入侵毁灭了西罗马帝国，同时宣告东方文明和西方文明大分流后各自的第一次高潮的结束。

这里，我们已经谈到了人类文明史上两次游牧民族对农耕民族的大入侵。而人类文明史上第三次游牧民族对农耕民族的入侵，则是 13 世纪蒙古部落扩张后所引发的连锁反应。这次入侵，虽然在中国文明史上制造了一次重要的朝代更替，即元灭南宋，但对于中国的亚细亚文明形态却没有根本上的影响。但在西方，蒙古帝国扩张引发的连锁反应，推动了奥斯曼土耳其在 15 世纪灭亡了东罗马帝国，从此中断了传统的地中海东岸东西方贸易的航路。于是，新航路的开辟、世界市场的开拓、大西洋奴隶贸易的开展，给西方中世纪封建社会彻底解体并转入资本主义社会注入了一剂强心针。但和新航路开辟发生在同一个世纪的郑和下西洋，则丝毫没有改变中国古典亚细亚文明的运行轨迹。[①]

发生在人类文明史上的三次游牧民族对农耕民族的入侵，带给东西方文明截然不同的社会后果，非常发人深省。这三次入侵，分别开启了西方文明和东方文明的大分流（古希腊得以走上了私有制商品经济道路）、结束了西方文明的第一次巅峰期（古罗马奴隶社会结束）、开启了西方文明的第二次巅峰期（资本主义社会诞生），可谓象征意义非凡。但它们对中国的亚细亚文明形态，却完全没有对西方文明那样重大的作用，更多的是在王朝更替方面发挥了一些作用，这就从一个侧面说明了中国的亚细亚文明的稳定和深邃。西方文明好比跌宕起伏的过山车，而东方亚细亚文明更显雄浑深沉。

西罗马帝国灭亡后，西方文明正式进入了私有制商品经济第一次高潮消退后的蛰伏期，这就是中世纪的封建社会。但这并不意味着西方文明完全丧失了私有制商品经济社会的特质。实际上，西方中世纪的领主庄园农奴制，在实际运行上和土地私有制经济比较相近，而封建社会分裂的政治统治在各领地之间留出的社会空间，也为长距离贸易和自由城市的发展提供了土壤。用不了太久，私有制商品经济就会在西方得到重生，并瓦解作为过渡期的封建社会，为西方文明的第二次高潮期——资本主义社会的兴起，作起飞前的预热。而东方文明的亚细亚社会，私有制商品经济成分虽然也存在，而且作用不可低估，但由于大一统君权国家对于经济基础的强力介入，无法获得自由发展的社会条件。于是，在古代中国，在相对倒退和纷乱的魏晋南北朝时期结束后，虽然唐宋元明清的亚细亚社会都出现过私有制商品经济的繁华，甚至能够和雇佣劳动制结合起来，但在社会性质上，亚细亚文明的本质并没有受到任何触动。

关于宋朝或明清出现"资本主义萌芽"的说法，其实指的是资本主义性质的

---

① 参见吴于廑：《世界历史上的游牧世界与农耕世界》，载《吴于廑文选》，武汉大学出版社，2007年，第69~86页。

生产关系类型，即雇佣劳动制的出现，尤其是当它和私有制商品经济结合在一起的时候，就更加明显。但是就像奴隶制不等于奴隶社会一样，雇佣劳动制也不等于资本主义社会。唐宋元明清的私有制商品经济下的雇佣劳动制，一如战国秦汉时期的私有制商品经济下的雇佣劳动制，只是一种资本主义性质的生产关系类型，而这种类型在根深蒂固的中国古典亚细亚社会中，是不可能成为主导性的生产关系类型的，因而不可能导致资本主义社会的出现，不可能引导中国走上资本主义道路。大致同时期在西方古罗马和近代西欧出现的雇佣劳动制，由于总体社会形态迥异的原因，则导向了完全不同的社会后果，在古罗马被奴隶制商品经济所压制，而在近代西欧则成为资本主义社会的基石。

西方文明从第一次巅峰跌落后，经过中世纪封建社会蛰伏期的韬光养晦，成功地在近代再次走上了巅峰。第二次巅峰的资本主义社会，和第一次巅峰的奴隶社会一样，都饱含西方文明的本质属性——私有制商品经济。但是作为资本主义社会基础的雇佣劳动制和作为奴隶社会基础的奴隶制，其区别也是很明显的。雇佣劳动制不以人身依附为前提，这就要求资本主义社会必须发展出明显高于适应奴隶制的手工业技术的科技来，否则私有制商品经济的复兴将意味着奴隶制的回潮，甚至在一定时空中可能导致奴隶社会的重新出现。这已被近代大西洋奴隶贸易、"新大陆"的奴隶制和美国南方邦联的奴隶社会所印证。西方资本主义最终在产业革命时代推出了第一次科技革命，才为战胜奴隶制、以资本主义而非奴隶制的名义来定义西方文明的第二次巅峰期打下了坚实的基础。

自东西方文明大分流之后，西方文明走过了两次私有制商品经济的巅峰期和一次作为过渡阶段的中世纪封建社会蛰伏期。而同期的东方文明，则继续着亚细亚社会的道路，在王朝更替的轨道上稳步发展着"政经交错"的文明。直到英国于19世纪上半叶完成工业革命之前，以中国古典文明为代表的东方文明都不曾落后于西方文明,甚至在大多数时间里领先于西方文明。尤其在中世纪和近代早期那长达一千四百年的岁月里,东方文明更是西方文明努力追赶的对象,中国大一统的中央集权君主专制制度甚至被西欧启蒙运动的一些思想家奉为楷模。但这一切,都随着 1840 年鸦片战争的炮声而结束了。东西方文明大分流的时代,被两者大碰撞的时代所取代。

西方文明的私有制商品经济,经过两次巅峰期的跳跃(第一次是奴隶社会,第二次是资本主义社会),才在 1840 年鸦片战争的隆隆炮声中超过了东方的中国古典文明。西方文明的资本主义新阶段要求不断对外进行经济、政治乃至军事扩张,才能促进资本家的利润增殖,这就不可避免地要发生和东方文明的大碰撞。对于后者来说,如何在保留本文明特质的前提下抵御西方文明全方位的侵略,就成了一个最大的挑战。

对于西方文明而言,和东方文明的大碰撞发源于自己的利润增殖本性或本能,这是一种自发的针对东方文明的斗争。对于东方文明而言,如何应对西方文明的挑战,让自己继续生存下去,这也是一种类似于本能的应激反应,也属于自发的层面。当然,在这种东西方文明的大碰撞中,不乏渴望从对方学习到先进文明成分的优秀人物。在这个意义上,双方都有可能超越自我,从或扩张或应对的自发层面,跳跃到通过文明交汇以促成文明升级或构建新文明的自觉层面。但是真正意义的超越自我,还不仅仅是通过吸收对方的有益成分来充实提高本文明,而且是跳出两种文明大碰撞的圈外,从全人类文明发展的总体高度,对东西方文明都进行超越,向东西方文明的共同源头回归。只有这样,文明大碰撞才会真正转化为文明大交汇,并在此基础上自觉地构建人类新文明。而这,只有以产生于西方资本主义危机时代的马克思主义为指导思想,通过东方国家自觉的社会主义大变局努力才能实现。

鸦片战争以来东西方文明大碰撞的历程,已经内化于中华民族伟大复兴的实践意识之中，而且拉开了人类文明从阶级社会走向无阶级社会的当代大变局的序幕。

（三）马克思主义关于人类文明大变局的三个层次

习近平总书记在 2018 年 6 月的中央外事工作会议上指出，当前中国处于近代以来最好的发展时期，世界处于百年未有之大变局，两者同步交织、相互激荡。那么我们应该如何从马克思主义人类文明理论的高度，结合习近平总书记的这段精辟论述来深刻认识人类文明史上的历次大变局以及我们当前所处的"百年未有之大变局"呢？

首先，我们必须看到，按照马克思主义的人类文明理论，人类文明史上的大变局是有层次之别的。仔细整理下来，可以划分为三个层次。这三个层次之所以相互区分开来，是因为它们所涉及的主题在宏大程度上有着明显的差别。

最宏大的第一层次，关涉的是有无阶级分化和对立。这一层次之所以最为宏大，一方面是因为它事关人类解放的终极关怀，事关人的根本存在方式和社会关系的本质；另一方面是因为它可以用来涵盖所有一切地域文明，毕竟任何地域文明的社会形态都有一个是否存在阶级分化和对立的问题，最具根本性的文明大变局不可避免地要在阶级分化和对立的有无状态上给出明晰的答案。而马克思主义视角下人类文明的时序演进，也正是依照无阶级社会—阶级社会—无阶级社会的螺旋式上升格局来排列的。

中间级别的第二层次，关涉的是东西方文明的相互关系。前面的论述已经对地域因素影响人类文明时序演进的规律作了一定的解析。这个中间级别的层次，正是以东西方文明的分流互动关系为中心对一些大变局进行分类整理的。

它聚焦于东西方文明之间分流和互动状态的变化，从而能够为东西方文明关系在大变局中的走向作出梳理。

最低级别的第三层次，则是在确定了东西方文明关系或分流或互动的状态之后，在这两种状态内部对一些大变局进行分类整理。处于这一层次的这些大变局，并不改变东西方文明关系或分流或互动的状态，而只是在某种特定的状态内部影响东西方文明一定程度的走向。

综合这三种不同级别的大变局层次，我们就可以从马克思主义人类文明理论的高度对人类文明的历次大变局作出有深度的、错落有致的整理，并加深我们对当前所处大变局的历史坐标的理解和认识。

依照前述人类文明大变局的三个层次，我们可以梳理出人类文明演进的八次大变局。其中，第一次和第八次大变局，事关人类文明有无阶级分化和对立的根本状态变化，故属于最宏大的第一层次；第二次和第五次大变局，事关东西方文明关系或分流或互动的根本状态变化，故属于第二层次；第三次和第四次大变局，以及第六次和第七次大变局，分别事关东西方文明分流和互动状态内部的变化，故属于第三层次。

人类文明的第一次大变局，是大约五千年前新石器和铜石并用时代，原始氏族公社在深刻的生产技术变革所引发的一系列连锁反应下，从无阶级的原始共产主义社会向阶级社会进行转变的大变局。特别值得注意的是，这次大变局并未导致东西方文明的大分流，而是引发了亚细亚社会形态的出现，而亚细亚社会形态则是东西方文明的共同源头。

人类文明的第二次大变局，是大约三千年前铁器时代出现后，东西方文明从共同的源头亚细亚社会形态中逐渐进行了大分流。大变局的结果是，东方文明继续沿着亚细亚社会形态的轨道前行，从亚细亚领主封建社会转向了亚细亚地主封建社会。而西方文明则彻底摆脱了亚细亚社会形态的轨道，转向了完全不同的反映西方文明特性的奴隶社会。这次大变局引发了人类精神文明史上著名的"轴心时代",东西方文明不同的思想体系得到孕育,并交相辉映。

人类文明的第三次大变局,是大约一千六百年前罗马奴隶制崩溃和日耳曼蛮族入侵引发的西方文明从奴隶社会转向中世纪封建社会的大变局。这次大变局终结了西方文明私有制商品经济的第一次高潮期。

人类文明的第四次大变局,是大约五百年前西方文明从中世纪封建社会中脱胎而出,向资本主义社会转型的大变局。这次大变局把西方文明推向了私有制商品经济的第二次高潮期。

人类文明的第五次大变局,是一百八十多年前的鸦片战争引发的西方文明对中华文明的入侵和支配。从此,东西方文明不再沿着各自的运行轨道分流行进,而是开始了波澜壮阔的碰撞交汇历程。这次大变局的直接结果是,西方文明打破了中华文明自主运行的亚细亚轨道,并把中国社会作为其自身不断发展壮大的外部半殖民地加以渗透和控制。

人类文明的第六次大变局,是一百多年前的俄国十月革命和中国五四运动引发的东方文明以马克思主义为思想武器对西方文明发起的有力挑战。从此,中华文明在追求社会主义的大道上逐步扭转了鸦片战争以来备受西方文明欺凌的屈辱历程。

人类文明的第七次大变局,是我们正在经历的伟大历史转折时刻。经过一百年以马克思主义为指导的抗争和革命,中华文明正如习近平总书记所说,迎来了"近代以来最好的发展时期",并在西方资本主义世界深陷多重危机而不可自拔的情况下,努力在国际上承担更多的大国责任,发挥更大的表率作用。今后几十年乃至上百年的大变局时代,必将见证中华民族伟大复兴和社会主义从中国走向全球的同步进行。这次大变局的主题是,社会主义以中华文明为依托,对西方文明的资本主义秩序进行瓦解和取代。一方面,社会主义助力中华民族伟大复兴；另一方面，中华民族助力社会主义走向全球。鉴于这次大变局刚刚拉开帷幕，未来的伟大斗争一定会是艰苦卓绝和曲折的，但前途一定会是光明和美好的。

人类文明的第八次大变局，我们当中的很多人不一定能够亲眼见到，但却可以依据马克思主义人类文明理论加以预见。当第七次大变局完成时，人类将能够在全球范围内开始社会主义建设。那时，从共产主义的第一阶段社会主义社会转向共产主义高级阶段的大变局就将拉开帷幕，人类文明将朝着"三大差别"消失和国家消亡的方向行进。

在此，我们还需要对19世纪上半叶的新"轴心时代"在人类文明历次大变局中所处的地位作出特别的说明。从时间上看，覆盖19世纪20年代到40年代的新"轴心时代"和第五次大变局存在着重叠；但从历史作用上看，催生了马克思主义的新"轴心时代"却可以说是第六次到第八次大变局的时代先声。当工业资本主义的英国针对中华亚细亚地主封建主义的清帝国发动鸦片战争时，马克思正在柏林大学孜孜不倦地写作他深受青年黑格尔派影响的博士论文。历史就是如此巧合。正当西方资本主义文明开启了对东方亚细亚文明的侵略和支配时，在西方资本主义文明内部，却由马克思借助资本主义古典思想体系危机的新"轴心时代"，创造了足以帮助东方亚细亚文明克制西方资本主义文明的思想法宝。当然，这样一个法宝也对东方的亚细亚文明进行了彻底的改造和革新。新"轴心时代"就这样奇妙地把理论思想和革命实践联系在一起，把人类文明的第五次大变局和随后的三次大变局联系在一起，把人类文明的历史和我们今天的现实生活联系在一起。

现在，我们应该可以更清楚地认识到，在何种意义上第七次大变局可以被称作"世界百年未有之大变局"。这是因为一百年前的第六次大变局给中国送来了马克思主义，从而使中国逆转了此前第五次大变局被动挨打的局面，中国的国运从谷底开始上扬，但跟西方资本主义相比依然在总体上处于下风。经过百年的努力,现在的中国终于抵达了由下风转为上风的临界点,可以放手迎接一百年来一直为之奋斗,但直到今天才可以企及的第七次大变局了。

(四)按照马克思主义的文明理论,当前的大变局会催生出一种人类文明新形态

随着中国特色社会主义进入新时代和"世界百年未有之大变局"论断的提出,我们可以预期的是,关于 21 世纪人类新文明的讨论会迎来一个高潮。从马克思主义人类文明理论的高度看,我们目前正处于人类文明第七次大变局的入口,而这次大变局肩负着中华民族伟大复兴和社会主义从中国走向全球的双重使命。在这样的时刻对 21 世纪人类新文明进行讨论,我们既要立足中国,又要兼顾国际视角。

从人类文明的大历史看,每一次大变局都会催生出一种新文明。第一次大变局催生了阶级社会的新文明,具体表现形式为横跨东西方的亚细亚社会形态。第二次大变局催生了东方的亚细亚地主封建社会新文明和西方的奴隶社会新文明。第三次大变局催生了西方的中世纪封建社会新文明。第四次大变局催生了西方的资本主义新文明。从第五次大变局开始,由于大变局的内容涉及的是东西方文明的相互关系,所以催生的新文明也要在一定程度上从东西方文明关系的意义上加以理解。第五次大变局催生了半殖民地半封建的东方新文明。第六次大变局催生了新民主主义和社会主义的东方(中国)新文明或者说东方(中国)特色的新民主主义和社会主义新文明。

接下来的问题就是,第七次大变局又将催生怎样的新文明呢?

21 世纪人类新文明的规定性特征,应该放置在催生它的人类文明第七次大

变局的历史背景中来加以考察。这次大变局把第六次大变局以来东西方文明此长彼消的量变发展成了质变，一百年来东方文明尤其是中华文明在马克思主义指引下逆势上扬，如今终于来到了"东风压倒西风"的临界点上。实施改革开放四十多年之后，中国已经拥有了可以在国际舞台上争取话语权、对外辐射中国社会主义核心价值观的雄厚实力。毫无疑问，21世纪人类新文明的构建将由中国道路来引领。

因此，我们探讨21世纪人类新文明的规定性特征，就要紧扣与中国道路紧密相关的以下两方面的新变化：一方面是国际舞台上东西方文明此长彼消的力量对比新变化，另一方面则是中国国内发展思路的新变化。这两个方面缺一不可。

从东西方文明力量对比格局的新变化看，21世纪的人类新文明，新就新在中国综合国力的快速提升，以"一带一路"建设和人类命运共同体构建为抓手对全球治理的积极参与，以及中国制度优势的国际凸显上。这就意味着，中国所构想的21世纪人类新文明，将突出表现为从西方资本主义文明占主导的新自由主义全球化，转向社会主义思路指引的人类命运共同体建设。

从中国国内社会发展思路的新变化看，21世纪的人类新文明，新就新在对文明发展的整体性、协调性和对国家主导作用的强调上。习近平总书记系统提出的新发展理念、中国特色社会主义事业"五位一体"总体布局和"四个全面"战略布局，以及他对新时代中国社会主要矛盾是人民日益增长的美好生活需要和不平衡不充分的发展之间的矛盾的论断、对中国特色社会主义制度推进中国家治理体系和治理能力现代化的强调，都预示着中国构建21世纪人类新文明的重心，将会从向西方资本主义的潜心学习，逐步转向对自身社会主义特色的发掘和发扬。

进入21世纪，西方资本主义的持续衰落和中国特色社会主义在马克思主义指导下的强势崛起，更提示世人，21世纪人类新文明建设的三大源头和要素，将组成马克思主义+中华古典文明+西方资本主义这一公式。由于这三大源头和要素相互间错综复杂的关系,我们不妨用"文明大三角"一词从整体上形容它们在构建 21 世纪人类新文明过程中的微妙态势。

从马克思主义视角看,西方资本主义文明的有益成果就是生产力领域中的生产技术。鉴于到目前为止,最发达的生产技术依然主要被西方资本主义国家所垄断,所以 21 世纪的人类新文明仍然需要向西方资本主义文明借鉴生产技术的先进成果。这对于目前经济正在腾飞、生产技术正在快速提升的中国而言也是如此。但是由于西方资本主义文明的先进生产技术成果必然是以资本主义生产关系(也就是资本)为载体创造出来的,我们在借鉴利用这些先进成果时,也需要格外注意对其背后的资本主义生产关系进行限制。对于"体-用"说而言,生产技术显然属于"用"的范畴,因此把西方资本主义文明在 21 世纪人类新"文明大三角"的地位界定为"用",还是有几分道理的。从这个角度看,近代中国一开始在"器物"层次上向西方学习,也是完全正确的。而从"器物"层次深入到"制度"和"文化",反而就不妥了,因为在制度和文化方面,中国并不应该向西方资本主义学习,而应该以马克思主义为指导思想对中华古典文明进行改造,吸收和发扬其中与马克思主义精神相通的优秀遗产。洋务运动的"器物"学习之所以失败,并不是因为不应该向西方学习"器物",而是因为没有在马克思主义改造过的制度和文化的基础上向西方学习"器物"。对于中国近代史上向西方学习的"器物—制度—文化"时序递进,我们必须从马克思主义的角度注意不同社会形态之间的差别,否则就容易陷入贬低器物学习和抬高制度-文化学习的错误中去。

中华古典文明在 21 世纪人类新"文明大三角"中的地位,应该主要从上层建筑领域去把握。中华古典文明的亚细亚社会形态,为人类文明贡献了"政经交错"的国家治理体系和治理模式。这一极具中国特色的政治上层建筑,其核心价值是社会公共权力对私有经济势力的驾驭和管理。如果说毛泽东时代的中国特色社会主义通过较为彻底的公有制和计划经济建立了一套基本上是"政经合一"的体系，那么改革开放以来的中国特色社会主义则更能从中华古典文明亚细亚社会形态的"政经交错"体系中借鉴有益的文明成果。而当前已经进入新时代的中国特色社会主义，跟改革开放最初相比，更加注重发挥国家的作用，并以此来自觉抑制当引进西方资本主义先进生产技术成果、非公有制经济成分和市场调节手段时，不可避免会连带生成的资本主义生产关系势力的负面影响。于是，中华古典文明对国家主导权的倚重在当前大变局中的制度优势的价值就更弥足珍贵了。与之相适应的，还有中华古典文明中文化上层建筑的很多优良传统，比如大一统的政治观念、天下为公的集体主义意识、天人合一的理念、辩证法思想等，这些宝贵的文化遗产都是21世纪人类新文明建设的中国道路所应该特别加以珍惜和发扬的。因此，中华古典文明的政治和文化上层建筑，应该作为21世纪人类新文明的"体"的一部分加以重点维护、发掘和弘扬。

马克思主义在21世纪人类新"文明大三角"中的地位，则更加重要和根本。就具体领域而言，其核心价值主要体现在生产关系领域中。我们不能忘记，马克思本人潜心研究了政治经济学四十年，而他早年从哲学转入政治经济学研究的一大动因，就在于他发现，社会发展的决定性规律其实并不在政治和文化上层建筑中，而是深藏在经济关系里。因此，马克思主义对人类文明的改造，其重点就放在了生产关系领域。在这个领域里，西方资本主义和中华古典文明都存在致命的缺陷，前者的资本主义私有制是以剥削为基础的，无时无刻不产生着经济危机，而后者到了后期也同样存在着以地主封建制为基础的资产阶级剥削，以及以皇权统治集团垄断公共权力为基础的经济剥削。因此，马克思主义对中华古典文明和西方资本主义的生产关系改造是一项基本操作，而这项操作在具体历史进程中的完成度要视当时的具体情况而定，并不能说在任何时刻建立起纯而又纯的社会主义生产关系就一定是最正确和最有利的。但是在任何情况下最低目标或底线也是应该守住的,这就是至少要在生产关系领域确立起社会主义生产关系类型的主导地位,否则,被特别允许发展的非公有制生产关系类型一旦占据了生产关系领域的主导地位,势必会威胁到上层建筑乃至整个社会的社会主义本质和方向。

综上所述,从马克思主义人类文明理论的高度对 21 世纪人类新文明的中国道路进行剖析,我们就会发现,在"文明大三角"中的三个构成要素之中,马克思主义显然处于最重要的位置,不仅是整个文明大变局的指导思想,同时也控制着生产力、生产关系和上层建筑中居于枢纽地位的生产关系领域,并对另外两个领域的西方资本主义和中华古典文明的优秀成果进行辐射。在西方资本主义和中华古典文明之间,中华古典文明又居于更为主体的地位,因为它发挥重大影响的领域是更为能动的上层建筑,涉及通常所称的"制度"和"文化"层面。余下的西方资本主义文明要素,由于只涉及生产力领域中的生产技术成果,所以蛰居于最浅表的"器物"层面,其地位跟另外两个文明要素相比都要低很多。

中篇

西方马克思主义为创造中国式现代化新道路、人类文明新形态提供理论启示

一、西方马克思主义
启示我们辩证地对待现代性

改革开放以来，中国就走上了一条快速追求现代化的道路。尽管只有四十多年，但中国人民一方面充分享受了现代化带来的满足，另一方面也遭受了现代化造成的种种磨难。当前，中国确实面临一个如何对待现代化的问题。是置现代化所带来的种种负面效应于不顾，把西方的现代性理念和现代化的道路照搬过来，让中国这块古老的大地彻底经历一次西方式的现代性"洗礼"？还是因为在现代化的道路上经受了某些痛苦，所以干脆放弃对现代化的追求，使中国成为一块置身于世界之外的"非现代化的圣地"？我们知道，西方马克思主义者曾经就现代性提出过系统的理论，他们中间的不少人是以批判和论述现代性著称的。在西方形形色色的现代性理论中，西方马克思主义的现代性批判理论有其独到之处。而西方马克思主义的现代性批判理论能为我们正确回答当前中国如何面对现代性这一至关重要的问题提供有益的启示。西方马克思主义在当代中国的意义可能主要体现在这里。

(一)现代性批判理论的主要特点

西方马克思主义的理论家在一些场合直接对现代性展开批判,但在更多的场合则是通过批判当代资本主义社会中某一社会现象间接地对现代性展开批判,如对物化与异化、启蒙精神、大众文化、工具理性、日常生活、消费主义、生态危机、科学主义等的批判,都可以视为从不同角度对现代性的批判。在一定意义上说,西方马克思主义的出现源自对现代性的种种负面效应的愤然不满和激烈批判。正因为如此,当西方马克思主义传入中国后,我们也把注意力主要集中在他们所展开的批判上,西方马克思主义特别是其中的法兰克福学派也因而作为一种"批判理论"广为人知。

西方马克思主义的现代性批判理论与现代西方的其他现代性批判理论相较,如与后现代主义的现代性批判理论相较,有许多区别点,而这些区别点主要不是指我们通常所说的它的批判比后者更系统、激烈之类。我们对西方马克思主义的现代性批判理论研究的失误往往是把目光只盯在它与其他人或思潮批判的那些共同点上,很少去分析它的真正特点所在。

西方马克思主义的现代性批判理论的特点在于,当它激烈而愤怒地揭露在当代社会里现代性的负面效应时,并不全盘否认现代性对当代人的积极意义,并不把现代性的负面效应完全归结于现代性本身逻辑发展的必然结果,并不希望现代人放弃对现代性目标的追求,而是要人们对现代性加以"治疗"。它努力地把物对人的统治追溯到人对人的统治上,而不是把人对人的统治掩饰为物对人的统治。它深信,只要换一种社会制度,换一种社会组织方式,换一种价值观念,现代性理念以及作为这一理念具体实施的现代化运动就完全有可能避免目前所出现的各种弊端。它强烈要求现代化运动不是与资本主义而是与社会主义结合在一起，提出了实现现代性的资本主义形式与社会主义形式之间的区别，这样它就把对现代性以及现代化运动的负面效应的揭露和批判，变成了对社会主义理想追求的必然性的论证。实际上，西方马克思主义的现代性批判理论的价值正是体现在这些与众不同的特点上，我们只有抓住这些特点深挖细找，才能为我们当前的社会主义现代化建设获取有益的启示。

在西方马克思主义理论家中，直接强调要辩证地对待现代性，反对把现代性视为不可救药，从而提出现代性"救治"方案的是哈贝马斯。哈贝马斯批判现代性、现代化运动、现代文明社会，但不认为现代性、现代化运动、现代文明社会已不可救药。他说，我们要像马克思对待黑格尔那样对待现代性，"务必小心翼翼，切莫将婴儿和洗澡水一起倒掉，然后再翱翔于非理性的天空"①。他认为，现代性是不能抛弃的，需要的是救助它。他向世人公开宣布自己"不放弃现代性计划"，"不屈尊于后现代主义和反现代主义"。②哈贝马斯认为，拯救现代化的唯一出路是由主体哲学转向语言哲学，由工具理性批判转向交往理性，"把研究的重点从认识的—工具的合理性转向交往的合理性"③。他把交往理性概念作为理解现代性的普遍范畴。在他看来，交往行为概念的提出，不但使人们真正了解了现代性出现危机的根源（即不是由现代性本身造成的，而是由在资本主义条件下，交往理性与工具理性之间的不平衡关系造成的），而且使人们找到了摆脱现代性危机的道路，即发展交往理性。他认为，到目前为止，现代性是以资本主义的社会结构为其实现形式的。而现代性之所以是"一个未完成的方案"，根本原因在

---

① ［德］哈贝马斯：《现代性的地平线：哈贝马斯访谈录》，李安东、段怀清译，严锋校，上海人民出版社，1997年，第37页。

② 同上，第56页。

③ J.Habermas, *Theorie des Kommunikativen Handelns*, Suhrkamp Verlag, 1988, p.525.

于资本主义的社会结构无法完全释放现代性的理性潜能。正是从这里他引出了改变资本主义社会结构的必要性。

作为西方马克思主义最新形态的"生态学马克思主义",在对待现代性的问题上,完全继承了哈贝马斯和其他一些西方马克思主义者的观点。它不像后现代主义那样,对现代化运动持全盘否定的态度,从批判现代化的各种负面效应,特别是对生态环境的破坏开始,进而否定整个工业文明的发展观和价值观,主张反增长、反技术、反生产,而是把现代化运动中的负面效应与现代性本身区别开来,要求走向"更现代化的世界观"。它具有修复已经崩溃的现代性,继续追求文化、社会和经济领域的现代性可能性的强烈的动机。最负盛名的生态学马克思主义者高兹,在其著名的《经济理性批判》(*Crique of Economic Reason*)一书中提出,要为现代性确定一个界限,认为现代性的问题不是出在自身,而是出在越出了自己的范围。他说道,"我们当今所经历的并不是现代性的危机。我们当今所面临的是需要对现代化的前提加以现代化","当前的危机并不意味着现代化的过程已经走到了尽头,而我们必须走回头路。倒不如说具有这样一层含义:需要对现代性本身加以现代化"。①他还指出:"'后现代主义者'所说的标志着现代性的终结的东西,以及所谓的理性的危机,实际上是那种选择性的、片面的合理化,即我们称之为工业主义的东西赖以确立的准宗教的非理性的内容的危机。"②高兹强调现代化的过程并没有完成,而业已确立的现代化的界限正被不断突破。陷入危机的不是现代性本身,而是其准宗教的非理性的内容。高兹认为,如果坚持当前的危机就是现代性的危机的观点,那么我们就必然处于对过去的怀旧的伤感之中,而不能赋予那些引起我们过去的信仰崩溃的变革新的含义,从而也就不能从危机中走出来。现在的关键是要改变对现代化的观念,即

---

① A. Gorz, *Crique of Economic Reason*, London, 1989, p.1.

② Ibid., p.2.

那种把现代化视为没有界限的、可以漫无边际地加以突破的旧观念。他说，"我希望证明现代化具有本体论的和存在论的界限，证明这些界限只有伪合理化、非理性的手段才能加以突破，而正是这种伪合理化、非理性的手段，使合理化走向了反面"，"这里我的主要目的之一就是给我们能加以现代化的领域划定界限"。①所谓划定界限，就是确立在现代化过程中哪些是可以做的，哪些是不可以做的，而不是像现在这样什么都可以做。

（二）对于现代性的若干核心要素的基本态度

现代性的出现离不开现代科学技术的发展，而现代性的核心则是理性主义和人道主义。西方马克思主义对现代科学技术、理性主义、人道主义的态度与对现代性的态度是相一致的。

人们总把西方马克思主义，特别是西方马克思主义中的法兰克福学派说成是反科学技术的。实际上，这是个误解。确实，拿法兰克福学派来说，从1932年霍克海默发表《对科学的发觉及其危机》一文起，历时数十年，从来也没有停止过对科技理性的批判，而且他们往往把对科技理性的批判与对科学技术的消极的社会功能的揭示结合在一起。全部的关键在于，法兰克福学派对科学技术消极的社会功能的批判，是不是就是批判科学技术本身？换句话说，法兰克福学派有没有把科学技术在现今社会中所表现出来的种种负面效应，归结为是由科学技术本身造成的，有没有赋予科学技术一种原罪的性质？对此，只要了解一下马尔库塞的"新科技观"就不难作出回答。在法兰克福学派的所有代表人物中，没

---

① A. Gorz, *Crique of Economic Reason*, London, 1989, p.2.

有比马尔库塞对科学技术的批判更尖锐的了。但就是这个马尔库塞一再强调，科学技术执行意识形态职能、变成统治工具与科学技术本身没有必然的联系，科学技术完全有可能在新的历史条件下成为一种解放手段。他认为，当科学技术已变成统治或控制工具的时候，革命的理论家应当探讨使科学技术变为解放手段的必要性和可能性的问题。革命的理论必须成为新技术和新科学的纲领。① 马尔库塞的"新科技观"清楚地表明，科学技术产生的消极的社会作用并不是科学技术本身固有的属性。马尔库塞的这种观点在整个法兰克福学派中都具有代表性，这一学派的另一位中坚与创始人霍克海默也早在马尔库塞之前就强调，不能离开运用科学技术的客观条件来谈论科学技术的正效应与负效应，科学技术之所以产生一系列的"副作用"主要在于运用科学技术的外在环境不当。② 在整个西方马克思主义和法兰克福学派中，马尔库塞、霍克海默对科学技术的这种态度具有典型意义。

西方马克思主义的有些著作明显是直接推崇理性主义的，如卢卡奇的《历史与阶级意识》和马尔库塞的《理性与革命》等，西方马克思主义因此而获得过"理性主义的马克思主义"的称号。但西方马克思主义却有时又被人与反理性主义联系在一起，应该说，这也不是完全没有理由。只要读一读霍克海默和阿多诺③ 的名著《启蒙辩证法》，了解一下以理性和技术为核心的启蒙如何最终走向了反面、走向了理性的启蒙的自我毁灭的悲剧的，就会很自然地这样去做。但人们这样做的时候千万要记住，他们对启蒙理性的批判，实际上主要是对启蒙理性蜕变为工具理性、科技理性的批判。他们在对工具理性、科技理性批判时，从来是把价值理性、批判理性作为其对立面加以弘扬的，而且在一定意义上，他们批判

---

① See H.Marcuse, *One-Dimensional Man*, Boston, 1964, p.166, pp.204-205.

② 参见［联邦德国］马克斯·霍克海默：《批判理论》，李小兵等译，重庆出版社，1989年，第2页。

③ 本书正文使用"阿多诺"这一学界惯例译法，后文注释《启蒙辩证法》中的"阿道尔诺"译法是为与出版信息保持一致，特此说明。

前者是为了让后者更好地支配这个世界。《启蒙辩证法》本身坚持一种辩证的启蒙概念，至少可以说它对启蒙的态度是犹豫的。但是由于创作环境的影响，作者突出的是启蒙的负面效果，并且将启蒙精神与工具理性本质地联系起来。尽管如此，我们仍然不能泛泛地说作者采取的是一种对启蒙精神或现代性彻底的否定立场。正如作者在书中写道："我们并不怀疑，社会中的自由与启蒙思想是密不可分的。但是我们认为，我们同样也清楚地认识到，启蒙思想的概念本身已经包含着今天随处可见的倒退的萌芽。在这方面，启蒙思想与相关的历史形态和社会制度比较起来并不逊色。如果启蒙没有对这一倒退的环节进行反思，它就无法改变自身的命运了。"①这段话一方面告诉我们，作者不仅把启蒙与倒退联系在一起，还把启蒙视为与自由密不可分；另一方面又使我们知道，作者之所以要启蒙对"倒退的环节"进行反思，目的还在于"改变自身的命运"。如果作者已把极权、神话和倒退看作启蒙的必然宿命，那么也就不会产生这种"改变自身的命运"的奢望。下面的一些话则更清楚地表现了他们对改变启蒙的命运的期望："其中对启蒙的批判，目的是想准备好一种实证的启蒙概念，以便把它从与盲目统治的纠结之中解放出来"②，"只有在它屏弃了与敌人的最后一丝连带关系并敢于扬弃错误的绝对者，即盲目统治原则的时候，启蒙才能名副其实"③。

由于对《启蒙辩证法》一书是不是完全否定启蒙这一点颇有争论，我们在这里再引一段原话："资产阶级用以攫取权力的工具，如能力的解放、普遍的自由、自决的权利，简言之，启蒙自身，一旦作为一种用于压迫的统治体系，就会反对资产阶级本身。……启蒙也并未向统治本身提供那些旧有的意识形态所认可的可靠手段。启蒙的反权威倾向，当然它只是一种地下形式，仍然在理性概念中与

---

① ［德］马克斯·霍克海默、西奥多·阿道尔诺：《启蒙辩证法：哲学断片》，渠敬东、曹卫东译，上海人民出版社，2003 年，第 3 页。

② 同上，第 5 页。

③ 同上，第 39 页。

乌托邦思想有着千丝万缕的联系，它最后像敌视贵族那样敌视资产阶级，当然，这种资产阶级很快就会与贵族制结为同盟。"①这段话又告诉我们，霍克海默、阿多诺他们不仅把当今的启蒙与极权主义相提并论，而且还提出当今的启蒙具有"与乌托邦思想有着千丝万缕的联系"的"反权威倾向"，尽管"只是以地下的形式"。

对西方马克思主义的主流坚持主体性原则、坚持人道主义的观点，大概很少会有人持异议。如果笼统地把西方马克思主义说成是反现代性的，那么这显然无法解释反现代性的西方马克思主义会维护作为现代性核心的主体性原则和人道主义。西方马克思主义的早期代表人物都反对主客体对立，反对与客体二元分立的主体。但这并不意味着他们也像后现代主义那样要彻底消解主体，他们只是要求把人看作整体的人，而不是视为与客体对立的片面的人。他们要求重新认识人的存在及其活动的价值与意义。这就是说，人在他们那里，仍是一种确定的存在，他们的哲学具有一种实在性的主体的倾向。卢卡奇的主客体辩证法既是一种反对主客分离的辩证法，又是一种用主体去"包摄"客体的辩证法。他把主体构成并"包摄"客体作为主体和客体同一性的前提。卢卡奇的主客体辩证法说到底是为了从主体与客体的相互作用中展开全部历史，论证人在历史上的能动作用，即为了高扬人的主体性。葛兰西更是把自己的"实践哲学"称为"历史的绝对的人道主义"。他不但公开提出"人是什么"这个哲学所问的基本和主要问题，始终把人的问题放在自己整个研究的中心地位，而且竭力论证世界统一于人、统一于人的实践。他认为所谓"客观"就是"从人的角度客观"，是"历史的主观"。②他这样询问人们：离开了人，这个世界还有什么意义呢？可见，无论是卢卡奇的主客体辩证法，还是葛兰西的实践哲学，都在反对以主客体分

---

① ［德］马克斯·霍克海默、西奥多·阿道尔诺：《启蒙辩证法：哲学断片》，渠敬东、曹卫东译，上海人民出版社，2003 年，第 101~102 页。

② See A.Gramsci, *Selections from the Prison Notebooks*, London, 1971, p.445, p.446.

离为特征的主体性的同时，又致力于建立以主客体同一为特征的新的主体性。对主体性的这种基本立场，后又被法兰克福学派所承继，而生态学马克思主义反对后现代主义对主体性、对人类中心主义的消解的理论出发点，也正导源于这种基本立场。生态学马克思主义者则不是泛泛地批判人类中心主义，而是批判人类中心主义的资本主义形式。佩珀就这样说道："人并不是一种污染源，人并不是生来就是傲慢、贪婪、好斗、富有侵略性，也不是生来就具有其他的种种野蛮性。假如人沾染了这些的话，那也并不是不可改变的遗传因素造成的，也不是原罪所致，而是流行的社会经济制度使然。"①他们从绿色政治的营垒中分化出来，致力于建立以人类中心主义为宗旨的生态政治。在哲学上，他们要建立一种"以人为尺度"分析人与自然关系的现代自然观。佩珀明确地指出："生态学马克思主义就是人类中心主义和人道主义。"②

（三）现代性批判理论对于开创中国式现代化新道路的启示

由于以前人们较多地注意西方马克思主义对现代性的批判和否定方面，从而这里我们着重论述了其对现代性的肯定与"治疗"方面。但只有把两者结合在一起，才能比较完整地把握西方马克思主义的现代性批判理论。完整地把握了这一理论就不难看出，西方马克思主义理论家对现代性的态度，总体来说是一种辩证的态度。而正是这种对现代性的辩证的态度会给正在从事社会主义现代化建设、开创中国式现代化新路的中国人民莫大的启示。

其一，西方的现代化事业出现了问题，中国的现代化事业虽然历时不长，但

---

① D.Pepper, *Eco-Socialism: From Deep Ecology to Social Jutice*, London, 1993, pp.232-233.

② Ibid., p.232.

同样也面临一些问题。我们必须像西方马克思主义理论家那样,敢于正视和充分认识现代化事业中所出现的问题,而不能熟视无睹。

现在流行一种说法,即目前中国尚处于"前现代化"时期,尚处于实现现代性向现代化的过渡之中。在这个过程中,出现种种负效应是实现现代性必然要付出的代价。如果我们连现代化的门槛还未踏进,就急于去解决这些只能在实现了现代化后才能解决的问题,那结果只能是干扰现代化建设,会严重影响人们聚精会神地推进现代化的进程。

一切美丽的东西总要经历丑陋的阶段,蝴蝶是由毛毛虫蜕变的,中国要成为"蝴蝶"必定要经过"毛毛虫"这一阶段。这是一种十分糊涂而又非常有害的观点。西方马克思主义理论家之所以如此尖锐地批判和揭露追求现代性的过程中所出现的种种负面效应,根本目的是要人们自觉地趋利避害,一方面充分享受现代性的硕果,另一方面把代价降到最低限度。不错,蝴蝶是由毛毛虫蜕变的。但一切美丽的东西一定在某一阶段是毛毛虫吗?如果中国实现现代性必须要付出重大代价,很有可能现代性的成果我们尚未享受到,而代价已经把我们葬送掉了。我们一定要在实现现代性的同时,不失时机地促进人的全面发展,实现社会的全面进步。

其二,现代性的进程中遇到了挫折和困难,关键是找到出现挫折和困难的根源。我们必须像西方马克思主义理论家那样,不把现代性进程中出现的问题归罪于现代性本身,不把这些问题视为现代性合乎逻辑的必然归宿。

令人担心的是,一方面一些人根本无视中国的现代性进程中所出现的种种问题,无视老百姓面对这些问题所发出的长吁短叹,"一意孤行"地走下去;另一方面一些人即使看到了这些问题的存在,但与此同时又把这些问题说成是现代性内在逻辑的必然结果,似乎中国人要么被关在现代性的大门之外,无法享受现代性所赐予的满足与幸福,要么就是被现代性的内在逻辑所葬送。这里的关键在于，我们既不能无视中国的现代性事业所遇到的各种问题，也不能把这些问题说成是现代性本身造成的。在这种情况下，了解一点西方马克思主义批判现代性的负面效应，但不把这些负面效应直接与现代性联系在一起，批判科学技术消极的社会功能，但又不把这种消极的社会功能视为科学技术本身的原罪的观点和思路，是多么重要！西方马克思主义理论家尽管按照他们的生活经历，看到的是现代性正在走向自己的反面的历史事实，但并不因此而简单地得出结论，这是现代性的必然归宿，这确实难能可贵。西方马克思主义的现代性批判理论昭示我们必须从实现现代性的社会组织方式、推进现代性的社会制度等方面来探索何以现代性的实际进程中出现了如此多的错误。

其三，必须正视现代性的进程中之所以出现种种问题，根本原因在于承受现代性进程的社会体制不完善这一点。我们必须像西方马克思主义理论家那样，把对现代性进程中负面效应的批判，变成对社会主义目标追求的必然性的论证，变成推进改革和完善社会主义体制的强大动力。

大多数西方马克思主义理论家持有这样一个强烈的观点：在现行资本主义制度下，现代性进程不可能充分展现其正面效应，相反越来越滋生和助长其负面效应。他们实际上把现代性的负面效应归结于现行的资本主义制度。[①]例如，生态危机、人与自然相互关系的失衡，这显然是现代性进程中出现的一个重大负面效应，西方马克思主义理论家没把这一负面效应的账直接记在现代性的头上，而强调是资本主义制度下的"追求利益最大化的利润动机"导致了这一负面

---

① 有些学者因而对西方马克思主义提出批评，认为这是把现代性与资本分离开来。在他们看来，资本、现行的资本主义制度也是现代性一个不可分割的组成部分，现代性与资本与生俱来。这种观点不是完全没有道理，问题在于，不能由此得出结论，资本主义必然走向反面，现代性也必然走向反面。西方马克思主义理论家把现代性与资本主义制度剥离开来，说明现代性的负面效应不是由自身，而是由实现现代性的环境——现行的资本主义制度带来的。现代性只要脱离这样一种环境，就完全有可能避免现在人们所经历的种种现代性磨难。

效应,只要改变资本主义的这一生产逻辑,就完全有可能避免这种负面效应。这样,他们就把对现代性进程中负面效应的批判与对资本主义制度的批判结合在了一起。他们要求改变资本主义制度,变资本主义为社会主义,他们深信在真正的社会主义制度下,现代性进程中的种种负面效应会得到有效遏制。了解了西方马克思主义理论家的这些观点,我们一定会倍加珍惜我们的社会主义制度。不要忘记中国的现代化是在代表最广大人民的根本利益的共产党领导下的社会主义现代化,在现代化前加上"社会主义"四个字表明我们是在与西方国家不同的社会制度下从事现代性事业,这不是我们的劣势,而是我们的优势。

二、从西方马克思主义与后现代主义的 对立看其对开创中国式现代化新道路的意义

西方马克思主义究竟是一种什么样的思想体系？它对当代人有着怎样的意义？尽管西方马克思主义传入我国已多年，尽管我国学术界自其传入后从来也没有停止过对它的研究，但对此一直见仁见智，没有一个明确的、较为统一的认识。实际上，只要细致地研究一下西方马克思主义与后现代主义的关系，特别是把它与后现代主义相对立的方面揭示出来，也就是说，只要把它置于与后现代主义相对立的背景下，它的真精神、它的当代意义，特别是对开创中国式现代化新道路、人类文明新形态的意义就会呈现出来。

（一）生态学马克思主义与后现代主义的对立

生态学马克思主义是西方马克思主义的最新形态，它在 20 世纪八九十年代以后的异军突起，反映了马克思主义在西方世界并没有随着苏东剧变而消逝，相反在异常艰难的环境下获得了进一步的发展。意大利的社会主义理论家

在一篇《为什么"红的"必须是"绿的"》论文中指出,关于"红""绿"关系问题的争论,"无疑代表了我们这个世纪(指 20 世纪——引者注)的最后岁月里马克思主义发展的一个新阶段"①。研究西方马克思主义与后现代主义的关系,应从研究生态学马克思主义与后现代主义的关系入手。

随着西方生态运动的蓬勃兴起,西方出现了所谓"绿色政治"。"绿色政治"无疑是一种后现代政治。当代西方新涌现的生态学马克思主义者佩珀就认为:"'绿色政治'在许多方面与后现代政治相一致。"②必须指出,与后现代主义相一致的"绿色政治",并不包含所有的环境保护主义。这里所说的"绿色政治"仅仅是指环境保护主义中的生态中心主义的政治。在环境保护、生态运动的"绿色"旗帜下,聚集着形形色色的思潮和流派。这些思潮和流派大致可分为"绿绿派"(Green-greens)和"红绿派"(Red-greens)两大阵营。属于前者的主要派别有生态原教旨主义者(ecofundamentalisim)、生态无政府主义者和主流绿党等,他们的理论统称为生态中心主义。而属于后者的主要是带有明显的马克思主义标记的生态学马克思主义。

一般说来,"绿色政治"就是指"绿绿派"的政治,并不包含生态社会主义、生态学马克思主义,即"红绿派"的政治在内。在环境保护主义中,真正与后现代主义相近的,只是生态中心主义,即"绿绿派";而生态学马克思主义,即"红绿派",则非但与后现代主义无缘,相反在许多方面与之对立。佩珀就这样说道:"生态中心主义在很大程度上是与无政府主义的东西混杂在一起的,它的一些核心内容都是后现代主义的。而生态中心主义的红色批判则是一种使生态中心主义走向更现代主义的世界观的一种尝试。"③

---

① 转引自俞可平主编:《全球化时代的"社会主义"》,中央编译出版社,1998 年,第 211 页。

② D.Pepper, *Eco-Socialism:From Deep Ecology to Social Jutice*, London, 1993, p.57.

③ Ibid., p.58.

后现代主义是冲着现代工业文明的现代化运动而来的。它从批判现代化的各种负面效应开始,进而否定整个工业文明的发展观和价值观。后现代主义把现代性引发的一系列社会问题归罪于现代性理念,从而要从根本上否定现代性本身。美国的后现代主义者格里芬(D.R.Griffin)就提出,后现代主义是"一种认为人类可以而且必须超越现代的情绪"①。生态学马克思主义者对后现代主义不满的就是这种"超越现代的情绪"。他们同样对现代化的种种负面效应,特别是对生态环境的破坏提出了尖锐的批评,但不否定现代化本身。他们不像生态中心主义所代表的后现代主义那样否定工业社会,主张反增长、反技术、反生产。他们不对现代化和现代性带有偏激的情绪。他们具有修复已经崩溃的现代性,继续追求文化、社会和经济领域的现代性可能性的强烈的动机。

后现代主义的一个显著特征就是消解主体性。后现代主义者认为,主体的存在不仅意味着"主-客"二分的存在,也反观了现代性的缺陷。主体有如写在沙滩上的字迹一般,可以抹去。生态中心主义者把后现代主义的这种反主体性作了系统发挥,认为生态问题的根源就是人类中心主义。他们从反对工业化对自然的掠夺出发,进而反对人类中心主义,提出要用生态中心来取代人类中心。生态学马克思主义者,不是完全反对人类中心主义,而是反对人类中心主义的资本主义形式。尤其是20世纪90年代以后,生态社会主义强调人类在检讨自身对自然界的态度的同时,不应放弃"人类尺度",提出要重返人类中心主义。佩珀明确地指出:"生态学马克思主义就是人类中心主义和人道主义。"②

后现代主义在消解主体性、人类中心主义的同时,把矛头直指理性主义。后现代主义者将现代社会的所有弊端都归罪于理性,尤其是科技理性的恶性膨胀

---

① [美]大卫·格里芬编:《后现代科学——科学魅力的再现》,马季方译,中央编译出版社,1995年,英文版序言。

② D.Pepper, *Eco-Socialism:From Deep Ecology to Social Jutice*, London, 1993, p.232.

和形而上学的思维方式对人们的影响,进而主张消解理性。生态中心主义者的文化价值取向与其他的后现代主义者没有什么不同,也完全是非理性主义和反理性主义,他们把批判启蒙理性与批判现代社会的生态危机联系在一起,认为现代社会中对自然的严重破坏始于启蒙理性的得逞。生态学马克思主义者尽管也尖锐地批判了工具理性、科技理性、经济理性,尽管也深刻地揭露了启蒙理性给现代人类带来了许多不幸,但没有对理性从根本上加以否定。他们强调理性是人所特有的,理性本身并没有过错,理性也不可能被消解。他们在否定工具理性、科技理性、经济理性的同时,又致力于重建和健全新的理性,即社会理性和生态理性。高兹对理性的批判的激烈程度一点也不亚于那些后现代主义者,但他对理性的批判只限于对经济理性的批判。高兹对经济理性的批判在西方社会产生了广泛影响,甚至连一些后现代主义者也常常引用高兹对经济的批判来说明理性的邪恶。但殊不知高兹在批判经济理性的同时又高扬生态理性。在他看来,否定经济理性并不要求人们把整个理性精神都清除掉,而是要人们更好地扛起理性的大旗。

在后现代主义者那里,敌视理性与敌视科学是一致的。在他们看来,理性与科学结盟,演变成单纯的"工具理性",才给现代人带来如此多的灾难。生态中心主义者把后现代主义的这种反科学主义贯穿于环境保护运动之中,他们把现代社会的生态危机说成是由技术缺陷本身造成的危机。这样,他们又很自然地得出结论,解决生态危机的唯一出路是倒退到前技术状态中去。在生态学马克思主义者的著作中也可以发现大量揭露科学技术的使用如何破坏生态环境,从而造成种种负面效应的言论,但只要仔细分析就不难看出,他们没有把科学技术消极的社会作用说成是由科学技术本身造成的,没有离开社会的生产关系和社会的政治制度来谈论科学技术的所谓"罪恶"。他们强调,现代社会的生态危机并不是科学技术本身的危机,而是生产方式,包括使用科学技术方式的危机。他们对生态中心主义，乃至整个后现代主义敌视科学技术的行径提出了尖锐的批评。著名的生态学马克思主义者莱易斯（W. Leiss）激烈地批评了后现代主义者把科学和控制自然紧密联系在一起的观点。按照一些后现代主义者的观点，科学本质上是一种关于控制的知识，科学本身就蕴含着对自然的控制，这是科学"题中应有之义"。莱易斯指出，这些人"关于科学对世界的控制是一项实用事业的观点中的错误，是没有对人的目标和目的范围进行分析。只说明对自然的科学研究及其技术应用是发生在一种操作的结构内还是很不够的。关键的问题是，在何种特殊的社会背景中它是操作的？"①

在后现代主义的所有理论观点中，可能没有比其反逻各斯中心主义、反基础主义、反本质还原主义更引人注目的了。后现代主义从反本质、反基础出发，也反对建立在基于这种基础、本质而提出的各种社会理想。由于科学社会主义是以马克思主义的"反缚于逻各斯中心主义"的本体论为依据而形成的，从而科学社会主义理所当然地成了他们首先攻击的对象。生态中心主义者之所以如此反对把消除环境退化和生态危机与社会主义联系在一起，说到底，这与他们同所有的后现代主义者一样从根本上取消本体论问题的存在立场有关。"绿绿派"与"红绿派"之间存在着坚持还是反对社会主义理想的分歧，隐藏在这一表面的政治上的分歧的背后是两者对后现代主义的反基础、反本质的截然不同的态度。生态学马克思主义者坚决反对后现代主义者把本体论问题虚无化。在他们看来，生态中心主义者面对生态危机，如此的无所适从，最后乞求于无政府主义决不是偶然的，这与他们缺乏本体论的根基密切相关。生态学马克思主义者把对意义的追寻与论证社会主义的必然性紧紧联系在一起，他们注重于研究社会主义的存在根基。高兹所有著作的主题就是强调保护环境的最佳选择是先进的

---

① W.Leiss, *The Domination of Nature*, McGil.Gueen's University Press, 1994, p.117.

社会主义。他广泛搜寻当代社会主义革命新的可能性，其中最有力度的还是在论述这种可能性时，对社会主义意义的追寻，即从本体论上对社会主义所作的说明。他的《经济理性批判》一书差不多有一半的篇幅都在"对意义的探寻"（Search for Meaning）的标题下，是社会主义重新确立存在论的根据。

（二）哈贝马斯的理论与后现代主义的对立

上面我们从多方面说明了生态学马克思主义与后现代主义的对立。有这么多的事实摆在面前，大概没有人会否认这种对立。问题在于，生态学马克思主义与后现代主义的对立，能不能表示整个西方马克思主义传统与后现代主义的对立。

许多生态学马克思主义者在论述自己的理论时经常提及哈贝马斯这一当代最有影响的西方马克思主义的代表人物，并以哈贝马斯的观点来说明自己的理论的正确性。确实，生态学马克思主义在诸多方面受到哈贝马斯的启发，我们可以从生态学马克思主义的理论中明显地看到它与哈贝马斯的理论，特别是哈贝马斯对现代性的反思理论的承继关系。

哈贝马斯批判现代性、现代化运动、现代文明社会，但他不认为现代性、现代化运动、现代文明社会已不可救药。他说，我们要像马克思对待黑格尔那样对待它们，"务必小心翼翼，切莫将婴儿和洗澡水一起倒掉，然后再翱翔于非理性的天空"[①]。他认为，现代性是不能抛弃的，需要的是救助它。他向世人公开宣布自己"不放弃现代性计划"，"不屈尊于后现代主义和反现代主义"。[②]于是，哈贝

---

① ［德］哈贝马斯：《现代性的地平线：哈贝马斯访谈录》，李安东、段怀清译，严锋校，上海人民出版社，1997年，第37页。

② 同上，第56页。

马斯向人们提出了一个现代性的救助方案，这一方案实际上被生态学马克思主义在生态领域全面地展开了。哈贝马斯当年在与后现代主义者利奥塔、德里达等论战中对后现代主义全面否定现代性所提出的诸多批评，曲折地反映在 20 世纪 90 年代以后的生态学马克思主义者对后现代主义，特别是对生态运动中的后现代主义——"绿绿派"的讨伐中。生态学马克思主义者与哈贝马斯同样意识到，后现代主义者对现代性和现代化运动的否定是对整个文明的否定，因此对他们的行径同样表现出焦虑和不安，认为后现代主义否认现代性理念，必将彻底毁灭现代性自我更新的希望，会把人类带到一种随遇而安、无所适从的状态。

哈贝马斯梳理"理性"概念，揭示了在现代化运动中，理性与科学结盟，演变为单纯的"工具理性""科技理性"，成为一切事物和问题的标准以及评判是非的审判官的严酷现实。哈贝马斯承认自古希腊以来的哲学理性观的确出现了偏差，理性是在走一条否定自己、放逐自己的不归路。但与此同时，哈贝马斯又强调理性还不至于到了非死去不可的地步，需要后现代主义来消解它。在哈贝马斯那里，对现代性的拯救与对理性的拯救密不可分，因为在他看来，"现代性本来就是与理性主义有着内在的联系"[1]。哈贝马斯对理性这一基本态度为生态学马克思主义者所全盘接受，他们追随哈贝马斯，一方面继续对工具理性、科技理性、经济理性展开批判；另一方面又竭力说明理性本身不存在过失，要拯救理性，要求人们运用理性潜能去揭示现代社会实现人类自由的条件。

在哈贝马斯看来，造成理性在现实生活出现种种偏差的意识形态方面的一个重要原因，是现代人在近代主体意识哲学框架内来理解和运用理性，即把理性理解成与生俱来的认知和实践能力，把主体与客体之间的认知和行为关系理解成理性的基本构架，强调理性是主体对客体的表象和干预能力。哈贝马斯认

---

[1] J.Habermas, *The Philosophi Discourse of Modernity*, MA：MIT Press, 1987, p.1.

为,在近代主体意识哲学的框架内对理性的这种理解,必然造成理性和自由、个人和社会、自然和社会、情感和理性陷于没完没了的冲突之中。基于这一基本认识,哈贝马斯强调,要真正释放理性的解放潜能,拯救现代化,必须跳出近代主体意识哲学。而从对近代主体意识哲学那里继承过来的理性概念,对要求充分实现理性的解放潜能来说,是一笔过分沉重的遗产,需要清理和改造。于是,他把释放理性的解放潜能,拯救现代化与对近代主体意识哲学的批判结合在一起。生态学马克思主义对理性的种种过失的原因分析几乎与哈贝马斯如出一辙。一些生态学马克思主义者在解释为什么人们在合理性动机支配下的行为会破坏自然时,一般也将此与按照近代哲学思维方式来理解合理性联系在一起。他们用几乎与哈贝马斯完全相同的口吻指出,主体意识哲学只能证明经济理性,要使理性从经济理性的桎梏中分解出来,只能摆脱主体意识哲学。

哈贝马斯认为,实现理性的解放潜能,从而拯救现代化的唯一出路是由主体哲学转向语言哲学,由工具理性批判转向交往理性,"把研究的重点从认识的–工具的合理性转向交往的合理性"①。哈贝马斯要在传统的形而上学理论背景之外重建理性概念。他所重建的理性概念就是交往理性。他把交往理性概念作为理解现代性的普遍范畴。在他看来,交往理性概念的提出,不但使人们真正了解了现代性出现危机的根源(它不是由理性本身造成的,而是在资本主义条件下,由交往理性与工具理性之间的不平衡关系造成的),而且使人们找到了摆脱现代性危机的道路,即发展交往理性。生态学马克思主义者尽管没有提出由主体哲学转向语言哲学,但对于纠正现代化的偏差的路向与哈贝马斯的大致相同,这就是批判工具理性、经济理性,建立"新理性"。只是"新理性"的内容不一样,在哈贝马斯那里,"新理性"是交往理性,而在生态学马克思主义者那里,致

---

① J.Habermas, *Theorie des Kommunikativen Handelns*, Suhrkamp Verlag, 1988, p.525.

力于建立的"新理性"则主要是生态理性。

哈贝马斯强烈批评后现代主义虽然看到了近代主体意识哲学的理性具有集权性、排他性、压抑性的特征，但却否认在理论上阐明一种非工具化的理性的可能性，当然也否认现代生活方式中交往理性实现的可能性。他强调，后现代主义并没有把限制工具理性、实现交往理性与改变资本主义社会的结构联系在一起。他认为，到目前为止，现代性是以资本主义的社会结构为其实现形式的。而现代性之所以是"一个未完成的方案"，根本原因在于资本主义的社会结构无法完全释放现代性的理性潜能。正是从这里他引出了改变资本主义社会结构的必要性。我们知道，哈贝马斯曾围绕着如何看待现代资本主义社会与他的前辈展开过争论，他不同意完全否定和推翻现代资本主义社会，但不能由此得出结论，他完全接受现代资本主义社会，认为在现代资本主义社会的框架中就能实现他释放交往理性的潜能。生态学马克思主义者尽管对哈贝马斯的改良主义态度持批评态度，但认为哈贝马斯把实现其拯救现代性的方案与改变资本主义的社会结构联系在一起是难能可贵的，并坦率承认，他们对现行资本主义制度进行变革的主张，也导源于哈贝马斯对改变资本主义结构的必要性的论证。

（三）法兰克福学派与后现代主义的对立

由于哈贝马斯对现代性的反思理论大致形成于 20 世纪 70 年代以后，而这一时期的哈贝马斯通常被认为已完成了"精神上的弑父"，即已背叛了其先辈霍克海默、阿多诺、马尔库塞等人的批判理论的传统，所以必然有人认为，即使事实表明生态学马克思主义与后现代主义的抗衡，是承继了哈贝马斯对现代性的反思理论，也不能就此证明这种抗衡完全根源于西方马克思主义。

尽管我们对哈贝马斯曾经历了"精神上的弑父"的说法持保留态度，但我们还是想退一步，即姑且承认这一流行的看法有一定的道理，不从生态学马克思主义与后现代主义的对立同哈贝马斯后期对现代性的反思理论等的联系中，来证明生态学马克思主义对后现代主义的批判是根源于西方马克思主义的传统。让我们跳过哈贝马斯，直接考察生态学马克思主义对后现代主义的批判理论与以霍克海默、阿多诺、马尔库塞等人为代表的法兰克福学派的批判理论的关系。无论是一些生态学马克思主义者，还是生态学马克思主义的众多研究者，都把法兰克福学派的批判理论视为生态学马克思主义的理论渊源之一。我们认为，这种理论的渊源主要表现为它与后现代主义的对立，它直接源于法兰克福学派。

综观法兰克福学派的全部理论，有一个基本原则像一根红线贯穿始终，这就是主体性原则。法兰克福学派是一个当代颇具影响的人道主义派别，高扬主体性是法兰克福学派的一个最鲜明的理论特征。他们把这种主体性原则贯彻到自然观中，提出了"人化自然"论。尽管他们最早提出了解放自然的思想，但他们不是通过放弃人类中心主义而实行生态中心主义，来实现自然的解放。他们认为解放自然的唯一途径是"人道主义地占有自然"，即与自然打交道时必须"符合人的本性的要求"，以及"按照美的法则来塑造自然"，即对自然界进行美的还原。①与佩珀齐名的生态学马克思主义的一个新涌现的代表人物格伦德曼（Reiner Grundmamn）详细地研究了法兰克福学派的自然观，认为法兰克福学派的自然观明明白白地告诉人们，人类在解决生态危机、重新检讨人与自然的关系时，无论如何不能放弃"人类尺度"。他还强调生态学马克思主义可以在法兰克福学派的自然观中找到反对生态中心主义，坚持人类中心

---

① See H.Marcuse, *Counterrevolution and Revolt*, Boston, 1972, pp.64–65, p.74.

主义的全部理由。

人们总把法兰克福学派与反理性主义联系在一起,这不是完全没有理由。只要读一读霍克海默和阿多诺的名著《启蒙辩证法》,了解一下他们是如何揭示以理性和技术为核心的启蒙最终走向了反面,走向了理性启蒙的自我毁灭的悲剧的;只要读一读马尔库塞的名著《爱欲与文明》,了解一下他是如何通过改造弗洛伊德的心理结构理论,提出存在的本质是非理性的爱欲的,就会很自然地这样去做。但人们这样做的时候千万不能漠视以下两点:第一,在《启蒙辩证法》和《爱欲与文明》发表之前,法兰克福学派被人们称为"理性主义的马克思主义",无论是霍克海默的《传统的与批判的理论》等早期著作,还是马尔库塞的《理性与革命》,都竭力推崇理性,甚至把理性视为与革命同义,他们对实证主义的批判也完全是站在维护理性主义的立场上进行的;第二,从《启蒙辩证法》开始的对启蒙理性的批判,实际上主要是对启蒙理性蜕变为工具理性、科技理性的批判,他们在对工具理性、科技理性批判时,从来是把价值理性、批判理性作为其对立面加以弘扬,而且在一定意义上,他们批判前者是为了让后者更好地支配这个世界。最有意思的是马尔库塞在推崇爱欲时,也反复申明要沟通爱欲与理性的关系,建立一种新的理性,即满足的理性。[①]可见,把法兰克福学派的反工具理性主义视为反整个理性主义是不恰当的。在这方面,还是一些生态学马克思主义者理解得比较正确,他们认为一方面批判工具理性、经济理性,另一方面又致力于重建生态理性、社会理性,受的是哈贝马斯,以及整个法兰克福学派的启发。

法兰克福学派批判科技理性,反对科学主义,这是毫无疑问的。但是批判科技理性,反对科学主义,不一定就是敌视科学。如前所述,在整个法兰克福学派

---

① 参见[美]赫伯特·马尔库塞:《爱欲与文明:对弗洛伊德思想的哲学探讨》,黄勇、薛民译,上海译文出版社,1987年,第165~166页。

关于科学技术的理论中,真正具有典型性和代表性的是霍克海默和马尔库塞的观点。哈贝马斯的观点只能算是一个例外,他对马尔库塞的"新科技观"提出异议,他从自己的"原罪说"出发,认为马尔库塞用社会环境的不利去说明科学技术消极的社会作用,甚至强调人对科学技术是可加以选择的,是一种不彻底的理论。①在生态学马克思主义者中,有些人本来就是马尔库塞的弟子,他们实际上全盘接受了法兰克福学派关于科学技术的理论,正是在这一理论基点上,他们展开了关于只有改变社会环境才能改变目前这种科学技术对生态环境严重破坏的局面的论述,也展开了与反技术、反生产的生态中心主义和后现代主义的对抗。

法兰克福学派的代表人物是否致力于对存在的基础和本源的探讨,法兰克福学派的批判理论是否是一种本体论,法兰克福学派的批判理论是否也是从其本体论出发引出对未来社会——社会主义社会设想的? 我们认为,回答应该是肯定的。尽管在法兰克福学派的代表人物中有像施密特这样的对马克思主义是非本体论的详细论证,尽管在法兰克福学派的著作中,也会不时找到一些对旧的传统哲学的形而上学的思维方式的批评,但无疑法兰克福学派并没有像后现代主义那样要求摧毁和解构基础主义和本质主义,相反,法兰克福学派还向人们展示了一个作为其社会主义的存在根基的本体论体系。霍克海默认为问题不在于对世界终极问题的解答是否是神学的、唯心主义的或是唯物主义的,而在于人们如何才能找到生活和生命之谜的答案。在他看来只有哲学形而上学才能做到这一点,因为唯有形而上学致力于探索存在的本质。他的作为一种生活实践和生活方式的唯物主义观正是基于这一认识提出的。②弗洛姆坚决反对把马克思的历史唯物主义非本体论化、心理学化,即把马克思的历史唯物主义理解成

---

① See H.Marcuse, *Towards A Rational Society*, Boston, 1970, p.87, p.88.

② 参见[联邦德国]马克斯·霍克海默:《批判理论》,李小兵等译,重庆出版社,1989 年,第 8~44 页。

是一种认为人们的主观欲望就是想获得最大的物质利益的学说，他强调马克思的历史唯物主义就是一种认为人们的生产方式决定人们的思想和欲望的哲学本体论。①值得一提的是马尔库塞的本体论的情结是如此强烈，以至于他在论述其爱欲论时也千方百计地要说明，他的爱欲论其实是寻求一种新的存在本质即爱欲的理论，因而他的爱欲论不仅是一种激进的社会批判理论，也是一种哲学本体论。②一些生态学马克思主义者说他们反对后现代主义对本质主义、基础主义的解构，坚持从本体论的基点上研究生态危机问题，并把对生态社会主义的设想建立在存在论的根基上是沿着法兰克福学派的哲学路向进行的，不无道理。

(四)西方马克思主义创始人的理论与后现代主义的对立

由于法兰克福学派是西方马克思主义中最具代表性的一个派别，因而论证了生态学马克思主义与后现代主义的对立是沿袭了法兰克福学派的批判理论的基本哲学路向的，也就等于论证了生态学马克思主义与后现代主义相抗衡是继承了西方马克思主义的传统。但我们还是想再从西方马克思主义的源头上考察一下生态学马克思主义与后现代主义的全面抗衡同西方马克思主义的关系，也就是说，我们想再看一看在西方马克思主义的创始人卢卡奇、柯尔施、葛兰西的思想体系中是否也隐含着反后现代主义的成分。如果我们论证了卢卡奇、柯尔施、葛兰西在创建后来被称为西方马克思主义的思想体系时，在许多方面就与后现代主义的思想有着迥然有别的理论立场，那么，说生态学马克思主义与后

---

① See E.Fromm, *Marx'Concept of Man*, New York, 1965, pp.12–13, p.14.

② 参见［美］赫伯特·马尔库塞：《爱欲与文明：对弗洛伊德思想的哲学探讨》，黄勇、薛民译，上海译文出版社，1987年，第89~90页。

现代主义的对立是继承了西方马克思主义的传统,大概就更有说服力了。

卢卡奇、柯尔施、葛兰西虽然激烈地反对传统的本体论,反对传统的形而上学的思维方式,但并没有从根本上颠覆形而上学和本体论,并没有从根本上取消"基础""原则"等问题的存在。贯穿于他们的著作的,显然不是一种"小型叙事",而是一种"元叙事"、一种"宏大的叙事方式"。卢卡奇在晚年的《社会存在本体论》一书中检讨了自己早年把马克思主义仅仅归结为一种方法的错误,提出了"返回到存在去"的口号,强调马克思主义必须"以本体论为先决条件"。其实,只要认真研读一下他的《历史与阶级意识》等早期著作,便不难看出,即使在早期,他也不是完全放弃对存在的根基的探究,只是竭力反对传统哲学,特别是黑格尔哲学对存在的根基的理解。卢卡奇反对黑格尔把绝对精神视为"实体-主体",但他仍然接受了黑格尔"实体即主体"的命题,即他也认为世界上有一个构成万物的最基本、最原始的东西,这一东西既是实体又是主体。这样,他一方面摈弃了黑格尔的绝对精神;另一方面又把人,严格地说人的意识,作为"实体-主体"。葛兰西更是研究本体论的专家,他开创了对马克思主义哲学作"实践本体论"的理解。不能因为葛兰西如此地反对唯物主义的一元论,如此地反对把"客观存在的物质"视为世界的本源,就认为他是从根本上反对"一元论",完全取消涉及世界本源的问题。他反对的是"唯物主义的一元论",而与此同时主张"实践一元论",认为真正构成世界本源的是"与某种有组织的历史化的'物质',与由人所变革的自然不可分割地结合在一起的具体的意义上的人的活动"①。我们从卢卡奇、葛兰西等西方马克思主义早期代表人物的著作中丝毫看不到消解本体论的影子,看到的是在否定传统的本体论的基础上,对新的本体论,即"实践本体论"的重建。这一基本立场经法兰克福学派(包括哈贝马斯的理论在内),一直

---

① A.Gramsci, *Selections from the Prison Notebooks*, London, 1971, p.372.

贯穿到生态学马克思主义那里。

最鲜明地体现出卢卡奇、柯尔施、葛兰西这些西方马克思主义早期代表人物的思想与后现代主义的原则分歧的，是对待整体性的态度。后现代主义向整体性、同一性开战，所推崇的思维模式是一种反整体性的方法。西方马克思主义早期代表人物的思想体系的一个重要特征就是崇尚整体性。卢卡奇甚至把无产阶级的阶级意识归结为把握"整体性"。在他看来，总体性范畴是"马克思主义方法论的精髓"①。柯尔施更是系统地推出了他的整体性理论，确立了总体对于局部的遍及一切的优越性的原则，有人曾经这样评判他的《马克思主义与哲学》一书："《马克思主义与哲学》的基本假定是把社会作为一个总体加以说明，在这一不可分解的整体中，每一要素都支持并反映其他要素。"②西方马克思主义的早期代表人物对整体性的重视，后来为法兰克福学派所继承，它的"整体革命论"是其整体性原则在革命观方面的具体体现，只是其个别代表人物，如马尔库塞到了晚年转向强调个体。生态学马克思主义的一些代表人物，如阿格尔（Ben Agger）、高兹、莱易斯等，当他们在 20 世纪六七十年代还没有完全摆脱后现代主义的影响时，曾经把反整体性原则贯彻到对解除生态危机的设计之中，把实施分散化、小规模经济作为解除生态危机的唯一途径，提出"小的就是美好的"；而当他们在 20 世纪八九十年代摆脱了后现代主义的影响，真正走上生态学马克思主义的道路之时，都普遍地反对反整体性原则。他们指出，在整个世界经济已形成一个关联体系，根本无法将它分割为分散的部分的情况下，实施分散化是不现实的，这样他们在哲学上重新推崇西方马克思主义的一些早期代表人物提出的"整体性理论"的同时，又强调集中化、整体性的经济模式。

西方马克思主义的早期代表人物都反对主客体对立，反对与客体二元分立

---

① G.Lukacs, *History and Class Consciousness*, MIT Press, 1971, p.27.

② P.A.Gorman ed., *Biographical Dictionary of Neo-Marxism*, London, 1985, p.237.

的主体。但这并不意味着他们也像后现代主义那样要彻底消解主体,他们只是要求把人看作整体的人,而不是视为与客体对立的片面的人。他们要求重新认识人的存在及其活动的价值与意义。这就是说,人在他们那里,仍是一种确定的存在,他们的哲学具有一种实在性的主体的倾向。卢卡奇的主客体辩证法既是一种反对主客分离的辩证法,又是一种用主体去"包摄"客体的辩证法。他把主体构成并"包摄"客体作为主体和客体同一性的前提。卢卡奇的主客体辩证法说到底是为了从主体与客体的相互作用而展开全部历史,论证人在历史上的能动作用,即为了高扬人的主体性。葛兰西更是把自己的"实践哲学"称为"历史的绝对的人道主义"。他不但公开提出"人是什么"这个哲学所问的基本的和主要的问题,始终把人的问题放在自己整个研究的中心地位,而且竭力论证世界统一于人、统一于人的实践。他认为所谓"客观"就是"从人的角度客观",是"历史地主观"。①他这样询问人们:离开了人,这个世界还有什么意义呢?可见,无论是卢卡奇的主客体辩证法,还是葛兰西的实践哲学,都在反对以主客体分离为特征的主体性的同时,又致力于建立以主客体同一为特征的新的主体性。对主体性的这种基本立场,后又被法兰克福学派所承继,而生态学马克思主义反对后现代主义对主体性、对人类中心主义的消解的理论出发点,也正导源于这种基本立场。

西方马克思主义的早期代表人物,特别是卢卡奇注重对现代资本主义社会,即现代文明的批判。卢卡奇最早用"物化"来概括现代资本主义社会的特征,并对之展开批判。毫无疑问,卢卡奇对现代资本主义社会中物化现象的批判,是以马克斯·韦伯的合理性概念为基础的。问题在于,韦伯持有所谓现代人不可能逃出现代文明社会合理化的"铁的牢笼"的观点,把合理化视为现代文明所固有

---

① See A.Gramsci, *Selections from the Prison Notebooks*, London, 1971, p.445, p.446.

的。那么卢卡奇是否也同样如此？实际情况是，卢卡奇在运用韦伯的合理性概念的同时，又吸纳了马克思的商品拜物教理论，强调在现代资本主义社会中，合理性和物化是与商品拜物教联系在一起的，是现代资本主义社会中商品形式普遍化的结果。他强调，物化现象是在商品成为普遍现象、商品结构渗透到社会的所有方面时才出现的。商品作为控制人类社会新陈代谢的许多形式中的一种与作为普遍结构原则发挥作用是有本质区别的，只有在后一种情况下，合理化才成为物化，才会出现商品拜物教。①这样，卢卡奇不但推倒了韦伯所谓现代人是不可能逃出现代文明社会合理化的"铁的牢笼"的悲观主义结论，而且把资本主义形式的合理化与合理化本身、资本主义形式的文明与文明本身严格地区别开来，从而并没有把对资本主义形式的合理化的批判，变成对合理性本身的批判，把对资本主义形式的文明的批判变成对文明本身的批判。

卢卡奇在20世纪30年代初读到马克思的《1844年经济学哲学手稿》后，曾经检讨过自己没有像马克思那样把异化与对象化区别开来，因此忽视了对异化现象社会根源的分析。②许多卢卡奇研究者也据此得出结论：卢卡奇犯有把异化的根源归之于合理化、机械化本身的错误。实际上，判断卢卡奇对现代文明社会中物化现象的批判究竟是一种什么性质的批判，主要不是看他在特殊历史背景下的一个检讨，而是主要看他批判的实际内容。他批判的实际内容实实在在地告诉人们，从总体上说，他的批判并没有犯这样的错误。在这方面，法兰克福学派的理论家对卢卡奇的批判理论是正确地领悟了，因为他们对现代文明社会中工具理性的批判基本上是沿着卢卡奇的这一批判思路展开的。生态学马克思主义者更是正确地理解了卢卡奇的批判理论，否则他们不可能在对现代文明中的生态危机展开批判时，表现出与后现代主义如此截然有别的立场。

---

① See G.Lukacs, *History and Class Consciousness*, MIT Press, 1971, pp.83–88.

② Ibid., pp. XXIII– XXIV.

（五）探索中国式现代化新道路
可从西方马克思主义与后现代主义的对立中获取启示

　　我们从西方马克思主义的最新形态——生态学马克思主义—— 一直追溯到西方马克思主义的源头，全面地考察了其与后现代主义的对立。事实已充分说明，西方马克思主义是一个与后现代主义相对立的思潮，尽管这种对立经历了一个发展过程，即从部分走向整体、从隐性走向显性。真正意义上的后现代主义只是 20 世纪六七十年代以后才形成的，但后现代主义的一些基本观点早在此之前就已出现，有人甚至把 19 世纪中叶以来的整个西方以反传统哲学为特征的思潮都归属于后现代主义范围。所以虽然西方马克思主义的历史比真正意义上的后现代主义长久得多，但是我们仍然可以说整个西方马克思主义的历史就是与后现代主义相抗争的历史。

　　西方马克思主义从其形成时起，就与许多思潮处于对立状态，其中也包括后现代主义。而其与后现代主义的对立，一直为许多研究者所忽视。人们往往只看到西方马克思主义与维护传统，特别是维护资本主义的各种思潮的对立，而无视它与具有反传统、批判资本主义的特征但却有不同的理论出发点和归宿的后现代主义的对立。实际上，只有把其与后现代主义相对立的这一方面揭示出来，才能真正认识它的理论实质和当代意义。而西方马克思主义在当今中国的现实意义，特别是对中国人民开创中国式现代化新道路，开创人类文明新形态的积极意义，正是来自它在现代性问题上与后现代主义的对立之中。西方马克思主义与后现代主义对立的字里行间蕴含着我们所要探索的现代化新道路。

　　人类历史发展到 20 世纪，伴随着近代自然科学而形成的近代形而上学哲学世界观、根源于这种哲学世界观的人类的现代性理念，以及作为这种现代性理念在现实生活中实际体现的现代化运动，遇到了空前的危机，其对人类的负面效应暴露无遗。西方马克思主义和后现代主义的出现都源于对这种危机和负面效应的愤然不满和激情批判。问题在于，这是沿着两种不同的路向所展开的激情批判，而在激情批判中所建立的也是两种大相径庭的理论体系。这样，当代人面对近代形而上学哲学世界观、现代性理念和现代化运动的危机与负面效应，有两种不同的理论体系可供借鉴和启迪，这就是西方马克思主义和后现代主义。当人们了解了后现代主义的虚无化、消极性和荒谬性以后，了解了后现代主义的那种"明察秋毫之末，而不见舆薪"的状况以后，会加倍觉得西方马克思主义的入情入理，会充分感受到在西方马克思主义的字里行间蕴含着指引人类前进的正确路向。

近代形而上学哲学世界观和思维方式曾在促进唯物主义和科学的发展，以及反对宗教，特别是中世纪神学中起过不可磨灭的作用，但由于这种哲学世界观和思维方式禁锢在抽象化的自然界或绝对化的观念世界中，从而越来越走向困境。从19世纪中叶以来就不断有哲学家对这种传统的哲学世界观的思维方式发出挑战和进行批判，这种挑战和批判一直延续到20世纪后半期。综观20世纪60年代以后的后现代主义者的理论以及作为其理论先驱的其他许多现代西方哲学家的理论不难看出，他们对近代形而上学哲学世界观和思维方式的挑战与批判持有一种浓厚的虚无主义、相对主义和主观主义的倾向，他们从批判近代的形而上学世界观和本体论出发，变成了反对世界观和本体论本身，并由此进一步引向极端，要从根本上取消哲学、取消对形而上学问题的探究。殊不知自古以来哲学对形而上的追求，哲学作为一门关于世界观的学问，是不可能被取消的。正确的道路是摆脱把世界僵死化和凝固化的近代形而上学本体论，摆脱脱离人的现实生活和实践的近代思维方式，建立一种与人的现实生活和实践密切相连的新的本体论、新的形而上学、新的哲学世界观、新的思维方式。西方马克思主义正是沿着这一思路走的。西方马克思主义理论家对近代形而上学哲学观和思维方式所展开的批判的激烈和尖锐程度，一点也不亚于那些后现代主义者，但他们并没有由此简单地否定对世界观和本体论问题研究的意义，而注重于把这种研究由面向脱离现实的抽象的自然界或观念世界改变为面向人的现实生活世界，面向人的感性实践活动。

现代性理念的哲学基础就是这种近代形而上学的哲学世界观，或者说现代性理念是从这种近代形而上学哲学世界观中引出来的。正是在以追求绝对真理、承认同一性、崇尚整体性为宗旨的近代哲学世界观的基础上，形成了以人道主义和理性主义为核心的现代性理念。与近代形而上学哲学世界观有其不可磨灭的历史功绩相一致，现代性理念在实现西方社会的工业文明和现代化方面亦功不可没。也与近代形而上学哲学世界观逐步陷入困境相一致，现代性理念的负面效应亦日趋明显。正是在这种背景下，后现代主义把批判矛头直指现代性理念的两个核心——人道主义和理性主义。写在后现代主义旗帜上的最醒目的词句就是反对理性，消解主体性。他们把当代文明社会中的一切不幸的根源都归结于坚持主体性原则和理性主义原则。西方马克思主义及时地扭转了这种敌视理性、敌视人类，在人类历史上为害最甚的理论倾向。西方马克思主义理论家揭示了现代性理念在现实生活中所产生的种种不良后果，但与此同时，他们又强调这并不是现代性理念本身的过错。他们认为，问题不在于要不要坚持主体性原则和理性主义原则，而在于如何真正恢复人之为人的本质特性，如何使理性健康、有序地发展和发挥作用。具体地说，就是如何使理性不演变为纯粹的工具理性或科技理性，如何使人道和人权不从属于工具理性，人不成为工具理性的奴隶。在他们看来，理性为人所固有，人们只能依赖主体，用理性去纠正理性的偏差，恢复人的主体性。尽管以理性和主体性为标志的现代性出了问题，但现代性并没有完成，人类只有通过不断地纠正现代性的偏差来完成现代性这一尚未完成的方案。

如果说现代性是现代化运动的理念的话，那么现代化运动则是现代性的现实。实际上，人们所说的现代性理念的负面效应都是通过现代化运动表现出来的。现代化运动在使社会现代化和带给人们充分、精致的物质享受的同时，又带来了恶劣的负面影响。这就引来了对现代化运动的无穷的批判，批判现代化运动在当今已成为一个时尚。后现代主义显然处于批判现代化运动的最前沿。他们对现代化运动的批判有四个最显著的特点：第一，无视现代化运动给人类带来的福音，而对之持全盘否定态度；第二，不对现代化运动作历史的分析，看不到现代化的一些负面效应有一个发生、发展的过程；第三，把现代化运动中出现的一切问题都说成是现代化本身带来的，是现代化运动逻辑发展的必然结果；第四，强烈要求回到前现代化状态去。西方马克思主义理论家可能比后现代主义者更早、更深刻地觉察到了现代化运动的负面效应，但他们在对现代化运动中出现的种种问题展开揭露和批判时，后现代主义者的所有这些特点在他们身上很少体现。他们在批判现代化运动中出现的负面效应的同时，又讴歌现代化运动给人类带来了物质文明，为人类开辟了一个全新的时代，使人类摆脱了各种自然和历史的束缚。他们肯定现代化运动是推动近两百年来人类历史变革的主要动力。他们仔细地剖析了现代化运动中各种负面效应产生和发展的历史过程，富有说服力地向人们揭示现代化运动中所出现的所有问题并不是现代化运动本身、现代性的理念带来的，而是由目前推进现代化运动的社会环境，特别是社会制度造成的。简言之，他们批判的不是现代化运动本身，而是现代化运动的资本主义形式。他们相信，只要换一种社会制度，换一种价值观念，现代化运动完全有可能避免目前所出现的各种弊端。他们强烈要求现代化运动不是与资本主义而是与社会主义结合在一起，这样他们又把对现代化运动中负面效应的批判变成了对社会主义目标追求的必然性的论证。

总之,无论是从对近代形而上学哲学世界观的态度来看,还是就对现代性理念和现代化运动所持的立场而言,西方马克思主义与后现代主义的界限是清楚的,对立是明显的。西方马克思主义理论家韦尔默尔(A.Wellmer)在谈及后现代主义时指出,后现代主义实际上是"要宣告这样的历史设想的终结:现代性的设想、欧洲启蒙运动的设想,最终也是希腊和西方文明的设想"①。韦尔默尔对后现代主义的实质的揭露可谓是一语中的,后现代主义的全部的消极性都在这里。西方马克思主义则与之相反,它是要在不断克服这些设想的缺点的过程中,特别是要通过建立一种新的社会制度来推进这种设想,西方马克思主义的全部的积极意义也正是在这里。

(六)西方马克思主义对开创中国式现代化新道路的积极意义是马克思主义本身的重要意义

必须指出的是,把西方马克思主义置于与后现代主义对立的背景下,其所体现出来的对开创中国式现代化新道路的积极意义,是马克思主义本身的积极意义。西方马克思主义理论家之所以能如此有力地与后现代主义相抗衡,之所以在抗衡中提出了如此深刻的真知灼见,关键在于他们一方面领会了马克思主义的基本理论,另一方面又善于使马克思主义的基本理论与时代的要求相契合。

最近,国内一些学者撰文反复说明,在马克思主义诞生以来的一百多年时

① 汪行福:《走出时代的困境——哈贝马斯对现代性的反思》,上海社会科学院出版社,2000年,第1页。

间里，围绕着如何看待马克思的哲学，无论在马克思主义者那里还是在非马克思主义中间，一直存在对马克思哲学的严重曲解——这就是看不到马克思的哲学对西方近代形而上学哲学世界观的超越。以近代哲学思维方式来理解马克思的哲学，这样就把马克思的哲学也视为一种以主客、心物等二分为出发点、以建立关于世界的本源或本质的理论体系为目标，以基础主义或本质主义为主要理论特征的哲学。

实际上，国内这些学者只是重复西方马克思主义理论家的观点，西方马克思主义的创始人早在八十多年前就已开始探讨马克思的哲学与近代形而上学哲学世界观的界限，并努力把马克思超越近代哲学之处当作马克思在哲学上真正的创新点（主要是以社会化的人的现实生活为哲学的基础）加以挖掘和弘扬，而以后几乎所有的西方马克思主义理论家基本上都是沿着这一思路，一直强调马克思的哲学源于近代哲学而超越近代哲学，属于现当代哲学思维方式。西方马克思主义在马克思主义研究史上是最早也是最明确地把马克思的哲学当作超越近代哲学的现当代哲学。在他们看来，马克思在哲学上既源于近代哲学又超越近代哲学的这一基本立场，决定了他对根植于近代哲学的现代性理念，对作为现代性理念的核心的人道主义和理性主义也持既肯定其历史功绩，又批判其不断滋生的负面效应的态度。这样，在马克思的著作中既看到大量讴歌现代化运动的篇章，又读到许多对之展开批判的词句，也就不足为奇了。

难能可贵的是，当西方马克思主义理论家把马克思的哲学理解为超越近代哲学的现当代哲学时，他们并没有与后现代主义走到一起。由于他们正确地把握了马克思的哲学，所以他们既不会把马克思的哲学与西方近代哲学相提并论，即不会根据近代哲学的思维方式来解释马克思的哲学，也不会把马克思的哲学当作与近代哲学水火不相容的哲学，从反对近代哲学的本体论，走向连近代哲学的本体论指向也一并消解掉，从反对现代性理念和现代化运动的一些负面效应,走向连现代性理念和现代化运动本身也放弃掉。他们一方面通过强调马克思的哲学对近代哲学的超越，与传统的对马克思哲学的那种僵死的理解划清界限；另一方面又通过说明马克思的哲学不会因超越近代哲学而否定本体论问题，不会因批判了现代性理念和现代化运动的负面效应而敌视现代性理念和现代化运动,来与后现代主义相抗衡。必须承认,这是一种建立在正确理解马克思的哲学的基础上的正确的马克思主义立场。西方马克思主义与后现代主义的对立正是来自这种基本立场，西方马克思主义的积极意义也正来自这种基本立场。

三、西方马克思主义的现代性批判理论坚定我们对中国道路的信念

　　任何理论研究的价值主旨从来都是为现实存在的合理化服务的,并且在理论创新中实现其现实意义。正如马克思所言,理论研究的目的"在于改变世界"。因此,我们常说16世纪是意大利人的时代,因为他们用文艺复兴运动所产生的人文主义和科学主义带动世界发展;17世纪是英国人的时代,因为他们用工业文明引领人类进步;18世纪是法国人的时代,因为他们用百科全书昭示人类认知世界的科学文化进程;19世纪是德国人的时代,因为他们用共产主义的幽灵呼唤人类在意识形态和思想文化方面革命的世界意义,马克思成为20世纪人类社会、人类历史的创造者——以共产主义理论为思想内核的历史唯物主义为人类文明进步指明了前进方向。马克思主义理论在高歌猛进的发展中,西方马克思主义各流派、各观点、各人物在一定程度和一定方面扮演了这一发展历史过程中形形色色之角色。对其进行研究,已经鲜明地体现出对马克思主义进行深入研究与现实发展的理论意义和实践价值。

　　西方马克思主义的现代性批判理论产生于西方资本主义社会现代化工业生产方式的发展成熟。大工业生产一方面为促进生产力的迅猛发展提供强大动

力,另一方面却在生态环境、人的价值意义等问题上造成独属于现代社会的危机与矛盾。因此,围绕现代性的中心议题,西方思想界展开了对现代社会人的存在方式及人与自然、人与人、人与自身关系的形而上学的深入思考。

西方马克思主义是其中特立独行的一支,它们从西方现代社会的现实问题出发,以西方哲学的传统精神和现代发展作为话语背景和理论资源,建构自身的哲学思想。同时,它们对马克思主义发起议论,既借鉴、援引马克思主义的理论方法与思维方式,又在某些具体环节内容上向马克思主义提出逻辑挑战和时代质询。在某种程度上,它们既想丰富发展马克思主义,又促使人们重新思考马克思主义,特别是在现时代条件下再思考再发展。因此,西方马克思主义的现代性批判理论在理论研究、方法借鉴、社会问题把脉上对我们有拓宽视野、开创视界、借鉴评判、比较研究的意义。

当然,西方马克思主义的现代性批判理论自身最大的问题所在就是实践效能的缺失,即理论研究尤佳而实际功效为零。它们始终无法逃脱西方哲学传统对沉思生活和思辨体系的沉迷,只能坐而论道,不能脚踏实地;只能仰望星空,不能改变世界。因此,在马克思主义最根本理论旨趣、理论方法、理论原则方面——理论与实践相结合上,西方马克思主义丢失了真魂,在切实地解决实际问题层面成为一纸空谈,自觉走向对现实无能为力的悲观哭诉之中,这也是西方思想界一大难于更变的哲学性格。

西方马克思主义的现代性批判理论的这种局限性恰好给马克思主义中国化以提示:其一,问题导向至关重要。要结合国情注意发现现代化进程中社会存在的现实问题,积极运用马克思主义基本原理与方法分析、解决已有问题,降低或预防西方社会在现代化发展中早于我国现代化进程所产生的各类现代性风险或危机。其二,在对马克思主义真精神的继承发展创新中,时刻牢记理论与实践相结合的原则。理论的生成来源于现实存在,理论的研究服务于实践行动,实事求是的理论才能在效能的发挥过程中实现价值，让马克思主义真理大放光芒。其三，在关于马克思之后的对马克思主义的研究流派与思潮的理论进行甄别比对、客观评析中，既要去粗取精，又要提升中华民族的道路自信与文化自觉，充分认识中国特色社会主义在继承和发展马克思主义理论与实践方面的中国气派和中国特色，坚定马克思主义信仰，坚持中国道路不动摇。

为此，对西方马克思主义的现代性批判理论的研究主旨在于借助他山之石锻造我之玉器，不仅将之作为理论的一面镜像，以谦恭的态度辩证地取经，而且将之视为防微杜渐的批判武器，以谨严客观的立场反躬自省。

（一）从方法论上坚定我们对中国道路的信念

西方马克思主义的现代性批判理论所具有的独特运思路向，在理论研究的思维方式上多有可借鉴之处。不同于西方哲学传统所注重的知识性定义判断和思辨性体系建构，西方马克思主义者更为关注现代性的话语重构。对于现代性问题的理论研究，单单作形而上学的玄设与讨论对现实问题的解决毫无裨益，而且容易陷入理性沉思带来的狂妄的思维怪圈。西方马克思主义的现代性批判理论能够充分认识并主动规避西方哲学传统的弊病，从资本主义社会现实出发探讨时代问题，重新认识现代性内涵，同时不抛弃形而上学对终极价值的探求与追问，在事实与意义的双重维度上达到理论研究的现实性与理想性的有机契合；不仅有效反映出特定生产方式下时代所致的社会现实问题与矛盾，而且从理论关涉上点示人们对价值旨归的回复。

从问题意识上来说，西方马克思主义的现代性批判理论对现代性概念本身不作封闭式的规约，而作开放式的理解与探讨。他们认为，现代性既包含时间意义的断裂与传承的对立统一性,又蕴生空间意识的体感与延展;不能仅就其中一方面对现代性下判断,那本身就不是一种现代性的思维方式,而是僵化保守的定义预设。如果只侧重于关注现代性的时代断裂特征,就会将视野禁锢在某一特殊的历史事件中,或将视界重心放在现代化的表层现象进行公开讨论,都无法达至超越的意义,从而失去形而上思考的广度与深度。如果只偏重于现代性理论空间的塑造或批判,则会经常性陷入现代西方哲学面对现代性时的思想困顿——全盘否定现代性的一切,回归"前技术世界"的复古情怀,自我美其名曰重塑现代性的精神气质,实际上完全是一种保守主义的做派,不仅在理论道路上会滑向极端的深渊,而且在实践意义上毫无建树。西方马克思主义的现代性批判理论提倡辩证地看待现代性的内涵与问题。它们能够承接援引马克思主义的辩证方法和现实性取向,在对待现代性时更加注重时间与空间、理想与现实、正面与负面等双重维度,形成自身关于现代性的时间维度辩证法与空间维度辩证法结合的特质。一方面,指明现代性不仅代表着时代的更迭变迁所呈现的社会生产生活方式不同于传统的新常态,而且在时间意识上始终包含着对古典的传承与延续,总是"流"意义上的扩展,而非点位式的纯粹断裂;另一方面,现代性代表人类社会发展现代化进程的精神意蕴,富含空间的纵深与广延。资本主义生成与发展推动着人类社会生产的进步,现代化的全球化是现代社会的突出表征,而其中起关键性作用的精神内核在于以理性为中心的现代性气质。

因此,在某种程度上,现代化可以被视作现代性的外显表征,它在空间上的断点分布和网状铺展都代表着现代性的空间占有。现代性的时间意识与空间意义相互交融穿插,构成从整体与全局的视角对现代性的新阐释。西方马克思主义正是在时间维度辩证法与空间维度辩证法的相互交织中,既能够不断下沉到西方工业文明社会的现实之中,又能够自由上升到人类形而上精神的永恒探求、不懈追索之中,展现其与众不同、独树一帜的理论特质。西方马克思主义在对待现代性危机时能够秉持客观辩证的态度，既能体察承认现代性理性内核给社会带来的发展与繁荣，又能够指认相伴现代化产生悖谬的现代性危机的资本主义制度根源，从而在实质和价值两方面给予现代性一个合理的解释，给予现代性危机一个中肯的分析。

从本质上来说，西方马克思主义以自身的理论表征现代性所具有的双重维度——时间维度辩证法与空间维度辩证法——坚持了人类形而上学的内在"超越"本质。时间维度辩证法强调的是横向超越，即整个人类文明的历史进程是一个不断反躬自省、内在超越、永恒求索的过程；空间维度辩证法强调的是纵向超越，呈现的是人类不断克服自身内在狭隘性、突破外在自然束缚的过程。而在人类形而上终极理想的驱动导引下，横向超越助推着人类文明接续递进、梯级提升，高扬起"精神引领"，纵向超越达到的是在打破"订制"的窘境中布展出"现实方案"，从而使西方马克思主义的现代性批判理论在时空辩证法的不断交织中既能展现其现实性，又能彰显人类形而上精神追求的理想性。

从现实性来看，西方马克思主义以人道主义、异化问题、生态危机、消费异化、空间生产等概念为切入点和核心问题，对当代西方工业文明社会内部存在的诸多种种不合理现象展开全面批判。他们指出，要想拯救现代性精神，只有解决人的生存意义的人道主义问题，消除当代西方工业文明社会普遍存在的异化现象，摆脱现代性在人的生活领域设立的种种束缚，以历史性和总体性的观点看待社会存在，还人以本真的生活，实现人的自由和价值，彰显现代性精神诞生之初的美好愿景，带领现代西方人走出现代性生存的悖论。早期西方马克思主义经典作家就通过强调主客体统一的辩证法关涉资本主义社会人的异化问题。卢卡奇通过对商品经济普遍化带来的人的物化的意识形态渗透的分析，深刻认识到资本主义制度对人的自主自觉意识和生命价值追索的负面效应，提倡无产阶级的阶级意识自觉进行制度革命来解放被资本逻辑束缚的思想与人身自由。

葛兰西从东西方社会结构的对比分析入手,指出西方资本主义政权难以被推翻的结构性原因,提出新型知识分子争夺文化领导权以带领无产阶级取得革命胜利的斗争战略。而这一革命目标能够实现的根本依据则在于其对实践哲学的构想。柯尔施也一再强调恢复马克思主义的哲学内核,目的在于引起人们对主客体辩证统一关系的关注。西方马克思主义思潮内部始终保持着对人道主义、异化问题的持续理论聚焦,即便产生以阿尔都塞等人为代表的结构主义马克思主义的科学主义分支,但人道主义关怀自始至终都是西方马克思主义思潮极具影响力的理论路向,尤其涉及现代性批判时更是如此。

西方马克思主义正是立足资本主义社会制度对人的自由向度的捆缚和自然的再生更新的绑架,而提出其各具针对性的现代性理论思想的。法兰克福学派从消费异化、日常生活异化、人的性格结构等问题入手,批判资本逻辑对人的生存方式的各个方面的负面影响。自我意识在资本逻辑支配下的丧失使生命的价值意义日渐式微,导致人越来越成为资本再生与更新的活体工具,从主体地位贬降为甘愿受资本或金钱控制的受体,毫无自主性或主观能动性可言,现代资本主义社会使人性走向悬崖边缘。法兰克福学派力求通过对人的自我意识的唤醒和呐喊、对资本主义制度和技术理性渗透的拒斥与抵制来重塑人的意义。因此,霍克海默和阿多诺极力提倡"再启蒙",马尔库塞要求"大拒斥",哈贝马斯寻求"交往理性",等等。

此外,当代的西方马克思主义思潮,如生态学马克思主义、女性主义马克思主义、存在主义马克思主义、后马克思主义等,更是在现代社会人们已经认识到的突出矛盾方面给予其足够的理论思考与深度剖析,在丰富现代性理论的同时,切实关注现代资本主义社会的现实问题。这种现实性理论旨趣在西方马克思主义的现代性批判理论中呈现明显,是其理论迄今能够产生巨大影响力和极高关注度的关键原因。西方马克思主义的现代性批判,并没有将视角转移到某个超时空的概念或范围，也没有将希望寄托在对远古的思念中，而是直指人类现实生活本身，针对现代性问题的表现、弊端，挖掘问题的症结，在以人类生命存在为本位的基础上，探寻走出现代性困境的路径。

从理想性来说，西方马克思主义的现代性批判理论与人类形而上精神具有某种程度的契合性。即西方马克思主义以终极存在、终极解释与终极价值对现代性的描绘在一定程度上验证了现代性对时间的求新意识、进取意识的自觉把握，承载了人类历史不断内在否定、自我超越、永恒更新的激情梦想，表征了人类对生活世界不懈追问、不竭探索的形而上精神。西方马克思主义从不满足于对现象世界的表层描绘，对现代性问题的本质探求是推动其不断追寻真理的源泉。西方马克思主义极为突出的一大特点在于融契性，它们常以西方哲学的思想内容为根基，对马克思主义的思维方法进行借引或对马克思主义思想观点作质询，来建构自身的理论体系，因此才产生诸如存在主义马克思主义、女性主义马克思主义、弗洛伊德主义马克思主义、结构主义马克思主义、生态学马克思主义等多元样态与分支。因源于西方哲学的话语背景和思辨传统，西方马克思主义总能够传承思想观念的形而上性，总以终极目的、终极价值的探求作为自己对世界深切关怀的终极旨趣。

西方马克思主义的现代性批判理论认为，现代性这一词汇本身就蕴含着不断自我更新、自我超越的精神气质，它不单是对现代社会时代特质和存在属性的形容，更是人类历史在传承中阶段性大发展的内在精神动力的言辞表征。对现代性问题的切脉诊疗并不是为了无关痛痒地对现象世界进行事实描绘以博得世人的眼球，而是真切地秉承着伴随人类历史生发的关于终结根源与终极意义的形而上探索精神。它们追问存在、怀疑启蒙、质询科技、拷问理性，当现代人生活在按部就班和理所应当的现代性时空中时，西方马克思主义能够保持警醒，作为一股清流立足社会现实，追问社会运行方式深层制度机理的合理合法性并寻找真正解放人的自由的可能性空间。正因如此,西方马克思主义的现代性批判理论的逻辑归属总带有某种乌托邦的性质,如卢卡奇对意识革命的设想,布洛赫希望哲学的期待,法兰克福学派对否定性和差异性的提倡,当代西方马克思主义者齐泽克、巴迪欧等人在沉思世界中新建"理想国"的致力……虽然我们应对西方马克思主义的乌托邦落脚点进行批判评析,但从某种程度上能够说明其对至善至真至美的形而上诉求与期待。所以说西方马克思主义对现代性的理解与西方理性形而上学的传统相结合、与西方形而上精神相契合,把现代性理解为终极存在、终极解释与终极价值的"三位一体",即理解为人类形而上学的精神追求。

西方马克思主义的现代性批判理论的现实性与理想性的契合给予我们理论研究的经验在于,理论一方面要对现实"此岸世界"予以关注与反映,另一方面要在旨趣与价值层面拔升一定的理念高度。没有现实性的理论是盲目虚妄的,缺少理想性的理论则乏力低效。

(二)从本体论上坚定我们对中国道路的信念

"时代是思想之母,实践是理论之源",哲学作为人类"时代精神的精华",集中反映着一个时代的中心问题。古代,人们在与自然的关系思考中询问世界的终极根源,在思想巨人们的耕耘中形成本体论哲学的汇集;近代,伴随着对理性和自我意识的觉醒,人们把对世界的拷问转移到对人自身认识能力的挖掘,形成了认识论哲学的转轨;现代,在资本主义制度弥散支配的社会生产方式下,启蒙走向自身的反面,理性从解放自由的角色褪落成为束缚和羁绊的扮演者,以往人们对永恒真理的普遍性的信仰随着社会现实的变迁而全面崩塌,时代呼唤差异性的对话空间，时代也要求新思想对新问题的发掘与解析。因此，现代哲学不仅走入语言学的转向，也步入多元化并存的发展趋势。西方马克思主义聚焦现代社会的现代性问题，从不同角度切入而建构的理论思潮凝结统摄，形成独具一格的西方马克思主义的现代性批判理论话语体系。易言之，西方马克思主义的现代性批判理论的现代转向促使哲学观念不断变革，在"派系林立"的现代思想丛林中独占一席，推动着现代性本体论的哲学中心转向，它们聚焦现代性问题，充分彰显形而上学对社会现实进行本质探求的问题意识。

面对西方启蒙精神从神坛上退隐直至堕落为欺骗人心的神话的窘境，直击着自由市场经济"铁的牢笼"对人的自由的囚困，反思着商品经济在不断将人加以"物化""符号化"并使之陷入"拜物教"的泥淖而重重附魅的过程中抹杀掉人对人宰制而掩饰为物对人的统治，拒斥着科学技术以工具理性的方式一面将人的价值理性蚕食啮噬而走向"单向度"发展，一面又使人陷入精神危机、堕入虚无主义……西方马克思主义将贯穿于人类文明进程的现代性及其生发演进视为整个世界最基本的"本体论"问题加以探讨，在追问终极存在的意义上认真开掘与努力求索人类社会合理合法的安身立命之本，使现代性作为人类存在之"本体"被推向人类历史发展舞台的前端。西方马克思主义对现代性进行"本体式"追问的举动不仅使人类文明既扎根尘世，又探索现实性与理想性的有机契合，在现代西方工业文明社会形成别具一格的思想态势，使其区别于现代西方哲学诸流派，体现了西方哲学的现代转向——现代性问题的社会存在本体论。

哲学观变革的理论价值与实践意义在于：研究范式转换——从传统二元对立的思维范式转向现代一元或多元思维范式，思想方法转换——从概念、思维、逻辑的抽象式研究走向具体、多样、普遍的现实式研究，视域路向转换——从传统到现代、从历史到当下、从局部（西方）到全局。将西方马克思主义的现代性批判理论的哲学观变革转向中国语境加以查探与研究时，我们一直坚持在马克思主义的现代性批判理论的引领下对其现代性之问作出恰当的研究,而非简单移植;在坚持对话与省思的基础上,作出以我为主、为我所用的视界融合。追逐中国人现代性安身立命之本的哲学观变革,就是推进马克思主义哲学中国化与当代中国哲学新形态的建构,以民族化的有益资源回馈全球性艰难问题。一方面,使马克思主义哲学与中国社会相结合,在民族化的过程中以马克思主义哲学中国化的新姿态廓清西方马克思主义的现代性批判理论的问题、不足与启示;另一方面,又要在坚持马克思主义真理的前提下,在发掘中华优秀传统文化资源、构建当代中国哲学新形态的过程中有效回应中国的现代性问题,拓宽中国现代性的问题域,助益中国人在追逐现代性生命之本道路上的发展。将现代性问题视为新时代中国社会的"本体"问题加以深入探讨,敞开中国人特殊的时空场域与问题意识,洞察中国人在现代性文明进程中已经遭遇、潜在发生或将要经历的,诸如生态建设、社会正义之争、空间生产展现、生活世界困境、文化商品运作等问题,在释放西方马克思主义的现代性批判理论研究价值的同时,更进一步展现现代化发展进程中的中国道路、中国经验和中国智慧,方可彰显中国现代性问题的哲学研究与中国马克思主义哲学观变革的理论自信。

自新中国成立以来,我国的现代化进程始终稳步向前,目前更处于现代化发展的关键阶段。而伴随着生产力与生产关系的现代化革新,难免生发现代性问题与危机。比如,20世纪80年代曾一度爆发人们对人道主义问题的激烈辩争,21世纪前十年在部分地区产生的生态环境恶化问题,常引起媒体和舆论广泛热议的行为失德或不文明现象等。这些都表明,某些现代性问题是相伴着现代化发展而自发生成并能够为人们所共知、共识、共论的,还有些现代性问题是由于各个国家或地区实际情况的差异性而呈特殊性滋生弥散的。但无法规避与逃遁的本质在于,这些现象性问题都源于推动生产现代化又阻碍主体自由化的、以理性为内核的现代性的时代属性和制度规划。马克思主义唯物史观指出,社会存在决定社会意识,生产力决定生产关系,经济基础决定上层建筑。现代化是现代社会的生产生活运作方式,因此支撑现代化进程的现代性精神内核与伴随现代化发展而产生的现代性问题毫无疑问成为时代所关注的中心议题之一。虽然我国的现代化起步晚于西方,但我们的进步速度、幅度和效度都比西方社会更快、更高、更强,同时也就更容易产生相随性的现代性问题。这便更需要从现代性问题导向的视域出发,增强问题意识,一方面借鉴西方马克思主义的现代性批判理论,从已发掘的社会存在中寻找问题渊源、批判资源,寻找解决相关相似问题的方法,防微杜渐于同类问题,以相同程度甚至更为严重的程度在我国的社会发展中重现;另一方面更要结合我国实际,总结汇集我国现代化进程中出现的特有的现代性问题,加以理论分析与研究,对人的全面发展保持一以贯之的形而上价值追求精神,为我国社会的繁荣富强与正义和谐开拓可能性空间及能动性方案,更从人类命运共同体的层面,为人类社会向好向善发展提供中国式理论探索与经验传播。

我国的现代化进程能够在几十年的发展中达到西方社会几百年经营才能取得的成绩,原因在于:一是能够实事求是,明确我国发展的阶段性任务和结合我国国情归纳发现核心问题与主要矛盾;二是能够坚定理想信念,坚持社会主义道路,科学运用马克思主义基本原理与方法指导我国发展过程中的实际工作,优化政治结构与完善社会制度模式,切实解决主要的社会问题,为人民群众的利益服务;三是站在人类文明丰硕成果之上,能够虚心学习,借鉴他者的发展经验,为我所用。因此,问题从来都是发展的前提,只有正确抓住核心问题(主要矛盾),运用科学方法对待和解决问题,才能在成果的量的积累中达到发展的质的飞跃。习近平指出:"当前,全党面临的一个重要课题,就是如何正确认识和妥善处理我国发展起来后不断出现的新情况新问题。"这充分体现了以问题为导向的实践路向。从党政工作角度谋划国家大事要以问题为导源,而从理念真理、时代跃迁的视野放眼人类社会现代性建设亦是如此。习近平总书记提出的"人类命运共同体"的理念正是站在时代与人类的全局性高度期待和平和谐共同发展的前景。全人类、全社会都处在现代性的建设、改革之中，由于发展的地区差异性和不平衡性导致的"先来后到"的现代性问题也早已为人们所共识，当下仍为时代聚焦的核心之一，即便它的表现形式是囊括经济的、政治的、伦理的、技术的等多种样态的。

西方马克思主义的现代性批判理论给予现代化发展中的人们以现代性本体论的思考方向和定位启示，将现代性上升到本体论的理论高度给予重视是符合时代对思想的需求的，也是理论对实际的定向反映。现代性本体论的理论研究进展和贡献也将对促进现代化进程中兼顾生产效率与社会公平正义发挥重要的积极作用，有利于在主客体统一原则的指导下、人与自然和谐相处的过程中推动生产力不断进步，有利于在追求社会发展效率的同时，兼顾社会伦理道德的传承与弘扬，使人的价值意义与生产意义被充分意识并达到平衡状态，从而减少现代性问题。

因此，西方马克思主义的现代性批判理论对"现代性"作以"本体论"式的追问，一是具备社会现实根据，具有时代性特征，为我国现代化进程对社会现实存在和问题的挖掘提供问题警示、批判资源、理念借鉴。二是其研究意义与价值具有效能的可行性期待。对现代性问题的批判或对现代性进行本体论式的研究，目的始终在于对更加正义合理的社会发展与更加自由和谐的人的发展的不懈追求。并未脱离现代性的现代社会正需要对现代性的本体论式追问与分析学，以为时代进步和人类形而上精神提供可能性的理论分析。我们在现代性问题研究中，应既要坚持中国现代化发展的中国道路，又要在现实与理论相结合方面，为现实奠定更合理的理论依据，即不断确立现代性的本体论转向意识，为其确立安身立命之本。

（三）创造人类文明新形态可把问题聚焦到
西方马克思主义的现代性批判理论的研究上

党的十九大报告对中国特色社会主义的发展作出新时代的历史判断，更进一步彰显了马克思主义的科学性、真理性、时代性，使马克思主义的真理光芒照亮世界。而如何用马克思主义理论把握世界马克思主义思潮、发展 21 世纪马克思主义、引领 21 世纪科学社会主义发展，如何创造人类文明新形态，要把问题聚焦到西方马克思主义的现代性批判理论的研究上，需要认真坚持马克思主义立场、观点、方法，需要自觉利用习近平新时代中国特色社会主义的理论资源，需要积极推进马克思主义理论创新的使命意识和担当意识，使理论研究在"中国场域"产生更多的"中国效应"，生发更多的"中国意义"，进一步彰显中国道路、中国经验和中国智慧。

1. 西方马克思主义的现代性批判理论研究有益于中国道路之于人类文明进步跃迁的意义展现

西方马克思主义作为一支较早对资本主义在工业文明与自然世界产生交集之际、在"人化自然"的进程中对自然开展掠夺、囚困、奴役与戕害行为加以反思的重要队伍，其关于"生态危机"的现代性批判，在一定程度上激发了我们的反思与参照。所以面对人类普遍包裹于其中的生态危机，将人与自然何以正确相处的现代性问题摆上人类文明的议事日程是全人类现代性发展的必然之举。在这一点上，生态学马克思主义、生态中心主义率先发声，它们对生态危机作出的现代性反思式批揭既是我们在思索生态危机的现代性困境时所需直面的思想对象，又是我们脚下的铺路基石。由此，中国立场下的西方马克思主义的现代性批判理论研究便具有了鲜明的主体意识，即不仅要看到生态学马克思主义在肯定并坚持以马克思主义的生态思想为出发点，着力揭露资本主义制度的反生态本性，以此谋划人类生态文明的现代性新图景的同时，也深入发掘其在对生态危机根源的分析上、在生产力的根本出发点上出现了研究视域的转移，以至于他们在错误地理解生产关系、过分注重消费异化乃至将注意力转移至科技、文化等意识形态的过程中，离马克思主义对生态危机的现代性批判越来越远。

我们始终坚定地站在马克思主义生态文明现代性批判的立场上致力于中国生态文明的构建。我们不仅认识到生态中心主义积极善待自然的美好愿景与为恢复自然的重要地位，将人与自然置于平等地位加以对待的不竭努力，也要看清其在对自然价值与自然伦理的过度张扬中，遮蔽了人的生活世界价值与人的社会实践意义的主要缺陷，以及企图通过放弃人类的主体地位来达到自然生态平衡的错误构想。通过对比，凸显了我们在新时代中国特色社会主义生态文明建设中正确发挥人的主观能动性，在尊重自然规律与发挥人的主观能动性的有机结合中描绘"美丽中国"的美好蓝图，勾勒了人类生态文明的现代性画卷；体现了中国特色社会主义生态文明道路的正确性与价值性，即社会主义的制度根基、生产力的发展根源、"五位一体"的生态文明道路是发展中国家在认真思考本国生态危机与世界生态文明之间的联系，在承担全球性环境责任与享受地方性发展权利的过程中值得认真思考的中国经验。中国经验的生态文明建设之路真正彰显着我们的道路自信。

2. 西方马克思主义的现代性批判理论研究有益于对我们思想理论的文化性研究作出正当评价，坚定与坚持应有的文化自信

文化自信作为一个国家、一个民族发展的更基本、更深沉、更持久的力量，深深表征着一个民族独特的思维方式、主体意识和文化自觉。西方马克思主义的现代性批判理论将对人类终极理想的形而上精神追求与对现实生活世界人的真实境遇的反思相结合，在注重此岸世界的同时，又从未失去对彼岸世界的追索——只不过在选择正确的通达道路时堕入一种知性的反噬、理性的自我封闭、非理性的救赎与对尘世生活的远离。我们对西方马克思主义的现代性批判理论的研究就是要站在中国人自己的民族意识、主体思维、时代特征上更好地彰显思想理论研究的文化自信。例如，西方马克思主义理论家虽自诩为马克思主义者，宣扬自身继承了马克思主义"总体性辩证法"的真精神，标榜自己是继承了"方法"的正统马克思主义，却将马克思主义嫁接于形形色色的现代西方哲学思潮中，以各种旗号的马克思主义对马克思主义进行研究。再如，这样的研究是对马克思主义的断裂、传承、歪曲、修正，还是发展？还有，在用马克思主义把握世界马克思主义思潮方面积累了哪些中国经验？用马克思主义的现代性批判理论研究西方马克思主义的现代性批判理论中展示的马克思主义基本理论、思想观点、研究方法的中国化式的研究，是我们应有的民族意识、思想情怀、主体自觉和精神担当。所以西方马克思主义的现代性批判理论只有将自己对待现代性问题的姿态、气质、精神视为安身立命之本，既不断面向现实问题本身，又将内隐其中的人类形而上精神的追求体现出来，才能在西方世界现代化发展的大路上通行。

中国化的马克思主义一开始就选择了一条民族化的发展道路，即在扎根中

华文化中使马克思主义的生命力与解释力得以拓宽,使马克思主义真正能够在符合中国人的生活世界、思维方式、主体意识、文化认同等方面使中国的现代性文明得以提升,现代性道路得以发展。马克思主义中国化的显著发展与接续推进就是在为解决现代性困境从战略与策略的高度提供中国道路、中国经验和中国智慧,是中国人对继承与发展马克思主义做出的重要贡献,也是在深入展开西方马克思主义的现代性批判理论的本体式研究中更进一步明示的文化自信。

3. 西方马克思主义的现代性批判理论研究有益于在对比分析中审视马克思主义中国化的理论成果,突出马克思主义中国化理论的科学性,在理论资源的佐证中加深对中国道路的理解,为真正传承马克思主义真精神的中国化马克思主义增加理论支援、加强理论支撑

从对马克思主义的继承发展角度来看,虽然西方马克思主义的诞生和发展不断地丰富着马克思主义的思想内容、理论视角,其现代性批判理论更是为马克思的现代性思想注入了新的激情与活力,同时,他们向马克思的思想所发起的一些时代质询和理念挑战也为马克思主义在开放性环境中趋向真理、追求卓越提供了多元空间。但是西方马克思主义的现代性批判理论的实践缺陷使之只能成为言谈的巨人、行动的矮子,实践缺环成为其发展马克思主义、明辨马克思主义真精神的致命弱点。即便西方马克思主义曾通过对主客体辩证统一、历史总体性辩证法、实践哲学等理论思想的再认识以批判反驳第二国际庸俗化、教条化马克思主义,为恢复马克思主义哲学的真精神做出了突出贡献;即便西方马克思主义的现代性批判理论从不同角度对马克思思想做出了创新性阐释与丰富补充,但西方马克思主义在实践方面的缺失则尽显其西方哲学传统遗留的弊病,在马克思主义所要求的实践路向上丧失真理性、科学性。

　　相较之下，在马克思主义发展史上，真正做到将马克思主义真精神一以贯之并能与时俱进、实事求是不断向马克思思想注入新的时代内涵，同时运用马克思主义基本原理与方法以指导实践服务现实的，只有马克思主义中国化理论。中国道路在中国现代化进程中屡屡印证着这一真相。以邓小平同志为主要代表的中国共产党人根据国情，将党和国家的中心工作转移到经济建设上来，针对"什么是社会主义，怎样建设社会主义"的问题提出中国特色社会主义理论，实行改革开放的新政策，随之中国社会主义市场经济助推社会生产力迅猛发展。经过改革开放四十多年的发展，中国人民从"站起来"走向"富起来""强起来"，这无疑是中国特色社会主义道路的成功，而这一成功是在马克思主义基本原理与方法指导下结合我国国情进行因地制宜、与时俱进理论应用与创新的典范。

　　党的十八大以来，以习近平同志为核心的党中央围绕新时代坚持和发展什么样的中国特色社会主义、怎样坚持和发展中国特色社会主义，建设什么样的社会主义现代化强国、怎样建设社会主义现代化强国，建设什么样的长期执政的马克思主义政党、怎样建设长期执政的马克思主义政党的重大课题，提出了一系列原创性的治国理政新理念新思想新战略，创立习近平新时代中国特色社会主义思想。诸如，经济上提出的供给侧结构性改革、"一带一路"倡议；政治上要求的"依法治国"；党建上严肃严厉的"打虎拍蝇猎狐"的反腐倡廉工作；民生上扶贫治贫系列政策、社会保障机制的完善；科技上"互联网+"的提议；军队建设上的"国防科技化""军队职业化"，锻造听党指挥、能打胜仗、作风优良人民军队等，都是过去未有的新理念和方针策略。中国在经济、政治、文化、社会、生态等各个方面都展现出欣欣向荣的新时代面貌，综合国力的显著提升有目共睹。极不平凡的成绩源于对指导思想和发展道路的坚定信仰与自信，充分彰显了中国共产党人在传承接续真理过程中的刚毅品格与果敢品质，反映了马克思主义基本原理同中国实际相结合的中国特色社会主义理论的科学性。

习近平新时代中国特色社会主义思想是当代中国马克思主义、21世纪马克思主义，是中华文化和中国精神的时代精华，实现了马克思主义中国化新的飞跃。这是中国共产党人站在新时代地平线上，充分发挥创新智慧、充分总结实践经验而产生的集体智慧结晶，是新时代中国的马克思主义理论对马克思主义真理的再发展再弘扬。马克思曾说："一切划时代的体系的真正的内容都是由于产生这些体系的那个时期的需要而形成的。所有这些体系都是以本国过去的整个发展为基础的。"习近平新时代中国特色社会主义思想秉持马克思强调的历史现实条件基础上的全局性高度和历史性目光，秉承马克思主义对理论与实践相结合原则的理论要求，在对新的实践经验的理论把握和对新时代所面临的新问题的精准定位中进行历史判断，对新情况新任务作出科学分析和归纳，并提出相应可行的方针策略，使之不仅成为新时代建设的中国共产党人必须长期坚守的行动宗旨与行为准则，而且也是具有与时俱进的理论创造性、适应新时代条件、符合新时代要求、促进新时代发展的科学理论体系。

在习近平新时代中国特色社会主义思想的指导下，中华民族伟大复兴和中国人民幸福生活的美好梦想与向往必将在脚踏实地地攻坚克难中最终实现，马克思主义的因地制宜性和真理的光芒将继续为中国的崛起所证明与发扬，中国将继续向世人呈现自身的道路自信、理论自信、制度自信、文化自信，最大限度地贡献中国智慧与中国方案。

四、西方马克思主义
对资本主义文明形态下人的存在方式的研究

　　众所周知,西方哲学自 19 世纪后期开始,发生了一场现当代转型,这一转型尤其体现在对具有最高思维抽象程度和概念普遍性的"存在"的研究上,即体现在传统的所谓"本体论"论域中。现当代西方哲学如果不是干脆拒斥所谓"本体论"研究,那么至少也是极大地改变了对"存在"进行研究的方式:在方法上,摆脱了理性思辨式的、概念体系化的叙述,摆脱了基础主义和本质主义的思维模式;在对象上,尤其聚焦人的"存在",关注人的"存在"的过程展现,即人的生活、生存样态,乃至有些哲学家干脆在核心范畴的表述上,也从承载着深厚西方哲学传统的"存在"(to be),转而使用"生存"(exist)之类。

　　这种哲学思维的变革,尤其适应了 20 世纪以来西方人自身存在境遇的困窘和忧虑,特别是在二战后,西方在高度发达的现代化工业文明基础上,在资本主义特定社会制度和意识形态的制约下,以"消费主义"为主要标志的人的存在方式大行其道,乃至从西方逐步流行开去而为世界其他地区所接受。但反过来,西方一些有识之士也以各种形式从各个角度进行了深刻反思:这种存在方式是人所需要和应有的存在方式吗? 人处在这种存在方式下真的非常幸福吗? 人能否继续按照这种存在方式继续生活下去？这种存在方式会把人带到哪里？我们究竟是否需要换一种活法，寻求一种新的存在方式？人究竟如何美好地活在这个世界上？人对美好生活的追求的必然性与现实性何在？

在对人的存在方式进行探讨的所有思想家中，西方马克思主义的理论贡献特别引人注目，而关于人的存在方式的研究，本身也构成了西方马克思主义的理论工作中不可忽视的一个部分。当然，西方马克思主义对人的存在方式的研究历时数十载，其内部理论流派复杂多样，具体内容更不乏错误与谬见。但总的来说，这些研究是在西方特定的理论和实践场景中，对既有存在方式的有益反思。随着当今世界的人们对真正美好生活的需求、对开创新的人类文明形态的需求越来越强烈，西方马克思主义关于人的存在方式的理论探索的现实意义也不断显现，我们有必要择其中若干典型观点，梳理其逻辑线索，吸收其合理内核。

（一）对现代人的异化存在状态的揭露

西方马克思主义理论家们研究人的存在方式的第一步，就是准确界定现状，搞清楚当今的人们究竟生活在什么状态下，这种存在状态有着怎样的特征。西方马克思主义看待这一步问题的基本理论立场，是继承马克思以《1844年经济学哲学手稿》为代表的关于"异化"的理论范式，加以极大地演绎发挥，用一系列具有联系和递进关系的概念范畴，刻画和揭示现代人的"异化"存在状态。所谓"异化"，西方马克思主义的创始人卢卡奇在谈论人的劳动的"异化"状态时描述说："人自己的活动，人自己的劳动，作为某种客观的东西，某种不依赖于人的东西，某种通过异于人的自律性来控制人的东西，同人相对立。"①这里描述的路径和构型适用于一般意义上的"异化"——从原本是"人自己"的东西，分化、脱离出去，成为客观、独立的存在，并进而反制人——西方马克思主义向我们揭示了人在各个存在维度上都发生了这种"异化"。

正是从创始人卢卡奇那里开始，西方马克思主义对人的"异化"存在方式的理解，就同另一个概念"物化"有着莫大的关联，认为人的"异化"存在状态也就表现为"物化"，人的存在状态是仅仅作为一种"物"而存在着，人与他人之间的关联也就是一种"物"与另一种"物"之间的关系。当然，如果我们仅仅从还原马克思原始语境含义的角度看，那么这种把"异化"理解为"物化"的思路是有偏差的，卢卡奇本人后来也明确检讨了，在马克思那里，"对象化""物化"和"异化"并不等同，至少"不尽相同"。但是也正如卢卡奇所言，这种误解和偏离却造成了重要的思想史成果，"对《历史与阶级意识》的成功肯定起了极大的作用"②，我们其实可以说，正是这种对"物化"的转义用法，开启了西方马克思主义"别有洞天"的理解，异常具有理论活力地刻画了现当代资本主义社会当中人的存在方式。对"物化"概念的这种演绎发挥，不仅强调了"物"作为载体对"异化"过程中的分离性、独立性的重要意义，而且强调了"物性""物的原则"对人的存在的规定和塑造作用，更加深刻地揭示了人的存在状态的特征，并且为揭示这种状态的形成机制提供了线索。

这种"异化"或者说"物化"的存在状态，首先表现为"劳动的物化"。劳动明明应当是人自己的活动，乃至应当是人活在世上的最基本的活动，亦即最基本的存在方式，而现在，这种人最基本的存在方式也不属于自身了，劳动成了与人自己相对立的东西，人非但不能控制它，反而受其控制。在现代社会千篇一律的

---

① ［匈］卢卡奇：《历史与阶级意识》，杜章智、任立、燕宏远译，商务印书馆，1992年，第147页。

② 同上，前言第19页。

生产体系当中，人成了整个生产体系的一颗螺丝钉，劳动早已丧失了作为人的本质实现、人的真正幸福的可能，也就是说，劳动丧失了成为一种自由自觉的活动、成为一种消遣活动的可能。进而，在卢卡奇那里，用"劳动的抽象"来概括人的劳动的"物化"，把马克思早期对劳动异化的规定同后期关于商品、商品两重性，特别是"商品拜物教"的学说结合起来，阐明了在资本主义社会中、在商品形式所支配的社会中，人的劳动的"物化"就是使"具体的劳动"变成"抽象的劳动"。"抽象的劳动"构成了现实的原则，人们对"抽象的劳动"即价值的考量，成为人的"理性"运用的首要乃至唯一场合。从卢卡奇的批判视角看来，这种根据计算，即"可计算性"来调节的合理化原则，带来了劳动者的割裂，造成了人与人之间的"孤立化""原子化"。而通过劳动的"抽象化"过程与原则，"异化"或"物化"也就具有可推广性，可以一般化地推广到人们社会生活的其他领域。

卢卡奇在揭示这种经由"孤立化""原子化"的中介，从劳动的"抽象化"到人的生存状态的全面"物化"图景时，指出这种存在渗透进了人的意识，形成了人的"物化"意识。物化意识这一环节被后来的西方马克思主义者们发挥了，从而他们在历史和逻辑上都使对现代人们存在方式的异化和物化状态的揭示进入一个新层级，异化表现为思维方式的异化、物化，表现为工具理性、技术理性、生产理性、控制理性等对人的规定和塑造，这种理性超出其必要界限，而表现为对人们的日常生活过程的渗透、规制，乃至完全统治了人们的日常生活过程。西方马克思主义者们用"一体化""殖民化"等呈现出学派差异的术语，从不同侧面和程度描绘着物化意识的这种统治力、塑造力；也从这种物化意识的枢纽出发，西方马克思主义的许多论者各自展开了对理性、现代性的根本批判和反思，并将批判拓展延伸到对各种社会、经济、政治、文化建制物的批判。在西方马克思主义者们的批判话语体系当中，"拜物教"概念大大超出了马克思的本义范围和卢卡奇的最初应用界限，成为一个具有高度能产性的范畴，可以填充成为"××拜物教",对种种现代社会所给出的肯定性存在进行无情批判。

西方马克思主义对人的全面物化生活方式的揭露重点,即他们所指出的这种物化状态的最主要特征是消费主义,人不是在生产领域而只是在消费活动中寻求满足,例如用弗洛姆概括的范畴来说,现代人的存在方式就是从"存在"(to be)嬗变为"占有"(to have)。现代社会的这种消费主义范式,把人的满足等同于无休止的物质消费,把消费与满足、幸福等同起来,用消费的数量作为衡量自己的幸福的尺度,把不断提高消费水平的生活方式作为个人的最高价值追求。尤其是在当代社会的丰裕条件下,个体本身从理论上来说可以从自然必然性中解脱出来,具有为创造性的人性的目的而进行活动和生产的可能性,但是当下的消费意识形态逻辑阻止了将生产从属于创造性活动,甚至泯灭了所有创造性活动,正如高兹所说,资本主义发现自己面临的是这样一个问题,即为了客体而将主体塑造为被市场化的,不是调整供给满足需求,而是使需求调整满足供给。①

马克思在《1844 年经济学哲学手稿》中的一段话描述了他那个时代人的劳动异化的存在方式:"你的存在越微不足道,你表现你的生命越少,你的财产就越多,你的外化的生命就越大,你的异化本质也积累得越多。国民经济学家把从你那里夺去的那一部分生命和人性,全用货币和财富补偿给你。"②而在当代,这种异化模式的焦点延伸和转移到消费领域,包括这种消费主义范式会让人们误认为,不断增长的消费似乎可以补偿其他生活领域,特别是劳动领域遭受的挫折,因此人们便疯狂地追求消费以宣泄劳动中的不满。人本身具有各种各样的需求,是全面的需求,这些需求的满足就是人的幸福,是人的全面发展。其中,追求物质享受并不是人的主要需求,至少不能说是唯一需求,物质需求的满足本

---

① See André Gorz, *Strategy for Labour: A Radical Proposal*, Beacon Press, 1967, p.70.
② 《马克思恩格斯全集》(第 42 卷),人民出版社,1979 年,第 135 页。

身并不能给人以幸福。人与动物不同，人非但不满足于衣食的丰饶华美，而且还力图摆脱物的直接性的束缚，追求超越，追求更高级、更高尚的东西。而现代人的"异化"或"物化"存在方式，单一地把追求物质享受作为自己的第一需要，从而也就消解了人的全面性，把自己降低为一般动物的层次，用马尔库塞的术语来说，人也就成了整齐划一的"消费机器"。

在对人的生活的社会形态的看法上，西方马克思主义着重揭示了整个社会的"病态"同个人"异化"的相互融合性和相互促进性。从卢卡奇开始，西方马克思主义就强调"总体性"，主张超越第二、第三国际中对马克思主义的机械解读，特别是超越对经济领域的决定作用作片面强调。当然，这种新的理论路向在具体展开过程中，又走到了另一个方向上的误区，逐渐迷失了经济生产方式批判的基地，陷入对社会文化观念的批判。但是从借鉴吸收其合理内核的角度来看，我们又要看到"总体性"以及二战后西方马克思主义对"一体化""社会体系"、（广义而非狭义的）"文化"等的讨论，的确以一种片面的深刻性，触及了现代资本主义社会整体运行机制、再生产机制的要害。在马克思看来，工人阶级是"一个并非市民社会阶级的市民社会阶级"，是资本主义内部的否定力量和掘墓人。而在西方马克思主义看来，包括工人阶级在内的现代社会的成员，都与现代的社会制度全面地、整体性地融合了，包括生产、消费、心理、文化等各方面，工人阶级变成了资本主义社会的肯定力量，或者至少人们都已经丧失了可能性，昏昏欲睡、麻木不仁，他们不再去想象"另一种生活方式"，而是"异化"成为一种自锁的稳定状态。

（二）对异化存在状态的不幸本质的分析

在马克思早年描绘的"异化"生活图景当中，人们以直接现实性的方式处在对象的丧失和绝对贫困状态，人们直接地感到不幸，感到自己的肉体受折磨、精神遭摧残。而当今世界，从表面上看，许多人的生活是十分富足和舒适的，一些人对自己目前受消费主义模式的支配并不是完全不清楚，问题在于，他们并没有感到这样生活有什么不好，反而陶醉于这样的生活方式，沉湎于这种只在消费领域寻求满足的存在方式。所以西方马克思主义理论家不仅刻画了当今人类究竟生活在什么样的状态、这种生活状态究竟具有怎样的特征，即"物化"和"单向度"，而且他们在此基础上着重揭示了人们生活在这样的状态下并不是真的十分幸福，这样的生活并不是人应当过的生活。西方马克思主义则认为，这种状态的不幸，关键在于这里所满足的只是一种"虚假"的需要，这种满足也只是一种"虚假"的满足："现行的大多数需要，诸如休息、娱乐、按广告来处世和消费、爱人之所爱与恨人之所恨，都属于虚假的需要这一范畴。"[①]所谓"虚假"，并非说它是虚构的、编造出来的，它的确是业已存在的事实，"然而这种事实又构成了异化的更高阶段，后者已经完全变成客观的事实；异化了的主体被其异化了的存在所吞没"[②]。

这种异化存在状态之所以虚假、不幸，论证的第一个层次是认为异化、物化的存在状态，是人和物的关系的颠倒，违背了人的本性。这种分析路向是从人本身的应然概念出发看问题，人们把现代工业社会的要求作为自己的需求，人就

① ［美］赫伯特·马尔库塞：《单向度的人：发达工业社会意识形态研究》，刘继译，上海译文出版社，2014年，第6页。

② 同上，第11页。

失去了自己的本性,成了现代工业社会的附属品,这样人还有什么幸福可言? 在这一路向上影响最大的思想家是马尔库塞,在他看来,不是产品为了满足人的需要而生产,而是人为了使产品得到消费而存在,人拜倒在物面前,把物作为自己的灵魂,这就意味着忘却、失去了自己的灵魂,"人们似乎活在他们的商品之中;他们的灵魂困在他们的小轿车、高清晰度的传真装置、错层式家庭以及厨房设备之中"①。人在发达工业社会里,无论是从其成为"消费机器"而言,还是就其充当"劳动机器"来说,都说明在人与物的关系上,人实际上已处于从属的地位,成了物的奴隶。

当然,这里所说的是一种特殊的、"受抬举的奴隶",是就"人"和"非人"的根本地位对比而言的:是否是奴隶,"既不是由服从也不是由工作难度来决定的","而是取决于人作为一种单纯的工具以及人沦为物的状况",因而在现代社会里,既然人"作为一种工具、一种物而存在",所以无疑这是"奴隶状态的纯粹形式"。②马尔库塞式基于人的灵魂或者人的本性的论说,即从人本主义的设定本身出发的分析批判路向,为西方马克思主义的很多论者所共有。例如,赖希把人的需求分为自然的需求和社会的需求,前者是先天的、与生俱来的,后者是后天形成的,是社会加诸于人的。在赖希看来,人的本真性的存在状态是与满足人的自然的需求联系在一起的,而一旦人放弃自然的需求,只是追求社会的需求,那就说明他的存在状态已经是非本真的,不是出于人的本性的存在状态,这是应该加以批判的。又如,高兹提出现代人正沉浸在"经济理性"之中,把"计算与核算"的原则、效率至上的原则、越多越好的原则作为自己生活的准则,正因为如此,实际上现代人的生活是由社会所强加的非人的生活。

---

① [美]赫伯特·马尔库塞:《单向度的人:发达工业社会意识形态研究》,刘继译,上海译文出版社,2014年,第9页。

② 同上,第29~30页。

论证的第二个层次，是莱斯式的对满足是否可以达成的质疑，即否定消费主义生活方式所设定的在消费与幸福之间的必然性联结，从而得出人的消费主义存在方式只能收获虚假和不幸。其一，商品流变特性与需求碎片化特征本身无法使人获得满足与幸福。商品特性依据个体需求、感官经验、对象种类而重新划分，需求碎片化为更小的组成部分，并依据市场信息重新组合、集聚，形成新的形式，只是这是一种临时的、易变的、不稳定的形式，居于流动、重组中的需求碎片化，阻碍个体形成需求连贯目标，从而使个体无法有效判定适合自身的特定商品。其二，人盲目追求消费商品的数量，将商品消费作为唯一需求，就牺牲了对其他需求的体验，而个体时间的相对有限性以及产品信息不充分的特点，也将阻碍个体关注的需求以及产品自身结构与特质。其三，消费主义导致生态失衡，直接危及人类未来的幸福。科学技术普遍应用于商品生产，带来的主要副作用是增大环境危害的风险，而现有科技水平无法对潜在危机作出有效评估，并且针对复杂的生产与消费形式，个体与社会无法提供合理、健全的有效管控生态危机的解决方案，这也为科学技术在商品生产与消费过程中埋下的潜在风险提供了激活、激化的可能。一方面，资本推动的人类社会发展已经触及环境和自然资源的底线；另一方面，与资本同谋的制度、技术、教育、医疗等早已使人类基本的生存能力衰退，已经触及人类自身毁灭的底线。

论证的第三个层次，是进而认为人的消费需求其实是一种对抽象的逻辑、符号的占有，而不是对现实的物的消费。例如，在对"存在"和"占有"进行一般思辨时，就已经指出"占有"实质上是源于私有制的"占有"关系和观念，而对所占有的对象进行了消解。在"占有"这种生存方式中，人们唯一信奉的就是据物为己有，并且一旦占有就可以永远将其保存下去，这种生存方式最大的特点是同"分享/共有"的对立和排斥。在这种方式中，占有的一切皆为死物，人与占有物之间的关系是僵化的，主体一旦获得了占有物，则在使用过程中就无须再付出自己的能动性和创造性,这乍看起来似乎是所有者绝对地占有着对象,但实际上却是一无所有,占有的只是占有本身。当人要证明自己的实力,就必须尽可能多地占有,包括在量上(特别是想尽一切办法使自己所占有的东西增殖)和质上,不但可以把物作为占有对象,如金钱、财富、艺术品等,而且可以将非物纳入占有的范围,对人、情感、思想也采取占有的方式。这样看来,在重占有的现代社会中,财富成为神圣的存在,成为证明拥有者力量的象征。但实际上它们也就只是虚假的存在,实际上指涉的是在生活中不断地占有和获取的那个过程,人的自我的塑造和构建必须依赖占有,没有占有,人就无法生活。

更进一步的思路是,除了对象的虚假,人的主体性也早已在对需求和对象的逻辑建构与符号编译过程中被否定了。人追求着这种消费,本身便是对人的最大限度的奴役与统治。在直接的意义上,人们往往将消费视作对某种需要的满足,而需要是由主体自然发生的,即使上面我们说到的"虚假性",似乎主体也仍然是"自己"要求着自己所要的东西、自己进行着选择——虽有虚假的需求,但毕竟还有真实的主体。例如,在鲍德里亚看来,"我们相信一种真实的主体,被需求所驱动,将真实的物作为其需求获得满足的源泉。这完全是一种拙劣的形而上学"①,这是对需要和满足的华丽包装,掩盖了需要得以产生的现实的社会、政治根源。既然消费主义是基于维护现存社会而形成的,那么实际上也就并不存在着那种可以进行自由选择的需要和消费,主体是被规定和制约着产生需要和消费的。

鲍德里亚把对对象和对主体的消解思路结合起来,认为我们进入的资本主义私有制的新阶段——消费社会——可以在这两方面超越生产社会。在生产社会,消费还是作为生产和再生产的环节之一而存在,生产决定着消费,消费的对

---

① [法]让·鲍德里亚:《符号政治经济学批判》,夏莹译,南京大学出版社,2009 年,第 60 页。

象也的确是物质性的产品，物质性的产品的确是被用来享受或花费以满足人的某种需要的（当然这仍然区别于真正的"消费"）；但是到了当代社会，这是一个丰裕型的社会，与生产社会里的产品分配不足相比，现在是过剩产品的堆积。促进消费、推行消费主义的生活方式，成了维护社会得以存在的支柱，所以消费的对象不再是物质性的产品。在消费社会里，所有的需要都被抽象为一个体系，以适应消费的需要，也就是说需要是被体系生产出来的，即使是所谓本能，也在需求中都被合理化了、被赋予了某种目的，特别是被一般等价原则和一般的体系整合所操纵。

既然消费不再是物的某种功能性的获取，消费者和物的关系因而出现了变化，人不再是从特定用途上去看这个物，而是关注"另一种完全不同的东西——可以是社会逻辑，也可以是欲望逻辑——那些逻辑把它们当成了既无意识且变幻莫测的含义范畴"①。这代表当我们拥有这个物的时候，就等于拥有了物品背后的某种特殊的符号价值，比如社会地位、品位等。"人们从来不消费物的本身（使用价值）——人们总是把物（从广义的角度）用来当作能够突出你的符号，或让你加入视为理想的团体，或参考一个地位更高的团体来摆脱本团体。"②消费的深层逻辑是符号和编码，其最终实现的是标识人们的社会差异，完成对自己身份、地位的界定，实现对社会的编码。可以说，到了消费社会，人的现实性和合理性只能存在于符号的编码中，受符号/价值所控制。在消费的时候，人的理性选择能力完全被符号的控制和诱导所替代，不仅仅是物品，包括人的现实性与人的价值，都被湮没在符号/价值之下，人被消费所奴役，并最终丧失了自己的主体性地位。

归结起来看，西方马克思主义理论家们断定异化存在状态在本质上是不幸

---

① ［法］让·波德里亚：《消费社会》，刘成富、全志钢译，南京大学出版社，2001 年，前言第 2 页。

② 同上，第 47 页。

的,关键是深刻探讨了衡量幸福与否的标准。在他们看来,这一衡量标准就是人本身,确切地说就是人的本质,即凡是有利于人的本质的实现的生活方式就是幸福的,凡是阻碍人的本质的实现,甚至扭曲人的本质的生活方式就是不幸、痛苦的。这些西方马克思主义理论家大多是人本主义思想家,他们都高扬人的本质,都强调人有独特的、区别于一切动物的本质,人活在世界上的意义就在于实现这一本质,使这一本质现实化。马克思在《1844年经济学哲学手稿》中作过如下生动的描述:"人(工人)只有在运用自己的动物机能——吃、喝、性行为,至多还有居住、修饰等等的时候,才觉得自己是自由活动,而在运用人的机能时,却觉得自己不过是动物。动物的东西成为人的东西, 而人的东西成为动物的东西。"①在马克思看来,资本主义社会的问题在于造成了颠倒,吃、喝等明明是动物的功能,可人却完全专心致志地享受,把此当作人的独有的功能来对待,而劳动明明是只属于人的功能,可人却偏偏不加重视,只是把此作为一种手段,实际上已把此视为动物的功能了。所以马克思确实也曾经用人之为人的根本地位作为评判标准,这些西方马克思主义理论家把马克思早期的这一思想在新的形势下用自己的理论创见作出了进一步的阐发。

更进一步来看, 即使我们从走出了人本主义之后的马克思的视角往回看,西方马克思主义基于人的本质的叙事,也并不是纯粹唯心主义的、完全非科学的观念悬设。总体来说,他们强调人的本质的"全面性"——众所周知,他们对现代人存在方式最形象、最辛辣、最著名的批判性概括就是所谓"单向度的人"(One-Dimensional Man)——正是同全面性相对而言的。同时,他们在"全面性"的本质中本身也往往是突出人的劳动的,把劳动视为人的本质(至少是一项重要因素),只是他们在强调人的本质的"全面性"、反对把人的本质归结为单纯对物质的需

---

① 《马克思恩格斯全集》(第42卷),人民出版社,1979年,第94页。

求、反对把人说成仅是充满着物质欲望的人的时候,对劳动和物质生产的内在关联和积极内涵有所偏颇,他们对人的本质的理解终究还是在一定程度上接受马克思主义的理论立场的。我们今天考量他们在各自标准之下的衡量和追问过程——当今人的这种存在状态能够体现人的全面发展吗? 能够实现人的整体的人性吗? 当今人的这种存在状态能够促使人的劳动的本质得以实现吗? 能够使劳动成为一种自由自觉的活动,并从中获取无穷的享受吗? 必须指出,他们对当今人的存在状态是幸福还是痛苦所作的分析,对马克思主义具有积极意义。

(三)异化存在状态根源于资本主义制度

西方马克思主义关于人的存在方式的理论使我们知道,这样的不幸存在状态根源于资本主义制度,特别是根源于资本逻辑。当然在这一点上,历史上各个西方马克思主义理论家在分析人的不幸存在方式形成的原因时, 他们的观点不尽一致,甚至存在冲突。即使我们汇聚到如何看待资本主义制度与这样的存在方式之间的关系问题时, 有一些西方马克思主义理论家也显然力图回避资本主义制度对这样的存在方式的根源性影响。但是更多的西方马克思主义理论家则强调正是资本主义制度, 特别是资本逻辑造就了当今人的这样的存在方式, 他们把对当今人的存在方式的批判与对资本主义制度的批判紧紧地结合在一起,他们的理论贯穿着对当代资本主义的批判。在这方面,卢卡奇仍然具有定型的作用,具有示范意义地把资本主义下人的存在方式、生活方式的研究与生产方式的研究结合在了一起, 把资本主义制度下人的存在方式归因于资本主义的生产方式。卢卡奇不仅用"物化"来概括当今人的存在状态,而且强调这种"物"的"商品"性,只有在资本主义的商品形式占支配地位的条件下,由于商品范畴成为整个社会的普遍范畴、社会生活的所有方面都成为交换领域,资本的原则和逻辑内嵌于商品生产和交换过程之中,才造成了人们现今不幸的物化的存在方式。

卢卡奇认为,要真正认识当今人究竟处于什么样的存在状态,必须紧紧抓住当今这个时代社会存在的"根本"。在资本主义这个发展阶段上,"没有一个问题不最终追溯到商品这个问题,没有一个问题的解答不能在商品结构之谜的解答中找到"①,也只有把人置于当今社会的"商品关系的结构中",才能把人的存在状态揭示出来;只有在商品关系的结构中,才能"发现资本主义社会一切对象性形式和与此相适应的一切主体性形式的原形"②,这里所说的"主体性形式的原形"指的就是人的存在状态。卢卡奇根据马克思关于物质生活的生产和交往领域对人的全部社会生活具有决定性作用的思想,特别是结合马克思在《资本论》中对商品拜物教的分析加以发挥,强调当今社会的主要特征就是"商品交换及其结构性后果"对"整个外部的和内部的社会生活"产生"决定性的影响","商品交换"完全构成"社会进行新陈代谢"的"支配形式"。

卢卡奇反复强调的是,"商品只有在成为整个社会存在的普遍范畴时",商品的那种本质才会暴露无遗,而与此同时,在"商品关系"的基点上所形成的人的"物化"的存在状态"才对社会的客观发展和人对社会的态度有决定性的意义"③。而这一塑造人的物化存在状态的条件只有在资本主义社会才具备,只有在这个时代,商品范畴才成为整个社会的普遍范畴,商品的光芒才照射到社会的每个角落,所以资本主义是形成人的这种存在状态的社会根源。在这样一个社会中,生产本身是为了交换价值而不是为了使用价值,即生产的目的不在于

①② [匈]卢卡奇:《历史与阶级意识》,杜章智、任立、燕宏远译,商务印书馆,1992年,第143页。
③ 同上,第146页。

满足人的需要，而在于使一些人拥有更多的钱。在这一基础上，商品形式渗透到社会生活的所有方面，并按照自己的形象，即"商品的形象"来改造这些方面，使社会生活的所有方面都商品化，都进入交换领域。他认为，一旦是为了"使一些人的腰包装得更满"而进行生产，就会"对所有生活形式"产生决定性的影响。当然这种影响主要表现在使人的存在状态发生了根本性的变化，就是说使人形成以"物化"为主要标志的存在状态。

卢卡奇的这种过渡接引作用，全面开启了从马克思主义经典叙述框架到西方马克思主义对人的存在方式的通路。二战后西方马克思主义的蓬勃发展，尽管往往表现为对马克思主义关于经济的最终决定作用理论的不满与背离，但至少在谈论异化作用的传导方式上，在人的全部生活、全部存在过程当中，抓住其中的物质生活方面，尤其是抓住物质生产即人的劳动在资本雇佣之下而进行的方面、抓住人的劳动产品作为商品而交换的方面，阐述这个领域对异化的产生和壮大具有根源意义，进而推广到其他异化。也就是说，至少是在这种消极的衍生线索上看问题，可以认定经济方面、劳动生产方面对人的全部存在样态具有制约性、塑造性，从而资本主义的经济社会形态，资本的原则、逻辑、思维，就不能不构成决定性作用的关键连接部件。现代工业社会为了使其统治能继续下去，就实行"强迫性"消费，而"强迫"人们消费的主要手段就是制造。现代工业社会推行高生产、高消费的措施，首先是为了维系资本主义经济体系本身的运动。之所以造成消费主义的"虚假的需求"，是为了刺激消费，为资本主义经济持续增长提供动力，形成高生产、高消费的正反馈，形成从狭隘的经济尺度来说"良性"的、"可持续性"的机制。

资本主义的生活方式与资本主义的生产方式的内在联系还在于，与资本主义生产方式同步诞生的经济理性，蔓延渗透到人们的日常生活，造成了资本主义经济对全部社会生活的收编和吞噬。例如，高兹就强调，资本主义的经济中既然以"计算与核算"、效率至上、越多越好为原则,"足够"这一范畴就不像在传统社会中那样只是一个文化的范畴,而变成了主要是经济的范畴。推崇利润至上的生产方式,必然会形成"消费得多"等同于"消费得好"的生活方式,"经济理性"在支配资本主义生产方式的同时,也必然贯穿于资本主义的生活方式中。资本主义生产方式作为历史发展的产物,规定了人基本的存在方式和存在关系,在资本逻辑的支配下,资本主义不能保证生产服从于需要,无法推动质的需要的扩张,相应地在一切生活领域,它们实际上都被作为经济的产业部门——科学被军事化,教育、医疗被工业化,文化被商业污染,人的创造性也要屈从于利润的生产,等等。

资本主义经济生产方式的最新变化,例如所谓"空间生产"和"非物质劳动",仍然没有改变这种经济生产领域本身的决定性、根源性地位。"物"的、商品的、资本的原则仍然在制约着人,制约着人的生活、活动,包括制约着人的"空间生产"和"非物质劳动",并以一种更加鲜明而独特的方式,导致人的生存困境,实现一种无物的、去物的"物化",归根结底就是商品化、资本化。对所谓"空间生产"论题贡献甚大的首推哈维,他在揭示"空间生产"盛行、城市空间被侵袭时期的人的存在困境时,就把矛头直指资本逻辑,强调所有这些对人的存在的威胁都是由城市空间"资本化"带来的。在内格里看来,"非物质劳动"之所以非但没有使人获得更多的"共同性",更多的自由和解放,反而使人陷于更深的痛苦与不幸,根本原因就在于"非物质劳动"受资本逻辑的控制,这种"非物质劳动"是资本主义进入"帝国"时期的"非物质劳动"。这些西方马克思主义理论家都通过物对人的统治进一步揭示人对人的统治,这是马克思主义分析人的存在状态的基本方法在现当代的一个生动展现,也是一种十分有益的尝试探索。

在哈维看来,当今人类正面临着日益严重的贫富分化与精神虚无的生存困境,这一困境的形成与城市空间的被侵袭密切相关,而城市空间的被侵袭显然是"空间资本化"的结果。哈维指出，21世纪的城市成为维系人们生存的主要场所，以及人类生活方式和质量的空间表征。然而在资本化的时代，资本拜物教笼罩着整个社会场域，城市空间的变革也必然被资本逻辑所操纵，城市所追求的是利润的最大化和财富的无限增殖，这必将造就资本化的城市空间景观和都市生活。哈维深刻地揭示了人的存在方式的恶化与城市空间的资本化之间的双向互动关系。综观城市发展历程，自资本诞生以来，城市化实质上一直具有为资本增殖利润的功效，只不过随着资本创新的空间转向，城市化转变为资本掠夺性积累的快捷方式。哈维把它称为"空间修复"，即资本通过内在的空间重组和地理扩展来吸收过剩资本，解决资本主义危机下得以生存的特殊方法，"如果没有内在于地理扩张、空间重组和不平衡地理发展的多种可能性，资本主义很早以前就不能发挥其政治经济系统的功能了"①。

哈维旗帜鲜明地指出了我们今天"城市空间的资本化、资本的城市空间化"的生活特征，城市就是人们所生活的世界，人们的生活方式与城市化密不可分，城市空间变革就是"规划"日常生活的过程。城市空间与资本实现了相互依存，城市空间的变革与资本创新逻辑走上了同一轨迹，整个城市空间的设计与创造完全以市场为导向，以追求最大利润为目的。既然如此，那么当然也就相应造就了人的生活状态，20世纪70年代以后，随着资本生产方式从福特主义向灵活积累的转变，都市消费习惯和生活方式也随之更迅速地变化。城市空间创造了自身特有的效果，到处充斥着意象性的、即刻性的和符号化的消费景观，人们被各种眼花缭乱的商品所围绕，被各种文化噱头所刺激，所享受的一个个安逸瞬间变成了个体的存在方式，"这意味着不只是扔掉生产出来的商品（造成巨大的一次性废品的问题），而且也意味着可以扔掉价值观、生活方式、稳定的关系、对事

① ［美］大卫·哈维：《希望的空间》，胡大平译，南京大学出版社，2006年，第23页。

物的依恋、建筑物、场所、民族、已接受的行为和存在方式。这些都是即刻的和有形的方式，'更大的社会里加速的推进'以这些方式去冲击'个人普遍的日常体验'"①。

内格里指出，当资本主义实现全球化，我们看到的世界就是一个资本的世界，资本为自己创造了一个适合它存在和发展的世界，而这也就意味着这个世界并非是适合人存在和发展的世界。基于此，欲知当今人的存在方式，必须置于资本全球化这一背景下才能正确地加以认识，这个世界之所以成了不适合人存在和发展的世界，主要原因在于资本为自己创造了一个适合它存在和发展的世界。内格里认为，当社会发展进入"帝国"时期，即资本主义的最新近的发展阶段，"非物质劳动"成为社会生产劳动的主要形式，也成为人的主要存在方式，它规定着人的本质。但是在"帝国"时期，人通过"非物质劳动"并没有成其为人和表现为人，没有因此获得更好的生存和发展，相反，人却成为生产的主体性，最终实现的是资本的增殖和发展。内格里借用福柯的生命政治框架认为，从生命政治视角来看，"非物质"劳动可以被置换为"生命政治"劳动，而生命政治生产不再是商品的生产，而是主体性的生产。然而这一主体性是与资本的价值增殖机制相一致的主体性，而不是与无产阶级的自我价值增殖机制相一致的主体性。

在内格里看来，与非物质劳动联系在一起的是"共同性"，但是当"共同性"处于资本的社会生产关系中，"共同性"实现的却是资本的增殖，它相对于人的存在与发展来说就是外在的、有害的、腐化的——当"共同性"处于人的社会生产关系中，共同性实现的就是人的发展，那它就是有利的、生成性的。然而当今资本主义社会所发生的正是前者而不是后者，在资本主义条件下的非物质劳动

---

① ［美］戴维·哈维：《后现代的状况：对文化变迁之缘起的探究》，阎嘉译，商务印书馆，2013年，第357页。

体现了资本主义社会生产异化的发展和深化，资本不仅剥夺劳动产品，而且还剥夺劳动过程本身，如剥夺协作，这是剥削生命政治劳动力的核心要素。因为生命政治生产日益具有的自主性使得资本日益外化。资本为了剥夺生命政治劳动之间的协作，就对生命政治劳动自主生产出来的"共同性"进行占有。劳动者在创造"共同性"的过程中获得了部分自主性，但是"共同性"却被资本占有，被社会制度腐化。

西方马克思主义在追溯人的存在状态的原因时，把矛头直指资本主义制度，这种揭示极富深刻性和尖锐性。我们这个时代许多人似乎也觉察到了当今人的以消费主义为核心的存在方式的弊端，似乎也滋生了要加以改变的意念。但是要加以改变，前提是正确地找到滋生这种存在方式的原因，才能对症下药。二战后西方资本主义的"福利国家"政策在一定程度上消除了发达国家的经济危机特别是商业危机，但从更加宏观的视野来看，这无非是为了消弭危机、为了维持资本逐利需要的根本性满足而人为制造需要的一个部分或者环节。资本的本性无非是把整个社会变为消费社会，这只不过是直接过剩形态的危机的一个变形。新近的空间生产和非物质劳动等形式，则是变形的乘方形式而已，并没有改变资本主义制度的根源，而西方马克思主义理论家对源流具体路径机制的揭示，使得我们基于马克思主义一般理论立场所作出的判断，有了更加坚实的内容确证。

（四）强调维持人的异化存在状态已成为资本主义统治的新形式

西方马克思主义理论家对当今人的存在方式的研究，不仅论证了当今人的

这种以"占有"为主要特征的，人从属于物的存在方式是由资本主义制度造成
的，而且在此基础上进一步揭示出让人处于这样的存在状态实际上已成了资本
主义统治的一种新形式，也就是说，当今的资本主义制度主要是依靠让人处于
这样的存在状态来维持自己的统治的。所以西方马克思主义在批判现代资本主
义时，不仅是作为产生了人的异化生活方式、作为在社会中实施消费主义的
"源"而加以批判，还从维系着、不断再生产着这种方式的角度，从作为"流"的方
面加以批判：资本主义能动地制造和推行着社会成员的这种存在方式，资本主
义通过这种方式能动地维持自身的存在，这两者是同构的。现代资本主义社会
对人的统治，已经不是主要依靠拥有强大的国家机器行使镇压和威慑，也不是
直接在生产领域用经济手段使工人从属于资本，而是对人的生活方式的控制，
使得人们在生活当中直观地、自然地接受和再生产着既定社会运行机制，"安
于""满意于"这个社会。

　　现代资本主义社会统治人、制造人们对它的认同，第一个方面就是同消费
主义制造虚假的需求本身直接同一的，通过控制人的需求来控制人。这就如马
尔库塞所说："把个人束缚于社会的机制已经改变，而社会控制就是在它所产生
的需要中得以稳定的。"①社会控制之所以实现，之所以如此稳定，主要是由于它
制造出了一系列新的需求，人们都把注意力集中于为实现这些新的需求而努力
奋斗。制造"虚假的需求"，"强迫"人们消费，这当然是资本主义经济持续增长的
动力，但同样也带来了其他的甚至是对资本主义来说更大的效应，实现了资本
主义意识形态操控的需要。高兹就向我们指出，作为需要以生产为目的的生产，
以积累为目的的社会体制，它也需要建构一个强制消费的社会体制，资本主义
需要的是被动的消费者，这种被动人格的主动特征在消费的意识形态氛围下，

---

　　① ［美］赫伯特·马尔库塞：《单向度的人：发达工业社会意识形态研究》，刘继译，上海译文出版社，
2014年，第9页。

被压制到极小，而在这样的个体人格基础上，体制可以随心所欲地强加给个体以任何目的，赋予体制所需要他具有的任何欲望和意愿。资本主义看似把社会成员、消费者设定为"理性经济人"，但在资本主义意识形态看来，所谓的"经济人理性"不仅在价值上是被褒扬的，而且在事实层面也被认为是具有积极的建设性作用的，是达成市场资源配置、财富增长的基础。而实际上，西方思想传统特别是近代以来理性主义传统的设定远不是事实，人并不是如同以"主体"的地位运用其理性，而是"经济理性"成为个体所接触的一切信息里的至高的主人。经济理性的铺展使得社会的所有方面都被支配着，极大地延伸了资本对私人生活的一切方面和各个领域的侵略。高兹对消费社会的这种批判性分析，实际上告诉我们，资本主义社会制造的消费意识形态完成了对主体的"谋杀"，正是通过对需求和满足进行合法性的华丽包装，更深的社会的一级政治的目的论问题被压抑了，消费本身就不折不扣地是一种极为隐蔽的资本主义政治行为。①

统治的第二个方面，是通过弘扬科学技术、物质生产领域的合理性、工具性的合理性，以此来僭越取代人们的社会交往领域的合理性，取代属人的合理性，从而控制人。西方马克思主义的社会批判，往往从各种角度和严厉程度上，认为现代工业手段、现代科学技术实际上成了统治者手中新的控制工具，例如马尔库塞强调，尽管近代以来科学技术从来都是被统治者用来作为控制人的手段，但是只有到了现代，技术统治才成了一种主要的统治手段。借助科学技术来控制人，到了现代工业社会已经起着不可替代的作用，它对人的控制如此有效，以至于个人的抗议几乎已变得不可能，原先那些代表新的人的生存方式的历史力量完全消失了。一般来说，西方马克思主义也并不是完全排斥如韦伯式实证社会学所谈论的中性的"工具理性"，但是他们揭示和批判了这种原本阶段性和局部性的"工具"超出界限，将人的全局的、全面的生活过程也纳入其中作为自己

---

① 参见张一兵：《反鲍德里亚：一个后现代学术神话的祛序》，商务印书馆，2009年，第95页。

的一部分,按照自己的面目加以改造,改变了后者原先的内容性质,吸收、兼并了后者,局部的体系成为唯一的、整个的体系。这一过程中,工具理性原先所处的经济体系仍然是问题的基础和核心,是扩张和吞噬的源头,因为工具合理性的控制方式本就是契合于物质生产的,是这个局部领域中人与人发生联系的基本媒介。至于工具理性超出了这个范围,例如行政权力的官僚化、公共文化和舆论受到的扭曲之类,都可以归结为它们被经济体制的控制型的媒介方式所同化了,按照经济体制的原则所导引和重新组织了。①

统治的第三个方面,是渗入人的心理,通过塑造人的自身内在特质来控制人。现代资本主义社会之所以"成功"、之所以稳固,包括它成功地、稳固地把人们的存在方式确立为占有、消费等,就是将这些存在方式制造为人们看似是他们"自己的"存在方式,让人"自行"按照这个社会的逻辑和标准来安排自身,这是现代社会控制人的最厉害的手段。例如,马尔库塞揭示出所谓"虚假的需要"得以成为现实的深刻的内化机制,"产品起着思想灌输和操纵的作用;它们引起一种虚假的而又免除其谬误的意识……由于更多的社会阶级中的更多的个人能够得到这些给人以好处的产品,因而它们所进行的思想灌输便不再是宣传,而变成了一种生活方式"②。又如,今天所谓的城市化这种对空间乃至对日常生活的战略性"规划",实际上不仅是在生产关系的再生产的直接要求上对空间进行管理分割,而且是"发生在每一个人的眼皮底下,并在每一项社会活动中完成,其中包括那些表面上最无关紧要的活动(休闲、日常生活、居住与住宅、空间的利用)"③。乃至于人与人看似直接的社会交往,也是蕴含着被统治的因素,"在

---

① See Jiirgen Habermas, *The Theory qof Communicative Action*, Vol.2, Beacon Press, 1987, p.171.

② [美]赫伯特·马尔库塞:《单向度的人:发达工业社会意识形态研究》,刘继译,上海译文出版社,2014年,第11~12页。

③ [法]亨利·勒菲弗:《空间与政治》,李春译,上海人民出版社,2008年,第5页。

现代的富裕社会里，在人的自由的现有的存在形式和能达到的可能性之间存在着某种矛盾，所以，如果社会想要避免发生过分的不快，它就必须使个人进行有效的合作。这样，人的心理就不自觉地和自觉地接受和屈从于制度的控制和操纵"①。

（五）对摆脱异化存在状态、走向一种新的文明形态的可能性的展望

　　这些西方马克思主义理论家对现代资本主义社会何以能够借助制造和推行这种人的存在方式来实施自己新的统治的分析，既是独到的，又是深刻的。他们指明了资本主义的统治方式的一个重要特征就是可以控制人的意识、心理和本能结构，接受资本主义条件下人的存在状态和整个社会是一体乃至自我相互促进的。既然现代社会的人们是"自动地"把统治的意识形态变成自己的意识形态，会遵循统治的要求来实现自己，会把痛苦的生活当作幸福的生活来领悟，把不幸的境遇当作舒适的境遇来接受，那么人是否就是没有希望、没有出路的呢？不可否认，有些西方马克思主义理论家面对人当今这种"非人"的存在方式，表现出了强烈的悲观主义色彩，他们揭示了当今人的这种存在状态的"反人性"，同时又认为人的这样一种存在状态是不可逆转的。但须知，大部分的西方马克思主义理论家仍然表现出了乐观主义的态度，他们不但分析了当今人的存在方式的危害性，而且进一步探讨了改变这种存在状态、构建一种人类新文明的可能性和现实性。固然，西方马克思主义理论家研究的重点和主要理论贡献在于

---

　　①　［美］马尔库塞：《当代工业社会的攻击性》，载任立编译：《工业社会和新左派》，商务印书馆，1982年，第4页。

"解释世界"，在于揭示当今人的存在状态的特征以及造成这种存在状态的根源，在于从理论上论证出不幸的本质，但他们也在积极探索"改变世界"。对于当今人如何才能摆脱这样的存在状态走向新的生活的问题，他们提出了许多的途径和方案，并且为新的人的存在状态提出了种种设想——尽管这项工作与此前的理论建构比较起来显得零碎、肤浅，可其中也不乏富有启发性的见解。

要对改变目前这种人的存在方式持有信心，首先要对形成这种人的存在方式的原因进行分析。倘若把原因归结为现代性本身，归结于科学、知识、理性等因素，那么与这些因素联系在一起的这种人的存在方式就是不可改变的，就只能空想某种前现代或者后现代的田园牧歌图景。但是如果强调当今这种人的存在方式根源于资本主义的生产方式、资本逻辑，那么显然可以说，当今这种人的存在方式是完全有可能加以改变的，只要把现代社会从资本逻辑的统治中拯救出来。一些西方马克思主义理论家深受后现代主义影响，或者说他们本身也就是后现代主义者，在他们眼里，当今这种人的存在方式是现代性逻辑发展的必然产物，是人们信奉理性、科学的必然结果。所以只要人们还追求现代性，追求理性与科学，就必然会生活在这样的状态下。而大部分的西方马克思主义理论家，他们在分析当今这种人的存在方式的根源时，往往追溯到资本主义的生产方式，特别是追溯到资本逻辑，这样他们就顺理成章地认为只要改变了资本主义的生产方式，扬弃了资本逻辑，当今这种人的存在方式就可以改变，新的人的存在方式就可以形成。

当然反过来说，这些西方马克思主义理论家也不是笼统地谈论和肯定现代性的作用，而是提出对科学技术等因素的使用有一个"合乎人性地使用"与"违背人性地使用"的区别，认为只有后者才会导致当今这种人的存在状态。例如，马尔库塞一方面强烈地批判正是现代工业、现代科学技术的广泛使用，使人成了"单向度的人"；另一方面又认为只要"人道主义地"使用科学技术，那么现代科学技术的广泛使用非但不会引向当今这种人的存在方式,而且还会创建新的人的存在方式。

对理性在造成现代人过现在这样的生活方式中的作用的分析,他们更是反对笼统地论述理性的作用,强调只有当理性成为工具理性、经济理性之类时才会发挥这样的作用。当理性处于实践理性、交往理性、生态理性等合理形态时,当把工具理性置于正确的位置并被合理地应用时,理性就会是"属人的"生活方式的"原动力"。对此,高兹的论述特别清楚明白,他的宗旨就是要把"经济理性"与"生态理性"严格地区别开来,强调正是由于"经济理性"的盛行,才导致当代人不顾一切地向自然界索取,以满足自己消费得"越多越好"的生活方式。一旦让"生态理性"占据统治地位,那么人们自然会放弃"经济理性",只重视消费的"量"的生活方式,转而推崇"适可而止",讲究消费的"质"的生活方式。

在同现今社会的基本对比中,新社会形态的特征被确定了,就是要紧紧地抓住改变消费主义这一点,来规定新的存在方式。人类新的存在方式的关键就是从生产领域而不是消费领域寻找满足,人应该全面发展各种劳动能力,最终以劳动解放实现人的解放与全面发展。同时,这种对当今消费主义的异化存在方式的根本否定,也有助于回应从这种异化意识形态立场出发的常见质疑。众所周知,马克思为共产主义的实现所确定的物质条件是生产力高度发达、能满足所有人的需要,资本主义意识形态家无法理解这一条件的真实含义,反驳说资源有限、欲望无穷,因而生产力永远不能满足所有人的需要。这显然是把需要和欲望,即贪婪的人为需要当成了一回事。资本主义无限的欲望确实需要无限的资源,而地球上的资源是有限的,如果任由消费主义塑造人们的需求期望水平,自然和社会的双重不满足必然导致社会冲突的增加,最后要么导致生态灾难和人类的毁灭,要么"必然需要采取更富压制性的和集权主义的政治统治方式,而这种统治是由特权的少数代理人所操纵的"①,要么采取"开放态度",鼓励人们直接参与满足需求的创造性活动,使得"满足的可能性主要是生产活动而不是消费的组织功能"②。

难能可贵的是,这些西方马克思主义理论家在展望未来人的新的存在方式和人类新文明时,又能把马克思对于未来共产主义社会的前景预期联系在一起,借鉴了许多马克思对未来共产主义的根本特征的分析,并贡献了自己独到的理论分析。马克思在《1857—1858 年经济学手稿》中指出,前资本主义生产方式、资本主义生产方式、共产主义生产方式构成人类生产方式的三大序列,这决定了人的存在的三种状态,即人对人的依赖、以物的依赖性为基础的人的独立性、建立在个人全面发展和他们共同的社会生产能力成为他们的社会财富这一基础上的自由个性。许多西方马克思主义者推崇马克思在这里关于三种人的存在方式的区分,认为当今人的存在方式实质上就是马克思所说的人的第二种存在方式,即"以物的依赖性为基础的人的独立性",而要创建的人的新的存在方式,就是马克思所说的第三种人的存在方式,即"建立在个人全面发展和他们共同的社会生产能力成为他们的社会财富这一基础上的自由个性",例如弗洛姆之所以提出"占有"和"存在"的本体论式分析,就是分别概括第二种、第三种人的存在方式。正因为他们把新的人的存在方式与马克思所描述的社会主义、共产主义联系在一起,所以在他们看来,共产主义就是形成人的一种新的存在方式,恢复人的主体地位,为创建新的人的存在方式而努力,即为实现共产主义而奋斗。

当然,对于马克思来说,更加重要的是从物的依赖性到自由个性、从经济人向社会人的那个"过渡",科学社会主义主要是为了找到通达光明前途的条件、手

---

① [加]本·阿格尔:《西方马克思主义概论》,慎之等译,中国人民大学出版社,1991 年,第 483 页。

② William Leiss, *The Limits to Satisfaction*, Mcgill Queens University Press, 1988.

段。在这一点上，西方马克思主义的缺陷和片面性就较多地显露出来，从卢卡奇倚仗无产阶级的阶级意识和总体性意识开始，他们就较多地聚焦于人的某种主观意识的变革，从意识的自我调控和救赎看问题，通过对"人性的逐步自我理解和自我训导"，即"将人欲望的非理性和破坏性方面置于控制之下"。①例如，即使提出了较完整系统的社会改造方案，并在1968年社会运动中达到西方马克思主义实践最激进程度的马尔库塞，也认为"一切解放都有赖于对奴役状态的觉悟"②，或者从马克思以实践为基础的人的自我改变和环境改变的统一，退到在个人的本能结构基础上的统一，即退到"社会创造条件使自由、和平和幸福的现有可能性化为现实"和"创造条件把性欲、生活本能从破坏本能的优势中解放出来"③的那种统一。但是尽管他们在具体共产主义革命运动的实践方面颇为窘迫，没有找到"执行者"，但仍然在对现代社会的新矛盾的分析中，多多少少揭示了"历史本身"的"审判官"④机制，展现了西方马克思主义的在场性和活力。

---

① ［加］威廉·莱斯：《自然的控制》，岳长龄、李建华译，重庆出版社，1993年，第168页。

② ［美］赫伯特·马尔库塞：《单向度的人：发达工业社会意识形态研究》，刘继译，上海译文出版社，2014年，第8页。

③ ［美］马尔库塞：《当代工业社会的攻击性》，载任立编译：《工业社会和新左派》，商务印书馆，1982年，第6页。

④ 《马克思恩格斯选集》（第一卷），人民出版社，1995年，第776页。

五、卢卡奇对资本主义文明中的
人的存在方式的批判

国内学术界对西方马克思主义已经有长达四十多年的研究,无疑,西方马克思主义已成了我国的一门"显学"。但十分遗憾,综观我国学术界对西方马克思主义连篇累牍的研究,很少有人把注意力集中于西方马克思主义关于人的存在方式的理论,或者说,很少有人从人的存在方式的角度对西方马克思主义加以探讨。实际上,在整个西方马克思主义理论体系中,最具创意的恰恰就是关于人的存在方式的理论,更值得指出的是,这一理论随着时代的演变,随着人日益面临的严重的存在危机,越来越显示出不可估量的现实意义。

卢卡奇是西方马克思主义的开创者,他的《历史与阶级意识》一书被奉为西方马克思主义的"圣经"。这一著作开创了西方马克思主义思潮,同时也为后来的西方马克思主义代表人物对人的存在方式的研究奠定了基础。我们这里就以这一著作为主要依据,着重剖析卢卡奇对商品形式占支配地位的社会中,即在资本主义文明的条件下人的存在方式的批判。

（一）资本主义文明下人的存在状态的
主要特征就是人的物化

　　《历史与阶级意识》是一部论文集，收录于其中的每一篇论文都涉及对人的存在方式的研究，但对人的存在方式作出真正全面论述的是书中篇幅最长的那篇论文，即《物化和无产阶级意识》。在那篇论文的开头，卢卡奇就引用了马克思在《〈黑格尔法哲学批判〉导言》中的下述名言作为"题记"："所谓彻底，就是抓住事物的根本。但人的根本就是人本身。"①通读整篇论文可以知晓，卢卡奇在这里之所以要把马克思的这段名言首先呈现在作者面前，是有深刻用意的。卢卡奇除了要表明研究人本身，特别是研究人的存在状态，就是抓住了这个世界最根本的问题之外，还要进一步说明，要真正认识当今人究竟处于什么样的存在状态，就必须紧紧地把握当今商品范畴已成为整个社会的普遍范畴，商品的光芒已照射到社会的每个角落。他这样说道，"在人类的这一发展阶段上，没有一个问题不最终追溯到商品这个问题，没有一个问题的解答不能在商品结构之谜的解答中找到"。在这种情况下，只有"在商品关系的结构中"才能"发现资本主义社会一切对象性形式和与此相适应的一切主体性形式的原形"。②他这里所说的"主体性形式的原形"指的就是人的存在状态。他所强调的是，只有把人置于当今社会的"商品关系的结构中"，才能把人的存在状态揭示出来。

　　卢卡奇根据马克思关于资本主义的理论，特别是马克思在《资本论》中对商品拜物教的分析，强调资本主义社会的主要特征就是"商品交换及其结构性后

---

　　① 《马克思恩格斯文集》（第一卷），人民出版社，2009 年，第 11 页。

　　② ［匈］卢卡奇：《历史与阶级意识》，杜章智、任立、燕宏远译，商务印书馆，1992 年，第 143 页。

果"对"整个外部的和内部的社会生活"产生"决定性的影响","商品交换"完全构成"社会进行新陈代谢"的"支配形式"。在这样一个社会中,生产本身是为了交换价值而不是为了使用价值,即生产的目的不在于满足人的需要,而在于使一些人拥有更多的钱。在这一基础上,商品形式渗透到社会生活的所有方面,并按照自己的形象,即"商品的形象"来改造这些方面,使社会生活的所有方面都商品化,都进入交换领域。

卢卡奇还根据马克思关于资本主义的理论,特别是马克思在《资本论》中对商品拜物教的分析进一步强调,"商品形式向整个社会的真正统治形式"的这种转化,"只有在现代资本主义中才出现"。①在前资本主义社会中,尽管也有商品交换,但由于这种商品交换没有成为"普遍范畴",从而它对社会生活的影响也非常有限。他这样说道:"一个商品形式占支配地位、对所有生活形式都有决定性影响的社会和一个商品形式只是短暂出现的社会之间的区别是一种质的区别。""商品拜物教问题是我们这个时代、即现代资本主义的一个特有的问题。"②在卢卡奇看来,资本主义社会与前资本主义社会之所以具有这种质的区别,关键还在于生产目的的不同。他引用马克思在《资本论》第三卷中的一段话来说明这一点:"产品进行交换的数量比例,起初完全是偶然的。它们之所以取得商品形式,是因为它们是可以交换的东西,也就是说,是同一个第三者的表现。继续不断的交换和比较经常的为交换而进行的再生产,日益消除这种偶然性。但是,这首先不是为了生产者和消费者,而是为了二者之间的中介人,即把货币价格加以比较并把差额装入腰包的商人。"③在卢卡奇看来,全部问题源自生产不是为了消费者,也不是为了生产者,而是为了使一些人的腰包装得更满。

---

① [匈]卢卡奇:《历史与阶级意识》,杜章智、任立、燕宏远译,商务印书馆,1992年,第146页。
② 同上,第144页。
③ 《马克思恩格斯全集》(第25卷)(上册),人民出版社,1974年,第368页。

一旦是为了"使一些人的腰包装得更满"而进行生产，就会"对所有生活形式"产生决定性的影响。当然，这种影响主要表现在使人的存在状态发生了根本性的变化。那么人的存在状态究竟发生了什么变化呢？处于商品形式占支配地位之下的人的存在状态究竟如何呢？这正是卢卡奇所倾心关注和着重研究的。

卢卡奇用"物化"（reification）这一概念来说明商品形式成为最基本的社会形式后的人的存在状态。"物化"的具体含义，在他看来，马克思在《资本论》第一卷中已表述得十分清楚。他主要是指马克思的一段话："可见，商品形式的奥秘不过在于：商品形式在人们面前把人们本身劳动的社会性质反映成劳动产品本身的物的性质，反映成这些物的天然的社会属性，从而把生产者同总劳动的社会关系反映成存在于生产者之外的物与物之间的社会关系。由于这种转换，劳动产品成了商品，成了可感觉而又超感觉的物或社会的物。……这只是人们自己的一定的社会关系，但它在人们面前采取了物与物的关系的虚幻形式。"①按照卢卡奇的解释，马克思在这里所描述的"物化"最贴切地说明了生活在资本主义社会中的人的存在状态。这里最关键的是"人与人之间的关系获得物的性质，并从而获得一种'幽灵般的对象性'，这种对象性以其严格的、仿佛十全十美和合理的自律性掩盖着它的基本本质、即人与人之间关系的所有痕迹"②。这就是说，所谓"物化"，最基本的含义就是人与人之间的关系变成了一种物与物的关系，这种物与物的关系获得了"幽灵般的对象性"，具有"严格的、仿佛十全十美和合理的自律性"。而正是这一"幽灵般的对象性"和"严格的、仿佛十全十美和合理的自律性"，把人与人之间的本来的属性掩盖了。这就是说，在资本主义社会中人的最基本的存在状态是仅仅作为一种"物"而存在着，人与他人之间的关

① 《马克思恩格斯全集》（第 23 卷），人民出版社，1972 年，第 88~89 页。
② ［匈］卢卡奇：《历史与阶级意识》，杜章智、任立、燕宏远译，商务印书馆，1992 年，第 143~144 页。

联也就是一种"物"与另一种"物"之间的关系。

卢卡奇反复强调的是,"商品只有在成为整个社会的普遍范畴时",商品的那种本质才会暴露无遗。与此同时,在"商品关系"的基点上所形成的人的"物化"的存在状态"才对社会的客观发展和人对社会的态度有决定性的意义",当然也只有在"商品关系"的基点上,才会出现"人的意识屈从于这种物化所表现的形式"这种情形,而任何企图理解和反抗"物化"的行为都会造成对资本主义社会来说的"灾难性后果",从而产生从"物化"这种存在状态下解放出来的强烈愿望。卢卡奇还提出,关键在于,人明明处于"物化"状态却感觉不到"物化",而随着商品形式越来越成为一种统治的形式,人的这种麻木性也越来越严重。在资本主义社会的早期,人们实际上还能意识到"经济关系的人的性质",但在现代资本主义社会中,人们实际上已很难"看清这层物化的面纱"。他这样说道:"而商品形式向整个社会的真正统治形式的这种发展只有在现代资本主义中才出现了。因此,毫不奇怪,在资本主义发展开始之时,经济关系的人的性质有时看得还相当清楚,但是,这一发展越继续进行,产生的形式越错综复杂和越间接,人们就越少而且越难于看清这层物化的面纱。"①

(二)资本主义文明下人的物化主要表现为劳动的异化

卢卡奇在论述"物化"这种人的存在状态时,着重剖析了人的劳动的"异化"。在他看来,普遍的商品关系对人的存在状态带来的最大影响表现在劳动上。具体地说就是"人自己的活动","作为某种客观的东西,某种不依赖于人的

---

① [匈]卢卡奇:《历史与阶级意识》,杜章智、任立、燕宏远译,商务印书馆,1992年,第146页。

东西,某种通过异于人的自律性来控制人的东西,同人相对立"①。劳动明明应当是人自己的活动,而现在却成了与自己相对立的东西,人自己非但不能控制它,反而受其控制,这就是"劳动的物化"。人活在世上最基本的活动,亦即最基本的存在状态是劳动,现在劳动这种人最基本的活动、存在状态也不属于自身了,而是成了"通过异于人的自律性来控制人的东西"。卢卡奇对资本主义社会的批判,对在资本主义社会中人的存在状态的揭示之所以产生如此深远的影响,关键在于他紧紧抓住了人的劳动这种存在状态,并作出了尖锐和深刻的分析。

卢卡奇认为,在资本主义社会中人的劳动的"物化",人的劳动这种存在状态的"非人化",既表现在"客观的方面",又见之于"主观的方面"。他所说的"客观的方面"就是:"产生出一个由现成的物以及物与物之间关系构成的世界(即商品及其在市场上的运动的世界),它的规律虽然逐渐被人们所认识,但是即使在这种情况下还是作为无法制服的、由自身发生作用的力量同人们相对立。因此,虽然个人能为自己的利益而利用对这种规律的认识,但他也不可能通过自己的活动改变现实过程本身。"②人通过自己的劳动创造了一个客观世界,这一客观世界由"物以及物与物之间的关系"构成,这一客观世界实际上就是一个不断运动变化着的商品世界,显然这一客观世界是人的劳动的产物,但现在它却"作为无法制服的、由自身发生作用的力量同人们相对立",人尽管可以为自身的利益利用这一客观世界的规律,但却无法对这一客观世界作出改变。人与自身创造的客观世界相对立,这就是人在资本主义社会中表现在劳动上的第一个方面的真实存在状态。他所说的"主观的方面"则是:"人的活动同人本身相对立地被客体化,变成一种商品,这种商品服从社会的自然规律的异于人的客观性,

①② [匈]卢卡奇:《历史与阶级意识》,杜章智、任立、燕宏远译,商务印书馆,1992 年,第 147 页。

它正如变为商品的任何消费品一样,必然不依赖于人而进行自己的运动。"①卢卡奇在论述人的劳动的"物化"的"主观的方面"时,特地注明"在商品经济充分发展的地方"②。他的意思是说,一旦商品经济占了主导地位,那么不仅是人的劳动所创造的客观世界,而且连人自身的劳动本身也不属于劳动者了,具体地说,人自身的劳动变成了商品,它"如变为商品的任何消费品一样",完全不受人控制,而是反过来控制人。人正与自己的活动相对立,这是人在资本主义社会中表现在劳动上的第二个方面的真实存在状态。为了论述这第二个方面的存在状态,即表现在"主观方面的人的劳动的物化",要比第一个方面的存在状态,即表现在"客观方面的人的劳动的物化"更具有根源性,他转引了马克思在《资本论》中的下述一段话加以说明:"因此,资本主义时代的特点是,对工人本身来说,劳动力是归他所有的一种商品的形式……另一方面,正是从这时起,劳动产品的商品形式才普遍化。"③这就是说,资本主义社会的特征是,劳动力仅仅是作为一种商品形式归劳动者所有, 由此劳动产品也就成了一种商品形式而 "普遍起来"。无论是劳动力还是劳动产品,只要具有了商品形式,即作为一种商品而存在,那么实际上它们就都已不属于劳动者了。当然,劳动力成为商品是劳动产品成为商品的前提和条件。

卢卡奇还进一步用"劳动的抽象"来概括人的劳动的"物化",也就是说,在他看来,在资本主义社会中,人的劳动的"物化"用哲学的语言表述就是使"具体的劳动"变成"抽象的劳动","抽象的劳动"构成了现实的原则。如果从人的存在状态的变化来看, 那么这一变化就是劳动这种存在状态从具体的变为抽象的。与其在论述劳动的"物化"时从"客观的方面"和"主观的方面"分别加以说明相

① [匈]卢卡奇:《历史与阶级意识》,杜章智、任立、燕宏远译,商务印书馆,1992 年,第 147~148 页。
② 同上,第 147 页。
③ 《马克思恩格斯全集》(第 23 卷),人民出版社,1972 年,第 193 页注 41。

一致,卢卡奇也从"客观的方面"和"主观的方面"分别剖析了人类劳动的抽象性。他说:"商品形式的普遍性在主观方面和客观方面都制约着在商品中对象化的人类劳动的抽象。"①至于"商品形式的普遍性""在客观方面"是如何制约着"人类劳动的抽象"的,他是这样论述的:在客观方面,只是由于质上不同的对象——就它们首先获得自己作为商品的对象性这一方面而言——被理解为形式相同的,商品形式作为相同性的形式,即质上不同的对象的可交换性形式才是可能的。在这方面,质上不同的对象的形式相同性原则只能依据它们作为抽象的(即形式相同的)人类劳动的产物的本质来创立。卢卡奇在这里说的是,借助于商品形式的普遍性,在性质上各不相同的对象按照形式相同的原则被转变为可相互交换的商品。这些在性质上各不相同的对象具有形式上的相同性,而它们之所以能够做到这一点,实际上是作为"抽象的、形式上相同的人类劳动的产物"而被制造出来的,也就是说,这一结果只能通过在主观方面把人的劳动变成形式相同的抽象劳动才能达到。这样,卢卡奇又从"客观方面"制约着"人类劳动的抽象性"进一步追溯到"主观方面"制约着"人类劳动的抽象性":"在主观方面,抽象人类劳动的这种形式相同性不仅是商品关系中各种不同对象所归结为的共同因素,而且成为支配商品实际生产过程的现实原则。……在这里只要确定,抽象的、相同的、可比较的劳动,即按社会必要劳动时间可以越来越精确测量的劳动,同时作为资本主义生产的产物和前提的资本主义分工的劳动,只是在自己的发展过程中产生的;因此,它只是在这种发展的过程中才成为一个这样的社会范畴,这个社会范畴对这样形成的社会的客体和主体的对象性形式,对主体同自然界关系的对象性形式,对人相互之间在这种社会中可能有的关系的对象性形式,有决定性的影响。"②卢卡奇在这里不仅指出了"商品形式的

---

① [匈]卢卡奇:《历史与阶级意识》,杜章智、任立、燕宏远译,商务印书馆,1992年,第148页。

② 同上,第148~149页。

普遍性""在主观方面"对人的劳动所带来的结果就是使这种劳动成为"抽象的、相同的、可比较的劳动",成为"按社会必要劳动时间可以越来越精确测量的劳动",而且揭示了这种人类劳动的抽象性已经成为"现实原则"和"社会范畴",即成为支配整个社会的生产和其他方面的普遍的、现实的原则。他在这里具体地指出了"人类劳动的抽象性",即把人的具体劳动变为可以计算的抽象劳动所产生的以下三个方面的影响:形成了社会的客体与主体的对象性形式,即破坏了客体与主体之间的统一,而使两者相对立;形成了主体与自然界关系的对象性形式,即自然界对人来说本来是伙伴,现在却变成了对立物;形成了人与人之间关系的对象性形式,即人与人之间原本是和谐的,如今人与人之间却成了一种对抗的关系。卢卡奇所分析的人类劳动抽象化带来的这三个方面的消极影响具有极强的针对性。

(三)资本主义文明下劳动的异化体现为劳动的合理化

卢卡奇认为,贯穿于人类劳动"物化""抽象化"的是人的劳动越来越朝着"合理化"的方向发展。可以说,他抓住"合理化"展开论述,不仅对在资本主义条件下人类劳动的特征进行深入分析,而且将在资本主义条件下人的存在状态的分析也引向了深入。"合理化"不仅是资本主义条件下人类劳动的主要特征,而且也是资本主义条件下人的存在状态的重要标志。他这样说道:"如果我们纵观劳动过程从手工业经过协作、手工工场到机器工业的发展所走过的道路,那么就可以看出合理化不断增加,工人的质的特性,即人的个体的特性越来越被消除。"①

---

① [匈]卢卡奇:《历史与阶级意识》,杜章智、任立、燕宏远译,商务印书馆,1992年,第149页。

在他看来，随着资本主义工业的发展，合理化也在不断增加，蕴含于整个资本主义发展过程的是合理化原则的日益强化，而伴随这一过程的则是劳动者个性的不断消失。对于合理化的具体内容，他从以下两个方面加以揭示：

其一，"劳动过程越来越被分解为一些抽象合理的局部操作，以至于工人同作为整体的产品的联系被切断，他的工作也被简化为一种机械性重复的专门职能"①。卢卡奇在这里讲得十分清楚，劳动的合理化首先是"劳动过程的合理化"，而所谓"劳动过程的合理化"，指的是人的劳动越来越"被分解为一些抽象合理的局部操作"，人在劳动中所从事的一些机械的、重复的动作，劳动者的劳动与作为整体的劳动产品不再具有直接的联系。

其二，"在这种合理化中，而且也由于这种合理化，社会必要劳动时间，即合理计算的基础，最初是作为仅仅从经验上可把握的、平均的劳动时间，后来是由于劳动过程的机械化和合理化越来越加强而作为可以按客观计算的劳动定额（它以现成的和独立的客观性同工人相对立），都被提出来了"②。卢卡奇所说的第二个方面的合理化是由第一个方面的合理化，即"劳动过程的合理化"带来的，它指的是社会必要劳动时间，"可以按客观计算的劳动定额"被提出来，对劳动定额进行合理的计算。劳动定额一旦进行这样的计算，那它就"以现成的和独立的客观性同工人相对立"。卢卡奇认为，严重的是，"这种合理的机械化一直推行到工人的'灵魂'里：甚至他的心理特性也同他的整个人格相分离，同这种人格相对立地被客体化，以便能够被结合到合理的专门系统里去，并在这里归入计算的概念"③。一旦这种合理性浸透到人的心理世界，人的心理世界便也开始注重"算计"，也"被结合到合理的专门系统里去"，也已同"他的整个人格相分离"而"被客体化"，那将确实如卢卡奇所说，问题变得十分严重。

---

① ② ③　［匈］卢卡奇：《历史与阶级意识》，杜章智、任立、燕宏远译，商务印书馆，1992 年，第 149 页。

卢卡奇认为,合理化原则就是"可计算性"。他指出:"对我们来说,最重要的是在这里起作用的原则:根据计算、即可计算性来加以调节的合理化的原则。"①如果要真正搞清楚"合理化"究竟给人类带来了什么,必须进一步追溯"可计算性",即"一切依赖于计算"所造成的后果。他主要分析了以下两个方面的后果:

其一,劳动产品的被分割。"劳动过程的可计算性要求破坏产品本身的有机的、不合理的、始终由质所决定的统一。"②在他看来,关键在于,既然对所应达到的结果必须预先作出越来越精确的计算,那么只有通过"把任何一个整体最准确地分解为它的各个组成部分",通过把注意力集中于研究那些"局部的规律",才能实现所谓的"合理化"。与对整个产品进行有机生产的"生产方式"决裂,既是"可计算性"的前提,也是其必然结果。没有专门化,合理化是不可思议的。在这种情况下,"统一的产品不再是劳动过程的对象",即作为劳动过程的对象和产物的劳动产品,必然被割裂而不具有统一性。劳动过程已变为合理化的"局部系统的客观组合",而这种"局部系统的统一性"则纯粹是由计算决定的,从局部系统之间即使存在着某种联系,这种联系也只是偶然的而不具有必然性。卢卡奇的基本判断是:劳动过程的可计算性必然导致破坏劳动产品的有机统一性。他的原话是这样的:"对劳动过程的合理—计算的分析,消除了相互联系起来的和在产品中结合成统一体的各种局部操作的有机必然性。"③

其二,劳动主体的被分割。"生产的客体被分成许多部分这种情况,必然意味着它的主体也被分成许多部分。由于劳动过程的合理化,工人的人的性质和特点与这些抽象的局部规律按照预先合理的估计起作用相对立,越来越表现为只是错误的源泉。"④对劳动过程进行计算,实际上是对劳动者的劳动进行计算,实质上也是对作为人的"劳动者"进行计算。而这样一"计算",劳动者作为人的

---

①②　[匈]卢卡奇:《历史与阶级意识》,杜章智、任立、燕宏远译,商务印书馆,1992年,第149页。
③④　同上,第150页。

性质与特点被割裂,对劳动者的劳动进行计算显然是与劳动者的那些作为人的性质与特点相对立的。在卢卡奇看来,这正是造成在商品形式占支配地位的社会一切错误和罪恶的根源之所在。其直接后果是:"人无论在客观上还是在他对劳动过程的态度上都不表现为是这个过程的真正的主人,而是作为机械化的一部分被结合到某一机械系统里去。他发现这一机械系统是现成的、完全不依赖于他而运行的,他不管愿意与否必须服从于它的规律。"①卢卡奇的这段话告诉人们,对劳动者的劳动进行计算所带来的后果就是使劳动者不再成为劳动过程的主人,劳动者仅仅作为一种劳动工具在运作,仅仅作为"机械化的一部分"被纳入"某一机械系统里去",这一"机械系统"完全独立于劳动者,不管劳动者是否愿意,劳动者除了服从它是没有其他选择的。按照卢卡奇的分析,这里最关键的是,劳动者被实在地抽象为纯粹的量。

在"根据计算、即可计算性来加以调节的合理化的原则"所造成的这两个方面的后果中,卢卡奇特别关注第二个方面的后果,即劳动者本身的被割裂。他说,伴随那种"科学—机械地被分割开的和专门化的劳动"的是,劳动主体"必然相应地被合理地分割开来"。②他特别强调这种"分割"的"合理性",即从"可计算性"来看完全是"合理"的。对此,他又从两个方面加以说明:其一,劳动者的"机械化的局部劳动,即他们的劳动力同其整个人格相对立的客体化变成持续的和难以克服的日常现实","以至于人格在这里也只能作为旁观者,无所作为地看着他自己的现存孤立的分子,被加到异己的系统中去"。③卢卡奇在这里说的是,在"可计算性来加以调节的合理化原则"的支配下,劳动者的劳动力同其自己的整个人格相对立这一点已经作为"常态"被"客观化"了。在这种情况下,劳动者

---

① [匈]卢卡奇:《历史与阶级意识》,杜章智、任立、燕宏远译,商务印书馆,1992年,第150~151页。

② 同上,第151~152页。

③ 同上,第152页。

的"人格"只能眼睁睁地看着自己作为"现存孤立的分子"被一体化到"异己的系统中去"。其二,"生产过程被机械地分成各个部分",必然"切断了那些在生产是'有机'时把劳动的各种个别主体结合成一个共同体的联系"。①卢卡奇在这里指出,生产本来是一个"有机"的过程,而当生产是"有机"的时,参与生产的各种个别主体必然会"结合成一个共同体",而如今生产已不再是"有机"的了,生产过程已被"机械"地分割开来了,这样也就必然"切断"了原先把各种个别主体借助生产"结合成一个共同体"的联系。卢卡奇强调指出,在这一方面,"生产的机械化"把劳动者变成"孤立的原子","他们不再直接—有机地通过他们的劳动成果属于一个整体,相反,他们的联系越来越仅仅由他们所结合进去的机械过程的抽象规律来中介"②。

(四)劳动的合理化导致了人的"孤立化"和"原子化"

卢卡奇用"孤立化""原子化"来概括"根据计算、即可计算性来加以调节的合理化的原则"对劳动者所带来的割裂。"孤立化""原子化"是卢卡奇所描述的在商品形式所支配的社会中人们的基本的存在状态。

在阐述"孤立化""原子化"究竟是一种什么样的存在状态的过程中,卢卡奇深刻地提出了"把时间降到空间的水平上"的著名命题。他说:"随着劳动过程越来越合理化和机械化,工人的活动越来越多地失去自己的主动性,变成一种直观的态度,从而越来越失去意志。"③他所说的"直观的态度"是指"把空间和时间看成是共同的东西,把时间降到空间的水平上"④。为了说明"把时间降到空间的

---

①② [匈]卢卡奇:《历史与阶级意识》,杜章智、任立、燕宏远译,商务印书馆,1992年,第152页。
③④ 同上,第151页。

水平上"这种"直观的态度"的具体含义，他特地引述了马克思在《哲学的贫困》一书的相关论述。马克思说，"由于人隶属于机器"，形成了这样一种局面："劳动把人置于次要地位；钟摆成了两个工人相对活动的精确的尺度，就像它是两个机车的速度的尺度一样。所以不应该说，某人的一个工时和另一个人的一个工时是等值的，更确切的说法是，某人在这一小时中和那个人在同一小时中是等值的。时间就是一切，人不算什么；人至多不过是时间的体现。现在已经不用再谈质量了。只有数量决定一切：时对时，天对天……"①按照马克思的论述，在这样一种境况下，"时间就失去了它的质的、可变的、流动的性质"，"它凝固成一个精确划定界限的、在量上可测定的、由在量上可测定的一些'物'充满的连续统一体"，亦即"凝固成一个空间"。②而一旦"把时间降到空间的水平上"，劳动者必然被抽象为他身上所装载着的一定的劳动时间。除此之外，什么也不是。劳动主体"在这种抽象的、可以准确测定的、变成物理空间的时间里"，必然"相应地被合理地分割开来"，即被合理地"孤立化""原子化"。③劳动主体被抽象化、量化的过程也就是被"孤立化""原子化"的过程。

卢卡奇强调，"孤立化""原子化"成为人的最基本的存在方式，是商品形式占支配地位的资本主义社会所特有的。他认为，"这样产生的孤立化和原子化只是一种表面现象"④，它是资本主义商品形式占支配地位的资本主义生产方式的反映。"个人的原子化只是以下事实在意识上的反映：资本主义生产的'自然规律'遍及社会生活的所有表现；在人类历史上第一次使整个社会（至少按照趋势）隶属于一个统一的经济过程；社会所有成员的命运都由一些统一的规律来

---

① 《马克思恩格斯全集》（第4卷），人民出版社，1958年，第96~97页。
② [匈]卢卡奇：《历史与阶级意识》，杜章智、任立、燕宏远译，商务印书馆，1992年，第151页。
③ 同上，第151~152页。
④ 同上，第153页。

决定。"①他的意思是说，当整个社会都受商品经济所控制，一切都成为商品，社会的所有成员的命运也受制于这种商品经济之时，人就会呈"原子化"状态。他在这里反复强调的是，人呈"原子化"的状态看上去是一种"表面现象"，但实际上是一种具有必然性的表面现象。"这种表面现象是一种必然的表面现象；也就是说，个人在实践中和思想上同社会的直接接触，生活的直接的生产和再生产——在这方面，对于个人来说，所有'物'的商品结构和它们的'自然规律性'，却是某种现成碰到的东西，某种不可取消的已有之物——只能以孤立的商品所有者之间合理的和孤立的交换行动这种形式来进行。"②这里是说，在商品经济占统治地位的情况下，个人无论在"实践中"还是在"思想上"同社会的任何接触，个人生活的"直接的生产和再生产"本身，都不可避免地趋向于"孤立化"和"原子化"。

一切都成为商品，一切必须以交换的形式进行，这是任何人都必须面对的，都以"某种不可取消的已有之物"形式让人们接受。在这种情况下，人只能把自己也当成某种"孤立的商品"，只能在各个孤立的个体之间从事交换，这就是他们不可选择的生存形式。"工人必须作为他的劳动力的'所有者'把自己想象为商品"，"他的特殊地位在于，这种劳动力是他唯一的所有物。就他的命运而言，对于整个社会结构有典型意义的是，这种自我客体化，即人的功能变为商品这一事实，最确切地揭示了商品关系已经非人化和正在非人化的性质"。③在卢卡奇看来，人的存在状态呈"孤立化""原子化"，实际上就是劳动者的"自我客体化"，亦即"人的功能变为商品"，而这一点充分表明，"商品关系"是一种"非人的关系"，即商品关系是同人的本性完全对立的。

---

①②③　[匈]卢卡奇：《历史与阶级意识》，杜章智、任立、燕宏远译，商务印书馆，1992年，第154页。

卢卡奇还指出,"孤立化""原子化"看上去只是劳动者的存在状态和命运,实际上却是整个社会的存在状态和命运。"工人的命运成为整个社会的普遍命运;这种命运的普遍性的确是工厂劳动过程在这个方向上发展的前提。"①卢卡奇在这里强调的是,整个社会的"孤立化""原子化"甚至是劳动者的"孤立化""原子化"的前提。他的理由十分简单:首先,"因为只有当'自由的'工人产生了,他能够把他的劳动力作为'属于'他的商品,作为他'拥有'的物自由地放到市场上出卖时,劳动过程的合理机械化才是可能的"②。这是说,只有在形成"自由的工人"的条件下,只有当工人可以把自己的劳动力当作自己所拥有的"物"放到市场上出售之时,劳动过程才能实现合理化、机械化,即劳动者才能借助于劳动呈现"孤立化""原子化"的状态。其次,"只有在整个社会生活按此方式细分为孤立的商品交换行动时,'自由的'工人才能产生出来;同时,他的命运也必须成为整个社会的典型的命运"③。这是说,要形成"自由的工人",整个社会生活必须划分为"孤立的商品"并纳入交换的体系。卢卡奇认为,关键在于不仅要明确,当"孤立化""原子化"成为人的主要存在状态之时,就意味着原先的那种人的关系的自然关系已被合理物化的关系所取代,而且必须知晓正是所有的资本主义生产前提和条件促使实现了这种取代。他这样说道:"生产者同其生产资料的分离,所有自然生产单位的解体和破坏等等,现代资本主义产生的所有经济—社会前提,都在促使以合理物化的关系取代更明显展示出人的关系的自然关系。"④在卢卡奇看来,认识"孤立化""原子化"是整个资本主义社会的普遍存在状态和命运,即认识合理机械化的和可计算性的原则必须遍及生活的全部表现形式这一点特别重要,只有认识了这一点,才能充分理解商品经济占主导地位的资本主义社会的下述现象的本质和危害性:"满足需要的各种物品不再表现为某一共

---

①②③④　[匈]卢卡奇:《历史与阶级意识》,杜章智、任立、燕宏远译,商务印书馆,1992年,第153页。

同体……的有机生活过程的产品，而是一方面表现为抽象的类样品……，另一方面表现为孤立的客体。"①

（五）人的"孤立化"和"原子化"
渗透进人的意识，导致人丧失总体性

在卢卡奇看来，最严重的是这种以"孤立化""原子化"为主要标志的"物化"的人的生存方式还渗透进了人的意识，形成了人的"物化"意识。他说："正像资本主义制度不断地在更高的阶段上从经济方面生产和再生产一样，在资本主义发展过程中，物化结构越来越深入地、注定地、决定性地沉浸入人的意识里。"②"分工像在实行泰罗制时侵入'心灵领域'一样，这里侵入了'伦理领域'。但是，对于整个社会来说，这并没有削弱作为基本范畴的物化意识结构，而是加强了它。"③"分工中片面的专门化越来越畸形发展，从而破坏了人的人类本性。"④卢卡奇对"物化"的存在方式的批判是同"物化"意识的批判紧紧联系在一起的。

在资本主义社会中，"物化"意识的形成标志着"物化"已严重到无以复加的程度。卢卡奇这样说道："世界的这种表面上彻底的合理化，渗进了人的肉体和心灵的最深处，在它自己的合理性具有形式特性时达到了自己的极限。"⑤这种机械化、合理化一旦进入"人的肉体和心灵的最深处"，在这一"最深处"也受机

---

① ［匈］卢卡奇：《历史与阶级意识》，杜章智、任立、燕宏远译，商务印书馆，1992 年，第 153 页。

② 同上，第 156 页。

③ 同上，第 163 页。

④ 同上，第 162 页。

⑤ 同上，第 164 页。

械化、合理化所控制了，那就说明这种机械化、合理化已"达到了自己的极限"。他还这样说道："商品关系变为一种具有'幽灵般的对象性'的物，这不会停止在满足需要的各种对象向商品的转化上。它在人的整个意识上留下它的印记：他的特性和能力不再同人的有机统一相联系，而是表现为人'占有'和'出卖'的一些'物'，像外部世界的各种不同对象一样。根据自然规律，人们相互关系的任何形式，人使他的肉体和心灵的特性发挥作用的任何能力，越来越屈从于这种物化形式。"①卢卡奇在这里不但指出，商品关系的"物化"必然导致人的意识的"物化"，即商品关系的"物化"必然要在人的意识上"留下它的印记"，而且揭示出人的意识一旦"物化"了，那么人的特性和能力都将成为"为人'占有'和'出卖'的一些'物'"，都将"越来越屈从于这种物化形式"。

卢卡奇在论述"物化"意识时强调停留于"直接性"（immediacy）是其主要特征。他说："这种合理的客体化首先掩盖了一切物的——质的和物质的——直接物性。当各种使用价值都毫无例外地表现为商品时，它们就获得一种新的客观性，即一种新的物性——它仅仅在它们偶然进行交换的时代才不具有，它消灭了它们原来的、真正的物性。"②在卢卡奇看来，合理化的过程就是使对象失去本真的"物性"的过程、掩盖一切对象的本真的"物性"的过程，与此同时，也是使对象获得一种新的"物性"，即一种曲解对象、不能反映对象的本质属性的"物性"。而"物化"意识的根本特征就在于，它只能"直接地"停留于对象新获得的"物性"，把这种曲解、表面化的对象的"物性"误认为是对象唯一的、本真的"物性"。"物化"意识的"直接性"就在于它不可能达到对象的深层的"物性"。而"物化"意识之所以只能停留于"直接性"，关键在于它缺乏"中介"，即面对对象，它根本没

---

① ［匈］卢卡奇：《历史与阶级意识》，杜章智、任立、燕宏远译，商务印书馆，1992 年，第 164 页。
② 同上，第 154 页。

有能力通过多重"中介"让对象的结构呈现出来，并借助于这个结构让对象与我们之间的关系呈现出来。没有了"中介"，"物化"意识除了获得一些"抽象的量的规定性"之外，什么也得不到。呈现在"物化"意识中的世界只是一个"永恒的、平面的"世界。

卢卡奇还强调，"物化"意识停留于"直接性"，"清楚地表现出资本主义主体行为的直观性质"。"资本主义主体行为"实际上是围绕"合理计算"展开的，而"合理计算"的本质"最终是""以认识到和计算出一定事情的必然的–有规律的过程为基础的"，显然，假如"人的行为仅限于对这种过程成功的可能性作出正确的计算"，那么经常"停留在这样一些'规律'可能发生作用的概率计算上面"，[①]而不企图深入到事物本身就变成是顺理成章的了。卢卡奇反复强调 "事实"与"现实"这两个概念是有本质区别的，平时人们所说的"事实"实际上只是事物的"现象"，而"现实"才是事物的"本质"。"物化"意识永远只能停留于"现象"而不能达到"本质"，也就是说，在"物化"意识那里，所有认识都只是关于"事实"的认识，而不是关于"现实"的认识。

卢卡奇认为，"物化"意识停留于"直接性"的过程也是丧失"总体性"的过程。行为主体丧失"总体性"，是意识"物化"的必然结果。"由于工作的专门化，任何整体景象都消失了"[②]，也就是说，处于"专门化"工作状态下的人们，其脑海里是不可能具有"整体景象"的。卢卡奇把"总体性"视为马克思主义方法论的核心。他明确地提出："不是经济动机在历史解释中的首要地位……而是总体的观点，使马克思主义同资产阶级科学有决定性的区别。总体范畴，整体对各个部分的全面的、决定性的统治地位……是马克思取自黑格尔并独创性地改造成为一

---

① ［匈］卢卡奇：《历史与阶级意识》，杜章智、任立、燕宏远译，商务印书馆，1992 年，第 161 页。

② 同上，第 168 页。

门全新科学的基础的方法的本质。"①在卢卡奇看来，具体的、总体的观点是马克思对于辩证法、思想史而言最重要的贡献。与此同时，他又强调总体性是无产阶级的阶级意识的主要内容。他极端重视无产阶级的阶级意识在历史上的决定作用，而他所说的无产阶级的阶级意识的主要内容就是把握总体性，亦即"保持对总体性的渴望"。在他看来，无产阶级的阶级意识与资产阶级及其他阶级的阶级意识的分水岭就是能否把握总体性。而只有当无产阶级产生了总体性的阶级意识，并据此为其争取自身生存、发展的权利而改变世界的时候，历史发展才真正从自为走向自觉。卢卡奇把"物化"意识作为总体意识的对立面加以抨击。他认为，历史要求无产阶级把握总体性范畴，可实际上，无产阶级往往不具备这种意识。原因就在于无产阶级处于一个商品形式占支配地位的社会之中，就在于其基本的生活方式是"孤立化""原子化"的。无产阶级一旦被这种"物化"意识占据头脑，就再也看不到社会的总体发展趋势，而只能被局部的、眼前的利益牵着鼻子走。卢卡奇不但正确地分析了作为总体意识的对立面的"物化"意识的主要表现，而且精辟地指出了这种"物化"意识的形成过程及危害性。

卢卡奇进一步指出，"物化"意识不仅渗透于包括无产阶级在内的资本主义社会所有人的头脑中，而且还在理论上有多重体现。在他看来，几乎所有的资产阶级科学都"同样陷入这种直接性之中的科学"，都"把现实的总体分割成了一些部分"，都"由于工作的专门化而看不到整体了"。②这些资产阶级科学看似在把握社会的整体，可实际上它们所能达到的只是关于这一社会的抽象的、直接的知识，根本不可能达到总体性的高度。正是资产阶级经济学"非常成功的完全合理化，即把它运用于一种抽象的、尽可能数学化形式的规律系统，才形成理解

---

① ［匈］卢卡奇：《历史与阶级意识》，杜章智、任立、燕宏远译，商务印书馆，1992年，第76页。
② 同上，第168页。

这种危机的方法论上的局限性"①。这就是说,资产阶级经济学在把握资本主义社会的整个经济运行过程的时候,在方法论上采取了抽象的办法,从而排除掉了内容,其结果因无力穿透内容而只能停留于对资本主义世界的直观。资产阶级法学比起资产阶级经济学来,"它的看法的物化更为有意识一些",因为它"只不过把法律看成是一种形式上的计算体系,借助于此,一定行为的必然法律(rebus sic stantibus)结果就可以尽可能精确地计算出来"。②当然,它不得不承认其无力把握内容,无力达到总体的高度。

卢卡奇指出,当包括资产阶级经济学和法学在内的资产阶级的科学都不能把握资产阶级社会的"整体景象"时,人们"希望等待能由一种综合性的科学,即由哲学来实现整体的联系",但实践证明,人们对资产阶级哲学的这种期望是"多么的徒劳"。"要做到这一点,只有当哲学通过对问题的完全另外一种提法,通过专注于可认识事物、被认识事物的具体的、物质的总体来突破这种陷入支离破碎的形式主义限制时,才是可能的",但显然,"资产阶级社会的哲学必然没有能力做到这一点"。③他特地对此作出了解释:"这不是说,好像它没有对综合的渴望;也不是说,好像那个社会中最优秀的人物乐于接受敌视生活的存在机械论和与生活格格不入的科学形式主义。但是,在资产阶级社会的基础上,要使立场来一个根本性的变化,是不可能的。"④卢卡奇在这里再次强调,在商品形式占支配地位,即商品经济作为资产阶级社会的基础的情况下,要让哲学担负起认识社会的整体的使命是不可能的。

卢卡奇在论述"物化"意识如何丧失"总体景象"时强调,丧失"总体景象"的"物化"意识与人的"孤立化""原子化"的生存方式是互为因果、相辅相成的。一

---

① [匈]卢卡奇:《历史与阶级意识》,杜章智、任立、燕宏远译,商务印书馆,1992年,第170页。

② 同上,第172~173、174页。

③ 同上,第175页。

④ 同上,第175~176页。

方面，商品形式的占支配地位，以及相应的人的生活方式的"孤立化""原子化"滋生了"物化"意识，使人的意识丧失"总体景象"，使人不再具有"对总体的渴望"；另一方面，这种停留于"直接性"、丧失"总体景象"的"物化"意识，也进一步强化了这种"孤立化""原子化"的人的存在方式。

（六）改变当下人的存在方式，创建人类新文明，必须从恢复总体性入手

卢卡奇的《历史与阶级意识》一书包含着极其丰富的内容，在这里之所以特地在该书如此眼花缭乱、无所不包的内容中专门摘取他关于"物化"状态的若干论述单独加以剖析，是因为他的这些论述太具有现实意义了。

卢卡奇所说的商品形式占支配地位的社会实际上就是实施市场经济的社会。从 20 世纪的后半叶起，全世界在"别无选择"论的鼓噪下，沿着不同的路径都走向了市场经济。西方原先有两种经济模式，即"盎格鲁-撒克逊资本主义"和"莱茵资本主义"，前者是"完全的市场资本主义"，后者比较而言市场化并不那么彻底，在相当长一段时期内，前者呈"压倒""降服"后者之势。而在东方，改旗易帜的那些国家和地区完全倒向了市场经济，现存的社会主义国家和地区也大多相继选择了市场经济模式，尽管它们在市场经济前加上了"社会主义"这一限制词。卢卡奇大约在一个世纪之前所说的"商品"范畴成为整个社会的普遍范畴，社会生活的所有方面都进入交换领域，在当今世界真的完全兑现了。

问题在于，让商品形式占支配地位对人来说意味着什么？究竟给人带来了什么？无疑，市场经济作为一种配置资源的最佳方式，确实给人类带来了巨大的经济效益。自 20 世纪下半叶起，生活在地球的各个地方的国家都不约而同地选

择市场经济这种经济模式,这具有必然性。大家越来越认识到,市场经济是一种中性的机制,资本主义可以利用,社会主义也可以利用,当今人类社会要发展自己,必须利用这种机制。可是,正当人们越来越认可市场经济,并陶醉在由市场这只"看不见的手"所带来的经济繁荣之时,实际上市场经济也正把人们引入一种新的生活状态之中。

综观进入市场经济时代以后当今人类的存在状态,会越发感到卢卡奇当年对在商品形式占支配地位的社会中人的存在方式的揭示是多么深刻和尖锐。卢卡奇这一论述的现实意义就在于,使我们看清当今人的那种存在方式的实质与危害。尽管我们知道人类不可能也不应该因为市场经济使人生活在这样一种存在状态中,存在着这样的负面效应,而放弃市场经济这种资源配置的最佳方式,"告别"市场这只给人类带来无穷财富的"看不见的手";但是人类也不应当对与市场经济如影随形的这种人的存在方式熟视无睹,不应当为了财富的增加而就这样活下去。人类必须在维持市场经济机制的同时,切实改变目前的这种存在方式。如果这样去认识,那么卢卡奇对在商品形式占支配地位的社会中人的存在方式的意义就会清清楚楚地呈现在我们面前。

卢卡奇当年所说的一切,今天就在我们身边发生着。他用"物化"来表述商品形式占支配地位的社会中的人的存在状态。他说,人与人之间的关系变成了一种物与物的关系,这种物与物的关系获得了"幽灵般的对象性",当今人际关系不就是这样一种冷冰冰的物与物之间的关系吗?他把"物化"主要归结为人的劳动的"物化",他说,不但劳动所创造的商品世界正"作为无法制服的、由自身发生作用的力量同人们相对立",而且人的活动本身也"同人本身相对立地被客体化,变成一种商品",这不正是今天人们劳动的真实状态吗?他又把劳动的"物化"与"抽象性"联系在一起,他说,人的具体劳动正变为可以计算的抽象劳动,人类劳动的抽象性已经成为"现实原则"和"社会范畴",在当今不也正是既可从"客观方面"又可从"主观方面"看到这种"抽象性"的负面作用吗？他又把劳动的"物化"追溯到"合理性原则"和"可计算性原则"，他说，在用可计算性来加以调节的合理化原则的支配下，劳动者只能眼睁睁地看着自己作为现存孤立的分子被一体化到异己的系统中去。当今社会人们不也是把"合理性"和"可计算性"奉为至高无上，以至人本身也成了处处"被计算"和"加以合理化的"对象了吗？他进而把"孤立化""原子化"概括为在商品形式所支配的社会中人们的基本存在状态，他说，人的存在状态呈"孤立化""原子化"，实际上就是劳动者的"自我客体化"，亦即"人的功能变成商品"，而且正成为整个社会的存在状态，走向"孤立化"和"原子化"不也正是今天人类的普遍命运吗？卢卡奇对商品形式占支配地位的社会中人的存在方式的揭示，是对我们的一种警示，它提醒我们：我们实际上也生活在这样的状态之下，而这种存在状态是一种"非人"的生活方式。

卢卡奇对在商品形式占支配地位的社会中人的"物化"的存在方式的揭露与批判，是同对这一社会中人的"物化"的意识的揭露与批判紧紧联系在一起的。他认为最严重的是"物化"的人的生存方式还渗透进了人的意识，形成了人的"物化"意识，"物化"意识使人的思维停留于"直接性"上，而"物化"意识停留于"直接性"的过程也是丧失"总体性"的过程，即使人失去了全面地、总体地认识问题的能力。在一定意义上，卢卡奇在《历史与阶级意识》一书中对当代资本主义的批判重心放在对"物化"意识的批判上。对"物化"意识的批判是该书批判的主线，而对"物化"的人的存在方式的批判则是该书批判的辅线。从认识在商品形式占支配地位的社会的人的存在方式的角度看，卢卡奇对在这一社会中人的"物化"意识的批判的启发意义在于，它告诉人们为何人明明生活于处处被"算计"、被"合理化"，日益走向"孤立化""原子化"的"非人"状态，明明本来应是实现自身的"具体劳动"，却越来越变成"抽象劳动"。无论是劳动的产品还是劳动的过程都反过来对抗自身,明明本来应是活生生的人与人之间的关系,却变成了物与物之间的关系,并且这种关系获得了一种幽灵般的对象性,却无法认清自己的这种真实处境,甚至还把痛苦的"非人"的生活当作幸福的生活来接受。在卢卡奇看来,关键就在于人的意识也被"物化"了。随着商品形式逐渐占支配地位,一方面人的存在方式越来越"物化",另一方面人的意识也日益"物化"。一旦人的意识也被"物化"了,那人越来越少而且难于认识到自己究竟处于什么样的存在状态,自己究竟过的是一种什么样的生活。

综观当今社会, 显然存在着明明处于异化的状态之下却感觉不到异化的存在,把异化的生活当作幸福的生活来接受的情况,这一点与卢卡奇的时代相比,甚至有过之而无不及。卢卡奇关于商品形式占主导地位的社会中人的存在方式的理论的现实意义,不仅有助于人们对自己的存在状态产生"警觉",认清这种存在状态的实质, 而且还能够使人们知道何以自己长期对这种存在方式麻木不仁,从认识当下人的"物化"的存在方式进一步去觉察当下人的"物化"的意识。

当然,卢卡奇在《历史与阶级意识》一书中不仅揭露和批判了人的"物化"的存在方式和人的"物化"的意识,而且还探讨了如何"去物化"(de-reification)的问题。他对"去物化"的论述最引人注目之处是提出了"无产阶级立场"的问题。他将论述"物化"的长篇论文《物化和无产阶级意识》第三节的标题定为"无产阶级的立场"是意味深长的。他认为,所有资产阶级的社会科学和自然科学由于都渗透着"物化"的意识,或者说它们本身就都属于"物化"意识,从而不能指望依靠它们来为"去物化"指点迷津。他通过对"资产阶级思想二律背反"的揭示,来说明资产阶级的"科学"面对"物化"是无能为力的。他把希望寄托在"无产阶级立场"上,但寄托于"无产阶级立场"不等于寄托于"无产阶级"。正如有学者所指出的,这就是卢卡奇与马克思的不同之处,对于马克思来说,"无产阶级"这一主体本身就够了,或者说无产阶级在生产过程中有所处的阶级地位就够了;然而对于卢卡奇而言,却必须在"无产阶级"之后加上"立场"二字。无产阶级只有站在无产阶级的立场上,它才是真正的无产阶级。立场与阶级不可分离,并且它不是阶级的补语:立场构成阶级的本质部分。①在他看来,在无产阶级的意识暂时还屈从于物化的情况下,仅仅因为这个人属于无产阶级的阵营,就认为他一定能洞见"物化"的存在方式并为改变这种存在方式而斗争,这是不现实的。只有真正具有无产阶级立场的人,才能担当这样的历史使命。这种立场的确立,靠的并不是某种外在的必然性,这需要经历磨难和痛苦。

当然,在他看来,要真正认识和改变这种"物化"存在方式,靠少数人具有无产阶级的立场是不够的,还必须有待于整个阶级的觉醒。他说:"随着无产阶级开始意识到自己的阶级立场,这一过程也就开始了。"②他还强调说,关键在于,具有无产阶级立场的人不但能够认清那种"物化"的存在方式的实质,而且还会采取行动,积极地改变这种存在方式。他这样说道:"因为连无产阶级本身也只有当它采取真正实践的态度时,它才能克服物化。"③卢卡奇把认识和改变那种"物化"的存在方式与"无产阶级立场"联系在一起,把持有"无产阶级立场"视为是认识和改变那种"物化"的存在方式的前提,对当今的人们特别具有针对性。当今人们避开"立场"来谈论问题,如人的存在方式这样的与人自身密切相关的问题,已成为时尚。实际上,正如卢卡奇所说,站在什么立场上去认识这才是最重要的。任何人要真正认识"物化"的存在方式,并想对此有所作为,就要如卢卡奇所说的那样,首先应当端正自己的立场,看看自己是不是真正站在无产阶级的立场上。

---

① 参见周凡执行主编:《新马克思主义评论》(第一辑),中央编译出版社,2012年,第27页。

② 周凡执行主编:《新马克思主义评论》(第一辑),中央编译出版社,2012年,第279页。

③ 同上,第301页。

六、马尔库塞对"单向度"生活境遇的批判和对建立人类新文明途径的探讨

20世纪60年代初,法兰克福学派的主要代表人物马尔库塞出版了《单向度的人》这部著作。这部著作告诉世人:当今人类生存处境的主要特征就是"单向度",当今的人实际上都是"单向度的人"(One-Dimensional Man)。马尔库塞的这一告诫引起了当时许多人的警觉。随后,在西欧和北美掀起的声势浩大的反对资本主义生产方式和生活方式的运动,在一定意义上是受到这一著作的影响。非常遗憾的是,半个多世纪过去了,马尔库塞所揭示的那种人的生存境遇非但没有得到改变,反而还愈演愈烈。正因为如此,重温马尔库塞的这一著作,重新审视马尔库塞对人的"单向度"的揭示,特别是对走出这种生存境遇,建立人类新文明途径的探讨,有着重大的现实意义。

(一)"单向度"是资本主义文明下人类生存境遇的主要特征

马尔库塞认为现代人都成了"单向度的人",他用"单向度"来概括在资本主

义文明下人的生存境遇。他所说的"单向度"主要包含以下五层含义:

1. 在消费领域,人被"虚假的需求"所操纵,人成了整齐划一的消费机器

马尔库塞强调,人具有各种各样的需求,这些需求的满足就是人的幸福。但追求物质享受并不是人的主要需求,即物质需求的满足并不能给人幸福。人与动物不同,他非但不满足于锦衣玉食,而且还力图摆脱物的束缚,追求更高尚的东西。现代人之所以在精神上感到莫大的痛苦,主要原因在于单向地把追求物质享受作为自己的第一需要,因此把自己降低为一般的动物。

现代工业社会推行高生产、高消费的政策,它为了使生产从而使整个社会制度延续下去,必须使产品得到消费。生产得越多,就要求消费得越多。那么它怎样使它生产的产品得到消费呢? 马尔库塞揭露说,它主要通过制造"虚假的需求",以实现"强迫性的消费"。所谓"虚假的需求","是为了特定的社会利益从外部强加在个人身上的那些需求",这些需求"使艰辛、侵略、痛苦和非正义永恒化"。[①]"现行的大多数需要,诸如休息、娱乐、按广告宣传来处世和消费、爱人之爱和恨人之恨,都属于虚假的需要这一范畴之列。"[②]

这个社会动用一切宣传机器,促使我们相信他们需要这些产品。当人们有了双喇叭收音机后,就刺激人们去购买四喇叭的;有了四喇叭的之后,又引诱人们去占有六喇叭的;有了六喇叭的之后,还会想出新的花样,使人们去追求更新型的。马尔库塞这样概括,对于晚期资本主义来说,这变成了它的最必要的装置之一,一再唤起新的需要使人们去购买最新的商品,并使他们相信他们实际上

---

①② [美]赫伯特·马尔库塞:《单向度的人:发达工业社会意识形态研究》,刘继译,上海译文出版社,2014 年,第 6 页。

也需要这些商品,相信这些商品将满足他们的需要,结果是把自己完全交给了商品世界的拜物教,并在这方面再生产着资本主义制度,甚至它的需要。

在马尔库塞看来,当人们都把这种"虚假的需要"作为自己的"真实的需要",即人们都把无止境地满足自己的物欲作为自己的生活方式以后,人们实际上都成了消费动物,因而他们之间的区别也不存在了。他指出,这个社会的"系统""不仅先验地决定着装备的产品,而且决定着为产品服务和扩大产品的实施过程"。"在这一社会中,生产机构趋向于变成极权性的,它不仅决定着社会需要的职业、技能和态度,而且还决定着个人的需要和愿望","因此,它消除了私人与公众、个人需要与社会需要之间的对立"。①社会的需要成功地变成了个人的需要,个人都公众化了,都成了一个个消费动物,人的个性完全被泯灭了。

马尔库塞反复强调了当今资本主义社会把社会的需要变成个人的需要的有效性。他这样说道:"在当代社会最高度发达的地区,把社会需要移植成个人需要是如此有效,以致它们之间的差别似乎纯粹是理论上的事情。人们当真能对作为新闻与娱乐工具的大众传播媒介和作为灌输与操纵力量的大众传播媒介作出区分吗? 当真能对制造公害的汽车和提供方便的汽车作出区分吗? 当真能对实用建筑的恐怖与舒适作出区分吗? 当真能对为保卫国防和为公司营利的手段作出区分吗? 当真能对提高生育率方面的私人乐趣和商业上、政治上的功用作出区分吗? "②马尔库塞接连提出这一系列的问题,旨在说明笼罩在消费主义下的当代人实际上已无法分清"真实的需要"和"虚假的需要"了。他认为,当今人们实际上都已成了一种"固定接收器",他们是作为这样一种东西进入"当前的社会的",这样,他们不可能"发现和满足""真实的需要","已有的和可能

---

① [美]赫伯特·马尔库塞:《单向度的人:发达工业社会意识形态研究》,刘继译,上海译文出版社,2014年,导言,第6页。

② 同上,第9页。

的、已满足和未满足的需要之间的对立"在他们那里已"消去"。①

在马尔库塞看来，处于现代工业社会中的人们的消费都是强迫性的，一种强制性的力量迫使他们去追求这种"虚假的需要"。他说，"这样的需要具有社会的内容和功能，它们取决于个人所无法控制的外力"，"这些需要的发展和满足是受外界支配的"。在这种情况下，"无论这些需要有多少可能变成个人自己的需要，并由他的生存条件所重复和增强；无论个人怎样与这些需要相一致并感觉到自己从中得到满足"，这些需要"始终是要求压制的势力占统治地位的社会的产物"。②关键还在于，这些由社会强加于人的"虚假的需要"竟然成了一种"无条件要求满足的需要"，"生命攸关的需要"，它们竟然以"人的物质水平上的衣、食、住"的形式出现，这样它们竟然又成了"实现包括粗俗需要和高尚需要在内的一切需要的先决条件"。③

他特别强调，现代工业社会中的人们，面对这种"强迫性的消费"和"虚假的需要"，除了接受之外，几乎是别无选择的。他认为，"发达工业社会的显著特征是它有效地窒息那些要求自由的需要"④。尽管发达工业社会也常常打着"自由"的旗号，但这里的"自由"实际上只是实施强制性的一种"工具"。他这样说道："在抑制性总体的统治之下，自由可以成为一个强有力的统治工具。决定人类自由程度的决定性因素，不是可供选择的范围，而是个人能够选择的是什么和实际选择的是什么。""如果商品和服务设施维护对艰辛和恐惧的生活所进行的社会控制的话，就是说，如果它们维护异化的话，那么，在大量的商品和服务设施中所进行的自由选择并不意味着自由。何况个人自发地重复所强加的需要并不

---

① ［美］赫伯特·马尔库塞：《单向度的人：发达工业社会意识形态研究》，刘继译，上海译文出版社，2014年，第8~9页。

②③ 同上，第6页。

④ 同上，第8页。

说明他的意志自由，而只能证明控制的有效性。"①

他指出，现代工业社会所满足的人们的需要是这样一些"需要"："对于过度的生产和消费压倒一切的需要；对于实际上已不再必要的使人麻木的工作的需要；对于抚慰和延长这一麻木不仁状态的缓和方式的需要；对于维持欺骗性自由的需要。"满足这些需要的过程从表面上看也有"自由"，但这些"自由"充其量是"垄断价格中的自由竞争，审查制度下的自由出版，以及商标和圈套之间的自由选择"②。

马尔库塞认为，通过制造"虚假的需要"来使人成为"单向度的""消费动物"，在当今工业社会中成了这样一个"既成的事实"："人们在无知和失望中所接受的事实，同时也是为了个人幸福、为了使所有以痛苦为其满足之代价的人的利益而必须加以消除的事实。"③

2. 在生产领域，人的劳动以分工和专业化为基础，人成了千篇一律的整个生产体系中的一颗螺丝钉

马尔库塞接受了马克思在《1844年经济学哲学手稿》中把人的自由自觉的活动——劳动作为人的本质的思想。他认为，人的真正的幸福就在于其本质的实现，而本质的实现主要表现为其劳动成为一种自由自觉的活动，即成为一种消遣活动。基于这种认识，他指出，判断一个社会是否美好，生活在这一社会中的人们是否幸福，主要不是看这一社会的物质生活资料是否充裕，而是看生活在这一社会中的人们所从事的劳动是痛苦的异化劳动，还是给人带来快感的消

---

① ② ［美］赫伯特·马尔库塞：《单向度的人：发达工业社会意识形态研究》，刘继译，上海译文出版社，2014年，第8页。

③ 同上，第6页。

遭活动。

他用来说明现代工业社会是"单向度的社会"、生活在现代工业社会中的人是"单向度的人"的内容就是对劳动的考察。在他看来，现代人在劳动中非但没有实现自身，而且这种劳动掉转头来成了反对他自身、不属于他的活动。

马尔库塞认为，关键在于，在现代工业社会中，随着劳动的机械化、自动化程度的提高，人在劳动中越来越丧失了自己的自主性和创造性，人在劳动中只是从事一些单调无聊的、翻来覆去的动作，也就是说，只是作为一部机器的零件，一种工具在起作用。他说，现代资本主义社会的生产过程"使整个的人——肉体和灵魂——都成了一部机器，或者甚至只是一部机器的一部分，不是积极地，就是消极地；不是生产性的，就是接受性的，在他的工作时间和业余时间里为这一制度效力"。"技术上的劳动分工使人本身只起着一部分操作功能，而这一部分功能则受着资本主义过程的协调性的协调。这一剥削的技术结构织成了一张巨大的人的机器的网，而这些机器生产和维持着一个富裕社会"。①现代工业社会中的劳动，从表面上看，按按电钮、抄抄数字是非常轻松的，可实际上，由于这种劳动只是履行一种预设的功能，劳动者完全屈从于机器，从而人都成了"单向度的劳动机器"。

马尔库塞还借助弗洛伊德的精神分析学提出，人成为"单向度的劳动机器"的过程，实际上就是劳动远离"快乐原则"而服从于"操作原则"的过程，是人内在的"力比多"转移到"对社会有利的操作"上去的过程。他这样说道："操作原则是一个不断发展的、进取的对抗性社会的原则。它的前提是，在长期的发展中，统治将变得越来越合理，因为对社会劳动的控制现在正以更大的规模、更好的

---

① ［美］马尔库塞：《反革命和造反》，载任立编译：《工业社会和新左派》，商务印书馆，1982 年，第 90 页。

条件再生出社会来。""对极大多数人来说,满足的规模和方式受制于其自己的劳动。然而他们却是在为某种设施而劳动,并对这种设施无法进行控制,这是一种个体若想生存就必须屈从于它的独立的力量。而且劳动分工越专门,他们的劳动越异化。""人们并不在过自己的生活,而只是在履行某种事先确立的功能。虽然他们在工作,却不能满足自己的需要和发挥自己的作用。他们是在异化中工作。现在,工作变成了一般工作,因而导致了对力比多的约束:占据极大部分个体生活时间的劳动时间是痛苦的时间,因为异化劳动是对满足的反动,对快乐原则的否定。力比多被转到对社会有用的操作上去,在这些操作中,个体从事着同自己的机能和需要根本不协调的活动。"[①]他还说道:"在操作原则统治下,人的身心都成了异化劳动的工具,而只有当人的身心抛弃了人类有机体原先具有并追求的力比多的主-客体自由时,才会成为这样的工具。"[②]

在马尔库塞看来,人成为"单向度的劳动机器"与现代工业社会中科学技术的迅猛发展相关,更是由现代工业社会中那种所谓现代管理理念造成的。建立在传统生产方式之上的管理手段是比较粗放的,这种管理手段主要依靠人的自觉性和创造性来提高生产效率;而现代的如福特制、泰勒制这样的管理手段所注重的是分工和专业化,实际上是着眼于把人变成"单向度的劳动机器",即通过使人成为整个生产体系的一颗螺丝钉来提高生产效率。在这种状态下,作为劳动主体的人都成了毫无生气、毫无创造性的被支配的对象。活生生的人成了机器的延伸工具,产品越来越精致复杂,而制造产品的人却越来越简单钝化,简单钝化到成为一种工具。

---

① [美]赫伯特·马尔库塞:《爱欲与文明:对弗洛伊德思想的哲学探讨》,黄勇、薛民译,上海译文出版社,1987年,第28~29页。

② 同上,第29页。

3. 在思想领域,人的思想受统治者所控制,人的思维都是"单向度的肯定性思维"

马尔库塞认为,就思想领域而言,现代工业社会的统治者已成功地把人的思想变成"单向度的思想"。他说:"单向度的思想是由政策的制定者及其新闻信息的提供者来系统推进的。它们的话语领域充满着自我生效的假设,这些被垄断的假设不断重复,最后变成令人昏昏欲睡的定义和命令。"①他举例说,现代工业社会的政策制定者及其新闻信息的提供者不断地宣传"在'自由世界'里运转或赖以运转的制度是'自由的'",而"其他那些超越这一模式的自由方式不是被定义为无政府主义、共产主义,就是被定义为宣传",久而久之,人们就会接受这种灌输,真的相信唯有西方的制度才是自由的。这实际上是为思想设定界限,"思想的运动被停止在表现为理性自身的界限的障碍面前"②。在马尔库塞看来,人们接受了现代工业社会的统治者的灌输,就意味着他的思维已成了"单向度的肯定性思维"。这是现代人思维方式的深刻变化,"这些变化有助于使思想和目标同现行制度的要求相协调,有助于把它们包容在制度之内,有助于拒斥那些与制度格格不入的东西"③。对于一个人的思想向度逐渐被封闭的社会来说,"思想的自我限制就显出更重要的意义"④。

在马尔库塞看来,现代工业社会中所流行的实证哲学和语言分析哲学就是典型的"单向度的肯定性思维"方式,于是,他在批判"单向度的肯定性思维"时把矛头直指实证哲学和语言分析哲学。他指出,现代人的思维方式之所以是"单

---

①③　[美]赫伯特·马尔库塞:《单向度的人:发达工业社会意识形态研究》,刘继译,上海译文出版社,2014年,第13页。

②④　同上,第14页。

向度的、肯定性的"，就是实证主义"所起的作用"，实证主义"否定理性的超越因素"，"因而是社会所需要的行为在学术上的对应物"。①他指出,实证主义及与其紧密相连的语言分析哲学在现代工业社会中逐渐占统治地位的过程,也就是肯定性思维逐渐战胜否定性思维的过程。关键在于,语言分析哲学强调哲学的功能主要在于"治疗",即所谓"治疗思想和言语所染上的令人混淆的形而上学观念症"②,而实际上,"把批判性思维改造成肯定性思维的做法大多产生于对普遍概念的治疗性处理之中"③。他认为,当代工业社会中所流行的实证主义的主要任务就是"反对形而上学观念","它既为形式逻辑的精确性观念所驱使,又为经验描述的精确性观念所驱使",它或者通过逻辑和数学分析来达到这种精确性,或者通过日常语言分析来达到这种精确性,而逻辑、数学分析以及日常语言分析这"两极""同样都排斥或贬低那些超越流行合法性原则的思想和言语成分"。④"因为,清除容许思想和言语的不精确性、模糊性甚至矛盾性存在的专有地盘,正是保护正常话语领域免受不良思想严重影响的最有效方式。"⑤马尔库塞强调的是,语言是思想的直接现实,对语言的清洗实际上与对大脑的清洗是一回事,即让人们无批判地、直接地接受既定事实。而让人们无批判地、直接地接受既定事实就意味着使人们丧失掉否定性思维,使人们不能对现实的社会环境作出合理的审视和批判。随着哲学成为某种顺从和附庸的东西,人的思维也成为某种顺从和附庸的东西,从而整个人也成为某种顺从和附庸的东西。

---

① ［美］赫伯特·马尔库塞:《单向度的人:发达工业社会意识形态研究》,刘继译,上海译文出版社,2014 年,第 13 页。

② 同上,第 144 页。

③ 同上,第 155 页。

④⑤ 同上,第 156 页。

4. 在文化领域，人所享用的是通俗文化而不是高层文化，人成为清一色的麻木不仁者

在马尔库塞看来，高层文化是表达人的理想的文化，是高于现实、对现实持批判态度的文化。"高层文化过去总是与社会现实相矛盾的。"①高层文化的伟大之处就在于它传播着"人道主义的理想""人格的完满""个人的悲欢"。尽管高层文化曾经是一种"前技术文化"，但它所表述的是"仍然为另一种向度所遮蔽、破坏和拒斥的秩序"，"此种向度指控和否定商业秩序，与商业秩序形成不可调和的对立"。②

马尔库塞在高度赞赏高层文化的基础上，痛心疾首地指出，在现代工业社会里，"高层文化为现实所拒斥，现实超过了它的文化"，"技术合理性的进步"正在"清除'高层文化'中的对立性因素和超越性因素"。③随着文化在"当代工业社会发达地区"呈"俗化趋势"，人们"背弃了高尚的高层文化所维护的期望，践踏了高尚的高层文化所维护的真理"。④现代工业社会的统治者"通过消灭高层文化中对立的、异己的和超越性的因素""来消灭文化和社会现实之间的对立"。本来，这些"对立的、异己的和超越性的因素""借助于高层文化而构成现实的另一种向度"，现在"另一种向度"不存在了，只剩下与现实相融合的"一种向度"了。"双向度文化的清除，不是通过否定和拒斥各种'文化价值'，而是通过把它们全部纳入既定秩序，并大规模地复制和展示它们。"⑤他还指出，文化成了单向度的

① ③ ④　[美]赫伯特·马尔库塞：《单向度的人：发达工业社会意识形态研究》，刘继译，上海译文出版社，2014年，第49页。

②　同上，第51页。

⑤　同上，第50页。

通俗文化,也就意味着文化完全商业化了。"如果大众传播媒介能把艺术、政治、宗教、哲学同商业和谐地乃至天衣无缝地融合在一起的话,它们就将使这些文化领域具备一个共同特征——商品形式。"①

马尔库塞着重以艺术为例加以说明。他说:"艺术无论仪式化与否,都包含着否定的合理性。在其先进地位上,艺术是'大拒绝'——对现存事物的抗议。它那些使人和物出场、吟唱、发声与述说的方式,是拒绝、破坏和重新创造其实际存在的方式。"②"艺术只有作为否定力量才能拥有这种魔力。只有当形象是活生生的并拒斥既定秩序时,它才能讲述自己的语言。"③他认为,在发达工业社会里,艺术发生了严重异化。"不断发展的技术现实不仅使某些艺术'风格'失去其合法性,而且还使艺术的要旨失去其合法性。"④"现在,活跃在艺术异化中的艺术与日常秩序间的重大裂隙,被发达技术社会逐渐弥合了。随着裂隙的弥合,'大拒绝'转而遭到了拒绝;'其他向度'被占优势的事态所同化,异化作品被纳入了这个社会,并作为对占优势的事态进行粉饰和心理分析的部分知识而流传。这样,它们就变成了商品——被出售、给人安慰或使人兴奋。"⑤"发自心灵的音乐也是推销术的音乐。起作用的是交换价值,而不是真实的价值。"⑥马尔库塞强调,高雅艺术被大众艺术所取代,带给人的直接影响是使人失去目标和追求,人在大众艺术的熏陶下,都昏昏欲睡、麻木不仁。他们不再去想象"另一种生活方式","而是想象同一生活方式的不同类型或畸形,这是对既定秩序的肯定而不是否定"。⑦理想屈从于现实,理想被现实所征服、所同一,"单向度的艺术"造

---

①⑥ 〔美〕赫伯特·马尔库塞:《单向度的人:发达工业社会意识形态研究》,刘继译,上海译文出版社,2014年,第50页。

② 同上,第55页。

③④ 同上,第54页。

⑤ 同上,第55~56页。

⑦ 同上,第51~52页。

就了"单向度的人"。他说，环顾当今的工业社会，"文化中心变成了商业中心、市政中心或政府中心的配件"，"差不多人人都可以随时获得优雅的艺术享受，只要扭动收音机的旋钮或者步入他所熟悉的杂货商店就能实现这一点"，"但在这种传播过程中，人们却成了改造他们内容的文化机器的零件"。①

5. 在政治领域，人受新的统治形式所控制，人都被"一体化"进现行的社会制度

马尔库塞认为，现代工业社会在政治上的最大特征就是革命和动乱因素被逐渐消解和控制，各种对立和矛盾逐步趋于一致或同化。他说："在这个社会中，传统的症结遭到了清除与隔离，引起动乱的因素也得到控制。"②社会出现了"一体化"趋势，而这种"一体化"是全方位的："在作为促进性、支持性有时甚至是控制性力量的政府干预下，国民经济按照大公司的需要进行集中；这种经济与军事联盟、货币整顿、技术援助和发展规划的世界性体系相协调；蓝领工人和白领工人、企业中的领导与劳工、不同社会阶层的闲暇活动及愿望逐渐同化；学业成绩与国家培养目标之间的预定和谐得到促进；公众舆论的共同性侵入私人事务；私人卧室向大众传播敞开。"③马尔库塞认为，所有这些"一体化"带来的结果是："萧条得到控制，冲突得到稳定。"④

在马尔库塞看来，正是在这种"一体化"的大环境下，党派之间的斗争变得不那么明显，党派之间的合作越来越成为普遍的事实。"外交政策上的两党合作

---

① ［美］赫伯特·马尔库塞：《单向度的人：发达工业社会意识形态研究》，刘继译，上海译文出版社，2014年，第57页。

②③ 同上，第18页。

④ 同上，第20页。

跨越了竞争性的集团利益;两党合作扩展到国内政策方面,各大党的政纲变得越来越难以分别,甚至在其伪善程度和陈腐气味方面也是如此。对立派别之间的这种一致取决于社会变化的种种可能性,其中对立派别的一致包容了制度所依赖的那些阶层,就是说,包容了其存在曾经表现为整个制度的对立面的那些阶级。"①不同党派"一体化"了,工会与公司也"一体化"了。"工会几乎与公司没有区别可言。"②当工会和公司"都在尽力为更大的导弹合同而四处奔走并把其他国防工业也拉入这一行列的时候",也就是说,当工会与公司一起进行类似的"联合游说活动"之时,工会已没有办法说服生产线上的工人相信他们的利益与公司的利益是不一致的。马尔库塞认为,不同党派,以及工会与公司的这种"一体化""证明了资本主义一体化的深度与广度"③。

当然,在所有这些"一体化"中,马尔库塞最注重的是人,特别是作为蓝领工人的人与现代的社会制度的"一体化",即他们被现代的社会制度所"同化"。他这样说道:"同化的趋势进而表现在职业的层次中。在重要的工业机构里,'蓝领'工作队伍朝着与'白领'成分有关的方向转化,非生产性工人的数量增加。"④他对正被"一体化"进行的社会制度的工人阶级的生存状况作出了精彩描述:"在自动化最为成功的地区,某种技术共同体似乎使工作中的人类原子一体化起来。机器似乎在给操作者灌输着一种使人昏昏沉沉的节奏。"⑤工人与机器"共摇摆","它们摇摆着人这一工具——不仅是他的身体,还有他的大脑甚至灵魂"。⑥"劳动性质和生产工具的这些变化改变了劳动者的态度和意识","需要、愿望、生活标准、闲暇活动及政见的同化,导源于工厂自身中,物质生产过程中的

---

① [美]赫伯特·马尔库塞:《单向度的人:发达工业社会意识形态研究》,刘继译,上海译文出版社,2014年,第18页。
②③ 同上,第19页。
④ 同上,第25页。
⑤⑥ 同上,第24页。

一体化"。①"在工作中形成机械共同体的技术组织，同样地也使工人与工厂形成更为紧密的依存关系"，"在一些技术最发达的企业中，工人们甚至夸耀他们在企业中得到的既定利益"。②

马尔库塞认为，工人阶级与现代的社会制度的"一体化"是全面的、整体的，不仅包括生产、精神、心理，也包括利益，而其最终结果就是工人阶级由资本主义社会的否定力量变成了肯定力量。"新的技术工作世界因而强行削弱了工人阶级的否定地位：工人阶级似乎不再与既定的社会相矛盾。"③马尔库塞认为，在现代工业社会中，工人阶级的生存方式是与其所在的社会相融合的。沦为单纯的"物"与"工具"的人，特别是工人阶级不再具有否定性与批判性的锋芒，而是与这个社会占支配地位的资产阶级"一体化"了。

（二）人在"单向度"境遇下过的是"不幸之中的欣慰"生活

人在"单向度"的生存境遇下究竟生活得如何呢？人会很幸福吗？这是人所需要的那种生活吗？这正是马尔库塞所着重论述的。

1. 人过的是"不幸之中的欣慰"生活

马尔库塞认为，人处于"单向度"状态，从表面上看，人的生活是十分舒适的——人们清一色地拥有自己的高级住宅、小汽车，还有吃的和穿的东西，这当

---

① ［美］赫伯特·马尔库塞：《单向度的人：发达工业社会意识形态研究》，刘继译，上海译文出版社，2014年，第27页。

② 同上，第28页。

③ 同上，第29页。

然是够幸福的了。但事实上,所有这些幸福都是建立在痛苦基础上的。"结果是不幸之中的欣慰。"①关键在于,如前所述,这里所满足的只是一种虚假的需要,因而这种满足也只是一种虚假的满足。"现行的大多数需要,诸如休息、娱乐、按广告来处世和消费、爱人之所爱与恨人之所恨,都属于虚假的需要这一范畴。"②在这种情况下,"人们似乎活在他们的商品之中;他们的灵魂困在他们的小轿车、高清晰度的传真装置、错层式家庭以及厨房设备之中"③。这就是说,人们提出现代工业社会的要求并实现自己的需求,人就失去了自己的本性,成了现代工业社会的附属品。在马尔库塞看来,这就是人同社会的一体化、一致化。"这种一致化的过程并非虚构而确是现实。然而这种现实又构成了异化的更高阶段,后者已经完全变成客观的事实;异化了的主体被其异化了的存在所吞没。"④马尔库塞强调,正是在这种人成为"单向度"的人的过程中,人和物的关系完全颠倒了,人们好像是为了他们的商品而生活。不是产品为了满足人的需要而生产,而是人为了使产品得到消费而存在。人拜倒在物面前,把物作为自己的灵魂,这就意味着忘却、失去了自己的灵魂。失去灵魂的人还有什么幸福可言?

2. 人只不过是"受到抬举的奴隶"

马尔库塞强调,人在发达工业社会里,无论是从其成为"消费机器"而言,还是就其充当"劳动机器"来说,都说明人在与物的关系上实际上已处于从属的地位,人已成了物的奴隶,但这是一种特殊的奴隶,即"受抬举的奴隶"。他这样说

---

①② [美]赫伯特·马尔库塞:《单向度的人:发达工业社会意识形态研究》,刘继译,上海译文出版社,2014年,第6页。

③ 同上,第9页。

④ 同上,第11页。

道:"发达工业文明的奴隶是受到抬举的奴隶,但他们毕竟还是奴隶。"①他认为,是否是奴隶"既不是由服从也不是由工作难度来决定的","而是取决于人作为一种单纯的工具以及人沦为物的状况",显然,在发达工业社会里,"人作为一种工具、一种物而存在",所以这无疑是"奴隶状态的纯粹形式"。②在马尔库塞看来,从表面上看,在现代工业社会里,人,特别是无产阶级与整个社会相融合了,但实际上这并不单单意味着无产阶级获得了真正的解放,可以与资产阶级平起平坐了,而是意味着由于实施机械化劳动,工人的劳动强度有所降低,物质生活水平有所提高,工人与工厂、商品的依存关系也强化了,工人越来越作为一种工具、一种物而存在。在这种情况下,如果工人这种"物""被赋予了生命且能够挑选它的物质食粮和精神食粮",如果工人这种"物""并未感到它是作为物而存在",如果工人这种"物""是一个漂亮、干净的物",那么这并不说明工人这种"物"不再是"物"、不再是"奴隶",而只能说明工人作为物而存在的这种"生存方式""还没有废除",即依然作为一种"物"、作为"奴隶"而存在着。

3. "整个的人"都成了"一个管理对象"

马尔库塞提出,对于现代工业社会中大多数居民来说,"资本产生的主要的不是物质的贫困,而是物质需要的受控制的满足","整个的人——他的智慧和感觉——都变成了一个管理对象,并被用来不但是生产和再生产这一制度的目的,而且也生产和再生产这一制度的价值和希望,及其思想意识的天堂"。③由于

---

① [美]赫伯特·马尔库塞:《单向度的人:发达工业社会意识形态研究》,刘继译,上海译文出版社,2014年,第29~30页。
② 同上,第30页。
③ [美]马尔库塞:《反革命和造反》,载任立编译:《工业社会和新左派》,商务印书馆,1982年,第90页。

"整个的人"成了"一个管理对象",从而"整个的人",包括肉体和精神都变成了一部机器,或者甚至只是一部机器的一部分,这部机器"不是积极地,就是消极地;不是生产性的,就是接受性的,在他的工作时间和业务时间里为这一制度效力"。他强调说:"技术上的劳动分工使人本身只是起着一部分操作功能,而这一部分功能则受着资本主义过程的协调器协调。这一剥削的技术结构织成了一张巨大的人的机器的网,而这些机器和生产维持着一个富裕社会。"①他认为,人一旦成了"一个管理对象",那么人就彻底丧失了尊严。"在技术面纱的背后,在民主政治的面纱背后,显现出了现实:全面的奴役,人的尊严在作预先规定的自由选择时沦丧。"②人成为"一个管理对象"的过程,当然也是"商品化"的过程。在这种情况下,"真和假,善和恶都赤裸裸地成了政治经济学的范畴:它们规定了人和物的价值","商品的形式成了无所不包的"。③

4. 人有病,"并且把自己的病当作健康"

马尔库塞认为,更为严重的是,生活在现代工业社会中的人明明十分痛苦,却感觉不到痛苦的存在,明明有病,却还自以为非常正常。他说:"至于说到一个病态社会的公民,尽管他的举止态度在这种社会里是正常的、适当的和健康的,我们还是禁不住要问:难道这样的个人就没有病吗?难道这种状况不要求对什么是精神健康持有异议吗?"④在他看来,关键在于要对"健康"和"有病"、"正常"和"反常"有一个正确的认识。"或许医生明白什么叫'正常功能'。当有机体不受

---

①② [美]马尔库塞:《反革命和造反》,载任立编译:《工业社会和新左派》,商务印书馆,1982年,第90页。

③ 同上,第91页。

④ [美]马尔库塞:《当代工业社会的攻击性》,载任立编译:《工业社会和新左派》,商务印书馆,1982年,第3页。

干扰，并同生理和心理结构协调地工作时，它的功能就是正常的。""粗看起来，正常的一般定义和医生给它下的定义并无差异。精神（灵魂和肉体）的正常功能可以使个人的活动和他是一个孩子，是一个成人，是父亲或母亲，是未婚的或已婚的身份相符，可以使他的活动和他的工作、职业和地位相称。"①马尔库塞不同意一般的医生这种仅仅从生理或心理的角度来判断一个人是否是"正常"的。他强调，必须从社会的角度来加以判断。他强调，"正常"这一概念的"定义""包含了属于一种全新范围的因素，即社会范围的因素"，"从社会更本质的意义上来看，它主要是作为正常的一个因素，而不是外界影响的一个因素"，"因此，'正常'的基本含义主要指的是社会方面和结构方面的，而不是个人方面的"。②他认为，从社会的角度来判断生活在现代工业社会中的人就不难看到，他们大多是不正常的，也就是说是有病的。在他看来，当人们"所从事的工作从本质上来说是'单调的'、无聊的，而且是多余的时候"，当"获得成功和发财致富要求他们具有肆无忌惮，冷酷无情和不断攻击的特性，并把这种特性再生产出来"的时候，他们实际上就是不正常的、有病。他说，他的宗旨就是要说明现代工业社会的种种行径"造成了由'富裕社会'的正常功能所表现出来的综合病症"。③他进一步指出，现代工业社会中的人已"进入这样的状况：他有病，并且把自己的病当作健康，而不是使这个自我感到健康和正常的他还注意到自己患有这种疾病"④。他强调的是，明明有病，却感觉不到自己有病，竟然还自以为十分健康，这只能说明病得很严重。

---

① ［美］马尔库塞：《当代工业社会的攻击性》，载任立编译：《工业社会和新左派》，商务印书馆，1982年，第1、2页。

② 同上，第2页。

③ 同上，第1页。

④ 同上，第3页。

5."个人变得更富攻击性"

马尔库塞认为,在现代工业社会里,人已完全被这个社会"一体化"了,处于麻木状态。但与此同时他又强调,麻木的仅仅是爱的情感,而另一极恨的情感非但没有麻木,反而越加严重。他根据弗洛伊德的理论指出,人的本能由爱本能和攻击本能两部分组成。这两种本能的能量总和不变,总能量在两者之间分配,此消彼长。在现代工业社会里,人的爱本能是受压抑的,所以两种本能的平衡不断地朝着有利于攻击本能的方向转化。人的攻击本能居于爱本能之上而占了优势。在这种情况下,人们为了使自己的攻击本能得到发泄,就不断地挑起争端、憎恨、攻击他人,人成了攻击型的人。他这样说道:"当这种劳动成为多余的,无意义的,不必要的,同时它对于维持生计却又是必要的,这时,挫折失败成了这个社会的实际生产力的一个组成部分,而且把攻击积累起来。当攻击深入到社会结构中时,公民们的心理结构就要加以适应;个人变得更富攻击性。"①他还指出,"攻击性的社会可用性属于文明的历史结构",这就是说,攻击性自人类文明社会开创时起就一直发挥着作用,但是他认为,现代工业社会的人的攻击性与传统社会的人的攻击性有着重大区别,"最主要的区别称之为工艺的攻击和满足"。在现代工业社会里,人的攻击主要不是通过"人本身"而是"由十分自动化的机械产生的","这时,不是由人而是由客体来破坏目标"。②借助于"工艺"来实施攻击,一方面使得攻击具有"更猛的暴力,更快的速度和更大的范围","攻击变得越工艺化,它就越不能满足和抚慰原始的冲动,它就越强烈地要求重复,强

---

① [美]马尔库塞:《当代工业社会的攻击性》,载任立编译:《工业社会和新左派》,商务印书馆,1982年,第12页。

② 同上,第13页。

化和升级"①；另一方面，"随之而来的是个人责任，良心，过失感和内疚的削弱"，因为"我不是作为（道德上和体力上）行为的人干了这件事情的，而是机器干的"。②他指出，正因为生活在现代工业社会中的人大多都是这种攻击本能占上风的人，所以"我们在实际上可以说，这个社会具有一种自杀的倾向，而且我们可以在个人的本能结构里找到彻底毁灭全球这场游戏的根子"③。

6. 人的自由充其量只是"自由选择主人"的自由

马尔库塞认为，现代工业社会的一个最显著特征就是"它有效地窒息那些要求自由的需要"，即"要求从尚可忍受的、有好处的和舒适的情况中摆脱出来的需要"。④在窒息这些需求的同时，它又"容忍和宽恕富裕社会的破坏力量和抑制功能"。这一社会强行和助长那些"对于过度生产和消费的压倒一切的需要，对于实际上已不再必要的使人麻木的工作的需要，对于抚慰和延长这一麻木不仁状态的缓和方式的需要"，特别是强行和助长"对于维持欺骗性自由的需要"。"这些自由是垄断价格中的自由竞争，审查制度下的自由出版，以及商标和圈套之间的自由选择"。⑤在他看来，如果说这一社会是在维持对自由的需要的话，那么它只是维持"欺骗性自由的需要"，之所以说是欺骗性的自由，是因为这种"自由"只是"垄断价格中的自由竞争""审查制度下的自由出版""商标和圈套之间的自由选择"。他认为，在现代工业社会里，自由实际上已成为"一个强有力的统

---

① ［美］马尔库塞：《当代工业社会的攻击性》，载任立编译：《工业社会和新左派》，商务印书馆，1982年，第14页。

② 同上，第13页。

③ 同上，第17页。

④⑤ ［美］赫伯特·马尔库塞：《单向度的人：发达工业社会意识形态研究》，刘继译，上海译文出版社，2014年，第8页。

治工具"①。"决定人类自由程度的决定性因素,不是可供选择的范围,而是个人能够选择什么和实际选择的是什么",他的意思是说,判断一个社会中人是否具有自由以及自由的程度,主要是看这一社会中人能够选择什么和实际选择的是什么。只要看一看现代工业社会中的人"能够选择什么和实际选择的是什么",就可知道他们的自由实际上是虚假的、无效的。

拿现代工业社会中的自由选举来说,一看就知道这实际上是一场"自由选择主人"的"游戏",而"自由选择主人并没有使主人和奴隶归于消失"②,自由选择的结果是,主人还是主人,奴隶还是奴隶。自由选择的实质是如此,其他形式的"自由"其实质也是如此。他说:"如果商品和服务设施维护对艰辛和恐惧的生活所进行的社会控制的话,就是说,如果它们维护异化的话,那么,在大量的商品和服务中所进行的自由选择并不意味着自由。何况个人自发地重复所强加的需要并不说明他的意志自由,而只能证明控制的有效性。"③他认为,现代工业社会是一个高度有效的社会,人们想在这一社会中获取真正的自由是不可想象的。"抑制性的社会管理愈是合理、愈是有效、愈是技术性强、愈是全面,受管理的个人用以打破奴隶状态并获得自由的手段与方法就愈是不可想象","人们自己既然已经是颇有成效的统治的对象,又怎能创造自由的条件呢?"④

7. "十足的疯狂"成了"生活的基础"

马尔库塞认为,人处于"单向度"状态实际上已变得十分疯狂,这不仅是疯狂的消费、疯狂的浪费,而且这种疯狂构成了其生活的基础。他说,马克斯·韦伯

①②③ 〔美〕赫伯特·马尔库塞:《单向度的人:发达工业社会意识形态研究》,刘继译,上海译文出版社,2014年,第8页。
④ 同上,第7页。

"没有能够活着看到","成熟的资本主义如何在它理性的效率之中有计划地消灭成百万人,有计划地毁灭人类劳动这个进一步繁荣的源泉",特别是"没有看到","十足的疯狂如何成了生活的源泉——不仅仅是生活持续的基础,而且是更为舒适的生活的基础"。①这就是说,生活在现代工业社会中的人不仅生活得以持续下去是建立在"疯狂"的基础之上,而且这种"疯狂"也成了生活过得舒适的根基。他进一步指出,马克斯·韦伯"没有能够活着看到","'富裕的社会'面对它的边界之外的不人道的惨剧和有计划的残忍,如何浪费它的不可想象的技术的、物质的和精神的力量,并且为了永久流通的目的而滥用它的力量"②。在他看来,由于人们在疯狂消费、疯狂浪费,从而消耗了这一社会难以想象的"技术的、物质的和精神的"资源,这实际上是对这些资源的"不人道的惨剧和有计划的残忍"。正是这种"十足的疯狂"构成了生活在现代工业社会中的人们的"物质命运",而这种"物质命运"又使他们日益依赖于当代资本主义。"群众的物质命运对于日益增长的、科层式地组织起来的私人资本主义组织的连续的和准确的运行的依赖,不断地加强着,关于废除它们的可能性的思想,已经越来越成为空想。"③"疯狂"的人"对一个无所不包的体制的总体依赖,成了'所有秩序的基础',以致这个体制本身不再受到追问了",它"成了一种被征服状态的黏合剂"。④人一旦变得"疯狂",是不会思考其这样生活究竟是合理的还是不合理的,这种被"征服""奴役"的境地"不能再意识到了"。

---

①② [美]马尔库塞:《马克斯·韦伯著作中的工业化与资本主义》,载李小兵等译:《现代文明与人的困境——马尔库塞文集》,上海三联书店,1989年,第101页。

③④ 同上,第100页。

（三）使人处于"单向度"状态是一种"控制的新形式"

马尔库塞《单向度的人》一书第一章的标题就是"控制的新形式"。马尔库塞的宗旨不仅要揭示生活在现代工业社会中的人的生活方式是"单向度"的，以及人在"单向度"下究竟过的是一种什么样的生活，更要说明使人处于"单向度"状态是现代工业社会控制人的一种新形式。

具体地说，现代工业社会究竟是如何借助新的形式来控制人的呢？

1. 制造虚假的需求，通过控制人的需求来控制人

马尔库塞明确地指出，在当代工业社会，"把个人束缚于社会的机制已经改变，而社会控制就是在它所产生的需要中得以稳定的"[①]。这就是说，社会控制主要是借助它所制造出来的需要来实现的，社会控制之所以如此稳定，主要是由于它制造出了一系列新的需求，人们都把注意力集中于为实现这些新的需求而努力奋斗。

现代工业社会为了使其统治能继续下去，就实行强迫性消费，而强迫人们消费的主要手段就是制造"虚假的需求"。现代工业社会推行高生产、高消费的措施是维系资本主义制度生存和发展的主要途径。刺激消费虽然是资本主义经济持续增长的动力，但刺激消费对资本主义更大的效应则是实现了资本主义意识形态操控的需要。

---

① ［美］赫伯特·马尔库塞：《单向度的人：发达工业社会意识形态研究》，刘继译，上海译文出版社，2014年，第9页。

他这样说道："在劳动生产率这样增长和商品越来越充裕的基础上，开始了一种对人们的意识和下意识的操纵和摆布，这已经成为近代资本主义最必不缺少的控制机构之一。新的需要被一次又一次地渲染起来，煽动人们去购买最新的商品，使他们相信自己确实需要它们，而这种需要可以从这些商品中得到满足。这样造成的结果就是：人们完全拜倒在商品拜物教之前了，而这样就把资本主义制度按照他们的需要来改造了一番。这些商品非买不可，因为别人都买了，因为对这些商品的需要的的确确被刺激和渲染起来了。"①

马尔库塞在这里讲得非常清楚，为了不断刺激人们的消费，现代工业社会就必须不断制造虚假的需求。通过国家的教育、报刊、电影、电视及现代化的广告手段，操纵大众的爱好和需求，从而使"工人和他的老板享受同样的电视节目"，"打字员打扮得同她的雇主的女儿一样漂亮"，"黑人也拥有凯迪拉克轿车"，这"表明现存制度下的各种人在多大程度上分享着用以维持这种制度的需要和满足"。②由此，产生了一个不费力的、快乐的、满足的和舒适的图像，在这一图像中，个人满足了他的虚假的需求，社会实现了对人的操控。

马尔库塞强调，从表面上看，是生产机构在把商品和服务设施强加给人们，但实际上，生产机构"所生产的商品和服务设施'出售'或强加给人们的是整个社会制度"③，即现代工业社会的社会制度在制造虚假的需求和实施强迫性的消费。他说道："公共运输和通讯工具，衣、食、住的各种商品，令人着迷的新闻娱乐产品，这一切带来了固定的态度和习惯，以及使消费者比较愉快地与生产者、进而与社会整体相联结的思想和情绪上的反应。在这一过程中，产品起着思想灌

---

① ［美］赫伯特·马尔库塞、［英］卡尔·帕泊尔：《革命还是改良》，帅鹏译，外文出版局，1979年，第54页。

② ［美］赫伯特·马尔库塞：《单向度的人：发达工业社会意识形态研究》，刘继译，上海译文出版社，2014年，第9页。

③ 同上，第11页。

输和操纵作用。"①在马尔库塞看来,直接呈现的是"产品""起着思想灌输和操纵作用",而实际上"产品"背后是社会制度,真正在进行思想灌输和操纵的是社会制度。

马尔库塞指出,当我们知道了现代工业社会是借助于制造"虚假的需求"来实现其控制这一点以后,我们就能够理解社会何以如此不顾一切地要征服自然,生产这么多超出人们合理需求的产品。他说,"发达工业社会诸种被束缚的可能性是:生产力在更大规模上发展,扩大对自然的征服,进一步满足日益增长的人群的需要,并创造新的需要和才能"②。马尔库塞认为,正是发达工业社会的制度驱使人们在消费主义的大路上飞奔。"在大众消费过度发达的地区,受管理的生活成为全体的美好生活,为了保卫这种生活,对立面联合了起来。这就是纯粹的统治形式。"③人们都把这种消费主义的生活当作美好的生活,为了保卫这种生活,原先相互对立的各种力量都联合了起来,共同支撑倡导这种生活的现代工业社会。

2. 弘扬技术理性,通过把科学技术合理性变成政治合理性来控制人

马尔库塞提出,在现代工业社会里,科学技术实际上成了统治者手中新的控制工具,利用科学技术来实现对人的统治是现代工业社会的又一新的控制方式。

他这样说道:"现行的社会控制形式在新的意义上是技术的形式。不错,在整个近代,具有生产性和破坏性的国家机器的技术结构及效率,一直是使人们

---

① [美]赫伯特·马尔库塞:《单向度的人:发达工业社会意识形态研究》,刘继译,上海译文出版社,2014年,第11页。

② 同上,第213页。

③ 同上,第213~214页。

服从既定的社会分工的主要手段。而且，这种结合往往伴随着更为明显强制形式：生产的丧失，法庭、警察、武装力量的管辖。情况现在依然如此。但是在当代，技术的控制看来真正体现了有益于整个社会集团和社会利益的理性，以致一切矛盾似乎都是不合理的，一切对抗似乎都是不可能的。"①

马尔库塞在这里强调的是，尽管自近代以来科学技术从来都被统治者用来作为控制人的手段，但是只有到了现代，技术统治才成了一种主要的统治手段。紧接着上述一段话，他又说道："毫不奇怪，在工业文明的最发达地区，社会控制已经被潜化到这样的地步，甚至连个人的抗议也在根本上受到影响。在思想上和情感上拒绝'随大溜'，会显得神经过敏而又软弱无力。这就是下述政治事件在社会心理上的反映：在工业社会前一阶段似乎代表新的生存方式之可能性的那些历史力量正在消失。"②他认为，借助于科学技术来控制人到了现代工业社会已经起着不可替代的作用，它对人的控制如此有效，以至于个人的抗议几乎已变得不可能，原先那些代表新的人的生存方式的历史力量已完全消失。

科学技术的直接效应是提高生产力。马尔库塞认为，依靠科学技术来实现对人的控制与借助于生产来实现对人的控制是一致的。他说道："把个体从曾为缺乏和不成熟所辩护的各种压制中解放出来的现实可能性越大，想维持这些压制并使之合理化，以免现存的统治秩序被瓦解的要求就越强。文明不得不抵御自由世界的幽灵。如果社会不能用它日益提高的生产来减少压抑（因为否则就有可能打乱现存的等级秩序），那么生产就必然会与个体相对抗；它本身成了一种普遍的控制工具。极权主义笼罩着后期工业文明，生产被统治利益所支配，因而其潜能也被抑制和转移。人们被迫进入一种内部和外部的持久的戒备状态。

---

① ［美］赫伯特·马尔库塞：《单向度的人：发达工业社会意识形态研究》，刘继译，上海译文出版社，2014年，第9~10页。

② 同上，第10页。

统治的合理性发展到了有可能动摇基础的地步;因此必须比以往任何时候更加有力地重申这种合理性。"①马尔库塞认为,在现代工业社会里,科学技术以及与此联系在一起的生产力不可能减少对人的压抑,这样它就必然"被统治利益所支配",从而必然反过来与人相对抗,成为"一种普遍的控制工具"。

马尔库塞认为,现代工业社会借助科学技术来实现控制人的主要途径是把科学技术的合理性变成了政治的合理性。"对技术的服从成了对统治本身的服从;形式的技术合理性转变成了物质的政治合理性。"②"技术的合理性展示出它的政治特性,这时它变成了更有效统治的得力工具,并创造出了一个真正极权主义领域。"③马尔库塞认为,现代工业社会的统治者成功地用科学技术的合理性来证明自己,特别是用科学技术发展所带来的人们物质生活的提高来证明这一制度的合法性,维系和巩固这一制度的生存和发展。科学技术按照效率的标准而不是人性的标准设计了一个世界,塑造了言语、行为、精神文化和物质文化的整个领域,现代工业社会的统治者成功地将科学技术的这种特性介入资本主义制度的体系之中。"统治不仅通过技术而且作为技术来自我巩固和扩大,而作为技术就为扩展统治权提供足够合法性。"④"政治权力的运用突出地表现为它对机械加工进程和国家机器技术组织的操纵。发达工业社会和发展中工业社会的政府,只有当它们能够成功地动员、组织和利用工业文明现有的技术、科学和机械生产率时,才能维持并巩固自己。"⑤

① [美]赫伯特·马尔库塞:《爱欲与文明:对弗洛伊德思想的哲学探讨》,黄勇、薛民译,上海译文出版社,1987年,第66页。

② [美]马尔库塞:《马克斯·韦伯著作中的工业化与资本主义》,载李小兵等译:《现代文明与人的困境——马尔库塞文集》,上海三联书店,1989年,第104页。

③ [美]赫伯特·马尔库塞:《单向度的人:发达工业社会意识形态研究》,刘继译,上海译文出版社,2014年,第17页。

④ 同上,第126页。

⑤ 同上,第5页。

在马尔库塞看来,发达工业社会所实施的所谓"科学管理"鲜明地体现了科学技术的合理性已变成政治的合理性。"在发达资本主义社会,技术合理性在生产机构中得到了具体化(尽管对它的使用是不合理的)。这不仅适用于机械化的工厂、工具和资源开发,也适用于按'科学经营'方式来安排的、适应并管理着机械加工进程的劳动方式。"①现代工业社会的统治者以"符合"科学的方法把劳动者固定在机械化生产的流水线上,使劳动者进一步依附于机器设备。"机器在物质力量上超过个人以及任何特定群体这一无情的事实,使得机器成为任何以机械加工进程的结构为其基本结构的社会中最有效的政治工具。"②在这种情况下,劳动者都被纳入"由受到管理的人们所组成的技术共同体之中","某种技术共同体似乎在使工作中的人类原子一体化起来","机器似乎在给操作者灌输着一种使人昏昏沉沉的节奏"。③

3. 渗入人的心理,通过改变人的本能结构来控制人

马尔库塞认为,现代工业社会控制人的最厉害的手段就是把控制渗入人的心理,让人的心理自觉不自觉地服从统治者的统治。他说:"在现代的富裕社会里,在人的自由的现有的存在形式和能达到的可能性之间存在着某种矛盾,所以,如果社会想要避免发生过分的不快,它就必须使个人进行有效的合作。这样,人的心理就不自觉地和自觉地接受和屈从于制度的控制和操纵。"④他的意思是,在现代工业社会中现实的自由和可能的自由之间存在着极大的反差,在

---

① [美]赫伯特·马尔库塞:《单向度的人:发达工业社会意识形态研究》,刘继译,上海译文出版社,2014年,第21页。

② 同上,第5页。

③ 同上,第24页。

④ [美]马尔库塞:《当代工业社会的攻击性》,载任立编译:《工业社会和新左派》,商务印书馆,1982年,第4页。

这种情况下,人们会意识到这种反差从而产生对现实的不满。为了使人们根本意识不到这种反差,现代工业社会就想方设法去改变人的心理。

他特地指出,现代工业社会之所以要对人的心理进行有效操纵和对人的本能实施严格控制,不是出于这一社会的统治者要推行一项"有计划的政策",即不是这一社会的统治者精心策划的结果,"并不是阴谋的结果"①,而是由于社会发展到这一阶段,出现了这样做的必然性,无形中存在着一种力量,这种力量驱使现代工业社会去操纵和控制人的心理与本能。"它们反映了现存的生产、分配和消费机器的要求——经济的、技术的、政治的和社会的要求,人民依附于这部机器,为了保证这部机器的不断运转,同时也是为了保证产生这部机器的组织的那些社会关系的不断运转,这些要求就必须得到实现。"②马尔库塞在这里指出,为了确保现代工业社会这部"机器"正常运转,就必须让人们"依附于这部机器",而为了让人们"依附于这部机器",就必须实施有效的心理和本能操纵。

马尔库塞认为,先进的工业社会对心理的系统操纵和控制是有明确的客观目标的,这一客观目标是:"使个人和社会强加于他的生活方式相妥协。"③为了让人们安于社会强加给他们的那种生活方式,就必须让社会的需要和政治的需要变为个人的本能需要。

他进一步指出,让社会的需要和政治的需要变为人的心理需要和本能需要这件事,"不是由某个当局操纵的","相反,控制分散在全社会,(在不同程度上)是由邻里,由'社会地位相同的人组成的团体',由宣传工具,由集团和政府来进行的"。④他认为,在观察现代工业社会对人的心理操纵时,最重要的是要知道究

---

① ③ 〔美〕马尔库塞:《当代工业社会的攻击性》,载任立编译:《工业社会和新左派》,商务印书馆,1982 年,第 5 页。

② 同上,第 4~5 页。

④ 同上,第 5~6 页。

竟是谁在实施这种操纵。他说道："有效的控制主要是通过经济，特别是通过社会学和心理学来实现的；控制作为工业－社会学和工业－心理学，或者说得婉转一点，作为'人的关系的科学'，成了统治势力手中的不可缺少的工具。"①

现代工业社会究竟是如何通过操纵人的心理结构来控制人的呢？马尔库塞对此作出了详尽的论述。

他高度评价弗洛伊德的心理结构理论，认为弗洛伊德的精神分析学的最有价值之处就是他的哲学思想，即在这一种新意义上"提出了一种'人'的理论"②。他接受弗洛伊德把人的心理结构分成有意识和无意识两大部分的思想，并认为无意识受"快乐原则"所支配并与生俱来，因而它更能体现人的存在。他也接受弗洛伊德把爱欲视为无意识的主要成分的理论，认为人的本质实际上就是爱欲。

首先，他认为，现代工业社会对人的心理结构的操纵表现在对人的爱欲的压抑，他认为现代工业社会让"商品原则"进入两性领域，用性自由来获取利益，这实际上是在压抑爱欲。

其次，他又根据弗洛伊德的理论提出，作为人的本质的"爱欲"不是纯粹的"性欲"，它是多形态的，爱欲的满足主要是通过消遣性的活动——劳动来实现的。他认为现代工业社会对人的心理结构的操纵表现在使劳动的"非爱欲化"上，现代工业社会使劳动变成痛苦的异化劳动。

马尔库塞根据弗洛伊德的理论，认为构成人的无意识的主要内容除了爱的本能之外，还有攻击本能，能量总和不变，两者此长彼消。他认为，现代工业社会对人的心理结构的操纵主要体现为通过压抑人的爱欲，让人的能量都转移到攻

---

① ［美］马尔库塞：《当代工业社会的攻击性》，载任立编译：《工业社会和新左派》，商务印书馆，1982年，第6页。

② ［美］赫伯特·马尔库塞：《爱欲与文明：对弗洛伊德思想的哲学探讨》，黄勇、薛民译，上海译文出版社，1987年，第3页。

击本能,使人成为"攻击型"的人。

人的攻击本能本来是没有固定的攻击目标的,如果真的让其无拘无束地发泄,人也可在这一过程中获得某种满足。马尔库塞认为,现代工业社会操纵人的心理结构最严重的表现就是"别有用心地利用了"人的攻击本能,转移它的攻击目标,使它指向现代工业社会的统治者所希望指向的目标。具体地说,一是指向自然,用以破坏自然,"使攻击本能进入生活本能的领域,使大自然越来越屈从于商业组织"①;二是指向国外,用以对外侵略和扩张,把人们的攻击冲动变成狂热的扩张主义情结,结果是造成了"人们在心理上对战争习以为常","人们很快地熟悉了战争的死亡数,就像他们早已对其他'数字'(营业额、交通事故伤亡数和失业人数)十分熟悉一样";②三是指向国内的持不同政见者,以镇压威胁这个制度的反对派,造成反对派面临的是被动员起来的整个社会的憎恨。

马尔库塞强调,现代工业社会对人的心理、本能的这种操纵是强有力的,它看上去是不合理的,却具有"不合理中的合理性"③,它"变成了一种生活方式"④。我们看到,现代工业社会的统治就是建立在这种生活方式的基础之上。

---

① [美]马尔库塞:《当代工业社会的攻击性》,载任立编译:《工业社会和新左派》,商务印书馆,1982年,第16页。

② 同上,第10页。

③ [美]赫伯特·马尔库塞:《单向度的人:发达工业社会意识形态研究》,刘继译,上海译文出版社,2014年,第9页。

④ 同上,第11~12页。

（四）对人走出"单向度"的生存境遇、构建人类新文明途径的探讨

马尔库塞认为，生活在现代工业社会中的人们不能安于这种"单向度"的生存境遇，而应当积极地寻找走出这种境遇、构建人类新文明的途径。他不但深刻地揭示了当今的人是如何一步一步地走向"单向度"的，而且也探讨了怎样走出这种境遇，尽管后者与前者比较起来，显得比较单薄与肤浅。

马尔库塞在一次接受他人的访问时这样说道："另一种选择在我看来一向是非常简单的问题，今天依然如此。今天青年人所要求的是一个没有战争、没有剥削、没有压迫、没有贫穷也没有浪费的社会。现在先进的工业社会拥有实际上建设这样一个社会所必需的一切技术、科学和自然条件。妨碍这个解放的就是现有制度和终日在维护这个制度的集团，他们使用越来越狂暴的手段来达到这个目的。那个取而代之的模式在我看来不是那样难下一个界说的。至于怎样具体实现，那又是另外一个问题了。"①马尔库塞在这里明确指出，实际上现在的先进工业社会完全拥有建设一种新的人的存在方式的条件，只是现有制度和终日在维护这个制度的集团在阻碍人们走向这样一种新的人的存在方式。他甚至还认为，为这种人的新的存在方式、新的社会构想一种模式也并不是什么困难的事。

人的新的存在方式究竟是什么样的，以及究竟怎样创立这样一种人的新的存在方式和新的人类文明呢？马尔库塞对此作出了初步探讨，提出了很多设想，其中主要有：

---

① ［美］赫伯特·马尔库塞、［英］卡尔·帕泊尔：《革命还是改良》，帅鹏译，外文出版局，1979年，第56页。

1. 取消愚蠢的消费，用真实的需要取代虚假的需要

马尔库塞指出："一切解放都有赖于对奴役状态的觉悟，而这种觉悟的出现却往往被占主导地位的需要和满足所阻碍，这些需要和满足在很大程度上已成为个人自己的需要和满足。发展的过程往往是用另一种制度取代预定的制度；而最可取的目标是用真实的需要代替虚假的需要，抛弃抑制性的满足。"①在马尔库塞看来，人要获得解放，关键在于人自身必须认识到自己处于奴役状态，即对这种奴役状态有所觉悟。但如果人被虚假的需要所驱使，正陶醉于那种"抑制性的满足"，就根本不可能觉悟到自己实际上是处于奴役状态的。在这种情况下，关键就在于设法用真实的需要取代虚假的需要。这样，他把取消愚蠢的消费，用真实的需要取代虚假的需要，作为人建立新的存在方式、获得解放的第一要义。

他这样向人们提出询问："如果每个个人都满足于由管理所提供的商品和服务设施而获得的幸福的话，他们为什么还要为不同商品和服务设施的不同生产而坚持不同的制度呢？如果每个个人预先受到制约，以致令人满意的商品也包括思想、感情和愿望的话，他们为什么还要希望独立地思考、体验和想象呢？"②马尔库塞在这里告诉人们，当人们都满足于由管理所提供的商品和服务设施而获得幸福的时候，是不可能再去追求另一种存在方式、另一种社会制度的；当人们被"预先制约"，把思想、感情和愿望也作为商品来消遣的时候，是不可能再去独立思考的。

马尔库塞指出，综观当今的发达工业社会，正是那些被压抑的人的需要才

---

① ［美］赫伯特·马尔库塞：《单向度的人：发达工业社会意识形态研究》，刘继译，上海译文出版社，2014年，第8页。

② 同上，第44页。

是人的真实需要，这种真实需要既表现为一种严格的生物学意义上的需要，也体现了真实的人性。他强调："只有那些无条件地要求满足的需要，才是生命攸关的需要——在可达到的物质水平上的衣、食、住。对这些需要的满足，是实现包括粗俗需要和高尚需要在内的一切需要的先决条件。"①在论述什么是人的需要时，他强调了需要的历史性。他说："人类的需求，除生物性的需求外，其强度、满足程度乃至特征，总是受先决条件制约的。对某种事情是做还是不做，是赞赏还是破坏，是拥有还是拒斥，其可能性是否会成为一种需要，都取决于这样做对现代的社会制度和利益是否可取和必要。在这个意义上，人类的需要是历史性的需要。"②他还说："我已反复强调过人的需要的历史性。在超出动物的水准上，一个自由而合理的社会中的生活必需品，也不同于一个不合理不自由社会中的生活必需品，不同于该社会为了该社会而生产的生活必需品。"③

马尔库塞还提出，现代工业社会的统治者有时也强调用真实的需要取代虚假的需要，但他们往往把此归结为改变绝对贫困和相对贫困，归结为把需要从一个较低的水平提高到较高的水平，他坚决不同意这种看法。他说："马克思主义的理论本来认为贫困意味着痛苦，意味着没有得到满足的生活需要，主要是物质需要。当这一概念不能反映先进工业国工人阶级的状况时，又用相对贫困对它作了新的解释，相对贫困就是相对于现有的社会财富而言，是文明的贫困。这一解释确实可以欺骗人，说明仍旧应该向社会主义过渡，即说明在现有的需要范围内生活可以得到改善。但是社会主义革命的性质既不是单纯地扩大满足现有范围内的需要，也不是把需要从一个较低的水平提高到较高的水平，而是要同这种范围决裂，是质的飞跃。革命就是文化的和物质的需要和追求的剧烈

---

①② ［美］赫伯特·马尔库塞：《单向度的人：发达工业社会意识形态研究》，刘继译，上海译文出版社，2014年，第6页。

③ 同上，第202页。

改变;意识的和感性的,劳动过程的和业余时间的需要和追求的剧烈改变。"①马尔库塞在这里讲得十分清楚,用真实的需要取代虚假的需要是对现有的需要的革命、对现有的需要的"剧烈改变",是现有的需要的"质的飞跃"。

他认为,当真正实现了用真实的需要取代虚假的需要之时,社会主义社会也就基本建成了。他说:"社会主义必须增加物质和服务的数量,以消灭贫困;但社会主义的生产又必须改变定在的性质,即需要和满足本身的性质。到那时,道德的、心理的、美学的和智慧的能力可能成为物质生产本身的基本因素。"②他还提出,当人真正按照真实的需要生活时,生活成了目的本身,而"作为目的本身的生活本质上不同于作为手段的生活"③。

2. 改变科学技术的社会功能,人道主义地使用科学技术

尽管马尔库塞对在现代工业社会中科学技术履行消极的社会功能、科学技术成了统治人的工具提出了尖锐的批评,但他并不认为科学技术具有"原罪",科学技术履行消极的社会功能是由科学技术本身的性质所决定的。他强调,科学技术执行意识形态职能,变成统治工具,与科学技术本身没有必然的联系。

基于此,他提出了"新科技观",认为面对科学技术人是可以作出选择的,科学技术完全有可能在新的历史条件下成为一种解放的手段。他提出了人道主义地使用科学技术的设想,并以此作为人走出"单向度"的生活方式、真正获得解放的重要途径。哈贝马斯曾经因为马尔库塞提出"新科技观",强调人面对科学技术是可以作出选择的,从而批评他的理论是不彻底的。

---

① [美]马尔库塞:《反革命和造反》,载任立编译:《工业社会和新左派》,商务印书馆,1982年,第92页。
② 同上,第82页。
③ [美]赫伯特·马尔库塞:《单向度的人:发达工业社会意识形态研究》,刘继译,上海译文出版社,2014年,第16页。

马尔库塞强调必须辩证地看待技术的进步，应当正视技术的进步所带来的人类"福音"。他说："技术的进步本身对于维持现存社会确是必要的，但它也助长了人的另一些需要和机能，而这些需要和机能则是同作为现存社会制度和劳动组织相对立的。随着自动化的提高，社会产品的价值越来越不受必要劳动时间的约束。因而，社会对生产劳动的实际需要降低了，取而代之的必然是非生产性劳动。人们实际从事的工作越来越变得多余、无所谓和毫无意义了。虽然在全面管制下，那些非生产性活动可以得到维持甚至扩大，但它们的增长似乎有一个最高的极限，这就是生产劳动所创造的剩余价值必须足以承担非生产性工作的费用。劳动似乎将不可避免地进一步减少，而且由于这种必不可免的情况，社会制度必须提供不必花费劳动的职业；必须发展超越市场经济、甚至与市场经济相冲突的需要。"①马尔库塞在这里提出，技术进步的一个重要的正面效应就是减少了生产性劳动，增加了非生产性劳动，相应地产生了一系列人的新需求和功能，而这些新需求和功能与现行的社会制度及劳动组织是相冲突的。他认为，正因为技术的进步有这样一种效应，从而它完全可以用来为创造人的新的存在方式服务。

他还这样说道："'进步'并不是一个中立的术语；它是有特定的前进目标的，这些目标是根据改善人类的处境的种种可能性来确定的。发达工业社会已接近于这样一个阶段，那时它的继续进步将会要求从根本上破坏现行的进步方向与组织。当物质生产（包括必要的服务设施）的自动化程度使所有基本的生活必需都能得到满足，而必要劳动时间又降低到最低限度时，这一阶段就来到了。由此出发，技术进步就会超出必需的领域，在这个领域中它曾作为统治和剥削的工具并因而限制了它的合理性。到那时，在为自然和社会的和解而进步的斗争中，

---

① ［美］赫伯特·马尔库塞：《爱欲与文明：对弗洛伊德思想的哲学探讨》，黄勇、薛民译，上海译文出版社，1987年，第9页。

技术将服从于使人的才能得以自由发挥的任务。"①在马尔库塞看来,现代工业社会已接近于达到要从根本上改变"技术进步的方向"的阶段,技术作为统治和剥削的工具马上会过去,取而代之的是服从于使人的才能得以自由发挥的任务。

他提出,科学技术既然能用来效劳于对人的统治,那么它也有可能服务于人的解放。他说:"我力图要指出的是,依照其自身的方法和概念,科学已经规划和创立起这样一个领域,即对自然的统治依然同对人的统治相联结的领域——它们的联结对于作为一个整体的领域而言是必不可免的。科学地加以理解和控制的自然,再现于生产和毁灭的技术机构中,这些技术机构在维系并改善个人生活的同时,又使他们服从于机构的控制者。于是,合理的统治集团与该社会融为一体。如果情况果真如此,那么,在也许有助于上述必然联结的进步方向上的变化就会影响到科学的结构——科学的筹划。它那没有丧失合理特征的假说,将在一种根本不同的经验环境(一个和平的世界)中得到发展;随之而来的是,科学将获得根本不同的自然概念,并确认根本不同的事实。"②马尔库塞在这里尽管揭示了当今科学已经规划和创立起了一个对自然的统治依然同对人的统治相联结的领域,但是他强调,只要改变一下科学发展的方向,科学就将在一种根本不同的经验环境中得到发展,并创造出根本不同的事实。这段话曾被哈贝马斯转引,用以作为证明马尔库塞理论"不彻底"的依据。

马尔库塞强调,如果真正能够做到人道主义地使用科学技术,那么这个时候的技术转变同时就是政治转变,而"政治变革只是到了将改变技术进步方向即发展一种新技术时,才能转化为社会的质的变革"③。这一变革的结果就是开创出一种人类文明新形态。他说,"如果技术是为实存斗争的和解而设计和运用

---

① [美]赫伯特·马尔库塞:《单向度的人:发达工业社会意识形态研究》,刘继译,上海译文出版社,2014年,第15页。

② 同上,第141页。

③ 同上,第191页。

的，这样的质变就会是向文明的更高阶段过渡"，"技术进步的这种新方向将是既定方向的突变，即不仅是现行(科学和技术)合理性的量的渐进，而且更确切地说是流行合理性的突变，是理论理性和实践理性新观念的突现"。①

3. 反对过度生产,重新确立生产目的

马尔库塞认为，无论是消除虚假的需要，还是合理地使用科学技术，都涉及如何组织生产的问题。如果像在现代工业社会那样，一味地扩大生产，把生产的过程单纯地理解为增加物质财富的过程，而且是多多益善，那么就不可能消除虚假的需求和合理地使用科学技术，当然也不可能创建新的人的存在方式。那种"为生产而生产""为发展而发展"，实际上是"癌细胞的疯狂裂变和扩散"，将会使现代文明陷入"过度生产"和"过度发展"的危机，并最终使人类成为其牺牲品。马尔库塞紧紧地把反对过度生产、重新确立生产目的与创建人的新的存在方式、走向新的文明联系在一起。

在马尔库塞看来，如果说以前的革命主要是发展生产力，那么现在的革命则是要反对过度生产。他说道："对发达过度的国家来说，这种机缘就是消除这样一些条件，在这些条件下，人的劳动是一种自我推进的力量，它使人对生产设施的屈从以及与之相伴的过时的生存斗争方式持久存在下去。消除这些生存斗争方式一如既往地是政治活动的任务。但在目前的情况下却存在着一个重要差别。以前的革命导致了生产力的更大规模、更为合理的发展，但今天在过度发达的社会里，革命将逆转这股潮流，它将消除过度的发展，消除其压抑的合理性。"②

---

① 〔美〕赫伯特·马尔库塞:《单向度的人:发达工业社会意识形态研究》,刘继译,上海译文出版社,2014 年,第 191 页。

② 〔美〕赫伯特·马尔库塞:《爱欲与文明:对弗洛伊德思想的哲学探讨》,黄勇、薛民译,上海译文出版社,1987 年,第 6 页。

他的意思是,在当今过度发达的工业社会里,不顾一切地驱使人们去生产,只是为了维持过时的生存斗争方式以及与之相关的过度发达的这一社会制度,而如果想消除这种过时的生存斗争方式,就只能是反对过度的生产,所以革命的宗旨发生了变化,从旨在发展生产力变成了反对过度生产。

马尔库塞强调,反对过度生产,反对当今的这种生产方式,实际上是让生产不是与"操作原则"而是与"快乐原则"联系在一起。他说:"正是劳动以外的领域规定着自由和实现。正是根据这个领域对人类生存所作的规定构成了对操作原则的否定。这种否定取消了统治的合理性,从而有意识地取消了由这种合理性规定的世界的现实性,并根据满足的合理性重新规定这个世界。虽然进步方向的这样一个历史转折只是在操作原则的成就和潜能的基础上才可能发生,它还是完全地改变了人类生存。"[1]"超出了操作原则,它的生产率和它的文化准则一样也失效了。于是生存斗争获得了新的基础和新的目标,它成了步调一致的斗争,它反对给人的机能的自由消遣施加任何压制、反对苦役、反对疾病和死亡。而且,虽然伴随操作原则的统治还有一种相应的对本能原动力的控制,生存斗争的重新定向仍将导致这种原动力发生重要的变化。"[2]"生产率这个词本身也就带着压抑和对压抑庸俗赞美的意思,因为它所表达的是对休闲、放纵和伸手的愤愤不平的诽谤,是对身心的低级要求的征服,是外倾的理性对本能的制服。因此效率与压抑紧密相连:提高劳动生产率成了斯达汉诺夫主义的神圣不可侵犯的理想。这种对生产率的看法具有历史的局限性,而这也恰恰就是操作原则的历史局限性。超出这个范围,生产率就有了另外一个内容,与快乐原则建立了另外一种关系。……一旦摆脱了这种奴役状况,生产率就会失去其压抑性力量,从而促进个体需要的自由

① [美]赫伯特·马尔库塞:《爱欲与文明:对弗洛伊德思想的哲学探讨》,黄勇、薛民译,上海译文出版社,1987年,第113页。
② 同上,第113~114页。

发展。这种进步方向发生的变化不啻是完全重新组织作为进步前提的社会劳动。"①马尔库塞在这里不但论述了把生产、生产率不是与操作原则联系在一起，而是与快乐原则联系在一起的必然性和必要性，而且描绘了这样做所带来的美好前景。

马尔库塞认为，重新确立生产目的就是要使生产为人的真实需要服务。所谓真实需要就是真正符合人的本性的需要。他特别强调了人的需要的全面性，即不能把人的需要单纯地归结为对物质的需要，而是一种整体的需要。他认为，人的需要与动物的需要有本质性的区别，这一区别就在于人的需要的全面性，也就是说，人的需要不会如动物那样只有肉体的需要。正因为人的需要是全面的，所以人的生产也应当是全面的，强调要按照人的全面发展的需要来组织生产。他说："个人在资本主义的学校中成长起来。他们的能力和他们的世界的高度强化和分化是与这种发展的社会束缚相一致的。就不自由已经体现在需要和不只是需要的满足而言，他们首先必须被解放出来——不是通过教育法，即命令成人的道德更新的法令，而是通过包括由社会控制生产手段、重新使生产力面向社会的需要，缩短工作时间和个人有效地参与整个经济的和政治的过程才能实现。"②马尔库塞在这里提出了重新使生产力面向社会的需要等要求。

马尔库塞强调，反对过度生产的过程也是从压抑性的富裕中解脱出来的过程。那种一味地扩大生产尽管也给人带来了富裕，但这种富裕显然是压抑性的富裕，而只有反对过度生产，才能摆脱压抑性的富裕。他说："今天，自由和奴役的结合是理所当然了，它已成为进步的一种手段。繁荣越来越成为自动化生产的前提和副产品。这种自动化生产一方面在内外层空间寻找消费和破坏的新出路，另一方面却又不愿进入国内外的贫困地区。人类的自由形象由于反对自由

---

① ［美］赫伯特·马尔库塞：《爱欲与文明：对弗洛伊德思想的哲学探讨》，黄勇、薛民译，上海译文出版社，1987年，第112页。

② ［美］马尔库塞：《论快乐主义》，载李小兵等译：《现代文明与人的困境——马尔库塞文集》，上海三联书店，1989年，第355页。

和攻击、生产和破坏有这种结合而被歪曲了,它成了颠覆这种进步的计划。要解放追求和平与安宁的本能需要,要解放'非社会性的'、自主的爱欲,首先就必须从压抑性的富裕中解放出来,即必须扭转进步的方向。"①他还认为,要通过消除过度生产把人从压抑性的富裕中解放出来,就必须反对把解放等同于享受较高的物质生活标准。他说:"显然,认为解放取决于较高生活标准的论点有助于证明永久压抑的合理性。根据汽车、电视机、飞机、牵引机等来限定生活标准乃是对操作原则本身的规定。不受这种原则支配的生活则须以其他标准来衡量,如基本人类需要的普遍满足,摆脱一切外部和内在的、'理性的'和本能的负罪感和恐惧感。'真正的文明不在于煤气、蒸汽和转盘,而在于消除原罪的痕迹',这就是不受操作原则支配的进步的定义。"②

马尔库塞还特地申明,通过反对过度生产把人从压抑性的富裕中解放出来,创建一种新的人的存在方式,并不意味着要让人重新回到贫乏状态中去。他说:"富裕生产的放弃决不意味着赞成一种纯粹的、简述的、自然的状态,相反,它标志着(并有助于人)人类发展到一个以技术社会为基础的更高的阶段。"③"从富裕社会中解放出来,并不意味着又回到健康而强壮的贫穷、道德纯洁和单纯愚钝的状况去。相反,根除有利可图的浪费,将增加可供分配的社会财富;持久动员的结果,将减少克制个人自身去寻求满足的社会需要——那些在个人满足方面所作的克制如今在对适应、实力和规律的狂热崇拜中找到了它们的补偿。"④他还这样询问当代人:"没有这种乏味无聊的、汲人骨髓的、无止无境的劳动,难道人就不能养活自己了? 难道少一点浪费,少一点官僚机关,少一点矫揉造作,

---

① 〔美〕赫伯特·马尔库塞:《爱欲与文明:对弗洛伊德思想的哲学探讨》,黄勇、薛民译,上海译文出版社,1987年,第3页。

② 同上,第110~111页。

③ 同上,第6页。

④ 〔美〕赫伯持·马尔库塞:《单向度的人:发达工业社会意识形态研究》,刘继译,上海译文出版社,2014年,第203页。

而多一点时间，多一点自由？这一百年之久的问题已不再是一个抽象的、不现实的问题；而是一个已危险地成了一个具体的、现实的、具有颠覆性意义的问题。"①

4. 进行心理结构的革命，把生活本能从破坏本能的优势中解放出来

马尔库塞注重心理结构、本能结构的革命，他把建立人的新的存在方式最后落脚于改变人的心理结构、本能结构。他说："社会渗入心理有多深，心理的健康和正常在多大程度上已不再是个人的事情，而是社会的事情了。社会和个人之间的和谐关系可能会有所进展，如果社会创造条件使自由、和平和幸福的现有可能性化为现实的话，就是说，如果创造条件把性欲、生活本能从破坏本能的优势中解放出来的话。"②马尔库塞在这里通过创造条件把生活本能从破坏本能的优势中解放出来，等同于使自由、和平与幸福的现有可能性化为现实，并强调这是建立新型的社会和个人之间的关系、人的新的存在方式的主要前提。他认为，不但可以在个人的本能结构里找到彻底毁灭全球这场游戏的根子，也可以在个人的本能结构里找到人遭受苦难的根源之所在，从而强调建立人的新的存在方式、创造人类新文明应当从改变人的本能结构、进行本能结构的革命入手。

在他看来，鉴于当今人的本能结构普遍是破坏本能，相对于生活本能，爱欲占了上风，所以进行本能结构的革命关键在于重新使生活本能、爱欲在本能结构中确立优势地位。这样，他把进行本能结构革命的问题归结为如何解放生活本能、爱欲的问题。

他通过重新解释弗洛伊德的精神分析学得出结论，爱欲是人的本质。他说：

---

① ［美］马尔库塞：《反革命和造反》，载任立编译：《工业社会和新左派》，商务印书馆，1982年，第97~98页。

② ［美］马尔库塞：《当代工业社会的攻击性》，载任立编译：《工业社会和新左派》，商务印书馆，1982年，第6页。

"弗洛伊德理论发展到最后也成了这种哲学原动力的一部分。他的元心理学企图对存在的本质做出规定,认为这种本质就是爱欲。"①与此同时,他又赞同马克思关于人的解放就是人的本质的解放,人的幸福就是人的本质的实现的思想。这样,既然人的解放就是人的本质的解放,人的本质就是人的爱欲,那么解放人就是解放人的爱欲。他认为,由于爱欲是人的本质,所以现代工业社会对爱欲的压抑就会使人陷于无限的痛苦之中。在这种情况下,为了恢复人的本质,使人从痛苦的深渊中解放出来,就应当解放爱欲,把人类本质不断遭受歪曲的这个过程颠倒过来。随着人类爱欲的解放,一种真正属人的生活方式也就形成了,相应地,人能真正享受到本质得以实现的痛快。

马尔库塞所说的解放爱欲包括争取"性自由""性开放"的成分,但绝不能把他的解放爱欲简单地理解为放纵性欲。在他看来,解放爱欲之所以不等于放纵性欲,是因为把爱欲作为人的本质并不等于把性欲作为人的本质。爱欲与性欲虽然有联系,却是两个不同的概念。他说:"弗洛伊德在后期著作中引入爱欲这一词肯定是出于某些不同的理由。因为爱欲作为生命本能,指的是一种较大的生物本能,而不是一个较大的性欲范围。"②由于他把爱欲与性欲区分开来,所以他甚至把爱欲的解放说成是实现"性欲的自我升华",即把性欲升华为爱欲。他说:"性欲的自我升华""这个词意味着,在特定条件下,性欲可以创造高度文明的人类关系,而不是屈从于现存文明对本能的压抑性组织"。③

在马尔库塞看来,在人的所有爱欲活动中,劳动是最基本的爱欲活动,劳动比起人的其他爱欲活动来说,更加体现了追求快乐的本性,劳动为大规模地发泄爱欲构成的冲动提供了机会。真正有意义的劳动是人的器官的自由消遣,按照它的

---

① [美]赫伯特·马尔库塞:《爱欲与文明:对弗洛伊德思想的哲学探讨》,黄勇、薛民译,上海译文出版社,1987年,第89页。

② 同上,第150页。

③ 同上,第149页。

本来面目，它应当是一种使人真正享受到爱欲发泄的欢乐。他说："弗洛伊德不只是把力比多与重要的生命需要的满足相联系，而且还与人类获得满足的联合努力，即与工作过程相联系。"①他还说："如果快乐确实就在工作行为中，而不是游离于工作之外，那么，这样的快乐就必定来自活动着的肉体器官和肉体本身，它使爱欲区活跃起来，或者就整个肉体爱欲化，换言之，它必定是力比多快乐。"②

这样，马尔库塞又把爱欲的解放归结为劳动的解放。当然，他所说的作为实现爱欲满足的劳动并不是通常所看到的那种异化劳动，而是一种消遣性的活动，一种"爱欲化"的活动。他把实现劳动的解放，使劳动成为消遣活动，紧紧地与创建人类新文明联系在一起。他说："被推向极端的人的劳动力的物化，将通过割断把个人与机器（使人自身的劳动成为其奴役的机械系统）联结起来的链环而砸碎这种物化形式。必然性领域的完全自动化，将打开自由的时间向度，在这一向度中，人的私人生活和社会生活得以形成。这将是朝向一种新文明的历史性超越。"③在马尔库塞看来，只要改变那种把个人与机器捆绑在一起，使人依附于机器的劳动方式，就有望形成人的新的生活，走向新的人类文明。他还说："在一种真正人道的文明中，人类生存将是消遣，而不是苦役，人将在表演中而不是在需要中生活。"④马尔库塞向人类提出了"苦役（劳动）变为消遣，压抑性生产变为表演"⑤的要求。在他看来，当真正做到了这一点，人的劳动解放了，相应的爱欲也满足了，随之人的本能结构也改变了，紧跟着人的新的存在方式也形成了。

---

① ［美］赫伯特·马尔库塞：《爱欲与文明：对弗洛伊德思想的哲学探讨》，黄勇、薛民译，上海译文出版社，1987年，第156页。

② 同上，第161~162页。

③ ［美］赫伯特·马尔库塞：《单向度的人：发达工业社会意识形态研究》，刘继译，上海译文出版社，2014年，第33页。

④ ［美］赫伯特·马尔库塞：《爱欲与文明：对弗洛伊德思想的哲学探讨》，黄勇、薛民译，上海译文出版社，1987年，第137页。

⑤ 同上，第141页。

七、弗洛姆对追求美好生活、构建人类文明新形态的启示

2020 年是西方著名精神分析学家、社会哲学家、"弗洛伊德的马克思主义者"埃里希·弗洛姆诞辰 120 周年、逝世 40 周年。在世界各地可以陆续看到对他的各种纪念活动。比较起来，中国则显得有些冷清。实际上，环顾当今世界，最应当对弗洛姆加以关注、纪念和研究的应是中国。中国共产党把满足人民对美好生活的向往作为自己的奋斗目标，习近平总书记在庆祝中国共产党成立 100 周年大会上的讲话中提出创造人类文明新形态。而弗洛姆的理论贯穿始终的一根主线就是对美好生活的研究。弗洛姆关于美好生活的理论，对正在致力于破解发展的不平衡不充分与人民日益增长的美好生活需要之间的矛盾，疾步前进在追求美好生活、创造人类文明新形态的大道上的中国人民，具有特别重要的现实意义。可以说，中国研究、消化和吸收弗洛姆的理论正当时。弗洛姆的理论在沉寂了半个多世纪以后，会在东方的社会主义中国闪耀光芒。

（一）必须把满足人民对美好生活的向往作为奋斗目标

弗洛姆在许多著作，特别是在他诠释马克思的《1844年经济学哲学手稿》的《马克思关于人的概念》的小册子中，对什么是马克思主义和社会主义的实质及其目标，作出了深入的论述，目的就在于说明我们应当把人自身作为自己追求的目的，应当围绕着满足自身的需求展开自己的全部活动。

马克思主义来到这个世界上究竟是干什么的？马克思主义的实质究竟何在？弗洛姆明确说，马克思主义代表一种抗议：抗议人的异化，抗议人失去他自身，抗议人变成物。马克思主义的核心问题就是现实的个人的存在问题，要人按照自己的本性展现在历史之中。马克思主义的目标始终是围绕着人展开的，是"使人的完整的人性得到解放，使人与其伙伴们以及与自然界处于统一而且和谐的关系之中"①，"马克思主要关心的事情是使人作为个人得到解放，克服异化，恢复人使他自己与别人以及与自然界密切联系的能力"②。他还强调，马克思主义把人本身作为自己的目标是由其唯物史观所决定的，唯物史观对历史的理解建立在人是"自己的历史的创造者和运动者"这个事实的基础之上。马克思在创立唯物史观时一再指出，德国哲学"从天上降到地上"，而他是"从地上升到天上"，其主要标志就是把"从事实际活动的人"作为出发点和主要目的。在弗洛姆看来，马克思把人作为目的的思想与"康德关于人必须永远是自在目的而决不是达到目的的手段原理"相接近，但是实际上马克思发展了康德的原理，马克思

---

① ［美］弗洛姆：《马克思关于人的概念》，载《西方学者论〈1844年经济学哲学手稿〉》，复旦大学出版社，1983年，第22页。

② 同上，第23页。

不仅提出人不能成为达到目的的手段,而且甚至强调"人的人类本质一定不能变成达到个人存在的手段"①。

在弗洛姆看来,马克思主义的实质与目标也就是社会主义的实质与目标。他说:"马克思的目标就是社会主义,它是建立在他关于人的学说基础之上的。"②既然社会主义建立在马克思主义的人的理论的基础之上,所以社会主义的目的也是紧紧地与人联系在一起。"社会主义的目的是使个人的个性得到发展"③,"社会主义是一个允许人得以通过克服自己的异化而实现自己的本质的社会"④。他通过解释《资本论》第三卷末尾的一段话来说明,社会主义将"使得生活本身成为他的主要活动,而不是以生产谋生手段为主要活动"⑤。当人类建立起社会主义社会时,就意味着已经建立了一种合理的、非异化的社会形式,而那个时候,人就有机会开始发展属于生活目的的东西了。他强调,社会主义尽管是一个以人为目的,把满足人的真实需要作为宗旨的社会,但社会主义"决不是那样一种生活的圆满完成,而是保证那样一种生活的圆满完成的条件"⑥。他认为,马克思对社会主义的目的这一看法是建立在他对人的信念的基础之上的,是建立在他对在历史中已经发展起来的人的本质固有的、实有的潜力的信念基础之上的。弗洛姆特别推崇马克思在《1844年经济学哲学手稿》中那一段对社会主义前景的描述:"它是人和自然界之间、人和人之间的矛盾的真正解决,是存在和本质、对象化和自我确立、自由和必然、个体和类之间的抗争的真正解决。它是历史之谜的解答,而且它知道它就是这种解答。"⑦在弗洛姆看来,对于马克思来说,社

---

① 〔美〕弗洛姆:《马克思关于人的概念》,载《西方学者论〈1844年经济学哲学手稿〉》,复旦大学出版社,1983年,第65页。

② 同上,第23页。

③ 同上,第52页。

④⑤⑥ 同上,第71页。

⑦ 〔德〕卡尔·马克思:《1844年经济学—哲学手稿》,刘丕坤译,人民出版社,1979年,第73页。

会主义是这样一种社会制度——它允许人复归到自身,允许存在与本质之间的统一,允许克服主体和客体之间的分裂和对抗,允许对自然的人性化;它意味着这样一个世界——在那里,人不再是许多陌生人中的一个陌生人,而是在他自己的世界上;在那里,他是自由自在的,就像在自己家里一样。

弗洛姆在论证马克思主义是把人本身作为目标之时,强调马克思主义从未把物作为追求的目标。他把追求物作为追求人本身的对立面来加以抨击。他认为,通读马克思的全部著作,特别是通读马克思的《1844年经济学哲学手稿》,我们会产生一种强烈的印象,即在马克思那里,目的始终是人而不是物、产品。[①]马克思当然也常常提及产品、生产力等的重要性,但并没有把这些物性的东西作为人们应当追求的目的本身,而只是把它们视为实现人本身这一目的的手段。综观马克思的著作,确实也有许多是论述如何提高生产力发展水平,如何不断增加物质财富的,但是马克思在论述这些时,明确有一个指向,即让发展起来的生产力和不断增长的物质财富,为满足人民群众的美好生活服务。马克思绝对没有"为了物而创造物",而是"为了人而创造物"。在马克思那里,把人本身作为目的时,始终有一个对立面存在,即把物作为追求的目的。如果把物作为追求的目的,其结果是"不仅物的世界变成人的统治者,人所创造的社会政治环境也变成了他的主人"[②]。

弗洛姆认为,如果社会主义社会也停留在把物作为目的上,那么社会主义与资本主义简直没有什么区别了。在一定意义上,资本主义也是企求增加和创造物质财富的,问题在于,资本主义社会的性质决定了它不可能把这些所创造

---

① 参见[美]弗洛姆:《马克思关于人的概念》,载《西方学者论〈1844年经济学哲学手稿〉》,复旦大学出版社,1983年,第62页。

② [美]弗洛姆:《马克思关于人的概念》,载《西方学者论〈1844年经济学哲学手稿〉》,复旦大学出版社,1983年,第64页。

的物质财富服务于人民对美好生活的追求。把资本主义社会说成是一个经济主义、物质主义的社会，在某种意义上是正确的。倘若把社会主义社会也变成一个以追求物质作为宗旨的社会，倘若社会主义社会在物的追求背后没有一个更崇高的对满足人的美好生活的追求，那么社会主义社会与资本主义社会还有什么区别呢？他说："某些人对马克思的目标以及对他的社会主义观念的内容所作的那种描述，几乎完全适用于当前西方资本主义社会的现实。在那里，大多数人都是被力图获得更多的物质财富、获得舒适而又新奇的什物这样一种愿望所推动，这种愿望只受到一种限制，即希望安全稳妥，不要冒风险。""二十世纪中叶资本主义社会中的这种情景，与马克思的社会主义的反对者给这种社会主义描绘的那幅漫画，几乎没有任何区别。"①在弗洛姆看来，由于马克思不是把物而是把人作为目的，所以他就把社会主义与资本主义鲜明地区别开来了。实际上，马克思对资本主义强烈不满并给予严厉批判的，正是它把物作为目的这一点，"马克思对资本主义的全部批判，恰恰就是因为资本主义把对金钱和物质利益的关心变成了人的主要动力"②。

弗洛姆认为，有些人之所以一味地把物，而不是把人本身作为追求的目标，一个重要原因是错误地理解了马克思主义的唯物史观。马克思主义的唯物史观的要点是提出了生产方式是第一性的，相对于其他生产方式是根源性的。有些人由此出发得出结论：马克思主义的核心就是围绕着生产方式来规划人们的行为，并又从这一结论进一步推论出马克思主义的核心是要人们把追求物质利益作为主要目的。这成了解释马克思主义的唯物史观的一个"流行的观念"。"这种流行的观念认为，在马克思看来，人的最强烈的动机就是想获得金钱，获得更多

---

① ［美］弗洛姆：《马克思关于人的概念》，载《西方学者论〈1844年经济学哲学手稿〉》，复旦大学出版社，1983年，第22页。

② 同上，第31页。

的物质享受；如果这是人的主要推动力，因而使这种对历史唯物主义的'解释'继续下去，那么理解历史的关键就是人的物质欲望。"①这就是说，按照对历史唯物主义的这样一种解释，必然要把追求物质利益作为人的主要动机和目的。弗洛姆强调，这显然是对历史唯物主义的曲解。历史唯物主义认为人们的生产方式决定人们的思想欲望，但它并不认为人们的主要欲望、主要追求就是想获得最大的物质利益。马克思确实详细分析了根植于生产方式和作为它的基础的生产力之上的制度，但不要忘记马克思所要指出的，正是在某些经济条件下，如资本主义制度才把对金钱和财产的追求作为人生的宗旨。

弗洛姆强调社会主义必须以人本身为目的，必须为实现人的美好生活而奋斗。但他认为，实现美好生活并不是不要消除贫困。他只是反对把消费、把物作为生活的中心，而并没有反对征服贫困。在他看来，征服贫困也是实现美好生活的必要条件。他这样说道："我们决不能把这样两个目标混淆起来，一个是要克服妨碍尊严生活的赤贫，另一个是不断增长消费，后一个目标对于资本主义和赫鲁晓夫主义来说具有最高价值。马克思的立场是十分清楚的：既要征服贫困，又要反对把消费作为最高目的。"②弗洛姆还特别指出，当人类还处于贫困状态之时，即使人们忙于征服贫困，也不能离开实现人们的美好生活这个大目标；而当贫困消除了，人们已不用围绕着征服贫困而忙碌，人们才更有理由、更有条件直接指向人类的美好生活这一目标。消除贫困是创建美好生活的起点。

弗洛姆是人道主义的马克思主义者，他上述对马克思主义和社会主义的实质和目标的论述，以及通过这一论述，对人类必须把人自身作为最高目标，必须

---

① ［美］弗洛姆：《马克思关于人的概念》，载《西方学者论〈1844 年经济学哲学手稿〉》，复旦大学出版社，1983 年，第 29 页。

② 同上，第 51 页。

为实现人自身的美好生活而奋斗的论证,有许多不妥甚至错误之处。其主要表现在:一是人在他那里,往往还是抽象的;二是他把物与人完全对立了起来,从而实际上把美好生活与对物质利益的追求也完全加以对立。但是这不妨碍他的整个论述与论证对我们深刻认识必须把满足人民对美好生活的向往作为奋斗目标的启示。特别是他直接以马克思主义理论为依据来说明必须把实现人自身作为最高目标,更是值得我们吸取的。

(二)对人的本性的研究
对我们确定美好生活的内涵有启示作用

按照马克思主义和社会主义的实质与目标,我们应当把人自身,具体地说就是把人自身的美好生活作为追求的最高目标。人的美好生活是什么呢?怎样来确定人的美好生活的内涵呢?弗洛姆对此也有许多论述,所有这些论述可以启发我们正确地认识美好生活的内涵。

在弗洛姆看来,要认识什么是人的美好生活,关键是要弄明白什么是人的本性,凡是能够促使实现人的本性的生活就是美好的,反之,凡是有违于人的本性的生活就不是美好的。所以所谓美好的生活就是能够实现人的本性的生活。弗洛姆紧紧地把美好生活与实现人的本性联系在一起。

弗洛姆认为,正如社会主义的概念是从整个人的概念中推导出来的一样,人的真正需要,以及相应的人的真正美好生活的概念也是根植于人的本性的;只有依据对人的本性的认识,以及依据认识到人的真正的需要、真正的人的美好生活是根植于人的本性的,才能区分出人的真正的需要和虚假的需要,区分出什么样的生活是美好的和什么样的生活并不是美好的。人的美好生活是指那些能满足人的真正需要的生活，而人的真正需要又是指那些对于实现人的本质来说是必不可少的需要。只有依据一种具体的人的本性的概念，才能区分出真正的需要和虚假的需要，以及美好的生活和痛苦的生活。

弗洛姆认为美好的生活一定是对人有益的，相应地，痛苦的生活也一定是对人有害的。他按照"人本主义伦理学"的原则，进一步提出有益的就是善，而害的便是恶。这样，他就把美好生活说成是一种善。他强调，人具有一种基本本质，符合它的就是对人有益，就是善；违反它的就是对人有害，就是恶。美好的生活由于符合人的本性，对人有益，从而就是一种善，在这一意义上，美好生活也是一种善的生活。他强调，为了搞清楚什么样的生活是属于善的、美好的生活，就必须了解什么是人的本性。古往今来，一切思想家之所以如此孜孜不倦地研究人性，都是为了探求一个"定向和献身的框架"，即为了知道什么样的生活是应当追求的、真正有益的，从而也是善的和美好的生活。

既然美好生活与人的本性密切相关，那么要知道什么样的生活才是美好的，关键就在于明白什么是人，什么是人的本性，而这正是弗洛姆所着重研究的。弗洛姆的理论作为一种社会哲学，第一个主题就是对人的本性的研究。他之所以如此执着地探讨人的本性，很大程度上就是为了确立人的美好生活究竟应当是什么样的。

弗洛姆认为，马克思与许多当代的社会学家和心理学家不一样，他不相信不存在像人的本性那样的东西，也不相信人生来就是一张白纸，任由教养在这张白纸上留下它的烙印。"马克思跟这种社会学的相对主义正好相反，他以下述思想为出发点：人作为人是一个可认识、可确定的实体；人不仅能够按照生物学、解剖学和生理学来加以规定，而且能够按照心理学来加以规定。"[1]

---

① [美]弗洛姆：《马克思关于人的概念》，载《西方学者论〈1844年经济学哲学手稿〉》，复旦大学出版社，1983年，第39页。

弗洛姆认为,在马克思那里,在探讨什么是人的本性时,特别注意把人的本性与特定社会里所盛行的那种人的本性的特殊表现区别开来。人的本性就是人的本质,这跟历史上存在的各种形式显然是不同的。例如,有人把利己主义、实现个人利益的最大化视为人的本性,但实际上,利己主义仅仅是在特定的社会环境下,特别是在资本主义条件下,人的本性的一种特殊形式,不能把这种特殊形式当作人的普遍的本性。尽管展现在马克思面前的是人的本性的一些特殊形式,这种特殊形式会随着历史条件的变化而变化,充分显示了人的本性的相对性。但马克思并没有因此而否定普遍的人的本性的存在,"虽然马克思后来不再使用'本质'这个词,因为这个词是抽象的和非历史的,但是,马克思以一种更加符合历史变化的形式,在'人的一般本性'和每个时代'变化了的人的本性'之间的区别中,显然保留了关于人的本质的思想"①。

那么在弗洛姆看来,马克思所说的"人的本性"究竟是指什么呢？他根据马克思的《1844年经济学哲学手稿》等著作,认为在马克思那里,人的本性就是人的自我能动性。他认为,马克思把自我能动性视为人的本性,是继承和发展了其他思想家的思想,在这里,他特别提到了斯宾诺莎、歌德和黑格尔。他认为,在斯宾诺莎的伦理体系中,已经可以看到对人的能动的重视。斯宾诺莎把人的情感分为两类,其中第二类的情感就是积极的情感,这类情感是自由的和生产的,他把这类情感与人的本性联系在一起。而歌德把关于人的生产能力的观念加以发展,使之成为其哲学的中心思想。弗洛姆转引了歌德在他的《浮士德》中的一段话来说明歌德"对于生产能力的思想给予最富有诗意的最有力的表述":"既不是财产和权力,也不是感性的满足,能实现人对人生的意义的期望。在这一切

---

① [美]弗洛姆:《马克思关于人的概念》,载《西方学者论〈1844年经济学哲学手稿〉》,复旦大学出版社,1983年,第40页。

中,人依然跟整体相分离,因此人依然是不幸的。只有在生产性的活动中,人才能使人生有意义,虽然他在这一过程中享受人生,但绝不贪婪地想保住人生。"①弗洛姆指出,黑格尔最系统、最深刻地阐述了"生产性的人"这一观念:人之所以成为生产性的人,因为他不是消极被动的,而是能动地跟世界发生关系的;人之所以成为个人,只是因为他在生产活动的过程中把握世界,从而使世界成为他自己的世界。黑格尔强调,只有通过继续不断的活动,才有可能使个人的力量、能力和潜力得到发挥,而通过纯粹的沉思和感受,是决不能得到发挥的。弗洛姆这样说道:"斯宾诺莎、歌德、黑格尔和马克思都认为,人之所以是活生生的,只是因为他进行生产活动,是因为他在表现自己的特殊的人类力量的活动中、在他以这些力量掌握世界的活动中掌握了那个处于他自身之外的世界。如果人不进行生产活动,如果人是消极的被动的,那么他就什么也不是了,他就死了。在这种生产活动的过程中,人实现了他自己的本质,人恢复到他自己的本质中去,用神学的语言来说,这无非就是复归于上帝。"②

弗洛姆把人的自我能动性作为人的本性,又引申为把爱视为人的本性。在他看来,把自我能动性、生产性视为人的本性,与把爱作为人的本性是一致的。他指出,应当把自我能动性理解为一种趋势、一种创造性的活动、一种激情。他认为,在马克思那里,人的激情"是一个精神饱满地为自己目标而奋斗的人的本质力量",而激情在一定意义上又是"爱"。他说:"当我们读到马克思如何把生产力这一概念运用到爱这种现象时,就更容易理解这一概念与被动性概念是相对立的了。"③富有激情的爱充分体现出了主、客体之间的能动性与主动性。如果人与世界的关系是一种合乎人的本性的关系,那么我们就必然会用爱来交换爱,

① [美]弗洛姆:《马克思关于人的概念》,载《西方学者论〈1844年经济学哲学手稿〉》,复旦大学出版社,1983年,第43页。

②③ 同上,第44页。

用信任来交换信任,而这样做的前提是人本身就必须是一个能实际上鼓舞和推动别人前进的人。弗洛姆说:"在与对象世界发生关系的过程中,通过人自己的力量,外部世界对人来说成为实在的,而且实际上只是由于'爱'才使人真正相信人之外的那个对象世界的实在性。"①

弗洛姆还提出,马克思把人的自我能动性作为人的本性,实际上就是把劳动作为人的本性。只有联系马克思关于劳动的概念,才能充分理解马克思关于人的自我能动性的整个理论。在他看来,劳动这一概念在马克思那里绝不仅仅是经济学的范畴,而且是本体论的范畴,在这一范畴中隐含着马克思对人的本性的界定。对于马克思来说,劳动是一种活动,即人的自我创造的活动,而不是一种商品。劳动的最基本的属性就是自我能动性。正因为劳动体现了人的本性,是人的自我实现,是人的体力与智力的表现,所以"在这一真正的活动过程中,人使自己得到了发展,变成为人自身","劳动不仅是达到目的即产品的手段,而且就是目的本身,是人的能力的一种有意义的表现","因而劳动就是享受"。②正因为马克思把劳动视为人的本性,所以在他看来,实现美好生活的关键也就是"要使异化的、无意义的劳动变成生产的、自由的劳动"。弗洛姆提出,有些人认为,马克思之所以批评资本主义,是因为资本主义在财富分配方面不公平,是因为资本主义使工人群众处于贫困之中,推翻资本主义就是为了使财富分配趋于公平,为了"使工人获得资本家现在所拥有的东西",这些论点并不完全正确。实际上,"马克思对资本主义的主要批评不在于资本主义的财富分配不公正,而在于资本主义使劳动堕落为被迫的、异化的、无意义的劳动,因而使人变成'残废

---

① [美]弗洛姆:《马克思关于人的概念》,载《西方学者论〈1844年经济学哲学手稿〉》,复旦大学出版社,1983年,第47页。

② 同上,第55页。

的怪物'"①。只有使劳动真正获得了解放,人才能真正过上属人的美好生活,人的美好生活的核心就是劳动的解放。

当确定了把满足人民对美好生活的向往作为奋斗目标以后,关键就在于正确认识什么样的生活才是美好的。弗洛姆提出的美好生活就是能够实现人的本性的生活,把美好生活的界定与人的本性联系在一起,应当说是一种富有哲理的深刻见解,给予我们启示。另外,他对什么是人的本性的探讨,把人的本性归结为人的自我能动性,归结为劳动,也是符合马克思主义的。他要求我们把是否能发挥自我能动性,是否能让劳动成为一种自我实现的活动,作为确定美好生活的主要依据,也为我们对美好生活内涵的探索打开了很好的思路。

(三)帮助我们把握区分生活是否美好的根本标志

弗洛姆著有《占有还是存在》(*To Have or To Be*)一书,提出并区分了人的两种不同的生活方式,通过这样的区分,引导人们追求一种"存在"而不是"占有"的生活方式。

弗洛姆认为,按照"常识",似乎"占有"是我们生活的一种正常的功能,为了活着,我们必须占有物品。而且我们必须占有物品,才能享用它们,似乎人的存在的本质就是占有。但是伟大的先哲们却不这样看,他们把"占有"与"存在"之间的选择视为涉及我们生活是否真正幸福的至关重要的问题。他列举了释迦牟

---

① [美]弗洛姆:《马克思关于人的概念》,载《西方学者论〈1844年经济学哲学手稿〉》,复旦大学出版社,1983年,第55页。

尼、耶稣、埃克哈特和马克思。释迦牟尼说，为了达到人的发展的最高阶段，我们必须抛弃占有物品的欲望。耶稣则指出，人若占有和赚得了整个世界，就必然丧失自己，赔上自己，这有什么益处呢？埃克哈特提出，胸怀坦荡，两袖清风，不受自我的干扰便是获得精神健康和精神力量的条件。马克思教导说，奢侈和贫困一样是一种罪恶，我们的目的应该是存在得更好，而不是占有得更多。①在弗洛姆看来，先哲们的这些论述确实是微言大义，根据他的切身体会，得出了这样一个结论："占有和存在之间的区别，如同对生命的爱恋和对死亡的爱恋一样，都体现了人类生存中的一个至关重要的问题。"②

弗洛姆对"占有"这种生活方式进行了详细描述。他认为，"占有"这种生活方式，在现代人的生活方式中处于主导地位。"贪婪地谋取、占有和牟利成了工业社会中每一个人神圣的、不可让渡的权利。"③他认为，在重视"占有"的现代社会中，人的神圣而不可剥夺的权利就是在生活中不断地捞取、占有和获利。人的自我塑造和构建必须依赖占有，不去占有，人就无法生活。财富成为证明拥有者力量的象征，至于如何获得财富则不是一个重要的问题。财富与义务之间是没有任何关系的，只要在不触犯相关法律的前提下，人就拥有无限而绝对的权利去占有和支配财富。这种生活方式最大的特点就在于对分享的排斥，为了获取和守住自己的占有物，占有者不惜与他人相对抗，占有者绝对不允许旁人共同享受他的占有物。实际上，主体一旦获得了占有物，则在使用过程中也就无须再付出自己的能动性和创造性了，在这种生活中，占有的一切均为死物，人与占有物之间的关系是僵化的。乍看起来人似乎拥有一切，但是实际上却是一无所有，因为人所有的、所占有的和所统治的对象都是生命过程中的暂时的瞬间。人

---

① 参见黄颂杰主编：《弗洛姆著作精选——人性·社会·拯救》，上海人民出版社，1989年，第607页。

② 黄颂杰主编：《弗洛姆著作精选——人性·社会·拯救》，上海人民出版社，1989年，第608页。

③ 同上，第617页。

所有的和人本身都成了物的关系。从另一个角度看，人所拥有的物也占有了人自身，这是因为人在这种处境下其存在是以物的存在为依据的，要证明自己的存在必须尽可能地去占有。这种以"占有"为主要特征的生活方式，导致了人的异化，主体和对象之间没有任何创造力，更不要说创造性。更为严重的是，在占有的基础上，人们还要想尽一切办法使自己占有的东西增殖，以便从中获取更多的利润，由此"占有"的生活方式会使人越来越向"非人"的方向发展。在一个重视占有的社会中，并不是拥有财富的人的生活方式是"占有"的生活方式，而且连贫穷的人的生活方式也往往是"占有"的生活方式，即便是一无所有的人也会迷恋自己的占有物，因为他毕竟还拥有一些东西，尽管这些东西在常人看来一文不值。弗洛姆特别指出，"占有"这种生活方式从表面上看由于拥有丰富的物品，就被视为一种"富有"的生活方式，其实不然。由于这种生活方式拥有丰富的物品是以牺牲人的精神、导致人异化为前提的，因而这种生活方式实际是"贫乏"的生活方式。他说："与富有的人这一概念相对应的是马克思关于拥有感和存在感之间差别的观点。"①

弗洛姆还把"占有"这种生活方式与私有制联系在一起。他认为，占有观念实质上是源于私有制的。"占有这一生活方式的本质根源于私有制的本质。"②在这种生活方式中，人们唯一信奉的是据物为己有，并且一旦占有就可以永远将其保持下去。他特别引用了马克思在《1844 年经济学哲学手稿》中的一段话来说明在私有制下由于崇尚"占有"而导致人的"贫乏"：

　　私有制使我们变得如此愚蠢而片面，以致一个对象，只有当它为我们

---

　　① ［美］弗洛姆：《马克思关于人的概念》，载《西方学者论〈1844 年经济学哲学手稿〉》，复旦大学出版社，1983 年，第 49 页。

　　② 黄颂杰主编：《弗洛姆著作精选——人性·社会·拯救》，上海人民出版社，1989 年，第 625 页。

所拥有时候,就是说,当它对我们来说作为资本而存在,或者它被我们直接占有,被我们吃、喝、穿、住等等的时候,简言之,在它被我们使用的时候,才是我们的。尽管私有制本身也把占有的这一切直接实现仅仅看做生活手段,而它们作为手段为之服务的那种生活,是私有制的生活——劳动和资本化。

因此,一切肉体的和精神的感觉都被这一切感觉的单纯异化即拥有的感觉所代替。人的本质只能被归结为这种绝对的贫困,这样它才能够从自身产生出它的内在丰富性。①

弗洛姆又提出,只要处于"占有"这种生活方式下,人们不但可以把有形的事物作为占有对象,如金钱、财富、艺术品等,而且可以将无形的东西纳入占有的范围,如友谊、爱情、健康。人们不仅对物采取占有的态度,而且对人、对情感、对思想也持这种方式。从整体上而言,"占有"的生活方式是无孔不入的,渗透到了日常生活的方方面面。

弗洛姆认为,由于人们至今实际上处于"占有"的生活方式之下,从而对可称之为"存在"的那种生活方式知之甚少。但正是"存在"的生活方式能够给予人们真正美好的享受,"存在"的生活方式是美好的生活方式。

这种美好的生活方式之所以被称为"存在"的生活方式,在弗洛姆看来,原因就在于它体现了人的"真实的存在"。"存在指的是真实的存在,它与虚假、幻想中产生的图像相反。"②所谓"真实的存在"就是体现了人的真实的人性,实现了人的真实的需求。这一点与"占有"的生活方式截然有别。"占有"的存在是"表面现象"甚至"虚假"的存在。例如,在"占有"的生活方式下,表面上装出一副和

---

① 《马克思恩格斯文集》(第一卷),人民出版社,2009年,第189~190页。
② 黄颂杰主编:《弗洛姆著作精选——人性·社会·拯救》,上海人民出版社,1989年,第631页。

蔼可亲的样子,实际上是为了掩盖自己的别有用心而戴上一副假面具;表面上显得十分勇敢,实际上内心非常空虚,甚至想自寻短见;表面上很热爱自己的祖国,实际上在不断地扩大自己的私人利益。这种表面现象尽管是公开的行为,但实际上与自己的"真正动力相矛盾"。"我的行为能部分地反映我的存在,但它通常是我所拥有的,并为达到自己的目的而佩戴的一副假面具。"①与此形成鲜明的对照,在"存在"的生活方式下,人是没有伪装的,它是一种"内在的实在",尽管这种"实在"往往不能被意识到,也不能被直接观察到。这种"没有伪装"的存在的概念乃是"斯宾诺莎和马克思思想中的主要观点"②。

弗洛姆强调的是,"存在"的生活方式实际上也根植于人的潜能,根植于人的给予、分享和勇于牺牲的愿望。"我们人类生来就有一种根深蒂固的存在的欲望:要表现自己的才能,要积极主动,与他人发生联系,逃避自私的樊笼。"③他认为,有大量证据可以证明这一说法的正确性,证据多得简直可以写出一本书。他列举的一个证据是:少年儿童在学习过程中之所以会出现惰性,是因为他们所接触的学习材料太枯燥、太死板,不能引起他们的兴趣,倘若消除了这种压力和枯燥无味的学习材料,代之以生动活泼的教材,那么就可以大大激起他们的主动性和创造性。他说,尽管当今大多数人表现为自私的,但我们仍然可以在从事某些职业的人群中,如护士、医生、僧侣、修女那里发现人的献身和同甘共苦的精神,以及甘愿为他人牺牲的精神。真正的献身精神表现在真正懂得爱别人的人身上。他反复强调,体现"存在"这种生活方式的主要倾向——分享、奉献和牺牲的倾向,"其力量根源于人类生存的特殊状况和人渴望通过与他人的统一来克服自身孤独感的内在需求"④。

---

① ② 黄颂杰主编:《弗洛姆著作精选——人性·社会·拯救》,上海人民出版社,1989 年,第 628 页。

③ 同上,第 632 页。

④ 同上,第 635 页。

弗洛姆认为,"存在"的生活方式最重要的特征就是主动性。这里所说的主动性不是指"外在的主动性",不是指忙忙碌碌,而是指"内在的主动性",即指"自我的更新、成长、才气横溢、爱、对一切感兴趣",以及"富有牺牲精神"。这种生活方式的先决条件就是"独立、自由和有批判精神"①。处于这样的生活方式下,人们不再靠抓住所占有的东西不放,也不再心安理得地坐享其成,更不会通过迷恋自我和占有物来寻求安全和地位。这种生活方式实际上是要求人们放弃以自我为中心,抛弃自私心理。弗洛姆承认,对于一般人来说,要使自己抛弃占有的心理进入真正"存在"的状态实在是太难了,"任何放弃这一倾向的尝试都会使他们心急如焚,感到自己似乎失去了一切安全的保障,被抛进了无边无际的大海"。弗洛姆指出,实际上他们抛弃了"占有",特别是"占有财产"这一支柱以后,"就可以运用他们自身的力量,独立行走了"。②

弗洛姆认为,当人们真正处于"存在"的生活方式下,那就意味着他们已成了"新人"。他具体地描述了"新人"的特征,择其要者有:相信自己的存在,在此基础上确立安全感、同一感和信心,而不是将此建立在占有欲和控制欲的基础之上,成为自己占有物的奴隶;承认这样一个事实,即除了自己之外,没有任何人或物会赋予生命以意义;从给予和分享中获得快乐,而不是从积聚财物和剥削中获得快乐;尽一切可能消除贪欲、仇恨和种种幻想;培养自己爱的能力和批判思维、理性思维;让自己和自己的同胞得到全面的发展,并使之成为生活的崇高目标;发挥自己的想象力,不是为了逃避不堪忍受的现状,而是预先考虑切实可行的办法,以便改变不堪忍受的现状;不欺人,也不为人欺,可以做一个天真无邪的人,不可做一个幼稚无知的人;意识到自己的同一切有生命之物的统一性,从而放弃征服自然、掠夺或摧残自然的目的,努力地去认识自然,同自然通

① 黄颂杰主编:《弗洛姆著作精选——人性·社会·拯救》,上海人民出版社,1989年,第627页。
② 同上,第628页。

力合作;在不断充满生气和活力的发展过程中获得幸福,而不管命运允许人们走多远。弗洛姆在这里所描述的"新人"的主要特征,实际上也就是"存在"的生活方式的主要内涵。

人的生活是否美好,确实需要有一个客观的标准。弗洛姆在这里把"占有"与"存在"作为区别生活是否美好的根本准则。按照他对"占有"与"存在"所作的具体解释,他的这种区别具有一定的合理性。确实,在现代社会中,个体是"占有式个体",占有性构成了现代社会的原则,现代社会所造就的"占有式个体"在一定程度上使人获得了相对独立性,并确保了其对物质利益的追求,但无疑这也导致了个体的"自我丧失"和"失范"状态,这种状态肯定不属于美好生活的状态。一些思想家提出,要创建新的生活应用"关系性个体"来代替"占有式个体",弗洛姆则根据马克思的相关论述,用真正的"存在"来表述这种替代"占有"的新的生活方式。这对于我们把握区分生活是否美好的根本标准具有启发意义。

(四)为我们探索如何走向美好生活提供了借鉴

在弗洛姆许多著作的扉页上,都写有"工作"(work)和"爱"(love)这两个词。这是他要人们通过努力地工作和尽情地爱来创建自己美好的生活。

弗洛姆之所以把"工作"和"爱"作为实现美好生活的主要途径,是因为在他看来,"工作"和"爱"能够满足人的最根本的需求,而人的根本的需求又产生于人的生存处境。

弗洛姆认为,在所有的动物中,人是最软弱无能的。人是在偶然的时间和偶然的地点被抛到这个世界上来的。人是唯一这样的动物:对人来说,其生存也成了一个问题,成了一个必须解决而又无法解决的问题。最关键的是,"人的生存经常处于不可能避免的不平衡之中"①。他通过对人类生存处境的分析,揭示了人类生存所固有的一些矛盾,他称之为"生存的两歧",具体表现在以下三个方面:

其一,生与死之间的两歧。生与死总是对立的,总外在于生而不能与之共存。人面对死,只能正视,别无选择。"人一定要死,这是一个无法改变的事实,人能认识到这一事实,并正是这种对死的认识,深深地影响了他的生活。"②就生而言,它是注定要失败的。正如斯宾诺莎所指出的那样,凡是意志坚强的人都会使生命更充实,而聪明者总是往生的方面,而不是往死的方面去想。人总是企图通过创造某种意识形态来否定这种"生与死之间的两歧",例如通过创造基督教的灵魂不死的概念。这一概念假定存在着永生的灵魂来否定这样一个残酷的事实:随着人生命的终结,一切都化为乌有。

其二,人的潜能的实现与生命的短暂之间的两歧。虽然每个人都被赋予人类所能具有的所有潜力,但由于其生命是短暂的,所以即使在最有利的环境下也不可完全实现这些潜力。只有在个人的生命与整个人类的生命一样长的情况下,他才能参与整个人类的历史过程。"人的生命从其诞生到死亡,在整个人类历史的长河中是短暂的一刹那,但从其愿望来说,总渴求能实现他所有的潜力,这两者之间产生了尖锐的冲突。"③人对这种"他所认为能够实现"和"实际上所能实现"之间的矛盾,至少会有种朦胧的感觉,但是他的意识却通过假想人死后生命可以开始充实,或假想一个人自己所处的历史阶段是人类的最终和最辉煌的历史时期,来调和、否定这种矛盾。

---

① [美]弗洛姆:《寻找自我》,陈学明译,中国工人出版社,1988 年,第 52 页。
② 同上,第 54 页。
③ 同上,第 55 页。

其三,个人化与孤独感之间的两歧。人从母体诞生后不断成长的过程就是"个人化"的过程。这一过程一方面增强了自我实力,使人日趋自由;另一方面又切断了他与周围环境缔结的原始纽带,失去了安全感、相互感,滋生了孤独感。人往往难以忍受自己的孤独,与周围环境相隔离。"他之所以是孤独的,是由于他是一个独特的整体,与其他人都不一致,并且由于他意识到了自己是一个独立的整体。"①当人不得不只靠自己的理性力量作判断、下决定时,他必然是孤独的,而可悲的正在于"他幸福与否恰恰就取决于他能否感受到与其同胞、先辈和后代心心相印"②。

弗洛姆强调,上述三种"生存的两歧"是人生存的一个必然组成部分。人生活在世界上,还要经历各种"历史的矛盾",但"历史的矛盾"与"生存的两歧"有着本质的区别,因为它们不是人生存所必然具有的,而是人为造成的。他认为,把两者区别开来是很有意义的。

弗洛姆认为,人处于"生存的两歧"的困境,是决不会甘心生活于这种内在的矛盾之中的,他必然要追求和谐、美好的生活,于是就产生了各种各样的需求。这些人类所特有的需求,就根植于其"生存的两歧"之中。"人类生存的失调,导致产生了远远超出其动物性欲念范围的种种需求。这些需求变成了一种力图恢复他自身与自然的其他部分的统一协调的强制性驱力。"③这些需求的形成,实际上就是人对"生存的两歧"所作出的反应。人是一个既有精神又有肉体的整体,所以他不仅通过思维、也通过生活过程,不仅通过感觉、也通过行动对其"生存的两歧"作出反应。弗洛姆认为,人往往具有某种目标、理想或者如上帝那样的"超人的力量",而实际上这种"超人的力量""是在生活过程中追求完满性这

---

① 〔美〕弗洛姆:《寻找自我》,陈学明译,中国工人出版社,1988 年,第 55~56 页。

② 同上,第 56 页。

③ 同上,第 60 页。

种需求的表现"。①

他列出了人所特有的种种需求，其中最主要的是对超越和关联的需求。

所谓对"超越"的需求，弗洛姆指的是人渴望超越被动的生存环境，它产生于"生与死之间的两歧"和"人的潜能的实现与生命的短暂之间的两歧"。面对"生与死之间的两歧"和"人的潜能的实现与生命的短暂之间的两歧"，人总不甘成为环境的奴隶，力图由被动的角色转为主动的角色。人总有着追求"定向"和"献身"的趋向，这种趋向实际上就是"超越"的需求。他说，由于缺少合适的字眼，"我姑且把这种需求称为'定向'和'献身'的框架"②。因为对建立一个"定向"和"献身"的体系的需求是人生存的一个固有的组成部分，所以我们也就能理解为什么这种需求如此强烈。在人身上再也没有比这个更强大的力量源泉了。在一定意义上，我们都是理想主义者，都追求超出物质享受以外的东西，人在"理想"的有无之间并没有选择的余地，区别在于选择什么样的理想，即在不同的理想之间进行选择。

所谓对"关联"的需求，弗洛姆指的是人渴望与同类建立相互依存、相互支持的关系，它产生于"个人化与孤独感之间的两歧"。处于"个人化与孤独感之间的两歧"之中的人，极端害怕孤独，迫切需要与他人发生关联，以使自己从孤独中解脱出来。这种需求与对"超越"的需求一样，也深深地扎根于人的生存状态之中，构成了人的一种强大的原动力。对"关联"的需求会使人不顾一切地怀着巨大的热情去追求。对这种需求追求的热情程度是人间最高的。弗洛姆认为，对"关联"的需求实际上也就是对"爱"的需求。人们祈求爱，几乎把所有的东西都与爱联系在一起。正因为对"爱"的需求是根源于人的生态状态的最基本的需求，所以"爱"不为了什么，"爱"的唯一重要性就在于爱本身，"爱"是人类的自我

---

① ［美］弗洛姆：《寻找自我》，陈学明译，中国工人出版社，1988年，第61页。
② 同上，第62页。

表达，是使人的力量得到充分发挥的方式。其实人只有一种激情能满足人统一自我和外界的需要，而同时又获得一种完整性和独立性，这种激情就是"爱"。"爱"是在保有自我的分离性与完整性的情况下，与自身以外的某人或某物的合一。弗洛姆还强调，人的最基本的需求就是对"爱"的需求，这里的"爱"是广义的，它意味着爱所有的人，包括爱生活、爱世界，只要是能消除其孤独感的行为都是"爱"的行为。

那么如何才能满足人的这两大最基本的需求呢？或者说如何通过满足这两大需求而使人获取真正美好的生活呢？

弗洛姆认为，满足人对"超越"的需求的最好途径就是"努力地工作"。对"超越"的需求是人所共有的，但满足这一需求的途径则不一致，"这些区别属于价值观上的区别"[1]。凡是在人格发展方面受到阻碍的人，必然会回到"原始的、非理性"的方向去，而这一方向反过来又助长、增加了他的依赖性和非理性。也就是说，他将依然停留在人类数千年前早已达到的水平上。而成熟的、创发性和有理性的人，将选择能促使他真正消解"生与死之间的两歧"和"人的潜能的实现与生命的短暂之间的两歧"，并能满足其对"超越"的需求的途径。这一途径就是让自己处于努力工作的状态，不断地展现自己内在的潜能。通过这一途径来实现满足对"超越"的需求的人，"把培育和发展自己的所有潜力作为唯一的目标，使自己所有的其他活动都从属于这一目标"[2]。人可以被看作一种能运用其理性和想象改造现有物质的"具有创发性的存在物"，他不仅能够创发，而且为了活下去他必须创发。在弗洛姆看来，这里的关键就在于"创发"，"创发性是人的能力所在，是一种使用自己的力量和实现自己的固有的潜力的能力"。人正是在"创发性"之中，即通过努力工作，"体验到了自己是其力量的体现者和'行动

---

① ［美］弗洛姆：《寻找自我》，陈学明译，中国工人出版社，1988年，第64页。

② 同上，第105~106页。

者'","感觉到了自己是一个强者,感觉到了自己的力量没有受到阻碍和招致异化",从而也会从"生与死之间的两歧"和"人的潜能的实现与生命的短暂之间的两歧"中摆脱出来。①

弗洛姆认为,满足人对"关联"的需求的最好途径就是"尽情地爱"。弗洛姆提出,人,一切时代、一切文化中的人,永远面临着同一个问题,这个问题是任何人都必须解决的,这就是如何来满足对"关联"的需求。不论是住在洞窟里的原始人、看管牛羊的游牧民族、埃及的农夫、腓尼基商人、罗马士兵、中古僧侣、日本武士,还是现代的职员及工厂的工人,所面临的都是同一个问题。而事实告诉人们,解决这一问题的最好途径就"在于人与人之间的结合,在于同他人的融合,在于爱"②。在弗洛姆看来,这种"爱"应当是尽情的,它作为人的生命中一种积极主动的力量,能够突破人与他的同胞隔离的墙。"尽情的"又必然是主动的,它实际上是人的一种积极的活动的,"爱是主动活动,而不是被动的倾向;它是'站立于'而不是'坠入'。以最通常的说法,爱的主动性可以用这样的陈述描述出来,爱的首要的意义是给予,而非接受"③。所谓"给予",就是并非放弃、被剥夺或牺牲,而是一种能力的最高的表现。在"给予"中,个人体验到力量、富饶和能力。这种充盈高涨的生命力使人喜悦,它之所以比接受更令人喜悦,就是因为它一方面表现出我们的活力及对生命的肯定,另一方面真正促使我们解除孤独。弗洛姆对马克思在《1844年经济学哲学手稿》中的这段话赞不绝口:"我们现在假定人就是人,而人对世界的关系是一种人的关系,那么你就只能用爱来交换爱,只能用信任来交换信任,等等。"④

弗洛姆强调,通过"努力地工作"和"尽情地爱"去满足自己的对"超越"的需

---

① 参见[美]弗洛姆:《寻找自我》,陈学明译,中国工人出版社,1988年,第108页。
② [美]弗洛姆:《爱的艺术》,伦敦,1982年,第22页。
③ 同上,第25页。
④ 《马克思恩格斯文集》(第一卷),人民出版社,2009年,第247页。

求和对"关联"的需求的过程，也就是人类创造新的美好生活、获取无上快乐的过程。他认为，幸福、快乐是"生活艺术达到完美化的标志"①，而唯有"努力地工作"和"尽情地爱"才能达到这样一个境界。人类如果真的致力于"努力地工作"和"尽情地爱"，那就说明人类就已经找到了破解"生存的两歧"，回答生存问题的答案。

我们可以对弗洛姆论证"工作"与"爱"是实现美好生活的主要途径的整个思路提出质疑，我们也可以不接受他对人的生存处境和人的基本需求的分析，但必须得承认，他把"努力地工作"和"尽情地爱"作为实现美好生活的主要途径，强调人们在"工作"和"爱"中会获取无上的快乐，是一种真知灼见。创建美好的生活，我们所要做的事情很多，从"努力地工作"和"尽情地爱"入手，不失为一个好的见解。

（五）启示我们在实现美好生活的过程中必须正确地面对和处置自由

确实，美好的生活总是与自由联系在一起的。"不自由，毋宁死"，"生命诚可贵，爱情价更高。若为自由故，二者皆可抛"，这些名言警句充分表现了自由在美好生活中的地位。弗洛姆高度肯定自由对实现美好生活的重要性，他认为人类争取自由的历史也就是追求美好生活的历史。他说："近代欧英历史的要旨就是谋求摆脱人的政治、经济和精神枷锁。渴望新自由的被压迫者，向维护特权的人们，发动了争取自由的战争。当某一个阶级为使自己从统治中获得解放而斗争

---

① ［美］弗洛姆：《寻找自我》，陈学明译，中国工人出版社，1988 年，第 246 页。

之时,它自以为是在为整个人类的自由而斗争,从而可以诉诸某种理想,藉以唤起深埋在所有被压迫者心中的对自由的向往。"①弗洛姆列数了由争取自由的斗争所带来的人间种种的美好:许多人抱着不自由毋宁死的信念,舍生取义,这是对他们人格的最好维护;人能够自由地思想和感知,使人的潜力充分地发挥出来;促进了经济自由主义、政治民主、宗教自由以及私人生活的个人主义的发展,人类能够自治自决;人逐步推翻了大自然的统治,使自己摆脱了自然的束缚;人逐步推翻了教会的控制和专制国家的主宰,使自己成为自己的主人,等等。

弗洛姆认为,问题在于,自由对人的意义实际上是双重的,它既有促进人的生活美好的一面,也有给人带来痛苦的一面。自由实际上"正用一种矛盾的手段影响人:它们使人发展了个性,但同时又使人孤独无援;它们增加了人的自由,但同时又创造了一种新的束缚"②。正因为要研究自由与人的美好生活的关系,就必须研究自由对人的这种双重意义。弗洛姆指出,要让人们,"特别是让那些已被自由迷了心窍的人",承认自由还有消极的一面,还会给人带来负担,确实是件难事。综观现代史上争取自由的斗争,人们总是把注意力集中于推倒原有的权威和砸碎原有的枷锁上。所以在这种情况下,人们总认为传统束缚解除得越多,获得的自由越多,生活也就越美好。

在弗洛姆看来,自己身临其境的资本主义社会最充分地表现出了自由对人的这种双重意义。他从人与自然、人与商品、人与人之间、人与政治权力之间的变化,具体地论述了现代资本主义社会是人的自由本身便意味着不自由:

现代资本主义社会中人们的自由,首先体现在与自然作斗争的能力增强了,即在自然领域内变得自由了,但正是这种自由破坏了人与自然的原始的同一性,自然界与人类联系的纽带被切断了。从表面上看,这可以使人少受或不受

---

① [美]弗洛姆:《逃避自由》,陈学明译,周洪林校,中国工人出版社,1987年,第14页。

② 同上,第141页。

自然界的束缚,但实际上,人也因此失去了一个重要的伙伴。孤独感、惶恐和不安感油然而生,人类时时受到自然界的报复,这正是对人类在自然界面前充分地享用"自由"的惩罚。"尽管人在统治自然方面已达到了相当高的程度,但至今社会还不能有效地控制它所创造的力量。"①

现代资本主义社会中人们的自由,集中体现为买卖自由,人们可以自由地制造商品,当然也可以自由地出售或者买进商品。但这种买卖自由的结果是把人交给了整个商品世界,资本主义的经济制度是为赚钱而赚钱的,个人就像是大机器中的一个齿轮一样,其重要性取决于他的资本的多寡,资本多的就成了一个重要的齿轮,资本少的就无足轻重了,但不管怎么样,人总是服务于他自身之外的目标。人们往往相信他自己的行为是出于自我利益的动机,可实际上他却被自身之外的目标所支配。为自身以外的目标奉献自己,这是人的不自由的最大标志,如果说以前人们自己奉献给"上帝",那么今天就转而奉献给现代的经济制度。在这种情况下必然造成以下结果,人制造了商品,商品却成了人的上帝,人创造了世界,世界却成了人的主宰。总而言之,资本主义经济制度"使人为了某种超越自己的目的而劳动,成为他所制造的机器的奴仆,产生了自己无足轻重和软弱无力感"②。

现代资本主义社会中人们的自由,还体现在人与人之间关系的松弛,人可以自由地面对他人。但这种自由使人断绝了与他人的正常交往,使人感到极端的精神孤独。"现代人所具有的那些人与人之间关系的形式进一步加剧了他们的孤独感和软弱无力感。人与人之间的关系已经丧失了那种坦率的、符合人性的特征,而是渗透着互相利用、互相操纵的精神。"③资本主义社会让每个人都完

---

① [美]弗洛姆:《逃避自由》,陈学明译,周洪林校,中国工人出版社,1987年,第159页。

② 同上,第151页。

③ 同上,第160页。

全依靠自己，你要做什么，怎样去做，是成是败，纯粹是你自己的事，别人不会为你操劳。这种现象使个人与个人之间的联系日益减少。更有甚者，人与人之间还为了个人的利益经常发生冲突。既然现代人已经非人化、物化、机器化和商品化，那么人与人之间的关系也就变成了非人的关系、物的关系、互相利用的关系和商品交换的关系。在现代资本主义社会里，人们再"自由"，但实际上他所面对的还是一个充满争斗、冷酷无情的世界，他当然感到势单力薄，微不足道。环顾四周，一双双充满仇恨的眼睛在注视着他，他感到寒心，这是人最害怕的一种境遇，但现在人们恰恰处于这种境遇之中。

现代资本主义社会中人们的自由，最被人看重的或许就是政治领域中的自由，即人们与政治权力之间的关系似乎日益密切。政治自由发展的最大成果就是建立了现代民主国家。现代民主的宗旨就是人人平等，政治成员由人们自己选举产生。政治领域的自由权说到底就是个人可以自由地直接参与投票，投票人有时候甚至可以清清楚楚地看到自己的一票也计算了进去。但这是一种真正能够代表民意的自由投票吗？弗洛姆认为，只要看一看下述事实就一清二楚了：投票人会受到那些庞大的政党的干扰，这些党像庞大的工业组织一样令人望而生畏，又对人产生巨大影响；手续烦琐的投票方法使人如堕五里雾中，根本搞不清需要投票表决的问题的来龙去脉；投票人在竞选期间尚能见到他所拥护的候选人，但竞选日期一过去，连那个人的影子他也看不到，从而他失去了控制"他的"候选人的最后手段。政治领域的自由最终带给人的消极面甚至比经济领域的自由所带来的更严重。"经济活动方面的广告宣传使消费者滋生了无足轻重感，同样，政治活动方面的政治鼓动也使选举人深感自己渺小无比。喋喋不休地重复政治口号，反反复复地宣传那些早已听腻了的主题，只能麻木人的批判能力"，"选举人面对着靠政治鼓动得以维持的党的巨大力量和声望，不禁相形见绌,不寒而栗"。①

弗洛姆通过对上述四个方面的分析得出的结论是:"资本主义不仅给人带来新自由,还使新教的宗教自由已在个人心理上所造成的创伤进一步加强了。个人变得更加孤独、彷徨,更加成了在自身之外的某种超级力量手中的工具。"②他说,只要详细分析一下从宗教改革到现时代这段时期的欧美历史,我们不难发现,"在自由中获益"和"在自由中受害"这两种互相矛盾的倾向是怎样发展并不断交织在一起的。

弗洛姆关于自由对人的双重意义的论述,为的是进一步说明存在于人性之中的"追求自由"与"逃避自由"两种内在的驱动力之间的对立。在他看来,现实社会中所表现出来的自由的双重意义与人内在的挥之不去的"追求自由"与"逃避自由"的两个梦是相对应的。在一定意义上,现实社会中自由的双重意义根源于人的内在的这两种梦,人内在的这两种驱动力引来了现实社会中自由这两种截然有别的影响。我们考察人性,一个重要的方面就是要考察人内在的对自由的两种不同的倾向。人们总以为,人除了具有向往自由的内在的愿望之外,总不会还有向往屈从的本能愿望吧? 事实正是如此,否则无从解释为什么有这么多的人心甘情愿地屈从于某种权威,而且还通过屈从获得一种神秘的、难以名状的满足。

无疑,人性中存在着"追求自由"的驱动力。从个体发生学的角度来观察,追求自由、独立的倾向是与人同在的,也就是说,自由是人存在的本质特征。追求自由是个体成长发育的内在需求。自由确实与我同在,自由即是人的本质。追求自由,摆脱束缚,谋求独立,从来就是人挥之不去的梦想。

同样无疑,人性中也存在着"逃避自由"的驱动力。人性中除了具有追求自

① [美]弗洛姆:《逃避自由》,陈学明译,周洪林校,中国工人出版社,1987年,第174页。

② 同上,第162页。

由的内在需求之外,还有一种逃避自由、寻求归属的内在需求。与追求自由是个体成长发育的结果相一致,逃避自由也产生于个体的成长发育。伴随个体成长发育所形成的,不仅有追求自由的心理机制,还有逃避自由的心理机制。逃避自由的冲动与追求自由的冲动一样,既伴随个体的成长过程,又贯穿于人类社会的始终。逃避自由,对于人来说,也是一个挥之不去的梦。具有这样一种梦的人最明显的一个特征是完全依赖自身以外的力量,依赖他人、组织及大自然。"他们并不固执己见,不做自己想做的事,一心一意听从外在力量的指挥","他们也很少去体会一下'我要'或'我是'这种感觉是什么滋味","在他们看来,生活的力量是不可抗拒的,既无法主宰也无法去控制"。①

正因为在弗洛姆看来,人性中存在着"追求自由"与"逃避自由"这两种截然对立的驱动力,所以他顺理成章地提出如何正确地面对和处置这两种驱动力,实现它们之间平衡的问题。他认为,一个人的生活是否美好,一个社会是否健全,在很大程度上取决于能否正确地面对和处置人内在的"追求自由"和"逃避自由"这两个挥之不去的梦。他要人们在任何时候都必须牢记:"自由,并不是随心所欲,而是成为自身的可能性;自由并不是一大堆贪婪的欲望,而是一种巧妙的稳定结构,它随时都面临兴与衰、生与死的选择。"②弗洛姆的意思是,为了实现生活的美好,面对自由,我们切不可随心所欲,不能让自由成为"一大堆欲望",而是要让自由成为一种"巧妙的稳定的结构"。他认为在自由面前如何作出选择,实际上是"兴与衰、生与死的选择",对于我们来说,实在是太重要了。他强调,平衡好"追求自由"与"逃避自由"这两种心理机制,其实也就是争取"积极的自由"的过程。"自由"有"消极的自由"与"积极的自由"之分,"消极的自由"充其量

---

① [美]弗洛姆:《逃避自由》,陈学明译,周洪林校,中国工人出版社,1987年,第189页。
② 黄颂杰主编:《弗洛姆著作精选——人性·社会·拯救》,上海人民出版社,1989年,第643页。

是一种"解脱"而已,而"'解脱'与积极的自由、与'自由自在'并不是一回事"①。弗洛姆说,平衡"追求自由"与"逃避自由"这两种心理机制所必须要做的是"向'积极的自由'方向发展","借此表现自己的情感、感性和理性方面的能力,在不放弃自我尊严和独立性的前提下实现自己、自然和他人三者之间的融合"。②弗洛姆要人们相信,"总有一种积极的自由状态存在","发展自由的过程并不构成一种恶性循环,人完全可以做到,既自由又不孤独,既具有批判的眼光,又不怀疑一切,既独立又不与世界隔离"。③当这种"积极的自由"形成之时,也是人类的美好生活创立之日,美好的生活永远与"积极的自由"而不是"消极的自由"联系在一起。

弗洛姆把创建美好的生活与正确地面对自由联系在一起,是入情入理的;他提出自由展现的过程对人具有双重意义,也是不易之论;他揭示出人具有"追求自由"与"逃避自由"两种截然不同的心理机制,在一定程度上也言之成理;他希望人们通过平衡这两种心理机制,变"消极的自由"为"积极的自由",来走向美好的生活,更是无可非议。所以尽管他关于"自由"问题的整个论述与他的其他理论一样,充满着矛盾与不能自圆其说之处,但总的来说,还是给予我们莫大的启示,特别是启发我们在为实现美好生活的目标而奋斗的过程中,务必要密切关注、正确面对自由问题。

---

① [美]弗洛姆:《逃避自由》,陈学明译,周洪林校,中国工人出版社,1987 年,第 53 页。
② 同上,第 186 页。
③ 同上,第 333 页。

下 篇

中国特色社会主义的伟大实践创造了

中国式现代化新道路、人类文明新形态

一、中国梦的实现意味着
一种新的人类文明的诞生

中国人民正在为实现中华民族伟大复兴的中国梦而奋斗。中国梦的实现意味着中华文化中王道精神与马克思主义的"真精神"的双重复兴，在中华民族这片古老的大地上形成了一种新的人的存在状态，在这一意义上，中国梦的实现意味着一种新的人类文明的诞生。当今中国人民基于源远流长又与时俱进的"和谐"的价值理念，对于人与人之间、人与自然之间，以及人内在的"身与心"之间的和谐的追求，将为中国梦抹上一层浓浓的新的文明的底色。中国梦的实现必然开创一种新的人类文明，这是由实现中国梦的道路必然与西方式的现代化道路不相同所决定的。中国人民对中国梦的自信不仅来自对自己所走的这一道路的独特性的认识，更来自对自己所走的这一道路的优越性的领悟。中国的国土占世界的 7.2%，而人口占世界的 20%。中国梦就是要通过自己道路用世界7.2%的国土让世界 20%的人过上好生活，也就是说，中国梦要用与美国相当的疆域使 4 倍于美国的中国人安居乐业、富裕幸福。这当然是中国梦对人类文明的莫大的贡献。但这只是中国梦对人类文明的意义中很小的一部分。中国梦对人类文明的最大意义在于，它将为人类文明走出困境开辟出一条新路，它的实现意味着在中国这片古老的大地上创造出了一种新的人类文明形态。习近平指出,我们要实现的中国梦,不仅造福中国人民,而且造福世界人民。他所说的"造福世界人民"当然包含着非常丰富的内容,但无疑其中最主要的是中国梦为世界变得更美好提供了一幅新的文明图景,为人类社会向更高的文明形态演进创造了新的范式。

（一）从中国梦的内涵看中国梦的实现意味着一种新的人类文明的诞生

为什么说中国梦的实现意味着一种新的人类文明的诞生,只要看一看中国梦的目标和内涵就一清二楚了。

中国人民正在为实现中华民族伟大复兴的中国梦而奋斗,但是中国究竟进入一种什么样的状态才称得上是"复兴"了呢?如果认为中国的国内生产总值翻几番,中华民族就复兴了,那么这种"复兴"与新的人类文明风马牛不相及。综观全部人类发展史,无论是农耕文明还是工业文明,一种新的人类文明的形成,物质财富的增加、生产力的提高是基础,但这些显然不是其全部标识。

一种新的人类文明的形成是与一种新的文化精神的出现并占主导地位联系在一起的,是与人的新的生产方式和生活方式联系在一起的,只有当人类在一种新文化精神的支配下进入了一种新的存在状态,才意味着一种新的人类文明形成了。中国梦以实现中华民族的伟大复兴为主要目标和基本内涵,只有当中华民族的复兴超越了单纯的国内生产总值的翻倍,即不仅仅是物质基础上的复兴,而且是中华文化中王道精神与马克思主义的"真精神"的双重复兴,并在此基础上在中华民族这片古老的大地上形成了一种新的人的存在状态,那么中国梦的实现、中华民族的复兴才算孕育了一种新的人类文明。

当习近平提出中国梦时，他的意思十分明确，就是要实现国家富强、民族振兴、人民幸福。显然，习近平并没有单纯地从经济指标上为未来的小康社会制定蓝图，他所说的"小康社会"是个整体的概念，在这个概念中所包含的内容不仅仅是一些经济指标，还有社会、文化、精神、生态等的因素。"小康社会"是一个中国化的概念，它来源于古代而赋予现代内容，上承温饱社会，下启基本实现现代化。从古到今，"小康""小康之家""小康生活"等词在民间广为流传。在人民的心目中，"小康社会"就是"美好社会"，"小康生活"就是"幸福生活"。所以一般民众衡量有没有建成"小康社会"，心中自有"一杆秤"，即看社会是否美好，生活是否幸福，而只有"美好而幸福"的社会才是广大人民群众所渴求的"小康社会"。如果这样来理解"小康社会"，那么中国所实现的"小康"状态，就是广大人民群众不仅仅过上了一种富裕的日子，而且更是一种"美好而幸福"的生活，这显然是一种人的新的存在方式。中国所追求的现代化强国，不仅仅是"富强的中国"，同时也是"民主的中国""文明的中国""和谐的中国""美丽的中国"，这样的中国不正是代表了一种人类的新的文明吗？这充分证明中国梦不仅是"富裕梦"，而且也是"民主梦""和谐梦""文明梦""美丽梦"。

尽管把中国梦作为当代中国的"精神旗帜"是党的十八大以后以习近平同志为核心的党中央的重大举措，但是中国梦对一种新的人类文明的追求的基本精神已贯穿在党的十八大报告之中。党的十八大将中国特色社会主义总体布局从经济、政治、文化、社会建设"四位一体"，发展为包括生态文明建设的"五位一体"。事实上，中国梦与中国特色社会主义是用不同的话语表达同一个事业。党的十八大以后，习近平总书记在阐述中国梦时，一再重申"五位一体"的中国特色社会主义的总体布局。而正是这个总体布局，标志着我们所追求的中华新文明涵盖了物质文明、政治文明、精神文明、社会文明和生态文明。这说明我们的中华新文明,不仅仅在经济的层面上展现出生产能力的强大和物质财富的富裕,而且还充分体现在政治、精神、社会和生态等其他层面上。在政治层面上,展示出民主有序、政治清明,人民当家做主,政通人和;在精神层面上,展示出现代公民在知识素质、道德品质等方面大幅提升,人一方面能与人坦诚相待,另一方面又活得有尊严,文化越来越呈现出属人化、亲近化和大众化;在社会层面上,展示出社会组织的有序发展和功能优化,社会服务体系和社会保障体系日益完善,公共服务实现均等化;在生态层面上,展示出人与自然的关系变敌对为和谐,社会已成为资源节约型社会和环境友好型社会。显然,实施"五位一体"总体布局所带来的"五大文明"的齐头并进,已远远超越了目前在世界上所主导的那种西方工业文明的模式。当今中国尚处于工业化的中期阶段,即初步完成了从农耕文明向工业文明的过渡。但中国出现的不仅仅是工业文明完全"着地"的局面,而且是中华文明"质的飞跃",也就是说,这个时候的中华文明就不能仅仅用"工业文明"来表达,而是一种既超越农耕文明、又超越工业文明的新文明。这种中华新文明使西方工业文明模式走下了神坛,避免当今人类文明变成清一色的西方特征。

(二)致力于破解人类文明面临的矛盾,
为中国梦抹上一层浓浓的新的文明的底色

现实无情地告诉人类:人类文明正处于历史的转折点,如果人类不能应对所面临的挑战,不能破解所面临的难题,那么人类随着文明的衰败而一起陨落也不是没有可能的。当今人类文明所面临的挑战表现为"三大矛盾的加剧":一是人与人之间越来越不平等。资本主义文明本来就建立在剥削和掠夺的基础之

上，随着进入全球化时代以后这种剥削和掠夺逐步加剧，人与人之间的不平等也呈扩大趋势。二是人与自然之间的冲突越来越严重。人类的生态容量已快接近底线，工业化、现代化以牺牲生态为代价，引起了人与自然关系的失调，破坏了生态平衡，人类遭到自然界严酷的报复，人类面临失去"家园"的危险。三是人的各种功能、需求之间越来越不平衡。人日益成为"单向度"的消费机器，一味地把"占有"作为自己的人生宗旨，而离真正"属人"的存在状态渐行渐远。显然，文明的进步就取决于对这"三大矛盾"的破解。禁锢在工业文明的框框里显然是解决不了这"三大矛盾"的。人类正呼唤通过破解这"三大矛盾"创建一种新的文明。

中国梦的实现是否具有世界历史意义，是否对人类文明的发展做出历史性的贡献，关键就看中国梦的实现对破解这"三大矛盾"是否有所作为。客观现实是，中国梦就是在正视和解决这"三大矛盾"中为自己开辟道路的。中国梦实现的过程是破解这"三大矛盾"的过程，当然也是为人类克服面临的难题、创建一种人类新文明的过程。

邓小平在南方谈话中对社会主义的本质作过经典的表述："社会主义的本质，是解放生产力，发展生产力，消灭剥削，消除两极分化，最终达到共同富裕。"[①]在邓小平看来，"解放生产力，发展生产力""消灭剥削，消除两极分化""共同富裕"三者并不是并列的，而是一个层层推进的立体结构。对"消灭剥削，消除两极分化"来说，"解放生产力，发展生产力"是手段和途径，而对"共同富裕"来说，"消灭剥削，消除两极分化"又只是手段和途径。显然共同富裕是最终目标，它既是"消灭剥削，消除两极分化"的目标，更是"解放和发展生产力"的目标。自中国推行改革开放以来，中国领导人一直朝着共同富裕这一方向努力着。党的十八大报告重申"必须坚持走共同富裕的道路"，强调"共同富裕是中国特色社会主义

---

① 《邓小平文选》（第三卷），人民出版社，1993 年，第 373 页。

的根本原则"。①"共同富裕"是中国特色社会主义的根本原则，当然也是中国梦的根本原则。党的十八届三中全会对"全面深化改革的重大意义和指导思想"的深刻阐述，就是对中国梦的根本原则的深刻阐述。这次全会明确提出要"改革收入分配制度，促进共同富裕"。②这次全会不仅向人们传递了中国将全面深化改革，从而"让一切劳动、知识、技术、管理、资本的活力竞相迸发，让一切创造社会财富的源泉充分涌流"，也向人们传递了中国将以更有力的措施实现共同富裕，致力于把全面深化改革的成果"更多更公平地惠及全体人民"。③党的十九大更是把实现共同富裕作为中国特色社会主义进入新时代以后的主要历史任务。

中国共产党一方面郑重提出了高举中国特色社会主义伟大旗帜，另一方面又旗帜鲜明地把建设生态文明作为一项战略任务摆在全党和全国人民面前。党的十八大更是把生态文明建设放在突出地位，提出要把生态文明建设"融入经济建设、政治建设、文化建设、社会建设各方面和全过程"，向全党和全国人民展现了"建设美丽中国，实现中华民族永续发展""走向社会主义生态文明新时代"的灿烂前景。④随着中国梦成为中国人民的"精神旗帜"，中国人民以更强烈的责任感和使命感探索人与自然和谐发展的文明新路。党的十八届三中全会向全国人民发出号召："紧紧围绕建设美丽中国深化生态文明体制改革，加快建立生态文明制度，健全国土空间开发、资源节约利用、生态环境保护利用的体制机制，推动形成人与自然和谐发展现代化建设新格局。"⑤当我们在这次全会所通过的《中共中央关于全面深化改革若干重大问题的决定》中读到"划定生态保护红

① 胡锦涛：《坚定不移沿着中国特色社会主义道路前进　为全面建成小康社会而奋斗——在中国共产党第十八次全国代表大会上的报告》，人民出版社，2012年，第15页。

②③⑤　《中共中央关于全面深化改革若干重大问题的决定》，《文汇报》，2013年11月16日。

④ 胡锦涛：《坚定不移沿着中国特色社会主义道路前进　为全面建成小康社会而奋斗——在中国共产党第十八次全国代表大会上的报告》，人民出版社，2012年，第39~41页。

线"①这样的词句时，便会深切地感受到在当今世界，没有一个国家和地区像中国这样对生态危机的严重性，以及对生态文明建设的重要性有如此深刻的认识，也没有理由怀疑中国梦的实现是与"美丽中国"的建设联系在一起的！

让我们简略地回顾一下中国领导人是如何一步步地突破以消费为中心，使中国朝着促使人的全面发展的方向前进的。邓小平在提出以经济建设为中心的同时，反复告诫人们要从经济、政治、文化三个方面全面建设社会主义，全面促进人的发展。江泽民在庆祝中国共产党成立 80 周年大会上的讲话中，把"努力促进社会和人的全面发展作为社会主义建设的本质要求"提了出来。党的十八大宣布把科学发展观作为"党必须长期坚持的指导思想"，提出要在"促进人的全面发展上取得新成效"。②科学发展观的意义不仅在于促进经济发展，而且在于推动人全面、协调、可持续的发展。习近平更是把促进人的全面发展、让人民群众真正感受到生活的美好与幸福作为中国梦的重要内容。他在阐述中国梦时，总是强调树立坚定的理想信念，培育精神家园。他在全国宣传工作会议上所提出的丰富人民精神世界，增强人民精神力量，满足人民精神需要，不能仅仅理解为这是对宣传工作所提出的要求，应当视为对实现中国梦所提出的要求。西方工业文明使人的发展"以物的依赖性为基础"，而中国梦不仅是以满足人的低层次的需求为目标，更以满足人的高层次的需求为宗旨。由于中国梦的提出让人民产生了新的需求，激发人民以最完整的方式去实现自己，从而中国梦会突破"以物的依赖性为基础"的人的发展模式，使人进入"自由而全面发展"的新境界。

---

① 《中共中央关于全面深化改革若干重大问题的决定》，《文汇报》，2013 年 11 月 16 日。

② 胡锦涛：《坚定不移沿着中国特色社会主义道路前进　为全面建成小康社会而奋斗——在中国共产党第十八次全国代表大会上的报告》，人民出版社，2012 年，第 8~9 页。

(三)中国梦不是关门做自己的"小梦"，而是做开创人类文明新形态的"大梦"

一部人类文明史就是一部斗争史。自人类走出蒙昧和野蛮状态进入文明时代以来，先后经历了原始文明、封建文明、资本主义文明等文明形态，比起以前的文明形态，资本主义文明即现代工业文明是文明的高级形态，但资本主义文明所蕴含的斗争与对抗也超过以往任何一种文明形态。进入 21 世纪以后，资本主义全球化给世界带来了更大的灾难和沟壑，资本主义文明正借用"军事铁拳头"来支持市场这只"看不见的手"，"新帝国主义"的存在就意味着"无限战争"。正是在这样的背景下，亨廷顿的《文明的冲突》一书广为流传。该书提出冷战结束后世界还不会太平，人类文明仍然充满着冲突。事实证明，这一观点是正确的。但是作者把这种冲突笼统地归结为"非西方文明的各民族与西方之间以及它们之间的冲突"这一点尚有争议，人类文明难道就必然处于这种冲突、矛盾、危机的状态吗？人类文明的进步难道就必然在斗争和对抗中实现吗？中国梦的提出，能为人类文明开辟出和平发展的新路。从这一意义上也可以说，中国梦的实现将标志着人类新文明的形成。

习近平提出中国梦后不久，就出访世界。从俄罗斯到非洲大地，都留下了这位中国巨轮新"舵手"的身影。习近平围绕着中国梦这一主题所作的精彩演讲，引起了全世界的关注。中国梦对世界意味着什么？习近平回应了世界的关注，告诉全世界中国梦就是"顺应时代前进潮流，促进世界和平发展"，中国梦也是"和平梦"。和平与发展是时代的主题，也是中国人的逐梦之路。中国梦不会满足于"独善其身"，还要"兼济天下"。中国梦不是关门做自己的"小梦"，而是做"开放、包容、共赢、合作"的"大梦"。

把中国梦定位为"和平梦"，顺应了自改革开放以来中国所走过的道路。中国道路的设计者和领路人一再强调，中国所走的道路是一条和平发展的道路。邓小平在把握时代特征的基础上，明确地把和平与社会主义统一起来，努力"寻求一个和平的环境"进行社会主义现代化建设。他正式提出"主张和平的社会主义"的科学论断。江泽民同样以无比坚定的语气向全世界宣布中国永远不称霸，一如既往地为维护地区和世界和平作出不懈的努力。以胡锦涛同志为主要代表的中国共产党人在奉行和平外交政策方面也是坚定不移，这主要表现在他们鲜明地提出了中国"和平崛起"的战略。习近平更是高高举起了和平的大旗，他在博鳌亚洲论坛 2013 年年会开幕式上这样说道："和平犹如空气和阳光，受益而不觉，失之则难存。没有和平，发展就无从谈起。国家无论大小、强弱、贫富，都应该做和平的维护者和促进者，不能这边搭台、那边拆台，而应该相互补台、好戏连台。国际社会应该倡导综合安全、共同安全、合作安全的理念，使我们的地球村成为共谋发展的大舞台，而不是相互角力的竞技场，更不能为一己之私把一个地区乃至世界搞乱。""我们将坚定维护亚洲和世界和平稳定。中国人民对战争和动荡带来的苦难有着刻骨铭心的记忆，对和平有着孜孜不倦的追求。中国将通过争取和平国际环境发展自己，又以自身发展维护和促进世界和平。"①从邓小平、江泽民、胡锦涛到习近平的这些言论，都清楚地表达了当今中国人民对和平的渴求，同时也都清楚地向全世界宣布中国道路是一条和平发展的道路。综观中国这些年所走过的道路，不难看出，中国人是这样想和这样讲的，也是这样做的。

一些人总把中国走和平发展的道路归结为受中国传统文化的影响，这并没

---

① 《共同创造亚洲和世界的美好未来——习近平在博鳌亚洲论坛 2013 年年会上的主旨演讲》，《人民网》，2013 年 4 月 7 日。

有错。确实,中华民族历来是个热爱和平的民族,有着热爱和平的"文化基因",中华文化信奉的是"和为贵""内圣外王"的思想价值观念,中国当今的和平发展道路无疑与中国的这些文化传统有着密切的联系。即使这种联系属于密切的联系,中华文明的和平传统对当今中国的和平道路也仅仅是提供了可能性,要使这种可能性变成现实性还必须有现实的历史条件。换句话说,当今中国的和平道路并不是中华文明自然的产物,它并不是从中华文明固有的"文化基因"直接引申出来的。当今中国之所以走上和平发展的道路,除了取决于中国的文化传统之外,更依赖于中国的社会现实。

当今中国之所以倡导和平,说到底是由于我们所选择的道路是中国特色社会主义道路,这是一条与西方的现代化道路截然不同的独特的道路,正是这种独特性决定了它与和平有着本质性的联系。正因为中国的发展道路是不同于西方的,所以中国的整个现代建制不可能像西方那样建立在以所谓"原子个人"作为基本前提的,而是诉诸"集体的力量",因而不可能像西方文明那样以贪欲和扩张伴随发展;也正因为中国的发展道路是不同于西方的,所以中华文明并不是以资本为原则的文明,中国的发展需要利用资本,但中国在利用资本的同时还会限制和超越资本,中国人不会当资本的奴隶,而是成为资本的主人,这样中国的发展并不是征服性和权力主义的,更不会走向霸权主义。总而言之,中国的发展道路绝对不会局限在现代资本主义文明的范式之中,而是对这一范式的批判和脱离,这是一条不同于资本主义的社会主义道路,它有着自己的社会主义价值目标和方向。正是这种超越了资本主义现代文明的"历史限度"的社会主义价值目标和方向,决定了中国的发展必然是一种和平的发展。

中国坚持走和平发展道路对人类文明的意义,越来越被人们所认识。著名的历史学家汤因比一方面用"人类集体自杀之路"来指证西方文明的无出路状态,另一方面又把重建和平的希望寄托于中国。他这样说道:"恐怕可以说正是中国肩负着不止给半个世界而是给整个世界带来政治统一与和平的命运。"①中国梦正在使汤因比当年的预见在当今世界得以实现。

（四）中国梦与人类文明新形态的联系存在着一种必然性

我们已经从各个角度论述了中国梦的前景是人类新文明的诞生。紧接着需要回答的一个问题是：中国梦是必然与人类新文明联系在一起的吗？换句话说，中国梦的实现与走向一种新的人类文明是不是具有必然性？我们认为具有必然性。中国梦对人类文明的价值说到底就体现在这种必然性上。

关键在于，中国梦追求的是中华民族的伟大复兴，而中国梦要实现这一目标必须走自己的路，不能照搬西方国家或日本等东方国家走向现代工业文明的"复兴"之路。也就是说，中国必须开辟一条自己的在中华大地上实现现代化、实现民族复兴的道路，即我们平时所说的"中国特色社会主义道路"。中国特色社会主义发展道路的可能性"来自它走西方资本主义道路的不可能性"。正因为中国实现中国梦的现代化道路必然是与西方式的现代化道路不同，从而中国梦的前景也相异于西方现代化道路的前景。西方式的现代化道路带来了西方的工业文明，中国梦的现代化道路所开创的人类文明必然是与西方工业文明有别的一种人类新文明。这就是说，实现中国梦的现代化道路把中国引向一种新的人类文明的必然性，取决于这一道路与西方式的现代化道路不同的必然性。这样，为了实现中国梦，在当今中国人面前有两种选择：一是跟在西方国家后面亦步亦趋，这样做的结果事实上是不可能达到使中国梦成真的目的，退一步说，即使在

---

① 汤因比关于中国坚持走和平发展道路对人类文明的意义的具体观点，详见《展望二十一世纪：汤因比与池田大作对话录》，荀春生等译，国际文化出版公司，1985 年，第 282~296 页。

某种程度上使中国梦的某些成分得以实现,中国的文明前景充其量也只是西方式的工业文明;二是用一种中国式的新型道路实现中国梦,实现中华民族的复兴,那么圆中国梦所带来的结果是在中国的大地上开创出一种新型的人类文明。

如此说来,中国梦的实现必然开创一种新的人类文明是由实现中国梦的道路必然与西方式的现代化道路不相同所决定的。那么为什么实现中国梦、实现中华民族伟大复兴的道路不应当也不可能重复西方式的走向现代工业文明之路呢? 这是由于中国是在一种完全不同于西方社会的文化传统与社会背景下走上实现中国梦的征途的。这就是说,中国文化传统和中国社会现实的特殊性决定了中国走向现代化的复兴之路是区别于西方式的现代化道路的,而中国走向现代化的复兴之路的独特性又决定了中华民族伟大复兴、中国梦实现的前景与西方式的现代化前景也不尽相同。在上面谈及为什么中国梦的实现能为人类文明开创和平发展的新路时指出过这一点。实际上,中国梦的实现为人类文明带来的所有的"正能量""正效应",带来的所有构成一种新的人类文明的因素都是与中国道路的独特性相适应的,与中国文化和中国社会现实的特殊性紧紧联系在一起的。

对于中国独特的文化传统和基本国情决定了中国必须走一条与西方不同的发展道路这一点,没有比习近平在 2013 年全国宣传思想工作会议上的讲话阐述得更深刻、更清楚了。他强调:"独特的文化传统,独特的历史命运,独特的基本国情注定了我们必须要走适合自己特点的发展道路。"中国的道路、理论、制度和文化有着自己鲜明的特色和显著优势,不能照搬西方的洋办法,搬过来只会水土不服,注定要失败。这是已经被历史证明了的事实,也是已经被事实证明了的历史。他提出当下的任务就是要"引导人们更加全面客观地认识当代中国、看待外部世界"。他认为,至关重要的是要"宣传阐述中国特色",而"宣传阐述中国特色"就是要做到"四个讲清楚"：讲清楚每个国家和民族的历史传统、文化积淀、基本国情不同，其发展道路必然有自己的特色；讲清楚中华文化积淀着中华民族最深沉的精神追求，是中华民族生生不息、发展壮大的丰厚滋养；讲清楚中华优秀传统文化是中华民族的突出优势，是我们最深厚的文化软实力；讲清楚中国特色社会主义根植于中华文化沃土、反映中国人民的意愿、适应中国和时代发展进步要求，有着深厚历史渊源和广泛现实基础。习近平所说的"四个讲清楚"，既阐述了由于中国具有独特的文化传统和基本国情，所以中国必须走独特的发展道路；也指出了中国文化和中国国情的这种独特性究竟是什么；更说明了建立在这种文化传统和基本国情基础上的中国道路、理论和制度何以具有显著的优势，中国人民为什么有理由对自己的前途充满自信。

著名学者张维为在《中国震撼》一书中，不但论述了"中国以西方不认可的模式"迅速崛起，给世界带来了相当的震撼，而且揭示了中国的崛起不是一个普通国家的崛起，而是一个五千年连绵不断的伟大文明的复兴，是一个"文明型国家"的崛起。在他看来，中国这一"文明型国家"确实具有独特性，它把"数千年古老文明与现代国家形态几乎完全重合"，而且在当今世界能够做到这一点的只有一个国家，那就是中国。他是这样描述中国这一"文明型国家"的特征的：

这种"文明型国家"具有超强的历史和文化底蕴，不会跟着别人亦步亦趋，不会照搬西方或者其他模式，它只会沿着自己特有的轨迹和逻辑继续演变和发展；在崛起的道路上它也可能经历磕磕碰碰，但其崛起的势头已不可阻挡，其崛起的方向已不可逆转；这种"文明型国家"有能力汲取其他文明的一切长处而不失去自我，并对世界文明做出原创性的贡献，因为它本身是不断产生新坐标的内源性主体文明。①

张维为断言,因为中国这一"文明型国家"的崛起包含着如此丰富的内容,所以"它给世界带来的可能是新一轮的'千年未有之大变局'"②。张维为的所有这些分析都是颇有见地的。首先,他指出中国是一个"具有超强的历史和文化底蕴"的"文明型国家";其次,他认为中国这一"文明型国家""不会照搬西方或者其他模式","只会沿着自己特有的轨迹和逻辑继续演变和发展";最后,他断言中国这一"文明型国家""有能力汲取其他文明的一切长处而不失去自我,并对世界文明做出原创性的贡献",中国这一"文明型国家"的崛起"给世界带来的可能是新一轮的'千年未有之大变局'"。

张维为在这里实际上把中国梦的实现、中华民族的伟大复兴创造一种新的人类文明的必然性揭示出来了。我们要特别注意他关于"对世界文明做出原创性的贡献","本身是不断产生新坐标的内源性主体文明"的表述。中国梦的实现、中华民族的伟大复兴所开创的人类文明是一种"不断产生新坐标","做出原创性的贡献"的人类文明,那么这种人类文明不正是一种人类历史上从未有过的、当今人类正翘首以待的新文明吗?

---

① 张维为:《中国震撼——一个"文明型国家"的崛起》,上海人民出版社,2011 年,第 2 页。
② 同上,第 3 页。

二、中国的生态文明建设
将创造一种人类文明新形态

习近平在庆祝中国共产党成立 100 周年大会上这样说道："我们坚持和发展中国特色社会主义，推动物质文明、政治文明、精神文明、社会文明、生态文明协调发展，创造了中国式现代化新道路，创造了人类文明新形态。"[①]习近平在这里不但提出了"人类文明新形态"的概念，而且指出中国"五大文明"的协调发展，正在创造人类文明新形态。显然，"五大文明"的建设对创造"人类文明新形态"是缺一不可的。而在"五大文明"的建设中，生态文明建设具有特殊的地位。我们在这里就简要论述一下中国的生态文明建设是怎样把我们引向一种人类文明新形态的。

中国生态文明建设的实践正在深入展开。西方有人曾经把建设生态文明的希望寄予中国，认为在 21 世纪，中国最有可能创建一种新的人类文明，即生态文明。这显然是有根据的。根据有二：其一，中国目前的领导层，即中共高层领导，对生态文明建设高度重视。环顾全球，没有一个国家或地区的执政者如中共

---

① 习近平：《在庆祝中国共产党成立 100 周年大会上的讲话》，《光明日报》，2021 年 7 月 2 日。

领导层对生态文明建设有如此清醒的认识、崇高的责任感和高度的自觉性。其二，中国已形成了成熟、前沿的生态文明建设的理论。这就是习近平生态文明思想。习近平生态文明思想是以习近平同志为核心的党中央治国理政实践创新和理论创新在生态文明建设领域的集中体现，是新时代我国生态文明建设的根本遵循和行动指南。新时代新征程，要坚持以习近平生态文明思想为指引，扎实推动美国中国建设。

现在我们可以作出预言，如果中国人民按照目前的生态文明建设的思路坚定不移地做下去，前景无限美好。最美好的前景就是在古老的中国大地上有可能创建出一种人类文明新形态。

（一）中国的生态文明建设
将实现人与自然的高度和谐

现代工业文明的一个重要特征是人与自然环境的对立，以牺牲自然为代价来获取经济的发展。目前工业文明社会的一个瓶颈就是陷入了人与自然的矛盾而不能自拔。不解决这一问题就不能走出现代工业文明，而进入新的文明。

马克思在《1844 年经济学哲学手稿》中认为，未来的共产主义社会的一个主要特征就是实现人道主义与自然主义的高度结合，实现人与自然矛盾的真正解决。马克思所说的共产主义社会的特征也就是人类文明新形态的特征。判断一个社会有没有走出处于危机之中的现代工业文明而进入一种新的人类文明，首先是看这一社会中人与自然的关系，即看这一社会中人与自然环境处于对立状态还是和谐状态。

习近平生态文明思想的核心与目标就是实现人与自然的和谐发展。习近平在党的十九大报告中明确提出，我们要实现的现代化是人与自然和谐的现代化，这是在人类思想史上第一次把实现人与自然的和谐作为现代化的重要内容。习近平强调，人与自然是生命共同体，人类必须尊重自然、顺应自然、保护自然。人类只有遵循自然规律才能有效防止在开发利用自然上走弯路，人类对大自然的伤害最终会伤及人类自身，这是无法抗拒的规律。因而要加大生态系统保护力度，"像对待生命一样对待生态环境"，还自然以宁静、和谐、美丽。习近平在各种场合阐述这一思想时，总是把坚持自然与人和谐共生作为第一要义提出来。

习近平如此强调实现人与自然的和谐共生，源自他对自然重新认识的生态价值观。习近平在把实现人与自然的和谐共生作为生态文明建设的主要内涵和目标的同时，深刻地论述了怎样正确地认识自然环境。我们生活在自然界之中，人究竟如何看待自然界？习近平的"绿水青山就是金山银山"的"两山论"为人们正确认识自然界开辟了一个新的思路。从字面含义来看，"绿水青山"指的是自然环境，而"绿水青山就是金山银山"，实际上强调自然环境本身就是具有价值的，是对自然资本和自然环境财富地位的一种肯定。习近平提出的"两山论"，在马克思主义语境中第一次创造性地肯定了自然环境的内在价值。所谓自然内在价值是指不以人为尺度的自然的价值。自然的内在价值不是人类赋予的，也不是人类创造的，是自然本身固有的，它随自然的产生而产生，随自然的存在而存在，随自然的消亡而消亡。习近平肯定自然内在价值的存在，也就是对"生态环境生产力"的肯定。如果说邓小平提出科学技术是第一生产力发展了马克思主义的生产力理论，那么习近平提出生态环境也是生产力同样发展了马克思主义的生产力理论。他认定生态环境就是生产力，保护生态环境就是发展生产力。习近平关于"生态环境生产力"的重要论述，一方面改变了过去仅仅从物质财富生产的角度和从"自然界的力量隶属于社会生产力"的层面看待自然生产力的问题,将关注的角度扩展至整个自然界、整个生态环境,将看问题的层面放在自然生产力和社会生产力具有平等的地位上;另一方面,不再像过去那样仅仅把进入社会生产过程且来自自然界的劳动对象、劳动资料纳入自然生产力的范围,而是将整个生态环境系统中存在的如水力、风力、太阳能、土壤肥力等自然力,以及自然资源生产环境资源产品的能力、生物生产力都纳入自然生产力的范围。

由于习近平实现人与自然和谐共生的理念是建立在重新认识自然界的坚实的哲学基础之上的,因而这一理念特别具有科学性和前瞻性,并特别富有号召力。目前,实现人与自然的和谐共生已成了全体中国人民的强烈意愿,并已把这种意愿化为扎扎实实的实际行动。中国人民在实现人与自然的和谐共生的征途上迈开了大步。仅就实现人与自然的和谐共生而言,一种人类文明新形态已在古老的中国大地上初见端倪。

(二)中国的生态文明建设过程中所形成的新建制将走出个人原子主义

现代工业社会是以个人原子主义为基础的。现代启蒙就是张扬个人本位。资本主义历来认为人生来就是自私自利的,实现个人利益的最大化,把个人利益视为高于一切也是天经地义的。正是这种个人至上的原则产生了资本主义的文明,也带来了资本主义的深重危机。可以说,现代资本主义社会所出现的许多问题都与奉行"人不为己,天诛地灭"有关。资本主义社会中的道德危机实际上是资本主义的文明危机。资本主义社会中的宗教等可以在某种方面和在某种程度上"缓解"这种道德危机、文明危机,但不可能从根本上消解危机。事实正无情地告诉人们:如果坚持人生来就是自私的观点,坚持以个人原子主义为社会的建构基础，那么就不可能消除现代资本主义的危机，亦不可能走向一种新的人类文明。

马克思对资本主义批判的一个重要方面是批判资本主义社会的资产阶级人性论。虽然马克思反对先天的、抽象的人性之存在，但他并没有否定后天的、具体的人性之存在。马克思确实看到了在资本主义社会中那种追求自私自利的本性，但他没有把人看作生来如此的，而是强调了这种人性是资本主义生产关系的产物。这样，马克思对资本主义社会的剖析在两个方面同时展开：一方面分析资产阶级社会条件下如何形成了人的那种自私自利的本性，另一方面分析这种资产阶级的普遍人性如何既维护着资本主义社会又最后导致这一社会日益走向危机。马克思认为，要使资本主义摆脱危机、走向一种新的社会形态，必须改变这种资产阶级的个人原子主义，这就是实现利己主义向社会化的、高尚的人的转换。马克思所批评的"市民社会"是以个人为本位的，而马克思所追求的人类新文明是以社会化的人为本位的。在马克思那里，共产主义既表征一种合乎人性的，即使人的生命特征真正获得意义的存在模式，又是为保证这种存在模式得以实现而设想的一种特定的社会制度安排。对这种存在模式和社会制度安排，马克思称之为"自由人联合体"。在这个"自由人联合体"中，尽管个人的全面发展是其宗旨，但个人只有在集体中通过"自由的联合"才能实现这种发展。毫无疑问，在马克思那里，作为一种超越资本主义文明的新的文明社会的共产主义社会，已不再以个人原子主义为基础，而是建立在集体主义的根基之上。

中国生态文明建设的过程正是逐步走出个人原子主义，走向集体主义的过程。习近平生态文明思想是有着崇高的精神境界的，它所追求的是人类的整体和长远的利益。习近平多次援引古语，如"不畏浮云遮望眼""孔子登东山而小鲁，登泰山而小天下"，习近平生态文明思想充分体现了他的高瞻远瞩、胸怀全局。试想一下，倘若一个人完全是以个人利益作为出发点，他怎么会为了人类的整体去致力于保护生态环境呢？一个人的生命是有限的，在其有限的生命里，生态环境的恶化不可能达到危及其个人生命的程度，他对环境的保护一定是超越了他个人的利益。生态文明建设必然是以"类"而不是以"个体"为本位的，个人至上、个人本位是应对不了环境问题的。中国人民在建设生态文明的实践中越来越深切地体会到，必须通过交流和合作才能共同治理"文明的火山"。面对生态问题，拉起手，在一起，才能更容易抵御各种来自环境的风险。中国人民在生态文明建设中越来越"抱成团"。习近平生态文明思想、中国的生态文明建设的实践，着眼点是"代内平等"和"代际平等"。所谓"代内平等"，就是不仅要考虑到我个人和我周围的人的利益，而且还要考虑到我们同时代的其他地区、其他国家的人的利益；所谓"代际平等"，就是不仅要考虑到我们这一代人的利益，而且还要考虑到我们下一代、下下代，即子孙后代的利益，即无论是从"横向"还是从"纵向"，都是从人类的整体利益出发的。

习近平在提出生态文明思想的过程中，曾经先后提出过三个共同体，即自然界各种生命的共同体、人与自然之间的共同体、人类命运的共同体。所谓"共同"就是整体。显然，贯穿于三个共同体的就是"整体主义"。中国人民正是在这种"整体主义"的支配下，推进着自己的生态文明建设。随着中国的生态文明建设深入展开，必然会形成一种新的社会建制，这种社会建制不可能是以"原子个人"为基本前提的，而是诉诸"整体的力量"，一种新的文明形态也由此而产生。

（三）中国的生态文明建设在实现人与自然和谐的同时，也实现人与人之间的和谐

资本主义社会在制造人与自然的冲突的同时，又造就了人与人之间的对立。现代工业文明的危机不仅有人与自然之间矛盾的加剧，而且还有人与人之间的对立日趋严重。现代工业文明社会是人与人之间对立的社会，是弱肉强食的丛林社会。西方马克思主义的著名代表人物哈贝马斯深刻地揭露了当今资本主义社会中人与人之间交往的"不合理"，他认为，当今资本主义社会中以功利为驱动力的薄情寡义的交往方式，正把人的生活世界引向"殖民化"。交往行为的不合理意味着行为主体之间的"不理解""不信任"，意味着人与人之间的冲突与矛盾的产生。交往主体之间进行的对话变成了争辩，交往双方各自为自己的主张或行为进行辩解。他构建了交往行为理论，力图改变当今资本主义社会中人与人之间的那种对立的关系，实现人的交往行为的"合理化"。他强调，交往行为"合理化"的社会就是人类理想社会，亦即走出现代工业文明的一种新的文明社会。

马克思在论述未来的共产主义社会的特征时，就把人与人之间的和谐相处作为共产主义社会的一个基本准则。我们都非常熟悉马克思下述一段论述什么是共产主义的著名的话："这种共产主义，作为完成了的自然主义，等于人本主义，而作为完成了的人本主义，等于自然主义；它是人和自然界之间、人和人之间的矛盾的真正解决，是存在和本质、对象化和自我确立、自由和必然、个体和

类之间的抗争的真正解决。它是历史之谜的解答,而且它知道它就是解答。"①我们在阅读马克思的这段话时,往往只是把注意力集中于人和自然界之间矛盾的"真正解决",实际上,马克思所说的共产主义社会不仅是人和自然界之间,而且是人和人之间矛盾的"真正解决",特别是马克思提到了"个体和类之间的抗争的真正解决"。要使人与人之间做到和谐相处,关键要做到正确处理好"利己主义"与"自我牺牲"之间的关系,而对"利己主义"和"自我牺牲"的关系,马克思和恩格斯在《德意志意识形态》一书中作出过非常精辟的论述。他们针对19世纪的德国哲学家施蒂纳从作为"自我""唯一者"的个人出发,宣扬绝对自由的极端利己主义和唯我主义,并用虚构和夸张的宣传把"利己主义"和"自我牺牲"对立起来,提出"共产主义者既不拿利己主义来反对自我牺牲,也不拿自我牺牲来反对利己主义"②。在他们看来,当真正正确处理好"利己主义"和"自我牺牲"之间的关系时,一种新型的人与人之间和谐相处的人际关系也就形成了,人与人之间的关系也不再是简单的竞争关系。马克思和恩格斯把这种新型的人际关系的形成与共产主义社会的建立、一种超越资本主义文明的新型的人类文明形态的创造联系在一起。

习近平生态文明思想的一个重要组成部分就是环境公正理论,而环境公正理论可以引导我们在解决人与自然之间的冲突的同时,化解人与人之间的矛盾,引导我们创建人与人之间和谐相处的新型的人际关系。

习近平生态文明思想的环境公正理论是在继承了马克思和恩格斯的公正思想,充分吸收和借鉴当代公正理论研究成果,以及不断推进社会变革和环境公正发展的实践基础上与时俱进产生的。习近平生态文明思想一是把环境公正作为公正的核心内容,认为要实现社会的公正当务之急是要实现环境的公正,

---

① [德]卡尔·马克思:《1844年经济学–哲学手稿》,刘丕坤译,人民出版社,1979年,第73页。
② 《马克思恩格斯全集》(第3卷),人民出版社,1960年,第275页。

没有环境的公正，就不可能实现社会的全面的公正；二是提出环境公正的核心是提供最普惠的良好生态环境。环境公正不仅仅体现在作为主体的人对环境要讲公正，要公平地对待自然环境，更体现在要让广大人民群众公平地享受自然环境。习近平在各种场合反复强调，良好的生态环境是最普惠的民生福祉。我们要特别注意习近平在论述生态文明建设时经常使用的"共享"与"普惠"这两个概念，"共享"就是要让所有的人共同享受自然环境给予我们的美感，"普惠"就是要使自然环境作为一个"公共产品"惠及所有的人。不可否认，当今社会人与人之间的冲突将越来越围绕着享受环境的冲突展开。当广大人民群众能够公正、公平地享受自然环境，当在这一点上真正做到公正、公平了，人与人之间的冲突的一个重要根源也就消除了，人们就更有可能和谐地生活在一起。生态问题往往表现为人与自然的关系问题，可实际上是属于人与人之间的关系问题。中国的生态文明建设，在融合人与自然的关系的同时，必然也融合了人与人之间的关系。可以预测，随着生态环境作为最普惠的民生福祉的实现，人们所企盼的公平正义的价值目标也将实现，一个人与人之间真正和谐相处的社会也将在中国的大地上形成，到那时，一种新的文明形态也会得到更多人的关注。

（四）中国的生态文明建设会逐步走向
为了人类真实的需要而进行生产

现代资本主义社会的危机主要还在于它的生产方式的危机。资本主义社会的生产目的非常明确，就是为了利润。如果说价值可以区分为使用价值和交换价值的话，那么资本主义社会的生产显然只是与交换价值联系在一起。贯穿于资本主义生产过程的是资本原则，而资本的天然属性就是利润，资本不追求利润,不去赚钱那就不是资本了。资本把世界上的一切都与钱联系在一起,把世界上的一切都变成能赚钱的机器。这种围绕着资本、利润而展开的生产方式,是现代工业文明的一个主要特征。实际上,现代工业文明的危机也主要源于此。

马克思对资本主义的批判主要就是对资本主义围绕着资本、利润而展开的生产方式的批判。马克思不仅揭露了这种生产方式对工人阶级和广大劳动人民的剥削和压迫,揭露了正是这种生产方式造成了工人阶级和广大劳动人民的贫困,而且深刻地分析了这种生产方式必然要走向死亡。马克思认为,资本主义生产的真正限制是资本本身。资本追逐利润的属性,导致以资本为中心的生产方式最终难以为继。马克思曾经这样说,在资本的简单概念中已经潜在地包含着以后才暴露出来的那些矛盾。摆脱资本主义文明危机的唯一途径就是改变这种以资本为中心的生产方式,在这一点上马克思的态度是十分明确的。

在马克思看来,进入了新的人类文明的生产必然不再围绕着利润而展开,它必然是为了人类的真实的需要而进行生产,也就是说,不是什么东西能够赚钱我就生产什么,而是人们需要什么我就生产什么,当然这里的"需要"是人们的"真实的需要",而不是现在我们经常看到的那种通过广告之类人为地制造出来的"虚假的需要"。用政治经济学的语言说,就是为了"使用价值"而不是为了"交换价值"而生产。按照马克思的论述,如果说资本主义的生产主要依据的是"物"的尺度,那么新的文明社会的生产不仅依据"物"的尺度,也将依据"人"的尺度,实现"物"的尺度和"人"的尺度的统一;如果说资本主义的生产遵循的是"经济"规律,那么新的文明社会将不仅遵循"经济"规律,而且也将遵循"人"的规律,实现"经济"规律与"人"的规律的统一。这里关键的是生产的目的,资本主义的生产把"物"本身作为生产的目的,也就是说,为了生产而生产;而新的文明社会不会把生产的目的停留于"物"本身,而是仅仅把"物"作为一种手段和工具,让这些手段和工具服务于人这一目的。马克思曾经提出过"全面生产"的概念。按照马克思的"全面生产"的理论，人的生产与动物的生产完全不一样，这一区别就在于人的生产的全面性，也就是说，人的生产不能像动物那样，只是按照自身肉体的需要来进行生产，即只是生产它自己或它的幼子所直接需要的东西，而是根据社会和人的全面发展的需要组织生产。新的文明社会里的人的生产将是一种"全面的生产"。

习近平生态文明思想引导中国人民将传统的现代化变为实施"以生态为导向的现代化"，以实现人与自然和谐为特征的现代化，相应地，在生产方式的组织等方面必然发生相应改变。中国正在改变那种"为生产而生产""为发展而发展"的生产方式。中国正在一方面使生产不断地扩大和发展，另一方面又不使生产变为"过度生产"，致力于解决发展的不平衡、不充分的问题，努力使生产服务于满足人们的真实的需求，服务于满足人们对美好生活的追求。传统的现代化进程中的生产就如一辆只有油门没有刹车的汽车，驾驶这种汽车无异于直奔死亡。当今中国实施"以生态为导向的现代化"，实际上给自己的汽车既装上了油门又装上了刹车，也就是说给原先的生产模式加以生态的限制，加以服务于人的真实需要的限制，从而使其既快速又安全地行进。

习近平一再提出进行生态文明建设的一个重要内容就是改变目前的生产方式，创建新的生产方式，这种新的生产方式是一种"绿色发展"方式。他把美丽中国、美好生活与绿色发展方式紧紧地联系在一起。我们可以从他提出的创新、协调、绿色、开放、共享的发展理念中把握他所说的新的生产方式、绿色发展方式的具体内涵。我们更可以从他提出的坚持节约优先、保持优先、自然恢复为主的方针中直接了解他所说的新的生产方式、绿色发展方式的具体要求。随着以"生态产业化"和"产业生态化"为主体的生态经济体系的形成，这种新的生产方式、绿色发展方式正在中国诞生。这种生产方式在人类历史上从来没有见到过，它的形成是一种人类新的文明出现的重要标志。

（五）中国的生态文明建设
必然会形成一种新的人的存在方式

一种新的人类文明是否形成，最终是要看有没有形成一种新的人的存在方式。现代资本主义社会人的存在方式就是"to have"，即"占有"，亦即以最大限度地进行消费作为生活宗旨。正是这种人的存在方式导致了现代工业文明陷于深重的危机之中。这种危机缘于以下两个方面：一是人在这种生活方式下满足的是虚假的需求，从根本上颠倒了人与商品的关系，不是商品为了供人消费而生产，而是人为了消费商品而存在，人过的是"痛苦中的安乐生活"，人成了"单向度的人"；二是这种人的存在方式是建立在大量消耗地球的资源和能源的基础之上的，而地球根本不可能提供日益增加的资源和能源。基于这两点，这种人的存在方式是不可能持续的。一些西方马克思主义理论家尖锐地揭露了这种人的存在方式与现代工业文明社会的危机的内在联系，强烈呼吁改变"to have"的人的存在方式，而通过创建一种"to be"，即真正体现人的存在的生活方式，走向一种新的人类文明。

马克思是资本主义文明的批判者，那么马克思对资本主义究竟批判了什么？我们往往把注意力集中在马克思是如何批判资本家榨取工人的剩余价值的，也就是说，集中在马克思是如何批判资产阶级对无产阶级的经济剥削和政治压迫的。实际上，马克思对资本主义批判的另一个维度是批判资本主义社会如何造成人的生活方式的畸形发展，如何摧残人性。这两种批判有着内在联系，但侧重点不一样。我们以前较多地关注前一种批判，而忽视后一种批判。后一种批判在马克思那里占有很大的分量，并且随着时代的变化，这种批判的现实意义越发鲜明地呈现出来。马克思深刻地批判资本主义社会中广大人民群众实际上处于被物所支配、从属于商品的存在状态下。马克思批判资本主义社会中资本家榨取工人创造的剩余价值，使工人处于贫乏状态，不能理解为仅仅是为了让工人改变贫乏状态，拥有与资本家同样的财富，根本目的还在于使工人摆脱对物的束缚，创建一种自由而全面发展的新的存在方式。马克思所说的真正的人的存在方式的基本内涵就在"全面"两字上。不管你从什么样的角度去规定人的本质，所看到的人都是具有无限丰富性的总体的人。不管你从什么样的角度去探讨人的存在状态，所得出的结论只能是：人的存在的第一个要求就是它的全面性，即使人的各个方面、各个层次兼容并包地、铢两悉称地、相互协调地发展。按照马克思对创建人的新的存在方式的描述，一种人的新的存在方式、一种新的人类文明的形成，关键在于：其一，人们不是致力于从消费领域，而是从生产领域寻求满足，即人们都是通过创造性的劳动来实现自身；其二，即使在消费领域，也是注重消费的质而不是量，注重消费的全面性，即满足自己的真实的全面的需求。

中国特色社会主义道路是否具有世界历史意义，主要取决于它是否为人类文明应对所面临的人的存在方式的矛盾与危机做出自己的贡献，它能否成为人类追求文明进步的一条新路，它能否为人类探索出一种新的存在状态。中国特色社会主义的理论和实践已告诉我们：中国特色社会主义道路的真正内涵和意义正在于创建新的人的存在方式。而作为习近平新时代中国特色社会主义思想的一个重要组成部分的习近平生态文明思想，更是如此。习近平在论述如何进行生态文明建设时，除了强调要改变生产方式之外，还强调要改变生活方式。中国的生态文明建设目标十分明确，除了形成一种新的生产方式之外，还要形成一种人的新的生活方式。而新的生产方式和新的生活方式都是以满足人的真实的需求、满足人们对美好生活的追求为宗旨。我们要特别重视习近平所提出的

"绿色生活方式"的概念,"绿色生活方式"就是我们要创建的人的新的存在方式。对于"绿色生活方式"的具体内涵,习近平也有一系列的阐述,例如,他曾特别提道:"倡导简约适度、绿色低碳的生活方式,反对奢侈浪费和不合理消费。"习近平从改变人的消费模式入手来进行生态文明建设,确实是十分英明的。消费模式的改变,不仅因为改变了那种与生态文明不相容的消费模式,从而保护了生态环境,而且更可以通过这一改变促使人们从消费主义中解放出来,改变人的需求结构,帮助我们形成健康的、真正"属人"的生活方式。中国人民消费模式的改变中孕育出一种人类文明的新形态。

三、与新发展理念联系在一起的
是一种人类文明新形态

　　启蒙运动所确立的现代工业文明的基本原则是天赋人权、个人本位。这一原则的当代表现就是极端的个人主义。西方马克思主义有一部名著叫作《启蒙辩证法》,这部著作写于 20 世纪的三四十年代。该书的作者霍克海默和阿多诺在当时就作出判断,资产阶级的启蒙、现代工业文明的基本原则已经走向反面,其主要标志就是启蒙旨在解放个人,但随着启蒙的展开,个人越来越陷入孤独和被肢解,从而现代工业文明也处于危机之中。

　　卢卡奇的《历史与阶级意识》一书,被说成是西方马克思主义的"圣经",卢卡奇在这一著作中把对当代资本主义社会的批判归结为对这一社会中人的存在方式的批判。他强调,生活在这一社会中的人普遍处于异化状态,而其主要表现为人的整体形象的消失。他把走出现代工业文明的危机,建立新的人类文明的希望寄托于恢复"整体性",让人们都去"渴望总体性"。

　　西方马克思主义的这些论述,对我们认识现代工业文明的本质和探讨如何建立新的人类文明富有启示意义。中国共产党正在中国的大地上着力实施的新发展理念,从根本上说就是推行一种总体的发展理念,这种总体的发展理念必然与一种新的人类文明联系在一起。

（一）新发展理念崇尚整体与协调，
孕育人类文明新形态

新发展理念是党的十八届五中全会通过的关于《中共中央关于制定国民经济和社会发展第十三个五年规划的建议》最大亮点，是贯穿全篇的一条思想红线，也是该建议谋篇布局的鲜明逻辑线索。党的十九大把新发展理念进一步理论化、系统化了。

我们从这新发展理念中看到了一种新的人类文明。中国人民在中国共产党领导下所开创的中国特色社会主义道路，与世界上的所谓"普适"的发展道路相比，不但有其"特殊性"更有其"优越性"。中国道路必然是与西方式的现代化道路不同的，中国道路的前景也相异于西方现代化道路的前景；西方式的现代化道路带来了西方的工业文明，中国的现代化道路所开创的人类文明必然是有别于西方工业文明的一种人类新文明。这里的关键是中国有着与西方不一样的发展模式。该理念正是体现了对西方发展模式的"扬长避短"，既适合于中国国情，又代表了人类新文明的发展方向。中国人民按照这一新发展理念往前走，在中国古老大地上所出现的不仅是国内生产总值的增长，而且将诞生一种人的新的存在方式，亦即人类新的文明样式。关键在于，新发展理念蕴含着人类新文明必须具备的整体观和全局视野：一是创新发展，把现在、过去与将来联合在一起，注重前瞻性和开拓性；二是协调发展，协调即讲究各部分之间的联系，提升整体效能，注重平衡、包容；三是绿色发展，人与自然之间的融合；四是开放发展，拓展空间，把中国与整个世界融合在一起，追求世界共同繁荣，融入世界注重共赢、双向开放，"一花独放不是春，万花齐放春满园"；五是共享发展，实现人与人之间的融合，提倡发展的普惠性。

中国特色社会主义的实践面临着"三大矛盾"，新发展理念用"整体""协调""平衡"来破解这些矛盾。

第一，人与人之间的矛盾。新发展理念中的协调发展、共享发展、开放发展等，都是通过发展的"整体"与"协调"来解决人与人之间出现的各种不和谐和矛盾。借助于协调发展与共享发展，可以指引人们去建立符合人的本性的、能使人的生存真正具有意义的新的人际关系。致力于发展的协调与共享的过程，就是正确处理个人与个人之间，特别是个人与集体之间关系的过程。开放性的发展，不仅通过发展使我们国家内部实现各部分之间的和谐与协调，而且通过发展来实现中国人与全世界人之间的协调，真正建立起整个世界人民的"生存共同体"。"自由人联合"，"每个人的自由发展是一切人的自由发展的条件"是马克思所构建的"意义世界"中处理个人与个人之间，特别是个人与集体之间关系的基本准则。贯穿于新发展理念的正是这一基本准则。"个人"与"集体"的关系，在一定意义上也就是所谓"利己主义"与"自我牺牲"的关系。要真正实现发展的共享，对每个人来说，必须正确面对"利己主义"和"自我牺牲"的关系。每个人通过树立"总体"的观念，努力把"利己主义"的个人引向一种社会化的、高尚的人。

第二，人与自然之间的矛盾。新发展理念中有一个是"绿色发展"，那就是倡导人与自然之间建立起"整体"的关系。人与自然的和谐与统一，是绿色发展所追求的崇高境界。贯穿于绿色发展理念的实际上是人的一种追求人与自然统一的思维方式的革命。这种思维方式正是马克思的思维方式。马克思早在青年时期的《博士论文》中，就通过分析德谟克利特和伊壁鸠鲁在自然哲学中的差别，来说明在人与自然的关系上，人只有掌握自然界的客观理性才能达到"定在中的自由"。马克思在当时就已开始重视自我意识和现实世界、人和自然界内在的有机联系,他在《博士论文》中的思想孕育着他后来的关于人与自然理论的思想萌芽。马克思在《1844年经济学哲学手稿》中通过对黑格尔的辩证法和整个哲学的批判,一方面摒弃了"抽象的自然界",另一方面又阐述了人与自然的对象性关系,提出了人与自然是在对象性的活动中自我生存的,从而初步形成了人与自然的理论。马克思在《关于费尔巴哈的提纲》中通过确立实践的思维方式,超越了人与自然界截然相分的理论思维前提,克服了传统哲学在对待人与自然关系问题上的局限性。在稍后的《德意志意识形态》中,马克思更为深刻地阐述了"人和自然以及人与人之间在历史中形成的关系",他站在感性活动的立场上,揭示了在"工业"这种感性活动中,向来就存在的人和自然的现实统一性。至此,马克思就基本确立了关于人与自然的理论。自此以后,马克思关于人与自然相互关系的理论经过一系列的重大历史事件和资本主义社会发展的检验,不断得到补充、深化和展开,这一进程的最终成果都凝结在《资本论》中。马克思在《资本论》中把内蕴于思维方式中的革命、批判主旨进一步披露出来,从而寻找到了消除人与自然的对立,摆脱生存环境危机的根本出路。我们从"绿色发展"在中国的广泛实施中,看到了马克思关于人与自然统一的思维方式,进而看到了马克思主义的整体的思维方式的巨大生命力。

第三,人自身内在的"身心"之间的矛盾。新发展理念中的协调发展,从表面上看仅是指发展必须注重全面性,即发展不能仅局限于经济的发展,还要扩展到政治、社会、文化等各个领域,使各个领域均衡发展。但是通过这一层,可以看到提倡协调发展还有着更深层的含义,这就是要求随着各个领域的全面、均衡地发展,人内在的各种功能也得以全面、均衡地发展。新发展理念中的创新发展,更是建立在全面地焕发人的各种功能和潜力的基础之上。所以新发展理念的核心是解决人的"身心"之间的对立,实现人的全面发展。马克思所说的人的发展的基本内涵就在"全面"二字上。不管你从什么样的角度去规定人的本质,所看到的人都是具有无限丰富性的总体的人。不管你从什么样的角度去探讨人的发展，所得出的结论只能是：人的发展的第一个要求就是它的全面性。真正掌握了马克思主义人的全面发展理论的人都会深切地感受到，无论资产阶级怎样炫耀自己的价值观念，它们所拥有的精神遗产无论如何不能代表人类文明的最高目标和追求方向。没有两极分化，生活有保障，在物质生活资料相对充裕的同时，精神生活也非常充实等社会状况，与根源于资本主义制度的两极分化，尽管物质生活充裕，但精神上极端空虚，用精神上的堕落换取相对丰富的物质生活的社会状况相比，无论如何要崇高得多，永恒得多。新发展理念注重人的发展的全面性，不但体现了中国发展的独特性，而且体现了中国发展的优越性，更体现了人类新文明的特点。这是对人类文明的原创性贡献。

（二）在世界百年未有之大变局的背景下，创建人类文明新形态必须安置好"总体性"

我们现在是在世界百年未有之大变局的背景下创建一种人类文明的新形态。新发展理念等一系列战略在中国的成功实施，清楚地表明，要创建人类文明新形态，当前最重要的是必须安置好"总体性"。

中国特色社会主义进入新时代，我们特别强调一切从实际出发，崇尚现实性。正是由于我们坚持了实事求是的根本思想路线，才确保中国在新时代取得如此巨大的成就。但是在具体工作和具体领域当中，也有一些人存在着片面化理解实事求是、从实际出发的倾向。这种倾向的第一种表现，是把实际简单等同于眼前，而忽视了长远的目标，不把当下所从事的活动置入历史的总体之中，不与总体的方向联系在一起。有些人"现实"到完全丢弃了理想和目标，认为我国目前正处于社会主义初级阶段,我们当下只能做与社会主义初级阶段相符的事情,与马克思所指引的无产阶级和整个人类的最终奋斗目标相分离,割断了社会主义初级阶段与共产主义远大目标之间的内在联系。这种片面化倾向的第二个表现,则是孤立地看待自己所从事的工作,不把每一个实际接触的点放到社会的整个面上去分析,不把孤立的事件理解为社会的特定环节。这样,他不可能通过他所掌握的每一个情况、每一个统计数字、每一件素材找到对他来说很重要的事物的真实面目。

这种片面性的理论根源可以归结为缺少总体性。一些人正是在"尊重事实"的口号下,竭力排斥马克思主义的辩证的、整体的方法论。确实,对现实的认识,应当从事实出发。问题在于,"纯事实"是不存在的,一些人所说的"纯事实"在一定意义上只是事物的"表象"而已。我们的任务就是从这些所谓的"纯事实"前进到真正意义上的"事实",即前进到"现实"。这里的关键是必须充分考虑到事实的整体性。总体对各个环节在方法论上具有优越性。只有把"事实"放到总体之中加以把握,即放到历史的长河和社会的系统中加以把握,才能充分认识事实的本来面目。

明确地提出总体性是马克思主义方法论的核心的人是西方马克思主义的开创者卢卡奇。只要浏览一下马克思的一系列著作就可知道,卢卡奇的这一判断是有根据的。在《资本论》中,马克思将经济关系看作一个有机整体,把它的生产、消费、分配、交换等环节都放入这个有机整体加以考察。正是由于马克思把资本主义的经济发展环节始终放在关联整体中进行理解,所以他才会将《资本论》视为"一个艺术的整体"[①]。马克思更是从一般的哲学世界观高度指出:"具体之所以具体,因为它是许多规定的综合,因而是多样性的统一。"[②]尽管马克思在

---

① 《马克思恩格斯文集》(第十卷),人民出版社,2009年,第231页。
② 《马克思恩格斯文集》(第八卷),人民出版社,2009年,第25页。

很多地方没有直接用"总体性"这样的术语，但是显然他的许多论述实际上是围绕着这一隐蔽的范畴展开的。我们完全可以说，总体性原则确实是贯穿马克思主义科学理论体系的线索原则。

卢卡奇不仅强调总体性是马克思主义理论的核心，而且在此基础上又提出总体性原则是无产阶级的阶级意识的主要内容。卢卡奇作为一个西方马克思主义理论家，他面对 20 世纪初西欧资本主义发展和无产阶级革命的现实情境，极端重视无产阶级的阶级意识在历史上的决定作用，而他所说的无产阶级的阶级意识的主要内容就是把握总体性，即"保持对总体性的渴望"。要读懂卢卡奇，我们不仅要把握他对无产阶级历史地位的论证变成了对无产阶级的阶级意识的至关重要的论证，更要知晓他又把无产阶级的阶级意识的至关重要的论证变成了对无产阶级掌握总体性原则是决定一切的论证。在卢卡奇那里，无产阶级的阶级意识与资产阶级以及其他阶级的阶级意识的分水岭就是能否持有总体性的观念。

面对世界百年未有之大变局，安置好"总体性"显得尤其重要和迫切。这一"大变局"在我们面前呈现的是无数个正在变化着的因子，比如其中除了主要国家力量对比的变化之外，还有技术的变化、人口的变化、全球治理体系的变化，等等。所有这些变化因子，都从属于整个世界的格局，也就是说，它们只是整个世界变化着的大趋势中的一种倾向，是构成总的合力中的一股分力。在这种情况下，离开了对变化着的大趋势的把握，就无从认识这些变化因子。这就需要我们有总体性思维，即把眼前形形色色的正在变化着的具体事件放到辽阔的世界大视野中去考量，"面对世界大发展大变革大调整的新形势……我们必须登高望远，正确认识和把握世界大势和时代潮流"①。无论是习近平多次援引古语"不

---

① 习近平：《弘扬"上海精神" 构建命运共同体——在上海合作组织成员国元首理事会第十八次会议上的讲话》，《人民日报》，2018 年 6 月 11 日。

畏浮云遮望眼""孔子登东山而小鲁,登泰山而小天下"所作的文学化表述,还是他直接采用理论话语指出的"坚持系统思维,构建大安全格局,促进国际安全和世界和平,为建设社会主义现代化国家提供坚强保障"①,都贯彻了马克思主义的总体性原则,体现的是世界的、历史的大视野。

人类命运共同体的提出,同样也是直接贯穿总体性原则的结果。综观当今世界,各个国家的生产力体系离开了全球资源配置,离开了对全球市场的利用,能够运行和发展吗? 不正是全球化的趋势才使气候变化、环境治理、反恐安全等都带上了全球性质的烙印吗? 生产力的全球化浪潮呼吁人类建立新的国际关系,正是在这样一种背景下,习近平代表中国郑重地向世界人民阐述了"人类命运共同体"的概念:"这个世界,各国相互联系、相互依存的程度空前加深,人类生活在同一个地球村里,生活在历史和现实交汇的同一个时空里,越来越成为你中有我、我中有你的命运共同体。"②习近平的话语和当代的生动现实告诉我们:全球化的生产和交往正把人类居住的星球变成了"地球村",各国利益的高度交融使不同国家都成为一个共同利益链条上的一环。我们要运用"人类命运共同体"的理念和方案去应对"世界百年未有之大变局",在背后起到根本支撑作用的也正是马克思主义的总体性原则。只有借助于马克思主义的总体性原则,才能深刻地认识、把握和驾驭当今世界所出现的变化态势,构建好人类命运共同体的美好图景,这一图景也是人类新文明的图景。

---

① 习近平:《坚持系统思维构建大安全格局　为建设社会主义现代化国家提供坚强保障》,《人民日报》,2020 年 12 月 13 日。

② 习近平:《顺应时代前进潮流　促进世界和平发展》,《人民日报》,2013 年 3 月 24 日。

四、中国实现共同富裕的过程是创建人类文明新形态的过程

　　自从有了剩余劳动之后,消除两极分化、实现共同富裕便成为千古难题。剩余劳动在等级制社会转化为压迫人民劳动的强大的政治权力机器,在资本主义社会转化为不断扩张的经济权力机器,这也是资本主义文明的主要特征。在资本主义框架内,发达国家通过调节收入分配,增加公共产品生产和实施福利化政策,但治标不治本,且发生成本推进型通货膨胀,由此驱使资本外流,导致国内产业空心化和经济金融化,并进一步将贫富分化演变为国际性两极分化——发展中国家成为贫困的生产国,发达国家成为富裕的消费国。我国标本兼治的方案充分发挥社会主义制度优势,从经济发展的供给端治理产生两极分化的根源,切断贫困的源头。这是中国特色社会主义对人类历史发展做出的伟大贡献,其主要贡献就在于通过实现共同富裕,创建出一种新的人类文明。

（一）传统的人类文明社会的千古难题：
剩余劳动的悖论

1. 两极分化：一个千古难题

自从有了剩余劳动之后，人类社会便与两极分化的噩梦相伴随。人类社会的伟大进步成果——作为人类从自然界中得到自由的剩余劳动——被统治劳动者的社会集团所占有，并且转化为压迫劳动者的强大力量。这成为一个难解的剩余劳动悖论。克服这一悖论，实现共同富裕成为人们世世代代奋斗的梦想。因此，《共产党宣言》开宗明义地指出："至今一切社会的历史都是阶级斗争的历史。"而经过几千年来的阶级斗争，平均主义的共同富裕一直是空想，现实是新的剥削者接替旧的剥削者，消除两极分化成为人类社会，特别是资本主义文明社会的千古难题。

产生两极分化的原因，最根本的还在于劳动者生产出的剩余劳动，反过来转化为剥夺他们创造的剩余价值的强大统治权力。如果说剩余劳动在等级制社会转化为等级森严的政治权力机器并标志这种等级制度的物质符号体系，那么在资本主义社会，剩余劳动通过被资本占有而不断转变成无限扩张的经济权力机器，再通过资本主义政治体系而不断转化为政治权力。这种权力体系必然成为进一步占有劳动者剩余价值的工具。

资本必须在两极分化中才能生存：一方面，从劳动力的供给来说，资本必须把劳动者的收入和生活水平压榨到最低，因为只有劳动者处于饥不择食的极限贫困状态，尽可能地压低劳动力和各种生产要素（它们说到底还是劳动者生产出来的）的价格，才能使生产成本最低、资本增殖最大化。所以资本"爱穷"，全世界的资本都会往贫穷的地区流动。另一方面，从产品消费市场来看，资本要实现增殖必须要有富裕的消费者群体来购买产品。所以资本又"爱富"，只有富人才有能力消费资本生产的高档产品。因此，资本主义必然制造两极分化，否则就无法存在和运行，正像蒸汽机必须在冷极与热极之间才能运行一样。

然而资本增殖不断扩大生产，社会总供给不断增加，而低收入劳动人民的消费需求又不能呈正比地相伴提升，这必然导致社会总供给与总需求之间总量失衡和结构失衡，由此引发过剩性经济危机：大量商品滞销、众多企业倒闭、失业人口剧增、经济增长停滞，整个社会陷入瘫痪和混乱状态。资本主义自诞生之日起，从未摆脱这种周期性过剩危机。1825 年，英国发生第一次过剩经济危机；1929 年到 1933 年，发源于美国，席卷资本主义国家的大萧条；到 20 世纪七八十年代，资本主义国家陷入"滞胀"；而 2008 年爆发的金融危机迅速波及全球，其影响至今没有消除。《资本论》早已深刻指出："一切现实的危机的最终原因，总是群众的贫穷和他们的消费受到限制。"①因此，两极分化已经成为资本主义经济危机的根本原因。为了应对危机，资本主义国家不得不采取一系列措施来减轻两极分化。那么它们采取什么样的措施？是否消除了资本主义社会的两极分化呢？

2. 资本主义制度下的治标之策：末端治理的需求侧改革

为了应对由上述原因引起的 20 世纪 30 年代的大萧条，凯恩斯主义主张通过财政政策进行国家干预，扩大有效需求。这是在两极分化已经形成的情况下，

---

① 《马克思恩格斯文集》（第七卷），人民出版社，2009 年，第 548 页。

从末端缓解危机。第一,从需求端增加公共产品的生产,增加就业岗位,以此提高民众收入;第二,采取福利化政策,提高工人工资和福利,以此缓解社会矛盾,增加社会消费需求。1935年,美国通过《社会保障法》,由政府出面解决因大量失业而引发的社会不稳定问题。1948年,英国率先宣布建成福利国家,随后,北欧、西欧、日本等也先后推行涵盖社会保障和公共服务等多个领域的福利制度体系。

高福利的基础是高税收。政府通过税收和转移支付实现收入的社会再分配。于是,累进税制作为进行收入再分配的手段,成为二战后西方发达国家的主要税收制度。皮凯蒂认为,只有对资本实行累进税制,才可有效遏制让全球财富分布朝着无序和无节制的贫富悬殊方向螺旋式前进的势头。[1]而增加劳动者的福利违背了资本的本性,于是国际垄断资本通过资本全球化,来攫取发展中国家劳动人民生产的剩余价值,给本国福利化提供来源,从而将本国工人原来承担的贫困转移到发展中国家。其手段是将"一低"(低端劳动力)和"两高"(资源高消耗、环境高污染)的制造部门转移到发展中国家,而把掌握资本控制权的产品研发部门与品牌营销部门留在本国内部,使大量的剩余价值流向本国,最大化地榨取发展中国家劳动人民的剩余劳动。

这种通过资本全球化,利用资本权力占有发展中国家人民生产的剩余劳动来减轻本国贫困的做法,必然制造出国际性的两极分化。它通过制造贫困的生产国,来创造资本实现最大化增殖的条件,由此制造富裕的消费国,实现资本最大化增殖。这种在资本全球化基础上的社会福利化,以发展中国家劳动人民创造的财富为支撑,在制造国际性两极分化的同时,通过末端调节暂时减缓了发达资本主义国家内部的贫困现象。现阶段法国的失业津贴平均水平高达每月

---

① 参见[法]托马斯·皮凯蒂:《21世纪资本论》,巴曙松等译,中信出版社,2014年,第453页。

1100 欧元左右，瑞典、挪威等北欧国家的失业津贴，可达到失业前工资的 80% 到 90%。①然而西方国家的这些高福利，不仅以发展中国家的贫困为实现条件，而且其自身也不断陷入危机。

3. 结果：高福利制度的"黄昏"

从需求侧进行末端治理，通过建立高福利社会来缓解贫富差距，虽然表面上有利于人民，但最终依然是由人民来买单，因而归根到底是给资本家解困，并不利于人民。将福利化政策植入资本主义体系中，无法规避资本主义根本矛盾带来的一系列问题，必然产生"奥菲悖论"：资本主义体系依赖福利国家，但是资本主义又不能与福利国家共存。②西方长期实施福利制度，现在已经进入黄昏阶段。

第一，助长了资本盲目扩张。长期采取末端调节方法解决贫困问题，必然产生资本对政府的依赖性：资本盲目扩张，一旦产品过剩，政府就会为规避经济危机而扩大需求。"法国 1945 年确立的福利制度不是一个旨在解决贫困问题的体系，而是为了解决与就业相关的问题。"③这实际上助长了资本盲目扩张，只能解决一时之困而无法规避由资本主义根本矛盾引发的经济危机。

第二，增加了企业负担。福利化的庞大支出来源于从企业征收而来的税金，累进税制作为社会福利化政策资金来源的手段，事实上起到了收入再分配的作用。然而过高的税负必然会加重企业的生产成本，导致资本运营成本上升。这必然会抑制个人或企业创造财富的积极性，降低企业乃至国家的竞争力，造成经

---

① 参见刘保中、李春玲：《高福利制度下的"懒人现象"》，《人民论坛》，2018 年第 14 期。
② 参见黄君：《福利国家的"奥菲悖论"》，《河北学刊》，2017 年第 5 期。
③ 李姿姿：《法国社会保障制度变迁中的国家作用及其启示》，《欧洲研究》，2008 年第 5 期。

济发展滞胀。于是,20世纪70年代末,以反福利国家、反福利政策为主要内容的新自由主义浪潮兴起。

第三,滋生了"懒人群体"。高福利催生了重权利、轻义务的"懒人现象",出现了不想工作的"懒人群体",加重了企业和社会负担。2017年,法国总统签署降低企业人力成本的《劳动法改革法案》,遭到民众的强烈反对,引发了一连串的工人罢工、学生示威和街头冲突事件。以上事件实质上是资本主义社会根本矛盾在福利制度下的畸形表现形式。

第四,制造了黑幕交易。企业面对高额税收必然会采取各种方式来逃税、避税,降低企业成本,千方百计地进行内幕交易和权钱交易,甚至使之合法化。美国富人为什么热衷于"裸捐"? 原因在于美国政府征收高额遗产税,一些富人将个人资产捐赠给慈善基金会,其结果往往只是资本的名义发生了改变——因为慈善本身已经被资本化了,成为资本的一种特殊形态。《美国联邦国内税收法典》规定,基金会可以申请成为具有免税资格的非营利组织,每年只需支出相当于该基金会资产市值5%的数额。于是,所谓的慈善事业成为资本避税方式,垄断资本仍然在高速运作并且风光地赚钱。不止于此,资本权力觊觎政治权力而产生"金钱政治"。金钱在美国议会和总统竞选中始终具有巨大的"魔力"。

第五,引发了社会危机。高福利的资金来源往往是高税收或高负债,如瑞典的高福利依靠高税收和高财政赤字,希腊的高福利依靠高负债支撑。主权债务积累到一定程度,将会发生还贷无望的现象,国家主权信用等级下降,导致无法继续借贷,由此爆发主权债务危机,也意味着高福利的"终结"。2008年金融危机后,西方发达国家普遍开始削减福利项目,中产阶级和底层公民的生活变得越发艰辛。"从比较的视角出发,现在绝大多数发达国家已经从国家的政策层面放弃了对共同富裕的追求。"①

---

① 张春满:《论共同富裕的政治基础——国内国际维度的考量》,《探索》,2019年第3期。

4. 结论：资本主义无法克服的矛盾和无法解决的难题

资本主义框架内的末端解决方法对缓解两极分化确实有一定的作用，在一段时期内，是维护资本主义制度的有效手段。但是资本主义的根本矛盾决定了它无法从根本上抑制贫富分化的趋势，也不可避免地产生新的贫困现象。一方面，发达国家的高福利的资金来源需要从发展中国家攫取，由此制造了国际社会的两极分化。另一方面，资本主义发达国家内部依然产生两极分化——因为垄断资本从发展中国家攫取的高额剩余价值，只有一部分通过税收转化为社会福利，绝大部分仍然被产业资本与金融资本所占有。这就导致发达国家的资本收益率远大于经济增长率，更大于劳动收益率，由此产生代际遗传的日益严重的两极分化。皮凯蒂通过大量数据论证了全球财富的贫富悬殊状况："自 2010 年以来全球财富不公平程度似乎与欧洲在 1900—1910 年的财富差距相似。最富的 0.1%人群大约拥有全球财富总额的 20%，最富的 1%拥有约 50%，而最富的 10%则拥有总额的 80%~90%。"①

为什么会如此？因为资本主义的供给端是资本主义结构，市场自由配置资源的领域政府没有办法控制，只能采取税收手段来调节收入分配。而这种末端治理方法又以制造贫困为前提，因而无法提供解决消除两极分化千古难题的路径。

第一，高福利违背了资本最大化增殖的本性，发达国家必然要对外输出贫困，依靠广大发展中国家的劳动力资源支撑福利化，于是资本将吸收剩余价值的触角伸向全世界，剥夺了发展中国家劳动人民本应享有的最基本的福利。

---

① ［法］托马斯·皮凯蒂：《21 世纪资本论》，巴曙松等译，中信出版社，2014 年，第 451 页。

第二，发达国家的资本必须占据产业链的顶端，才能通过发展中国家的贫穷来支撑它的繁荣，由此造成发达国家的"产业空心化"与发展中国家的低端工业化。留在发达国家母国的高科技产业和金融行业，主要吸纳的是具有专业知识的人才，由此必然造成大量蓝领工人下岗失业。而发展中国家也不会甘心长期处于产业链的最底端，必然会大力发展高科技产业，从而遭受发达国家主动挑起的贸易战和科技战，由此造成国际冲突日益严峻，国际局势动荡不安，严重影响国际安全与世界经济发展。

第三，发达国家如果对本国资本实行高税收政策，必然导致资本为了避税而流向他国，造成本国国内生产总值下降，税收减少，工人失业，从而削弱国家实力，影响社会稳定，因此实施高税收的国家将是自掘坟墓。皮凯蒂希望通过制定全球统一的高税收政策来消除两极分化，实现共同富裕，是不切实际的空想。而这一设想的落空，意味着资本主义制度再也无法找到解决贫富分化之道了。

第四，这种在资本主义制度下用政府力量增加需求的政策，至多只能暂时缓解两极分化。而从长期来看，其通过为解决滞胀危机而诞生的虚拟经济，产生愈发严重的两极分化。这是因为发达国家的高福利政策，并非是为了共同富裕，而是资本在外部压力下迫不得已之举。福利化政策将一部分剩余价值分配给劳动者，或转化为对劳动者有利的公共产品，但这只是对资本所造成的不良后果的补救之策，事实上，它违背了资本追求剩余价值最大化的本性，必然造成社会投资减少。社会福利的增长和公共产品的增加，提高了资本的投资成本，必然造成投资减少，而社会福利增加的社会消费造成了通货膨胀，二者相加导致了社会经济发展陷入滞胀的困境。于是，为了应对滞胀，资本一定要千方百计使那些通过税收转化为劳动者的福利的剩余价值重新转化为资本，使其回到资本家手中，由资本家来支配，于是，新自由主义应运而生。它将"看不见的手"推广到虚拟经济领域，开启了金融自由化时代。金融资本通过五花八门的金融衍生品，吸收民间的剩余价值，将其转化为资本。于是，分配到人民手中的剩余价值，又通过养老金、医保金投放到各类投资基金，重新回到资本家手中。劳动者只是拥有空洞的所有权，通过虚拟经济的货币数字在名义上享有剩余价值，而资本家则拥有对这些剩余价值的实实在在的使用权。这些虚拟经济泡沫带来的财富幻象安慰着劳动者，而当泡沫积累到一定水平，便会产生金融危机，老百姓手中的剩余价值便顿时清零。所以福利化的结果是更加严重的两极分化。

（二）中国特色社会主义不能走资本主义文明的治理两极分化之路

中国怎样治理社会财富分配的两极分化，如何破解实现共同富裕这一千古难题？

其一，中国绝不能走美国式的治理两极分化之路。如上所述，以美国为典型代表的西方资本主义制度由于不可能从源头上解决贫富分化，只能进行末端的需求侧的收入分配调节，其长期结果不仅不能消除两极分化，还会导致两极分化不断加剧。

其二，中国也不能走平均主义"大锅饭"的"粗陋的共产主义"之路。实践已经证明，这种平均主义所带来的不是共同富裕，而是共同贫穷。所谓"大锅饭"政策，是一种马克思所批判的"粗陋的共产主义"政策："这种共产主义——由于它到处否定人的个性——只不过是私有财产的彻底表现，私有财产就是这种否定。普遍的和作为权力而形成的忌妒，是贪欲所采取的并且只是用另一种方式使自己得到满足的隐蔽形式。任何私有财产本身所产生的思想，至少对于比自己更富足的私有财产都含有忌妒和平均主义欲望，这种忌妒和平均主义欲望甚至构成竞争的本质。粗陋的共产主义者不过是充分体现了这种忌妒和这种从想象的最低限度出发的平均主义。"①这种平均主义至少有三个方面的严重缺陷，抑制了生产力的发展：第一是抑制了人们创造财富的积极性，因为"干多干少一个样，干好干坏一个样"；第二是人们无法进行社会扩大再生产所需要的资本积累，因为一旦有了资本积累，必然会导致人们收入差距的增大；第三是不能容纳科技创新，因为任何创新产品总有一个从少数人使用扩大到多数人使用的过程，中国不可能在一夜之间生产出同时满足十四亿多人民需要的创新产品，而一旦无法满足，便会招来马克思所说的"忌妒"，破坏了平均主义原则。实际上，绝对平均主义从来没有真正实行过，平均主义取向的结果必然是共同贫穷。

其三，中国不能走西方发达资本主义国家的高福利的"民主社会主义"之路。在否定了上述两条道路之后，有人提出中国应当走北欧的"民主社会主义"道路，通过高税收与高福利来解决贫富分化问题。具体地说，就是在生产领域搞资本主义，而在生活领域和社会分配领域搞社会主义。这是不切实际的空想，如果硬要推行，必然造成无穷后患。

一方面，中国不具备实行这种高福利政策的条件。高福利从何而来？其直接来源是对国内企业实行高税收。然而中国作为生产力水平相对较低的国家，一旦实行高税收，各个外国资本便会望而却步，纷纷转移到其他国家和地区，境内资本也会通过投资移民等途径移居境外。这将导致中国生产力水平急剧下降，所谓社会高福利顷刻成为泡影。既然中国不能实行高税收，当然也就无法实行高福利，民主社会主义便成为空中楼阁。

另一方面，高福利的间接来源是境外收入，即向更落后的国家输出资本，以获取高额剩余价值。中国不可能采取这种新殖民主义策略，这是由中国的社会

---

① 《马克思恩格斯文集》(第一卷)，人民出版社，2009年，第183~184页。

制度和所处的国际环境决定的。从社会制度上说，中国作为实行社会主义制度的发展中国家，其资本输出的目的绝对不是使对象国成为贫困的生产国，恰恰相反，是为帮助对象国摆脱贫困。中国提出的与世界各国人民共建"一带一路"，绝不是西方国家所谓的"新殖民主义"，而是本着构建人类命运共同体理念，秉持共商、共建、共享的原则与有关国家开展完全平等的合作，其目的是在平等互利的基础上，使他国生产力水平和人民生活水平得到提升。同时，国际环境也不允许中国从发展中国家剥削剩余价值以供养本国的高福利。经营全球经济达数百年的西方发达国家，已经把能够分割到剩余价值的市场全部占领，即使其中偶然有空白地带，也不会给中国留下巨大的空间，更何况美国时时刻刻把遏制中国发展作为其对外政策的中心。

综上，中国必须另辟蹊径，走出全新的道路，来破解这个千古难题。

（三）破解千古难题：标本兼治的中国方案

中国不能走"民主社会主义"道路来消除两极分化，也不能用凯恩斯主义的需求侧政策来消除两极分化，但并不等于中国完全拒绝这些政策中的合理因素。从社会收入分配这个末端进行调节，虽然不能治本，却能在一定程度上治标，缓解贫富分化。

1. 治标之策：以人民为中心的新型社会保障制度

我国吸收了西方收入分配调节政策中的积极因素，同时加以改造，扬弃其以资本为中心的价值内核，使之成为社会主义市场经济条件下的以人民为中心的新型社会保障制度。如果说,西方的福利政策归根到底只是一种手段,其目的是为了创造资本的运行环境,那么我国在推行类似政策时则赋予其本质上不同的价值内涵,即以人民为中心,以实现共同富裕为目的。这就使我国的相应政策能够更加符合人民生活的需要。这至少表现在以下两个方面:

一是为了解决绝对贫困问题而提出的"兜底政策"——两不愁、三保障。为消除绝对贫困,党中央通过对我国贫困人口的深入调查,提出了覆盖十四亿多人口的"两不愁三保障"的兜底性社会福利制度:"两不愁"即不愁吃、不愁穿,"三保障"即义务教育、基本医疗、住房安全有保障。与此同时,对高收入者实行超额累进制个税政策。这就避免了贫富差距直接威胁到贫困人口的基本生活,同时也保持了合理的收入差距,没有影响高收入者的生活状况及其经济活动的积极性。这种消灭绝对贫困的举措是中国在实现共同富裕方面的创新。

二是我国实行以公有制为基础的生产型社会保障制度。在西方,工人一旦失业,就要领取政府财政给出的救济金,而劳动力并未获得创造财富的劳动条件,这属于消耗型社会福利政策。而我国实行的社会主义所有制基础上的家庭联产承包责任制,由政府将公有土地的经营权与收益权交给农民,再加上免征农业税的政策,使广大农民工在失业状态下,能获得从事农业劳动的条件,为自己的生活提供保障。此外,我国在基础设施建设中实行的以工代赈政策,也属此类。这是中国特有的"生产型社会保障制度",远胜西方的消耗型失业保障制度。

总之,中国建立的以人民为中心的末端治理政策——社会主义新型福利制度,是我国在吸收世界各国福利政策基础上创造的实现共同富裕的新型政策。虽然尚处于低水平保障的初级阶段,然而其本质特征已经初步确立,是社会主义市场经济条件下实现共同富裕的重要方面。但是末端调节只能治标。要从根本上破解共同富裕难题,以习近平同志为核心的党中央高屋建瓴地提出了治本之策：供给侧结构性改革。

2. 治本之策：供给侧结构性改革

有人把习近平提出的供给侧结构性改革与西方的供给主义相混淆，这是本质性误解与曲解。[①]简单说，西方供给学派本质上是新自由主义思潮的产物。它虽然强调供给侧的作用，但其所说的"供给"仍然只是社会经济流通领域的供给流量，而不是生产领域的供给侧结构。它的政策主张是反对政府对市场的干预，首先反对凯恩斯主义的弱干预，即通过调节经济流量从需求侧末端进行干预以扩大需求；更反对从产业结构上对经济进行强干预，反对一切供给侧结构性改革，主张最大程度的自由放任。在具体政策上，主张"减税""限币"，压缩公共开支，减少社会福利，放松金融管制，以增加市场中的供给侧货币流量，给资本创造宽松的政策环境。这些措施在短期内的确可以通过增加社会投资而解决部分就业问题，由此带来经济增长。但是从长期来看，只要这种经济增长是以放任资本扩张的方式进行的，那么新增的剩余价值大部分必然被产业资本和金融资本所占有，资本积累的速度必然远远高于劳动者收入增长的速度，因此不仅不能消除两极分化，反而会加重两极分化。这与中国通过供给侧结构性改革来实现共同富裕的目标背道而驰。

供给侧结构性改革仍然是市场经济体制下的改革，既要充分利用资本驱动生产力发展，又要克服资本扩张造成的过剩性危机。这就需要以人民为中心制定各种制度和政策，在经济生产的供给端抓住发展不平衡、不充分的源头与矛盾的主要方面，由此通过供给侧结构性改革从源头上开拓实现共同富

---

① 详细讨论参见鲁品越：《"供给侧结构性改革"在思想和实践上的新贡献》，《马克思主义研究》，2020 年第 2 期。

裕的道路。

一是从始端加强公共产品的生产,扩展公共产品的受益面与提高公共产品质量。为人民群众提供美好生活所需要的公共产品消费是社会主义经济的重要组成部分,所以推进基本公共服务高质量供给是供给侧结构性改革的基本方面。这与凯恩斯主义有着本质的不同:凯恩斯主义是从需求端介入来缓解过剩危机,而供给侧结构性改革则是增加公共产品在社会消费结构中的比重,其基本目的不是为了消化由资本盲目扩张生产的过剩产品,而是为了提高人民群众的公共消费水平。消费分两部分:一部分要通过市场花钱购买,还有一部分是公共享受的,比如环境、交通等公共基础设施。中国基尼系数并不低,但是并没有出现严重的两极分化,这是因为中国的普惠性、基础性、兜底性民生建设全球领先,这类公共产品的消费不计算在基尼系数之内。反观苏联解体后,几乎全部的公共资本转给垄断寡头所有,造成俄罗斯两极分化加剧,这个教训必须吸取。

二是从始端深度干预产业结构调整,实现从速度型发展向高质量发展的转变,以满足人民对美好生活的向往。供给侧结构性改革针对市场经济的动力与两极分化的产生源头,通过各种政策促进产业结构升级。首先是消除过剩,将可能发生的经济危机消除在萌芽状态。这要求"三去",通过"去库存、去产能、去杠杆"来克服发展不平衡、不充分的问题,解决产能过剩引起的失业。其次,引导和鼓励资本在正确的方向上进行投资扩张,提高资本的投资质量和竞争力。这突出表现在"一降一补"上。"一降"不仅是单纯给企业减税降负,还包括优化政府对企业的管理等许多内容,以此强化整个经济的供给能力,使经济增长朝着结构优化的路径发展;"一补"即补产业结构中的短板,集中力量攻克难关,这不仅能够增强我国经济的风险防控能力,也可以提供稳定的高质量的就业岗位。当前中美贸易摩擦和科技摩擦中,美国之所以能够打压中国高科技企业,也是因为中国企业在核心技术上被"卡脖子"，这次"苦痛"必须铭记。

三是在扶贫策略上，通过富裕地区、国有企业与贫困地区之间的结对帮扶，从始端变革贫困地区的产业结构，进行造血式精准扶贫脱贫。国家帮助建立部门与地方、富裕地区与贫困地区之间的"一对一结对"，使双方展开互助合作，实现发展的空间公平和区域资源要素的流动互补。富裕地区在帮助贫困地区改变产业结构的同时，也能够通过双方互为市场来开拓新的经济发展空间。这种精准扶贫不是单纯的经济上的补助，而是从供给侧"造血"，彻底切断了贫困的源头。这是我国特有的卓有成效的扶贫路子，其巨大成果举世公认。

四是提高劳动者素质，从始端加大人力资本在整个资本结构中的比重。当代贫困现象发生的社会根源在于两种生产之间的矛盾：资本最大限度地扩大再生产，而劳动者的劳动力却只进行简单再生产。结果导致资本无限高速积累，而劳动力的生产停留在仅能维持生命的水平，由此必然造成两极分化，最终酿成生产过剩性经济危机。从源头上改变这种状况，必须进行与资本扩大再生产相匹配的劳动力的扩大再生产。马克思曾深刻地指出："真正的财富就是所有个人的发达的生产力。"①给广大劳动者的劳动能力充分培育与发展的机会，才是消除贫困的治本之策。这是供给侧结构性改革的核心与关键：高质量劳动者是所有生产要素中最重要、最根本的要素，提高劳动力素质是供给侧结构性改革最重要、最根本的变革。劳动力的扩大再生产，最根本的对策是发展教育，即要从根本上消除两极分化，必须努力消除教育上的两极分化。资本主义国家的贫富分化正是从教育的不平等开始，并且通过教育的不平等世代相袭，美国的表现尤其突出。普遍提高全民教育水平是最重要的供给侧结构性改革，同时也是增加有效需求的重要手段。这也是"两不愁三保障"中的"义务教育"在其中具有突

---

① 《马克思恩格斯文集》(第八卷)，人民出版社，2009年，第200页。

出地位的原因,教育是脱贫攻坚中最重要的治本之策。

五是推行职工持股,从始端推进企业内部资本结构改革。股权激励改变了企业职工的收入结构:既包含劳动工资收入,也包含资本股份收入。在条件具备的企业实行职工持股制度,是对供给侧的资本结构改革的应有之义。它可以让企业员工齐心协力地把企业搞好,实现企业发展与员工收入同步增长。我们同时要看到,股份制能够通过职工收入结构的改变而实现共同富裕,但股份的市场流动也会导致急剧的两极分化。俄罗斯的全国国有企业的股份制改革表明,一旦允许职工将所持股票在资本市场上自由流动,那么其获得的利益将会随时被金融巨浪所吞没,最后沦为一无所有的无产者,国有资产贱卖的股份迅速集中在极少数金融寡头手中,顷刻之间所造成的两极分化超过百年的资本积累。因此,企业内部的职工持股,不应是上市公司的股票。华为在这方面做出了值得借鉴的尝试。

(四)中国方案的理论依据与制度基础决定了中国必然要进入一种人类文明新形态

中国方案的理论依据是唯物史观和马克思主义政治经济学原理。这就使它能够站在人类历史的道义和真理制高点上,从而决定了中国方案所实施的结果必然要在中国创建出一种人类文明新形态。

首先是站在人类历史的道义制高点上。从唯物史观看来,历史是人类通过劳动创造物质财富、精神财富以实现自身生存和发展的奋斗过程,这个过程不仅是人与自然的矛盾过程,同时也是劳动者反抗两极分化而实现自身的生存和发展的过程。中国方案与历史上形形色色的治理两极分化的方案根本不同:那些方案归根到底以维护等级制度为中心，或者以资本为中心，救济饥民只是手段，旨在缓和社会矛盾、畅通资本运行，归根到底是为统治者服务。同时也与历史上的空想社会主义的价值观不同：空想社会主义的平等观念，只是某种抽象人性论的平等意识，甚至如马克思所说，是基于某种狭隘的忌妒心理，而不是基于符合人类生存和发展要求的崇高价值观。中国方案旨在破解实现共同富裕这一千古难题，站在这一人类道义的制高点上，以人民为中心，以实现人类生存和发展的崇高目标为目的。

其次是站在人类历史的真理制高点上。过去作为劳动者的剩余劳动积累的物质财富、精神财富被少数人占有和支配，转化为压迫和剥削劳动人民的政治经济机器，使劳动者处于贫困状态。由此产生的分化不仅在道义上违背人类生存和发展的价值，同时也是各种社会危机产生的根源。劳动者反对两极分化的斗争，乃是人类争取自身生存和发展权利的体现，所以一直是推动历史前进的动力。等级制度下劳动人民的反抗斗争，使等级制社会经历了一次次崩溃与重建，使生产力在动荡中得到解放和发展的机会，给民间商品经济创造了滋生的土壤，导致资本的诞生。新生的资本主义利用人民群众对等级制度下贫富分化的反抗，建立了资本主义社会，使生产力得到了解放。而当资本代替封建贵族占有剩余劳动，使社会陷入新的两极分化之后，必然造成过剩性经济危机。劳动人民对两极分化的反抗由此进入新的历史阶段，迫使资本主义不得不用一系列政策来缓和两极分化，社会生产力也在此过程中不断发展。然而由于这些政策治标而不治本，使贫富分化随着生产力的发展而逐渐深化和国际化，这就给新生的社会主义制度解决贫富分化提供了条件——包括生产力发展所提供的物质条件，以及无产阶级解决这些社会矛盾的组织条件。破解消除两极分化、实现共同富裕的中国方案，正是在这样的历史背景下诞生的。其所采取的一系列对策，以在《资本论》中创立的马克思主义政治经济学为理论依据，从而站在了对人类历史规律的科学认识的基础上,也即站在真理的制高点上。供给侧结构性改革继承和发展了《资本论》以人民为中心的价值观,将其上升到社会主义市场经济实践中。其战略目标是建立实现高质量发展的经济体制与产业结构,解决人民日益增长的美好生活需要和不平衡不充分的发展之间的矛盾。

中国方案的制度基础,是中国特色社会主义的政治制度和经济制度。没有这样的制度基础,不可能提出和推行这样的方案。

中国方案的政治制度基础是中国共产党领导的社会主义民主政治。中国共产党是以人民利益作为自己唯一追求目标的政党,它通过千万个基层组织深深扎根人民群众,与人民同呼吸共命运,奉行立党为公、执政为民的理念。这就使它所推行的一切大政方针都以服务于人民根本利益为目的,所以才有可能全心全意实现共同富裕。同时,中国共产党又是用马克思主义科学理论武装起来的政党,能够按照时代发展的要求,实事求是地在利用资本和市场促进生产力发展的同时,根据现实的可能性来推进共同富裕。中国共产党是当今世界具有最强大组织力与协调能力的政党,能够将十四亿多人民凝聚成一个强大的整体,能够协调各个阶层、各种职业、各个地区之间的矛盾,这使中国破解共同富裕难题的一系列大政方针具有实施的可能。

中国方案的经济制度基础是社会主义初级阶段的基本经济制度。新中国成立后,经过社会主义三大改造,建立了强大的社会主义公有制经济基础和初步完备的工业体系。改革开放之后,正是以此为基础,建立起公有制为主体、多种所有制经济共同发展,按劳分配为主体、多种分配方式并存的社会主义市场经济体制等社会主义基本经济制度。这个制度"既体现了社会主义制度优越性,又同我国社会主义初级阶段社会生产力发展水平相适应,是党和人民的伟大创造",由此形成"把社会主义制度和市场经济有机结合起来,不断解放和发展社会生产力的显著优势"。①如果中国经济被追求自身利润最大化的私有垄断资本所统治，其方案中的各项政策将会遭遇顽强的抵抗，必然无果而终。中国方案，只有以社会主义市场经济制度为基础，才有可能得到实施。

正是在中国特色社会主义的政治制度与经济制度的基础之上，我国才有可能提出并实施以共同富裕为目标的中国方案，从而破解这个千古难题。邓小平指出："社会主义最大的优越性就是共同富裕，这是体现社会主义本质的一个东西。"②这是对中国方案的制度基础的本质性判断。标本兼治的中国方案，是在社会主义初级阶段的历史条件下，既充分发挥资本推动社会生产力发展的强大动力作用，又力图克服资本产生的两极分化弊端的科学方案。这是马克思主义的共同富裕的路径，它把人类社会共同富裕的理想和追求变成了实实在在的行动，将马克思主义以人民为中心的价值追求贯彻于实践中，其目标是实现国家富强、民族振兴、人民幸福的中国梦。伴随中国梦的实现，在中国的大地上必然创建出一种以实现人类社会共同富裕的理想为主要特征和标志的人类文明新形态。

---

① 《中共十九届四中全会在京举行》，《人民日报》，2019 年 11 月 1 日。

② 《邓小平文选》(第三卷)，人民出版社，1993 年，第 364 页。

五、习近平新时代中国特色社会主义思想蕴含着一种新的人类文明样式

  党的十九大报告中指出：中国特色社会主义进入新时代，意味着近代以来久经磨难的中华民族迎来了从站起来、富起来到强起来的伟大飞跃，迎来了实现中华民族伟大复兴的光明前景；意味着科学社会主义在 21 世纪的中国焕发出强大生机活力，在世界上高高举起了中国特色社会主义伟大旗帜；意味着中国特色社会主义道路、理论、制度、文化不断发展，拓展了发展中国家走向现代化的途径，给世界上那些既希望加快发展又希望保持自身独立性的国家和民族提供了全新选择，为解决人类问题贡献了中国智慧和中国方案。三个"意味着"表明，新时代中国特色社会主义既与中华民族的伟大复兴联系在一起，是近代以来中国故事的必然延伸，同时，它又与科学社会主义在 21 世纪的全球复兴、与人类现代化的道路选择联系在一起。它要愈来愈生发出世界历史意义，回应人类当今的新问题新挑战，指向一种人类文明新阶段、新形态的探索建构。

（一）人类社会发展的阶段历程与
中国特色社会主义的世界历史意义

　　历史的阶段划分和形态归纳对马克思主义的历史科学叙事具有特别的意义。马克思主义的创始人在"重新研究全部历史"①时，马克思主义在 20 世纪二三十年代深入影响中国、指导中国马克思主义者为了搞清楚中国的来路和出路而"重新研究"中国历史时，除了是用唯物主义的根本历史观立场进行"颠倒"之外，其另一大鲜明的分析范式和理论抓手，就是运用唯物的标准进行历史分期，对历史特别是文明史历程加以总览式的把握。这种历史分期法本身也是唯物史观的题中应有之义，例如马克思在《〈政治经济学批判〉序言》的经典表述中，既然唯物地揭示出"物质生活的生产方式"对人们的全部"社会生活、政治生活和精神生活"起着根本的制约作用，他也就因而将这种生产方式作为尺度，从它的不同阶段性表现，划分了人类历史的阶段性，划分出所谓"经济的社会形态"："大体说来，亚细亚的、古希腊罗马的、封建的和现代资产阶级的生产方式可以看做是经济的社会形态演进的几个时代。"②马克思在这里以及他和恩格斯在其他多处地方，都对既往几个社会历史阶段再加上未来共产主义社会进行了依次列举，这启示后世马克思主义理论家归纳定型出最为著名的"五种社会形态"的划分。③

　　除了这种从人的经济活动当中挑出最具有直接现实性的生产方式来进行

---

　　① 《马克思恩格斯选集》（第四卷），人民出版社，1995 年，第 692 页。

　　② 《马克思恩格斯文集》（第二卷），人民出版社，2009 年，第 592 页。

　　③ 参见赵家祥：《对质疑"五种社会形态理论"的质疑——与段忠桥教授商榷》，《北京大学学报》（哲学社会科学版），2006 年第 2 期。

的历史分期,马克思也从经济生活领域的另一个方面,从人与人在经济活动中的相互关系着眼,提出过"三大社会形态"的划分:"人的依赖关系(起初完全是自然发生的),是最初的社会形态,在这种形态下,人的生产能力只是在狭窄的范围内和孤立的地点上发展着。以物的依赖性为基础的人的独立性,是第二大形态,在这种形态下,才形成普遍的社会物质交换,全面的关系,多方面的需求以及全面的能力的体系。建立在个人全面发展和他们共同的社会生产能力成为他们的社会财富这一基础上的自由个性,是第三个阶段。第二个阶段为第三个阶段创造条件。"①学者们曾经围绕马克思主义的社会历史分期理论究竟是"五阶段论"还是"三阶段论"争论不休,这种争论当然有其学理价值,并且对苏联和中国社会主义运动实践中存在的把"五阶段"划分教条化、把理论问题政治化的错误做法,具有重要的反思批判价值。但是当代许多学者在各自阐发这两种阶段划分观点时,却往往都忽视了马克思无论在"五阶段论"还是"三阶段论"的阐述当中,都不是对各阶段平铺直叙、把各段的差异平等视之的,马克思尤其注重指出那"第五"或"第三"的共产主义阶段,它同之前的阶段有着根本区别和超越,在这个意义上,可以说马克思主义也是一种"两阶段论"。

所谓"两阶段论",实质就是说,马克思主义的这种社会发展阶段叙事,不是为了叙事而叙事,不是在纸面上、概念上为了划分而划分,而是要通过历史阶段更替的理论叙事,从社会历史运动的规律性角度,科学地、带有超越性地论证出下一步趋势目标——共产主义。所以这种"两阶段论"正如《共产党宣言》所说:"不管阶级对立具有什么样的形式,社会上一部分人对另一部分人的剥削却是过去各个世纪所共有的事实",而"共产主义革命就是同传统的所有制关系实行最彻底的决裂"。②例如,马克思在前引《〈政治经济学批判〉序言》的"五阶段"式

---

① 《马克思恩格斯全集》(第46卷)(上册),人民出版社,1979年,第104页。
② 《马克思恩格斯选集》(第一卷),人民出版社,1995年,第292、293页。

列举之末时说："资产阶级的生产关系是社会生产过程的最后一个对抗形式……但是,在资产阶级社会的胎胞里发展的生产力,同时又创造着解决这种对抗的物质条件。因此,人类社会的史前时期就以这种社会形态而告终。"①而在《资本论》中,马克思在"三阶段"式地谈论商品经济形式和未来自由人联合体形式时,指出了通过"长期的、痛苦的历史发展",后者要揭掉前者的"神秘的纱幕"。

对这种根本区别和超越性质的强调,贯穿马克思主义科学的历史理论创立和发展的全过程。早在《关于费尔巴哈的提纲》的新世界观最初萌芽阶段,马克思在区别理论形态上的新旧唯物主义时,就初步揭示了其社会基础上的本质对立："旧唯物主义的立脚点是市民社会,新唯物主义的立脚点则是人类社会或社会的人类。"②恩格斯在系统阐发马克思主义整体理论的《反杜林论》(其相应段落也被选编入《社会主义从空想到科学的发展》)中也指出："一旦社会占有了生产资料,商品生产就将被消除,而产品对生产者的统治也将随之消除。社会生产内部的无政府状态将为有计划的自觉的组织所代替。个体生存斗争停止了。于是,人在一定意义上才最终地脱离了动物界,从动物的生存条件进入真正人的生存条件。"③从马克思和恩格斯的这些表述当中,我们也看到了前共产主义和共产主义之间区别的文明史意义,马克思主义认为后者才是人类社会的正史,是真正人的自由历史。

从 19 世纪开始,中国这一古老的东方文明和世界上许多文明体一样,遭受西欧资本主义列强的侵略,被强制纳入由西方所主导的、根本上说是受资本原则所规定的世界历史进程之中,"各民族的原始封闭状态由于日益完善的生产方式、交往以及因交往而自然形成的不同民族之间的分工消灭得越是彻底,历

---

① 《马克思恩格斯文集》(第二卷),人民出版社,2009 年,第 592 页。
② 《马克思恩格斯文集》(第一卷),人民出版社,2009 年,第 502 页。
③ 《马克思恩格斯文集》(第三卷),人民出版社,2009 年,第 564 页。

史也就越是成为世界历史"①。但是西方列强侵略中国的目的,绝不是要把封建的中国变成资本主义的中国,而只是要把中国变成它们的半殖民地和殖民地,变成资本主义的外围附庸。在近代以来中国人民可歌可泣的自救求索进程中,十月革命一声炮响给我们送来了马克思列宁主义,马克思主义对于资本主义的批判与超越,特别是列宁主义阐明和初步实践了的非资本主义路线图,为我们指明了前进的基本方向,我们作为后发国家要"以俄为师",通过非西方的社会形态走向富强文明。中国共产党领导的新民主主义革命、社会主义革命和建设,就是谋求建立一个与封建羁绊决裂而又跨越资产阶级水平的社会主义国家,在艰辛探索当中为中国特色社会主义奠定基础,积累了正反两方面的经验和教训。

马克思和恩格斯指明了生产力和生产关系、经济基础和上层建筑的辩证关系,从历史观的高度呈现了"经济的社会形态"的一般演进态势,并且他们重点关注了西方资本主义国家的社会形态变革方略,资产阶级社会在财富的普遍生产的地方,伴随着的是贫困的普遍生产,"在一极是财富的积累,同时在另一极,即在把自己的产品作为资本来生产的阶级方面,是贫困、劳动折磨、受奴役、无知、粗野和道德堕落的积累"②。正是"财富的普遍生产"必然伴随着"贫困的普遍生产"这一资产阶级文明社会的二律背反,促生了现代社会主义运动,也设定了社会主义的主旨和根本目的,这就是:克服和解决资本主义社会的财富的积累与贫困的积累、资产阶级化与无产阶级化的矛盾、悖谬、二律背反,消除和消灭剥削、贫困和奴役,最终达到社会财富的极大丰富和现实个人的解放、自由和全面发展。

这种社会发展路线图的科学性,本身就是基于其现代化已经实现、生产力和财富积累高度发达的富强局面,这才使社会主义从空想变为科学。从这个直

① 《马克思恩格斯选集》(第一卷),人民出版社,1995年,第88页。
② 《马克思恩格斯全集》(第23卷),人民出版社,1972年,第708页。

接的狭义的尺度上，正如《〈政治经济学批判〉序言》所阐明的两个"决不会"的唯物史观基本原理所说的那样，或者如邓小平更加直截了当地评价的，"虽说我们也在搞社会主义，但事实上不够格"①。所以中国原有的社会主义计划经济体制，其实是在落后的、"不够格"的生产力发展水平前提下，在资金短缺、积累手段有限而工业化的速度和体系化要求迫切的历史任务面前，由党和国家来全面主导资源配置，保证高积累和优先发展重工业，同时在较低水平上但较为公平地保证人民的基本生活和社会安定。②用列宁的话来说，就是"首先用革命手段取得达到这个一定水平的前提，然后在工农政权和苏维埃制度的基础上赶上别国人民"③。

所以我们要看到，改革前后的体制转变，从"在中国的社会主义"到真正的"中国特色社会主义"，本身是一脉相承，遵循着相通的历史条件和任务的，具有共同的世界历史分期地位。计划经济体制的社会主义，尽管是根据马克思主义对"自然历史过程"下的未来社会面貌的原则预测和中国现代化事业的具体情况的特定结合，在相当大程度上压抑个人利益，并排斥商品和市场原则机制，在比较极端的形式上呈现出"去商品化""去资本化"和"去金融化"倾向。但是客观上存在按劳分配的基本分配制度，存在商品、货币、价格、经济核算等市场机制的元素，并且探索突破经典作家的理论预想和苏联式计划经济模式，并未由国家作为社会的唯一代表按统一的计划组织生产和进行分配，而是实行国有和集体两种公有制形式，主张发挥中央和地方两方面积极性，调动一切积极因素，实际上形成了公有制实现形式的多层级性，造成了经济运行中一定程度的多主体性。这在当时历史条件下对个人利益和社会整体生产效率的提高起到了积极作

---

① 《邓小平文选》（第三卷），人民出版社，1993 年，第 225 页。

② 参见武力：《中国计划经济的重新审视与评价》，《当代中国史研究》，2003 年第 4 期。

③ 《列宁选集》（第四卷），人民出版社，1995 年，第 777 页。

用,并且成为日后改革、开放和搞活的必要探索和先声。

中国特色社会主义孕育和发展历程所贯穿的一条主线,就是在坚持科学社会主义原则和中国自身宝贵经验的基础上,"大胆吸收和借鉴人类社会创造的一切文明成果,吸收和借鉴当今世界各国包括资本主义发达国家的一切反映现代社会化生产规律的先进经营方式、管理方法"①。这其中,特别是将资本主义的现代性文明那里业已发展成熟的市场建制,吸收纳入社会主义的范畴当中,建立社会主义市场经济体制,使之成为中国特色社会主义的基本制度框架,在经济、政治、文化、社会、生态和党的建设等各领域,展开全方位的改革和制度体制机制建设,也在体制变革和制度变迁的意义上推动当代中国社会主义基本制度的巩固、自我完善和发展。正如邓小平所说的,改革作为"中国的第二次革命"②,"是社会主义制度的自我完善,在一定的范围内也发生了某种程度的革命性变革",它标志着"我们已经开始找到了一条建设有中国特色的社会主义的路子"③。改革开放以来,我们彻底突破计划经济基础上的传统社会主义各项社会体制,推动实现社会主义与市场建制的创造性结合,开启当代中国的全方位改革。

同时,我们始终坚守新中国所建立的党和国家的一整套基本制度体系,并将其视为改革所依据的原则、出发点、归宿和应当持守的底线,将改革视为这套基本制度体系的自我完善和发展。这是中国道路与苏联东欧等的"转轨"道路的本质性区别,也是中国道路根植于自身的历史现实土壤的本质性要求。中国道路所始终坚持的社会主义的基本导向和基本原则理想不是抽象的和空洞的,"社会主义原则,第一是发展生产,第二是共同致富"④。社会主义的这一基本原则理

---

① 《邓小平文选》(第三卷),人民出版社,1993 年,第 373 页。

② 同上,第 113 页。

③ 同上,第 142 页。

④ 同上,第 172 页。

想同时也是当代中国改革和发展道路所遵循的基本导向原则。所以解放生产力、发展生产力，同消灭剥削、消除两极分化，最终达到共同富裕一道，构成了社会主义的本质。这种社会主义本质的科学界定，当然也就为中国特色社会主义给出了基本导向和基本原则，这具体地归结为党的十三大时所提炼的"以经济建设为中心，坚持四项基本原则，坚持改革开放"的社会主义初级阶段基本路线，按照邓小平的目标设计，"基本路线要管一百年，动摇不得"，直到 21 世纪中叶，达到中等发达国家水平，基本实现现代化。

对于社会主义初级阶段而言，我们一方面有着阶段上的初级性，这是受中国的经济社会发展水平所制约的，就如马克思所预言的，这种"自然的发展阶段"，"既不能跳过也不能用法令取消"①，"工业较发达的国家向工业较不发达的国家所显示的，只是后者未来的景象"②，社会主义的规定性也只是如马克思所启示的那样"缩短和减轻分娩的痛苦"③。党的十八大以来，中国特色社会主义进入了新时代，如果只作直观的形式逻辑的判断，那么新时代中国特色社会主义也还没有超出"社会主义初级阶段"，党的十九大报告也明确指出"社会主义初级阶段的国情没有变"。但从历史运动发展的辩证法角度来看，新时代也就意味着社会主义初级阶段进入了更高水平的时期，进入了后半段，在这一意义上它同前半段相比也已经有了一些改变。而且，社会主义初级阶段的后半段的目标，实际上也已经调整了，超出了邓小平关于"初级阶段"的原初设定。原来讲 21 世纪中叶"达到中等发达国家水平，基本实现现代化"的奋斗目标，已经调整为到 2035 年"基本实现现代化"、到 2050 年"建成社会主义现代化强国"。这样的强国目标，相对于原来邓小平的目标水平，实际上已经超过了"初级阶段"标准，我们

---

①③ 《马克思恩格斯全集》(第 23 卷)，人民出版社，1972 年，第 11 页。

② 同上，第 8 页。

完全可以合乎逻辑地断言这是社会主义的"后初级阶段"。

这就说明，习近平新时代中国特色社会主义思想在指导我们为新时代事业而奋斗的过程中，将愈来愈没有既成的"未来的景象"显示给我们、供我们作为赶超目标了，我们在"照着讲""接着讲"之后，愈来愈需要"自己讲"了。2013 年，习近平在纪念毛泽东同志诞辰 120 周年座谈会上讲道："今天，我们正在进行具有许多新的历史特点的伟大斗争"，选择在这一时机给出这一提法，不能不引起我们的深思。正如毛泽东在 1962 年扩大的中央工作会议上说：

> 从现在起，五十年内外到一百年内外，是世界上社会制度彻底变化的伟大时代，是一个翻天覆地的时代，是过去任何一个历史时代都不能比拟的。处在这样一个时代，我们必须准备进行同过去时代的斗争形式有着许多不同特点的伟大的斗争。为了这个事业，我们必须把马克思列宁主义的普遍真理同中国社会主义建设的具体实际，并且同今后世界革命的具体实际，尽可能好一些地结合起来，从实践中一步一步地认识斗争的客观规律。①

毛泽东在论述马克思主义中国化的必要性时，正是将之同"伟大时代"、同准备进行新形式新特点的"伟大的斗争"联系起来的。习近平新时代中国特色社会主义思想这一马克思主义中国化最新成果在今天适时提出，也正是理论对现实历史运动现实斗争的科学反映。新思想以其战略眼光和理论勇气，准确定位了我们的富强程度，反映了我们在世界历史的宏大进程中的既有成果和未来目标。在中国和世界发生着翻天覆地伟大变化的新时代，习近平在学习贯彻党的十九大精神研讨班开班式上发表重要讲话指出："新时代中国特色社会主义是

---

① 《毛泽东文集》（第八卷），人民出版社，1999 年，第 302 页。

我们党领导人民进行伟大社会革命的成果，也是我们党领导人民进行伟大社会革命的继续"，因此我们从逻辑上完全可以说，就像伟大的中国革命和改革作为"中国的第二次革命"一样，新时代新思想将在中国和世界的历史上，开启"第三次"革命。

（二）当今人类文明面临的挑战与中国特色社会主义提供的新时代选择

在马克思主义看来，共产主义社会从根本上来说是在彻底积极的意义上、在人的发展尺度上的新文明开启，是对"前共产主义"、对人类社会"前史"的扬弃。不过，从狭义的经济运动的尺度上，共产主义也可以看作对资本主义经济制度的否定，是对资本主义本身不可克服的经济矛盾、经济危机的根本解决，它是"后-资本主义"。这种直接否定关系就如《共产党宣言》所指出的："社会所拥有的生产力已经不能再促进资产阶级文明和资产阶级所有制关系的发展；相反，生产力已经强大到这种关系所不能适应的地步，它已经受到这种关系的阻碍；而它一着手克服这种障碍，就使整个资产阶级社会陷入混乱，就使资产阶级所有制的存在受到威胁。资产阶级的关系已经太狭窄了，再容纳不了它本身所造成的财富了。"①

这种对资本主义的否定，是为了拯救人类的文明成果本身，避免"经济的社会形态"自身蕴含的经济性荒唐、经济性毁灭："在商业危机期间，总是不仅有很大一部分制成的产品被毁灭掉，而且有很大一部分已经造成的生产力被毁灭掉。在危机期间，发生一种在过去一切时代看来都好像是荒唐现象的社会瘟疫，

① 《马克思恩格斯文集》（第二卷），人民出版社，2009年，第37页。

即生产过剩的瘟疫。社会突然发现自己回到了一时的野蛮状态，仿佛是一次饥荒、一场普遍的毁灭性战争，使社会失去了全部生活资料，仿佛是工业和商业全被毁灭了。这是什么缘故呢？因为社会上文明过度，生活资料太多，工业和商业太发达。"①所以从这个维度上来说，马克思主义科学地论证出共产主义，首先就是一种遵循着"提出问题-解决问题"的直接现实性逻辑，就是对应于例如历史学大家汤因比解释人类普遍文明形态的"挑战-应战"模型、费正清解释中国近代发展历程个例的"刺激-反应"模型一样。

而20世纪以来，特别是第二次世界大战以后，西方资本主义制度发生了较大的形态变化，它的社会矛盾、危机、对抗也相应发生了变异、衍生、转型。除了原先经典形态的劳动和资本在直接物质生产领域的对立，除了无产和有产在一个市场体系内部清晰化绝对化的两极分化，我们仅在经济领域当中看问题，资本主义的市场体系就已经发生了金融化、虚拟化等变化，形态愈加繁杂，作用机制异常漫长曲折，贫富对立变得相对化、全球体系化。并且资本的原则逻辑进一步越出狭义的经济范围，侵蚀人的全部生活，造成人的生存状态的全面"单向度"化，乃至于与人之间具有原初本质统一的自然界也在当代人们的资本主义生产生活方式重压之下急剧恶化。可以说，当今时代在资本主义全球秩序统治、资本文明原则规定下的人类，面临着共同的挑战，面临着全面性的荒唐和有可能全面性的毁灭。

首要的挑战是资本主导下人与人经济不平等的全面深化。在《资本论》时代，马克思运用思维的"抽象力"，在"典型化"语境下所描绘的资本主义市场画面中，随着全球市场体系的实践普及而得到实证的呈现：第一，遵循商品价值交换的原则，劳动者被推向市场。劳动者在市场上将自己的劳动力作为商品同资本

---

① 《马克思恩格斯文集》（第二卷），人民出版社，2009年，第37页。

进行交换，劳动者的人的存在只是作为劳动力的载体而已，成为与其他商品"物"一样的存在。当劳动力交换出去以后，劳动者自己实际上已沦为附属于资本的工具，他的唯一属性就是像工具一样动作。第二，资本主导的市场推崇效率至上原则，生产的组织者完全服从于获取利润的目的，对于资本雇佣劳动进行生产的形态而言，事实上也就是围绕着资本增殖这一轴心旋转，使劳动过程成为纯粹为资本谋取利润的过程，不会再考虑什么劳动者本身的自我实现。第三，资本主导的市场片面地认可个人利益和肯定竞争，也就把劳动者的人与人之间的关系变成了主要是竞争的关系，劳动者为了自己的生存，为了保持自己的"饭碗"而与自己的伙伴展开竞争，不惜"以邻为壑"。

进而，当今世界每个人的身心之间、每个个体的境遇与社会体系结构之间也处于深刻矛盾之中。当今世界的人们在资本社会的生存和交往条件下，在资本漫溢出狭义经济生产交往的范围而对全社会加以统治的条件下，"单向度"的生存状态日益普遍化。也就是说，在资本主义的商品形式占支配地位的条件下，由于商品范畴成为整个社会的普遍范畴、社会生活的所有方面都成为交换领域，资本的原则和逻辑内嵌于商品生产和交换过程之中，经由这个中介影响塑造了人的全部社会生活。特别是现代资本主义为了维系资本主义经济体系本身的运行，进而为了完成其本身全部建制的再生产，刺激消费，造就了人们的消费主义的"虚假的需求"，给资本主义经济持续发展提供动力。人不仅在直接生产领域从属于资本而沦为劳动机器，而且也成了消费机器。与此相对应，马克思主义所强调的人的本质的"全面性"，特别在"全面的"本质中尤其对人的劳动的突出，就愈发显示出积极的现实意义来。

更进一步的，就是人与自然之间的矛盾，特别是生态危机的日益加剧。资本运动有两个基本原则，"效用原则"和"增殖原则"，它们决定了资本在本质上是反生态的，资本所主导和规定的人类生产生活过程，是同生态环境尖锐对立的。

资本的效用原则,是要求在有用性的意义上看待和利用自然界,使自然界成为工具,使自然界丧失了自身的价值。而资本的增殖原则,则要求资本本身的无限增殖过程,它与效用原则连在一起,使自然界的这种工具化变得越来越严重。它对自然界的利用是无止境的,这种利用过程和结果对自然界的破坏也是没有尽头的。以前人们往往比较注意马克思在论述资本的增殖原则时所揭露的资本主义生产无限扩大趋势与劳动人民有支付能力需求相对缩小之间的矛盾,而忽视了马克思实际上还基于资本的这一原则来揭示资本主义生产无限扩大的趋势与自然界承载能力有限性之间的矛盾。

美国的生态学马克思主义者詹姆斯·奥康纳指出,人们只知道在马克思那里有对资本主义"第一重矛盾"的分析,即经济的矛盾,资本主义生产无限扩大趋势与劳动人民有支付能力需求相对缩小之间的矛盾,而实际上,马克思还有对资本主义"第二重矛盾"的探讨,即资本主义生产无限扩大的趋势与自然界承载能力有限性之间的矛盾,尽管后一方面的理论与前者相比,显得不是那么充分和系统。在奥康纳看来,一旦把"使用价值"置于与"交换价值"同样的地位,资本主义的"第二重矛盾"就清楚地显现于人们面前了。人们不仅看到资本主义存在着"价值与剩余价值的生产与实践"之间的矛盾,也存在着"社会再生产的资本主义关系及力量"之间的矛盾。他强调指出,马克思主义关于资本主义"第二重矛盾"的学说"主要聚焦于资本主义的生产关系和生产力,通过损害或破坏、而不是再生产其自身的条件,从而具有的自我毁灭的力量的问题上"①。

上述这些当今世界上人类面临的挑战新形势,为 21 世纪的马克思主义、当代中国马克思主义——习近平新时代中国特色社会主义思想提出了理论回应和超越的新任务。实际上,列宁之所以发展了马克思主义,邓小平之所以发展了

---

① James O'Connor, "Natural Causes: Essays", in *Ecological Marxism*, The Guilford Press, 1998, p.165.

马列主义、毛泽东思想，一个基本要点就是敏锐地抓住了他们所处的那个时代阶段的问题形态，在理论上作出创新，习近平新时代中国特色社会主义思想同样也应当如此，这既是当代马克思主义、当代科学社会主义自身发展不可回避的时代命题，也是彰显自身理论的世界意义的重大机遇。

当然，当上述微观机制上的矛盾挑战暗流涌动时，当今人类世界仍然可以在一个相当宏观和抽象的意义上，沿用邓小平关于"和平"与"发展"的主题词进行概括。我们的社会主要矛盾已经发生了一个"变"，而我们的国情世情却还是两个"没有变"。正如同新时代新思想鲜明地改变了国内社会主要矛盾判断、精细地修正和提升了"第三步走"的目标内涵一样，如果我们着重从变的视角看待宏观，那么今天"和平"与"发展"问题的具体内涵就有了重要的不同，需要加以调整重估。

就"和平"问题来说，无疑，我们仍然延续着二战后基于核武器的所谓"恐怖平衡"，加上冷战后一超多强的"单极化"世界力量对比，我们仍然停留在邓小平关于世界大战"打不起来"的判断上，认为现在仍然处于"和平"之中，但今天由资本主义具体主导和维系的这种"和平"的现有世界格局秩序，已经开始逐步失灵、失范。对于"发展"问题，在2008年国际金融危机的直接现实冲击之下，旧有积累的资本文明的现代性弊病已经集中凸显，发展中国家包括大多数新兴经济体（如原先和中国并列、被普遍寄予厚望的"金砖国家"）欲发展现代化而失策，而一些宗教极端主义等反现代化力量又在局部蔓延横行。"和平"与"发展"问题的新表现集中反映了资本主义旧文明的衰落，甚至在美国和西欧这样的资本主义文明核心地带，也陷入了现代性与多元性的意识形态迷惘，西方主流文化曾经的自洽和自信也遭遇前所未有的危机。美国前总统特朗普所主导的美国社会的撕裂，被难民和英国脱欧等问题所冲击的欧盟统一体建构，标志着不仅在经济危机、生态危机、社会生存危机方面，而且在西方理性主义传统和现代资本逻辑支配下的价值理念、政治格局及全球治理体系方面，已经面临着严重的威胁。

与当今世界其他各个局部包括西方的乱象相比，中国之"治"是异常显著和值得珍视的。但是中国也并不是全然置身事外、隔岸观火的。中国既然作为后发国家，其现代化进程不可避免地采用模仿西方和追赶西方的方式，采纳西方发端的现代化大工业生产力，采纳西方资本主义所奠定的市场经济的基本社会建制；同时，中国不可避免地要谋求同世界的互利交往，要融入由资本所定向、西方资本主义国家所主导的现行全球分工体系。而中国在现代化的深入展开过程中，也不可避免遇到许多具体的经济社会问题，更不可避免地受到国际全局性问题的影响波及。可以说，中国在表面上看来也是在很大程度上再现了西方发达国家业已经历过的"现代性困境"，只不过，同西方历史上的周期性危机和当今的新型困境相比，中国特色社会主义的辉煌成就和昂首阔步迈入新时代的发展势头才是主流。然而中国特色社会主义的现代化道路既然走到了新时代的重大关节点上，也就需要对既往的经验进行一个基本的总结评估，并对下一步的根本方向和步骤进行战略的规划，进一步给出卓越的方案智慧。

而对此问题，有一些论者看似是在称赞中国道路和中国智慧，但只是把中国作为追随西方现代性的"模范生"，提出现代性是人类发展的必由之路，而现代性在展开过程中其正效应和负效应两方面都是不可避免的。因此这派观点或者是基于所谓"发展代价论"，实证主义地、无批判地主张继续维持现代化进程同其消极影响并存的状况，或者是主张"现代性困境"是现代化发展过程中的"阵痛"，未加论证地声称它们会随着现代化进程的继续推进"自然而然"地解决，又或者是认为只有等到中国的现代化过程基本完成了才有可能解决这些负面问题，而倘若现在就着手去解决只能干扰中国的现代化建设。也有另一派论者，看似是激烈地批判西方已经经历的现代性，但却是赋予现代性本身以所谓的"原罪"，而不追究资本主义的社会根源；而对于中国的超越，提出中国应该放弃现代性发展理念、停止现代化发展道路，使中国成为一块置身于世界之外的"非现代化的圣地"。这派观点实际是憧憬某种后现代或前现代的生产方式和生活方式，将中国作为他们的思想寄托。这两种错误观点，把中国特色社会主义拉回到了资本主义乃至前资本主义的层次上，凸显不出中国特色社会主义走向新时代的进一步发展。

上述来自两个不同方面的片面否定和肯定，其焦点实际上就是中国的现代化究竟向何处去的问题，是当代中国经济社会发展的目标定位和价值取向的问题。但上述两种选择都是"死路"，中国必须开辟一条新的道路。21 世纪马克思主义、当代中国的马克思主义——习近平新时代中国特色社会主义思想，为中国指明了正确的新路。我们只要运用马克思主义的现代性批判理论视角来看问题，就知道现代性既有不可否认的负面效应，又有人的历史发展的积极意义。同时，现代性的负面效应并不应归结于现代性本身，不应当作现代性内在逻辑发展的必然结果，而是要把现代性之下物对人的统治追溯到人对人的统治。马克思主义并不希望现代人放弃对现代性目标的追求，而是要人们对现代性加以"治疗"，只要换一种社会制度、换一种社会组织方式、换一种价值观念，现代性理念以及作为这一理念具体实施的现代化运动完全有可能避免目前所出现的各种弊端。实际上，其对西方资本主义现代化运动的负面效应的揭露和批判，就是对社会主义理想追求的必然性论证，而中国特色社会主义道路，就是实现社会主义现代化、创造人民美好生活的必由之路。

（三）习近平新时代中国特色社会主义思想
彰显了人类社会的多样性

世界文化是多元的，人类走向文明的道路也应是多样的。强调人类文明社会发展既是统一的又是多样的，是马克思主义唯物史观的重要内容。马克思一方面认为，人类文明社会的发展是一个自然历史过程，人类社会按照内在的规律总会有一个总的趋向，另一方面又提出由于人类文明社会发展所依据的各种历史条件具有特殊性和差异性，因而不同的民族和国家在发展过程中也会表现出不同的内容和形式。正是这种不同的内容和形式构成了人类文明的多样性。马克思曾经用"在现象上显示出无穷无尽的变异和色彩差异"[①]来表达这种人类文明的多样性。但是在"西方中心主义"话语体系的"笼罩"下，人类文明发展似乎只有一种文明形式，这就是欧洲文明、西方文明。"西方中心主义"者把西方文明解释为人类文明的普遍的、唯一的形式，将西方走向现代化的道路视为整个人类必须效法的"典范"，把西方文明所意蕴的文化价值说成是人类文明的共同价值。[②]苏联解体、东欧剧变使这种"西方中心主义"更是畅行无阻。"别无选择"论，即人类要走向文明除了接受西方式的道路外没有其他道路可选择，该说法一时被一些人奉为不刊之论。西方霸权主义者大言不惭地宣称西方文明是世界上唯一理想的文明形式，并力图通过各种手段诋毁或消灭其他文明形式。弗朗西斯·福山的"历史终结说"最典型地表述了这种西方霸权主义者的立场和观点。他狂妄地断言：西方的那种人类文明形式，即西方的自由民主制度也许是

---

① 《马克思恩格斯文集》（第七卷），人民出版社，2009 年，第 894 页。

② 参见袁银传、马晓玲：《论中国特色社会主义的历史意义》，《湖湘论坛》，2012 年第 2 期。

"人类意识形态发展的终点"和"人类最后一种统治形式"，随着这种文明形式成为全人类的制度，人类历史走向"终结"。中国特色社会主义道路的开辟对人类文明的另一个方面的重要意义就在于解构了这种"西方中心主义"的话语体系，揭示和彰显了人类文明发展的多样性。

中国特色社会主义道路不是离开人类文明发展大道的道路。中国道路的开创必须坚持世界历史眼光，必须吸收和借鉴人类社会创造的一切优秀文明成果，其中当然包括对西方的优秀文明成果的吸收和借鉴。邓小平明确地指出："社会主义要赢得与资本主义相比较的优势，就必须大胆吸收和借鉴人类社会创造的一切文明成果，吸收和借鉴当今世界各国包括资本主义发达国家的一切反映现代社会化生产规律的先进经营方式、管理方法。"[①]江泽民也深刻地指出："中国的发展和进步，离不开世界各国的文明成果。我们的社会主义现代化建设，需要继承和发扬中华民族的优秀文化传统，也需要学习和吸收世界各国人民包括在资本主义制度下创造的优秀文明成果。"[②]但是我们在强调大胆吸收和借鉴人类社会所创造的一切优秀文明成果的同时，并没有一味地跟在别人后面亦步亦趋，并没有把现代化等同于西方化，而是立足于当代中国的社会现实，创造性地吸收和借鉴他人的经验，将国外特别是西方的优秀文明成果与我国的具体实际结合在一起。邓小平在强调要吸收和借鉴他人的优秀成果的同时，又指出："我们的现代化建设，必须从中国的实际出发。无论是革命还是建设，都要注意学习和借鉴外国经验。但是，照抄照搬别国经验、别国模式，从来不能得到成功。这方面我们有过不少教训。把马克思主义的普遍真理同我国的具体实际结合起来，走自己的道路，建设有中国特色的社会主义，这就是我们总结长期历史

---

① 《邓小平文选》（第三卷），人民出版社，1993年，第373页。
② 《江泽民文选》（第一卷），人民出版社，2006年，第124页。

经验得出的基本结论。"①江泽民针对一些人误将吸收和借鉴西方文明的优秀成果当作全盘接受西方文明模式,特别强调:"各国文明的多样性,是人类社会的基本特征,也是人类文明进步的动力"②,人类社会的发展"不能只有一种文明、一种社会制度、一种发展模式、一种价值观念"③。胡锦涛也反复重申关于多样性文明和发展模式共存的命题。他在联合国成立 60 周年首脑会议上指出:"在人类历史上,各种文明都以自己的方式为人类文明作出了积极的贡献。存在差异,各种文明才能相互借鉴、共同提高;强求一律,只会导致人类文明失去动力、僵化衰落。各种文明有历史长短之分,无高低优劣之别。"④他在党的十七大报告中也强调,世界各国应该在"文化上相互借鉴、求同存异,尊重世界多样性,共同促进人类文明繁荣进步"⑤。中国人民正是在认定文明模式是多样的,走向文明的道路也是多样的前提下,坚持对西方文明在辨析中吸收、在借鉴中创新、在共存中互补,⑥终于走出了属于自己的一条道路,这就是中国特色社会主义道路。

党的十八大以来,习近平提出并反复强调了"人类命运共同体"的理念。诚然,中国特色社会主义在多年以来历次的党代会报告当中,也一向把维护世界和平与促进共同发展作为中国共产党必须完成的三大任务之一(另两项任务是推进现代化建设和完成祖国统一),但党的十九大报告对于新时代中国特色社会主义的基本方略概括为"十四条坚持",其中一个坚持就是"推动构建人类命

---

① 《邓小平文选》(第三卷),人民出版社,1993 年,第 2~3 页。

② 《江泽民文选》(第三卷),人民出版社,2006 年,第 298 页。

③ 同上,第 110 页。

④ 胡锦涛:《努力建设持久和平、共同繁荣的和谐世界——在联合国成立 60 周年首脑会议上的讲话》,《人民日报》,2005 年 9 月 16 日。

⑤ 胡锦涛:《高举中国特色社会主义伟大旗帜 为夺取全面建设小康社会新胜利而奋斗》,《人民日报》,2007 年 10 月 16 日。

⑥ 参见周建超:《论人类社会发展的多样性与中国特色社会主义》,《思想理论教育导刊》,2012 年第 4 期。

运共同体"，强调必须统筹国内国际两个大局，始终不渝走和平发展道路、奉行互利共赢的开放战略。所以它已经超越了从某种外交专门领域的政策主张的层次，获得了极大的理论地位提升。

并且党的十九大报告关于新时代中国特色社会主义基本方略的阐述论证，更是联系到了中国共产党、联系到了共产主义世界历史运动，"坚持和平发展道路，推动构建人类命运共同体"部分首先指出的是："中国共产党是为中国人民谋幸福的政党，也是为人类进步事业而奋斗的政党。中国共产党始终把为人类作出更大的贡献作为自己的使命。"它使人类文明摒弃"独占""独霸""独尊"思维，树立"共有""共享""共赢"理念成为可能，它把不以扩张主义为出发点、也不以霸权主义为必然归宿的人类文明发展前景，生动地展现在人类面前。

新时代中国特色社会主义的这一基本方略，首先彰显的也是人类社会发展的多样性，在资本主义"独占""独霸""独尊"的声势之下，保存了一方富含希望的净土。在"西方中心主义"的话语体系之下，人类文明发展干脆被说成只有一种文明形式，这就是欧洲文明、西方文明。西方世界在自身工业文明的先发优势之下，在资本主义开拓市场的内在冲动趋势之下，确实"吞噬"或者至少是"笼罩"了人类世界的各个文明体、文明样式。"西方中心主义"者就此毫无批判地把西方文明解释为人类文明的唯一有价值成果，将西方走向现代化的道路视为整个人类必须效法的"典范"，把西方文明在特定发展条件和自身传统下形成的、打上资本主义烙印的文化价值，说成是人类文明的所谓"普世价值"。

由于苏联解体、东欧剧变，人类社会探索社会主义文明形态的第一波伟大试验以挫折失败而告终，这更使得"西方中心主义"畅行无阻。"别无选择"论（语出撒切尔夫人"There is no alternative"的口号），即人类文明除了接受西方式的道路外没有其他道路可选择的说法，一时被一些人奉为不刊之论。西方霸权主义者大言不惭地宣称西方文明是世界上唯一理想的文明形式，并力图通过各种手段诋毁或消灭其他文明形式。弗朗西斯·福山的"历史终结说"以一种变了形的黑格尔主义历史哲学的叙事模式,最典型地表述了这种西方霸权主义者的立场和观点。他狂妄地断言:西方的那种人类文明形式,即西方的"自由民主"制度也许是"人类意识形态发展的终点"和"人类最后一种统治形式",随着这种文明形式成为全人类的制度,人类历史走向"终结"。

与此相对的,西方也有一些论者持谨慎怀疑态度,例如亨廷顿在《文明的冲突》一书就提出,冷战结束后世界还不会太平,绝不是西方资本主义的一统天下,资本的"一"之下人类文明仍然充满着冲突的"多",但是亨廷顿也只能在一种实证主义的、同样非批判的思想层次上,把这种冲突笼统地归结为"非西方文明的各民族与西方之间以及它们之间的冲突",这仍然是幼稚的、肤浅的——真正具有历史深刻性的反驳是中国道路。只有当中国特色社会主义用鲜活的实践,展示出了符合中国国情的、具有鲜明特色的另一种现代化之路,才突破了资本主义笼罩世界、抹杀一切独立性的迷雾,揭示了人类社会发展的多样性。

国内有的学者用"文明类型理论"来说明当今世界人类文明的多样性,以及为中国特色社会主义道路在多样性的人类文明中定位。这一理论根据主导性整合要素的不同,提出当今世界的主要文明形式可以分为以下三类:一是宗教主导型文明,印度文明就属于这种文明;二是经济主导型文明,西方文明就是这样一种文明;三是政治主导型文明,可以把中国文明视为此类文明。这三种不同的文明分别以宗教信仰、资产的占有和政治权力在社会生活中起支配作用。

自原始社会解体以来,宗教主导型文明的国家和地区经历了"一教社会→多教(派)社会→泛教(派)社会"的发展阶段和社会形态;经济主导型文明的国家和地区经历了"奴隶社会→封建社会→资本主义社会"的发展阶段和社会形态;政治主导型社会则经历了"宗法社会→专制社会→社会主义社会"的发展阶段和社会形态。基于这种"文明类型理论"来看待社会发展,得出这样一个重要结论：中国的社会主义与西方的资本主义大体上处于同一个历史阶段，从而认为当今中国的文明"级别"要低于西方文明的说法是不能够成立的。

这一"文明类型理论"从中华文明的特征、发展历史和发展阶段来确定中国特色社会主义的性质，认为中国特色社会主义就是"现代社会主义政党制政治主导型文明"，它的基本特点是：全心全意为人民服务的执政党的领导，国家可掌控的市场经济，"政治/伦理/科学"型的文化。中国特色社会主义这种类型的人类文明是追求文明进步的一条新路，它对广大贫穷落后国家和地区发展经济、摆脱贫困具有直接的借鉴作用。这种类型的文明优越性将随着人类文明由工业文明阶段进入生态文明阶段，会越来越突显出来。

中国人民开创中国特色社会主义道路的过程，是促进全球化时代人类文明多样性发展的过程。通过这一过程，中国人民丰富了对社会发展规律和道路的认识。中国人民在选择自己的发展道路时坚持在理论与实践的双向互动中实现创新。中国人民既不走封闭僵化的计划经济老路，也不走"全盘西化"改旗易帜的邪路，而是坚定不移地走中国特色社会主义道路。中国人民通过创建中国特色社会主义道路深刻地认识到世界历史的发展必然是历时态与共时态的统一，"历史向世界历史转变"的方向是确定的，这是世界各个国家和民族的不可改变的共同趋向，但是各个国家和民族朝着这个方向前进的道路不会相同。人类文明在过去不是单一状态的持续发展，现在更不是。人类文明的进步必然是多种文明共同作用的结果。恩格斯曾经把这种共同作用的结果比喻为"无数个力的平行四边形'形成''合力'的结果"，强调每一种社会文明"都对合力有所贡献，因而是包括在这个合力里面的"。正是有了这种对社会发展规律和道路的深刻认识，中国人民信心百倍地走在中国特色社会主义大道上。通过这一道路，世界人类文明演变的多样性和丰富性的特点，实实在在地展现在人们面前。

（四）习近平新时代中国特色社会主义思想
开辟了人类和平发展的新路

　　一部人类文明史就是一部斗争史，人类文明的进步是在已积累的劳动和直接的劳动之间的对抗、不同的等级和阶级之间的对抗中实现的。人类文明的不同形态的演进，一方面标志着物质文明和精神文明的发展进步，另一方面也意味着这种斗争和对抗以新的形式不断进行着。自人类走出蒙昧和野蛮状态进入文明时代以来，先后经历了原始文明、封建文明、资本主义文明等文明形态，比起以前的文明形态，资本主义文明即现代工业文明是文明的高级形态，但资本主义文明所蕴含的斗争与对抗也超过以往任何一种文明形态。正如马克思所指出的，资本主义文明的历史"是用血和火的文字载入人类编年史"的。资本主义的文明从来都是建立在对内剥夺农民、剥削工人，对外掠夺和侵略的基础之上的。英国工业化过程中那种"羊吃人"的圈地运动，美国工业化过程中七千多万北美土著印第安人遭到西方殖民者杀戮的情景，人们至今还历历在目。进入 21 世纪以后，资本主义"全球化"这部机器更是给世界留下了巨大的灾难和沟壑，资本主义文明正借用"军事铁拳头"来支持市场这只"看不见的手"，"新帝国主义"的存在就意味着"无限战争"。

　　正是在这样的背景下出现了亨廷顿的《文明的冲突》一书。该书提出，冷战结束后世界还不会太平，人类文明仍然充满着冲突，这显然是正确的，尽管作者把这种冲突笼统地归结为"非西方文明的各民族与西方之间以及它们之间的冲突"这一点尚有争议。那么人类文明就必然处于这种冲突、矛盾、危机的状态中吗？人类文明的进步就必然在斗争和对抗中实现的吗？如果说在中国特色社主义道路开创之前，人们只能对此作出肯定的回答，那么在这条道路开创以后，人们完全可以作出另外的回答。中国的道路是一条和平发展的道路，这条道路的开创对人类文明更重大的意义在于使人类文明摒弃"独占""独有""独霸"思维、树立"共有""共享""共赢"理念成为可能。中国道路实际上开辟了和平发展的人类文明进步的新路，它把不以扩张主义为出发点、也不以霸权主义为必然归宿的人类文明发展前景，鲜明地展现在人类面前。

中国道路的设计者和领路人一再强调中国所走的道路是一条和平发展的道路。邓小平在把握时代特征的基础上，明确地把和平与社会主义统一起来，努力"寻求一个和平的环境"，进行社会主义现代化建设。他正式提出"主张和平的社会主义"的科学论断。他说："我们搞的是有中国特色的社会主义，是不断发展社会生产力的社会主义，是主张和平的社会主义。"①基于对社会主义制度与和平的这种本质性联系的深刻认识，邓小平顺理成章地推出了系统的独立自主的和平外交政策，其核心就是使中国成为维护和平的重要力量。请看他的原话："从政治角度说，我可以明确地肯定地讲一个观点，中国现在是维护世界和平和稳定的力量，不是破坏力量。中国发展得越强大，世界和平越靠得住。"②江泽民同样以无比坚定的语气向全世界宣布中国永远不称霸，一如既往地为维护地区和世界和平作出不懈的努力。他说："中国是维护世界和平的坚定力量。中国不同任何国家和国家集团结盟，不参加任何军事集团。中国永远不称霸，永远不搞扩张，同时反对任何形式的霸权主义、强权政治和侵略扩张行为。"③胡锦涛在奉行和平外交政策方面也是坚定不移，这主要表现在鲜明地提出了中国"和平崛起"的战略。"和平崛起"这四个字铿锵有力、言简意深，它们既是中

① 《邓小平文选》(第三卷)，人民出版社，1993 年，第 328 页。

② 同上，第 104 页。

③ 《十四大以来重要文献选编》(上册)，人民出版社，1996 年，第 35~36 页。

国改革开放以来内政外交大政方针的总结提炼,又是中国 21 世纪发展战略的精辟概括。胡锦涛在纪念毛泽东诞辰 110 周年座谈会上说道:中国"坚持走和平崛起的发展道路,坚持在和平共处五项原则的基础上同各国友好相处,在平等互利的基础上积极开展同各国的交流合作,为人类和平与发展崇高事业作出贡献"。

习近平更是高高举起了和平的大旗,他在博鳌亚洲论坛 2013 年年会开幕式上这样说道:"和平犹如空气和阳光,受益而不觉,失之则难存。没有和平,发展就无从谈起。国家无论大小、强弱、贫富,都应该做和平的维护者和促进者,不能这边搭台、那边拆台,而应该相互补台、好戏连台。国际社会应该倡导综合安全、共同安全、合作安全的理念,使我们的地球村成为共谋发展的大舞台,而不是相互角力的竞技场,更不能为一己之私把一个地区乃至世界搞乱。""我们将坚定维护亚洲和世界和平稳定。中国人民对战争和动荡带来的苦难有着刻骨铭心的记忆,对和平有着孜孜不倦的追求。中国将通过争取和平国际环境发展自己,又以自身发展维护和促进世界和平。"①从邓小平、江泽民、胡锦涛到习近平,中国主要领导人的这些言论,都清楚地表达了当今中国人民对和平的渴求。社会主义的中国从本真意义上的马克思主义出发,从孤独的愤怒、寻求战略对决转向和谐共处、和而不同。

党的十九大报告全面论述了新时代中国特色社会主义的基本内涵,进一步从"分庭"走向"抗礼",在理论上系统建构了另一套意识形态的中国话语,解构上述"西方中心主义"话语体系。从这些理论的归纳来看,无论是"五位一体"的总体布局、"四个全面"的战略布局,还是坚持党对一切工作的领导、坚持以人民

---

① 《共同创造亚洲和世界的美好未来——习近平在博鳌亚洲论坛 2013 年年会上的主旨演讲》,人民网,2013 年 4 月 7 日。

为中心、坚持新发展理念，这些发展模式的元素，都显现了丰富的中国底蕴和社会主义神采，这是一种具有鲜明的中国特色的、超越资本主义消极面的社会发展方案，它不同于西方资本主义的发展模式。可以说，习近平新时代中国特色社会主义思想的创立，意味着一条以和平的方式走向人类文明新形态的道路的诞生。这种新的道路的出现使西方发展模式走下了神坛，它阻挡了当今人类社会发展变成清一色的西方特征。习近平新时代中国特色社会主义思想的创立，意味着中国系统地形成了以和平的方式走向人类发展的新路。

在当今世界格局孕育大变革的重要历史时期，中国除了"守护住"一方净土，它还要积极"走出去"。作为一个迅速崛起的实体，中国要以一个负责任的大国姿态，面对挑战与机遇、危机与良机，推进人类社会发展的多样化局面。中国道路，这是一条和平发展的现代化之路，我们欢迎各国搭中国经济发展快车、便车，我们不搞掠夺称霸，并倡导合作共赢。人类命运共同体的构建，就是要落实到中国所参与和推动的普惠、包容、分享、共赢的世界各国生存与交往的实践当中。新时代的中国特色社会主义，以实际行动在世界舞台上贡献着中国力量，以自身实践承担起一个大国责任，以此推动国际秩序重建和全球治理变革。

例如，党的十九大报告提出要进一步扩大对外开放，以"一带一路"建设为重点，协调引进来和走出去并重关系，遵循共商共建共享原则，加强创新能力开放合作，形成陆海内外联动、东西双向互济的开放格局。"一带一路"建设以交通基础设施建设为重点，契合亚欧大陆实际需要，为低迷的世界经济注入新的活力，已得到众多国家的积极响应。"一带一路"建设就是要让中国与世界各国良性互动、互利共赢，就是要让世界更好地分享中国发展的红利。"一带一路"的现实合作，使世界各国经济联系更加紧密，创造新的经济增长点和就业岗位，推动各国基础设施建设和体制机制创新，增强各国经济社会发展内生动力和文明素养。

即使原本是由西方资本主义按照自己的原则和面貌打造的、服务于资本主义全球化的既有手段,中国也要用自己的因素和力量加以吸收利用,使之成为中国"走出去"的有益形式。例如,中国在国际货币基金组织占比第3位,人民币正式加入国际货币基金组织特别货币提款权(SDR),占比11%,中国在世界银行的投票权,也从2.77%提高至4.42%。又如,中国还在欧美贸易保护主义倾向抬头之际,仍坚持全球贸易自由化的主张,并推进自身的自贸区建设。中国也积极创制自己的中国形式。我们通过博鳌亚洲论坛、上海合作组织、金砖国家论坛、澜沧江-湄公河区域论坛等国际及区域组织,积极参与全球治理并展开自己具有主导力的治理实践。

除了现实手段,习近平新时代中国特色社会主义思想也注重从理念层次上,为构建人类命运共同体和全球治理体系,向世界提供崭新的价值导向。首先,习近平强调,要推动全球治理理念创新发展,积极发掘中华文化中积极的处世之道和治理理念同当今时代的共鸣点,弘扬共商共建共享的全球治理理念。中华文化一直以来重视"和合",既要"和而不同",也要"求同存异",以求和谐,由此重视国家间尊重彼此利益而又求同存异之和谐关系。其次,新时代中国特色社会主义基本方略所蕴含的价值取向是人民主体性和主张公平正义优先等,破解了西方二元对立的超然绝对主义和个人主义的困境。这从当今人类社会发展的西方主导客观现实的整体性出发,有针对性地倡导人类文明多元发展的价值取向,为构建公正合理的全球治理体系提供了价值基础,成为符合世界各国人民共同利益的崭新理念。

一些人总把中国走和平发展的道路归结为受中国传统文化的影响,这并没有错。确实,中华民族历来是个热爱和平的民族,中华民族有着热爱和平的"文化基因",中华文化信奉的是"和为贵""内圣外王"的思想价值观念,中国当今的和平发展道路无疑与这种文化传统有着密切的联系。即使这种联系属于"密切"

的联系,中华文明的和平传统对当今中国的和平发展道路也仅仅是提供了可能性,要使这种可能性变成现实性还必须有现实的历史条件。换句话说,当今中国的和平发展道路并不是中华文明自然的产物,它并不是从中华文明固有的"文化基因"直接引申出来的,当今中国的和平发展道路是历史演进的结果。中国当今之所以走上和平发展道路,除了取决于中国的文化传统之外,更依赖于中国的社会现实。有学者曾经这样深刻地指出:"中国的发展道路必然是和平主义性质的,这种和平主义虽然与中国的文化传统有着密切的联系,但本质上是由中国近代以来的历史性实践为其制订方向的","由于这条道路不可能依循现代资本主义的基本建制来为自己取得全部规定,所以它在批判地澄清现代冲突与战争之主要根源的同时,为中国和平主义传统的复活与重建提供了现实的可能性"。①

中国当今之所以信奉和平发展,说到底是由于我们所选择的道路是中国特色的社会主义道路,这是一条与西方的现代化道路截然有别的独特道路,正是这种独特性决定了它与和平有着本质性的联系。关键在于,中国特色社会主义发展道路的可能性"来自它走西方资本主义道路的不可能性"。"对于中国的现代化发展来说,其现实的可能性首先在于为下述的不可能性找到依据,即它不可能依循西方资本主义-帝国主义的现代形式求得自身通达的道路。这样一种历史命运固然受制于文化传统,但同时也为其发展道路之开启和平主义方向提供了必要的前提。"②正因为中国的发展道路是不同于西方的,所以中国的整个现代建制不可能像西方那样以所谓"原子个人"作为基本前提,而是诉诸"集体的力量",从而不可能像西方那样人类文明以贪欲和扩张相伴随。也正因为中国的发展道路是不同于西方的,所以中国的文明并不是以资本为原则的文明,中

---

①② 吴晓明:《论中国的和平主义发展道路及其世界历史意义》,《中国社会科学》,2009年第5期。

国的发展需要利用资本,但中国在利用资本的同时还会限制和超越资本。中国人不会当资本的奴隶而是成为资本的主人,这样中国的发展不是征服性和权力主义的,更不会走向霸权主义。

总而言之,中国的发展道路绝对不会局限在现代资本主义文明的范式之中,而倒不如说是对这一范式的批判的脱离,这是一条不同于资本主义的社会主义道路,它有着自己的社会主义的价值目标和方向。正是这种超越了资本主义现代文明的"历史限度"的社会主义价值目标和方向,决定了中国的发展必然是一种和平的发展。

毫无疑问,当今中国人民选择的是社会主义道路,但必须明确这条社会主义道路也不同于苏联模式的社会主义道路。苏联模式的社会主义道路在战争与革命年代其生命力得以充分展现,而且在革命取得成功后其作为追求理想社会的典范也发生过重大影响。但是由于苏联的领导人并没有在新的历史条件下对时代主题的转换及时作出正确的判断,从而没有把这条道路引上和平发展的方向。更重要的是,当时人们还"乐观地认为帝国主义的矛盾已经尖锐到只有从战争中寻找出路,从而把世界革命作为直接的战略任务",人们还"认为资本主义已经处于总危机之中,因而埋葬资本主义为期不远"。①出于这样一种对时局的基本估计,苏联模式的社会主义就把基点放在竞争、革命和战争上。中国特色社会主义道路与苏联模式的社会主义道路不同之处首先在于对时代的判断不同。这条道路建立在对时代的正确判断的基础上,即认定不是战争与革命,而是和平与发展才是构成当今世界的主题。如果不理性地修正对世界大战爆发的可能所作的过高的估计以及对战争引起革命的过于乐观的估计,如果不理性地认识

---

① 孙代尧:《世界历史视野下的当代中国社会发展道路》,《武汉大学学报》(人文科学版),2002 年第 5 期。

到资本主义灭亡和社会主义胜利的长期性，那么就不会形成中国特色的社会主义道路。中国特色社会主义道路修正了苏联模式社会主义道路对时代主题的错误判断，才把"社会主义与资本主义的和平共处"不是"只作为一种权宜之计和战术方针"，而是"作为需要长期执行的战备任务"，不是把"埋葬资本主义"当作"为期不远的目标"，而是视为"长期的战略任务"。进入21世纪以来，尽管霸权主义和强权政治不但依然存在而且还有了新的发展，尽管国际恐怖主义日益猖獗，尽管西方反华势力对我国的"西化"和"分化"的图谋不断显现，但是中国人民仍然相信时代的主题是和平与发展这一点没有变，仍然坚定地走在以和平发展为宗旨的中国特色社会主义大道上。

中国特色社会主义道路有两个关键词，这就是"和平发展""和谐世界"。这两个关键词鲜明地告诉人们，走和平发展道路、建立和谐世界是发展中国特色社会主义的内在要求。中国特色社会主义道路所蕴含的"和平发展""和谐世界"的理念将为促进整个世界的和平、稳定与发展做出重大贡献。"和平发展"这一关键词表明，中国的发展依靠的是长期的自我积累，其过程是和平的，中国的发展绝不像某些国家靠建立霸权等手段进行侵略和掠夺，它不想寻找什么捷径，就是依靠长期的自我发展。"中国的和平发展道路是一条与世界各国和平共处、友好相处、共同发展之路，是一条在全人类共同利益基础上的振兴中华之路。这条道路是对其他国家发展经验教训的总结，顺应当代世界潮流，符合中国、亚洲和世界人民的根本利益，符合中国人民的历史经验和文化传统，具有充分的根据和客观条件，是中国的必然选择。"①具体地说，选择和平发展的道路，就是一方面要充分利用和平的国际环境，另一方面又要使自己的发展促进世界的和平；就是一方面积极参与到经济全球化进程之中，通过公平竞争的交换，和平地

---

① 郭万超：《中国特色社会主义道路的科学定位》，《新视野》，2009年第1期。

获取中国实现现代化所需要的东西,另一方面又把发展的基点放在依靠自身的力量之上,主要通过自己的努力来解决难题。

"和谐世界"这一关键词则表明中国特色社会主义是追求世界和谐与共同发展的社会主义。中国特色社会主义道路以实现社会主义现代化和中华民族的伟大复兴为自己的"梦想",这一"梦想"的实现不仅意味着中国的繁荣富强,而且也标志着整个世界的和平、稳定与发展。具体地说,"和谐世界"的理念首先对反对霸权主义和强权政治、维护世界和平起重要的作用。"实现了社会主义现代化和中华民族伟大复兴的中国必然成为世界反对霸权主义、维护世界和平的重要力量,同时,建立和谐世界的理念也必然会成为世界上热爱和平的人们的共识,对推动世界和平发挥重要作用。""和谐世界"的理念将对全球经济的共赢和共存、推动世界历史整体发展起积极的作用。"中国作为一个拥有 13 亿人口的发展中国家,社会主义现代化目标的实现将对世界历史整体的发展、对世界的共同繁荣起巨大的推动作用。同时,建立和谐世界的理念对于国际关系中弘扬民主、和睦、协作和共赢精神,促进人类的共同发展具有积极意义。"①确实,"和平发展""和谐世界"这两个核心概念充分展现了中国特色社会主义道路的崇高境界。这两个概念体现出中国的道路是把发展自己与对世界和平的维护和推动紧紧地联系在一起的,坚持把中国人民的利益与世界各国人民的利益结合起来,把中国的发展纳入世界文明的发展大道之中,把发展自己同促进人类文明进步统一在一起,这正是一个伟大国家和民族的崇高追求。

中国坚持走和平发展道路对人类文明的意义,越来越被人们所认识。著名的历史学家汤因比曾经一方面用"人类集体自杀之路"来指证西方文明的无出路状态,另一方面又把重建和平主义的希望寄托于中国。他这样说道:"恐怕可

---

① 张爱武:《论中国特色社会主义理论体系的世界意义》,《马克思主义与现实》,2009 年第 3 期。

以说正是中国肩负着不止给半个世界而是给整个世界带来政治统一与和平的命运。"①正如吴晓明教授所指出的："作为伟大的历史学家，汤因比的历史见地是准确的和深入的。"②汤因比的预见在当今的世界得以兑现。当然，中国的和平主义的发展道路，"不是既与的、已经完成了的东西，而毋宁说是正在生成着的东西，是在展开过程中表现为必然性的东西"③。我们相信，随着中国的和平主义发展道路不断地"在历史地生成着"，也就是说，不断地变得成熟和圆满，它对人类文明的意义也会愈加充分地展现在人们面前。

（五）习近平新时代中国特色社会主义思想 为第三世界发展提供了示范、 为发达国家解决危机打开了思路

所谓"解决人类问题"，所谓"中国智慧和中国方案"，除了中国自己作为世界的一个成员、帮助世界体系的向好发展之外，还必须"对症"其他各国所直接面临的挑战，能够为其提供一道经过实践检验的"良方"。中国人民走中国特色社会主义道路已有四十多年，但只有在习近平新时代中国特色社会主义思想创立后，才明确指出中国特色社会主义道路为当今世界各国提供直接导引，这是意味深长的。这说明，中国特色社会主义进入新时代以后，中国人民对自己的道路更加充满自信，也更加清晰地看到了自己的道路对世界各国的示范意义。

党的十九大报告提到的是那些既希望加快发展又希望保持自身独立性的

---

① 《展望二十一世纪：汤因比、池田大作对话录》，荀春生等译，国际文化出版公司，1985 年，第 282~296 页。

②③ 吴晓明：《论中国的和平主义发展道路及其世界历史意义》，《中国社会科学》，2009 年第 5 期。

国家和民族，是为广大第三世界国家提供全新选择的问题。当今人类急需解决的人与人之间不平等、资本主义主导下全球的体系性贫困问题，突出表现在广大第三世界的发展中国家，它们亟待摆脱贫穷落后、走上富裕道路。中国属于第三世界最大的发展中国家，中国道路是否具有世界历史意义，一个重要的考量就是这一道路在摆脱贫困、走向富裕的问题上，能否为广大第三世界的贫穷国家提供借鉴。即中国道路以自己的"特色"所创造出的成就，是否对世界上发展中国家选择自己的发展道路具有积极的示范效应，用哲学的术语来说，一种"特殊性"的方式是否具有"普遍性"的、"世界历史"的意义。但是中国人民不会像西方一些政要、舆论和思想界所"担忧"的那样，一心把自己的模式强加给别人，也不会把自己的道路自诩为人类普遍的道路。

中国人民再也不会去做，再也不会沉浸于"三分之二的世界人民于水深火热之中"，而需要由中国充当世界革命"摇篮"的意识形态狂热之中，中国不会"输出革命"，中国人民在自己的"社会主义"之前加上"中国特色"的限定词已经说明一切。但是中国改革开放四十多年，连续不断的经济高速增长创造了中国奇迹，现阶段，我们基本解决了十几亿人的温饱问题，全面建成了小康社会，同时社会生产力水平总体上显著提高，社会生产能力在很多方面进入世界前列，并且在经济、政治、文化、社会、生态文明等建设的全面性上令人瞩目。这样，中国道路不能不对广大第三世界的发展中国家产生强烈的示范效应，中国道路正受到它们的青睐，这毕竟是客观存在的事实。中国道路开创了在一个经济文化相当落后的农业大国实现现代化的新的模式，这一道路的开创不仅决定了中国的命运，而且也丰富了世界发展模式，为"三分之二的世界人民"经由自己选择的历史道路走向现代化文明，提供了现实而又有力的示范。

党的十九大进一步确立中国特色社会主义进入新时代的重大历史方位，并由此确立习近平新时代中国特色社会主义思想的体系化表达和长期指导地位。

新思想对新时代社会主要矛盾转化的把握以及对基本路线的牢牢坚持，首先当然是体现了中国共产党为人民谋福利、满足人民对美好生活的新需要，但与此同时，它也是对世界各国人民解决自身发展问题、矛盾提供了很好的借鉴，提供了操作性较强的范本。习近平新时代中国特色社会主义思想向世界郑重地表述了，不仅在美好愿望的意义上与西方国家不同的"另一种选择"是可能的，不仅在生活智慧的意义上，"捉住老鼠就是好猫""摸着石头过河"方法论是可行的，而且这种可能性、可行性，已经被归纳提升为科学的理论蓝图，对于广大发展中国家独立自主发展经济和促进社会进步指出了一条明确道路，尤其对平衡改革开放与捍卫主权独立的关系、发展与稳定的关系、增强国家实力与人民幸福的关系等提供了宝贵的经验。新时代中国特色社会主义的文化自觉、文化自信，完全可以推广成为其他广大发展中国家的文化共觉、共信。

具体地说，可以从以下三个方面来认识中国特色社会主义，特别是新时代中国特色社会主义对广大发展中国家的示范效应：

1. 政治上的示范效应

经济发展需要一个最低限度的社会政治秩序。中国这些年最令全世界，特别是广大第三世界国家羡慕的是有一个稳定的社会政治秩序，在稳定的社会政治秩序下有效、有序地发展经济。自 20 世纪 90 年代初起，中国在吸引外资方面在发展中国家中一直居于领先地位，试想一下，如果中国没有稳定的社会政治环境，这些外资会源源不绝地涌入中国吗？中国稳定的社会政治环境是与中国采取渐进的改革路线分不开的，或者说，是由这种渐进的改革路线所带来的。中国人民明白，在中国这样一个发展中的超大型的国家里进行激进的政治改革是不现实的，只会带来动乱，甚至导致国家解体。邓小平主导的中国的改革模式，从一开始就定位于一种大规模的经济改革,辅之以渐进的、较小规模的政治改革,政治改革尽管步子不大,但一直在跨小步。中国绝不放弃现行的政治制度,只是对其不合理、不适应的成分进行必要的变革。中国的渐进的政治改革与那种以政治多元化为目的的激进改革形成了鲜明的对照,它是以维护政治秩序的稳定、确保政治体制的相对集中为前提的。中国这些年所面临的问题的复杂性与艰巨性是难以想象的,但中国的领导人"举重若轻",把这些难题都一个个化解掉。中国这艘航船绕过暗礁、冲过巨浪,一直在胜利地前进。中国之所以能够做到这一点,显然与中国有一个强有力的中国共产党的领导密不可分,这受到了不少发展中国家的赞誉,它们赞誉中国共产党具有超强的决策力和执行力。中国政治的合法性主要不是来自程序的合法性,即由既定程序赋予的合法性,中国共产党更多关注来自表现的合法性,即由给人民群众提供的实质性福利改进获得的合法性。显然在中国,人民群众之所以认可中国共产党的领导,之所以认为中国共产党的领导是正当的、应该的,主要不是因为这一领导集团是根据程序选出来的,而是因为这一领导集团确实代表了自己的利益,确实为自己提供了福利。习近平特别强调民生,提出"民生为大",中国政府把努力改善民主作为政府重中之重的工作,而且也在这方面创造了历史的奇迹。

2. 经济上的示范效应

"发展的共识"是中国创造经济奇迹的前提。20世纪70年代末80年代初,中国人民在邓小平的率领下,毅然决然地把工作中心转向经济建设。这是四十多年来中国社会实现一系列转折的第一次,也是最具有决定意义的转折。自此以后,中国就形成了发展,特别是经济发展的共识。中国进入了一个新的时期,这一新时期的主要标志就是整个国家、整个民族都围绕着发展经济这一目标运转。党的基本路线的最重要的内容就是以"经济发展"为中心。中国让"发展是硬道理"这一理念深入人心。中国让"贫穷不是社会主义"的认识迅速地升华为"发展的共识"。现在，有些发展中国家为了实现经济的发展，以中国为榜样，从正确地判断时代的变化，举国上下形成"发展共识"入手。

当中国形成了"发展的共识"，把工作中心转移到发展经济上以后，马上面临一个问题，即究竟如何发展经济？中国的主要做法是打开国门，学习世界上一切有利于经济发展的先进的东西，使本国经济的发展与整个世界的经济融合在一起。从闭关自守转变为对外开放，是中国继工作中心转向为发展经济以后的另一个重大战略转折，也是这些年中国在经济上实现跨越式发展的一个成功之道。一些发展中国家效法中国，主要就是效法中国坚持对外开放。问题在于，如果把以中国为榜样实施对外开放，简单地理解为只是把国门打开了事，那就错了。事实上，在中国实施对外开放的同时，世界上一些国家也打开了国门，但中国成功了，而这些国家却失败了。

中国的成功严格地说是自主和可控的对外开放的成功。中国在实施对外开放之初，就确定这种对外开放是"有选择地"适应外部世界，"有选择地学习"别人的经验，中国的对外开放绝不盲从，而是"以我为主"，也就是说，紧紧地把主动权掌握在自己手中。当中国实现了从闭关自守转变为对外开放以后，确实紧接着面临的一个问题是向国外，特别是向西方学习首先学什么？中国要引进国外，特别是西方先进的东西首先引进什么？中国政府审时度势，及时地明确向西方学习首先是学习西方的市场经济模式，引进西方先进的东西首先是引进西方的市场经济机制。许多发展中国家把中国在经济上的成功主要归结于引进市场经济体制是有道理的。可以说，正是市场经济体制"仿佛用法术"一样把中国的生产力一下子提高到一个空前的水平。

但是正如不能简单地把中国的成功归结为打开国门一样，也不能简单地把中国的成功归结为引进西方的市场经济体制。因此,向中国学习对外开放不能只是把国门打开了事,向中国学习实行市场经济也不能只是把西方的市场经济体制搬过来了事。这样学习是学不到中国的"真经"的。国外的一些有识之士清楚地认识到中国实行的市场经济是具有强烈"中国特色"的,向中国学习实行市场经济的经验关键在于把握这一"中国特色"。正如这些学者所指出的,中国在强调市场功能的同时并没有走向市场万能主义、崇拜市场的新自由主义,即市场原教旨主义在中国有一定影响但始终没有占主导地位。中国是在中国共产党的领导下实行市场化的改革。中国把作为一种资源配置方式的市场与社会主义的价值目标结合在一起,中国正确地称自己的市场经济体制为"社会主义市场经济"。中国把市场与计划结合在一起,始终坚持政府对市场的宏观调控。正是这些特点确保了中国在经济发展过程中既避免了"政府失灵"又避免了"市场失灵"。确实如一些国外学者所指出的那样,第三世界国家能否真正把中国实行市场经济的经验学到手,完全取决于是否能理解和运用中国在实行市场经济过程中所形成的这些特点。

3. 思想文化上的示范效应

中国在思想文化方面的成功给人最深刻的印象就是正确地对待自己的传统文化,所以在思想文化方面的示范效应也首先体现在如何正确地对待自己的传统文化上。中国面临这样一个问题:中国实施现代化是不是意味着完全割断与中国传统之间的联系,中国的传统文化对旨在进入现代文明社会的当代中国人来说是不是完全成了一种负担和包袱?中国的回答是,中国超悠久的历史传统和超深厚的文化积淀并不是前进在现代化大道上的中国人民的负担和包袱,而是重要的思想文化资源,他们成功地把中国的传统与现代化衔接在一起,把中国优秀的传统文化转化为现代化进程中的思想动力和精神因素。基于这一对中国传统文化的基本认知,他们致力于维护民族文化基本元素,加强对优秀传统文化思想价值的挖掘和阐发,使中国传统文化的许多因素在现代化进程中实现了转化,获得了新生,发挥了积极的作用,中国优秀传统文化成了鼓舞当今中国人民前进的精神力量,而中国道路在文明传承上也紧紧地依托着往日的传统。

随着中国的迅速崛起,中国传统文化也进入了空前的复兴时代。在这里还必须提及的是,中国政府强调对传统的继承还包括了对中国的执政党自己的传统的继承,习近平提出不能把改革开放的前后两个历史时期相互否定,即既不能用改革开放前的历史时期否定改革开放后的历史时期,也不能用改革开放后的历史时期否定改革开放前的历史时期,这是意味深长的。一个国家要迅速发展,除了要正确面对传统的思想文化以外,还须妥善处置外来的思想文化。而中国在妥善处置外来的思想文化方面也值得第三世界国家效法。中国实施对外开放,国门一打开,外面的东西必然要涌进来,当然,进入中国的不仅有国外的资本和技术,还有国外,特别是西方的思想文化。面对这些外来的思想文化,中国没有简单地加以封堵,没有把其视为洪水猛兽,而是用积极的态度对待它们。中国确实是在不断地吸收和借鉴包括西方在内的外来的思想文化的过程中发展和完善自己的,这些优秀的外来的思想文化被有效地吸纳进中国的现代化进程之中,成为中国现代化有力的发展资源,使中国道路更好地体现出了时代精神和世界文明发展源流。应当说,将中国这些年在对待西方思想文化方面的成功仅仅归结为抱一种虚心学习的态度是远远不够的。中国的可贵之处在于在学习别人的过程中并没有失去自我。中国共产党引导中国人民,特别是知识界用自己的眼光来判断西方思想文化,绝不全盘接受西方的思想文化。中国共产党经常用一些国家由于盲目引进西方思想文化而导致了严重社会政治后果,来警示自己。清醒的党和政府培育了清醒的人民。在中国确实可欣喜地看到,对西方思想文化中优秀的东西从善如流、兼收并蓄,而对西方思想文化中腐朽的成分则毫不含糊地加以批判和抵制。这样一种局面对广大第三世界国家来说确实是具有吸引力的。

中国不仅为发展中国家提供了另外一条现代化道路,对发达国家面临的问题也具有启示意义。中国也将变为发达国家,在这一意义上,直面发达国家今天面对的问题和挑战,就是直面中国明天可能面临的问题和挑战,理论必须先行一步。但与发达国家不同,中国必须提出自己的方案,这主要并非为了发达国家,而是为了全人类。对此我们看到,习近平新时代中国特色社会主义思想为我们指出了,中国要贯彻创新、协调、绿色、开放、共享的新发展理念,要实施经济、政治、文化、社会、生态文明五位一体的总体布局推进中国特色社会主义事业。这是一条以缩小贫富差距、实现共同富裕为价值取向的现代化之路,坚持以人民为中心的发展思想,始终着眼于改善民生和促进人的全面发展。这也是一条尊重规律的科学发展、可持续发展、包容性发展的现代化之路,实现了生产发展、生活富裕、生态良好的高度统一。

一方面,中国特色社会主义在处理人与人之间的矛盾问题时,将市场之手与政府之手有机结合起来,加强和创新社会治理,提高保障和改善民生水平,并让发展成果由人民共享,不断满足人民对美好生活的需要。这与贫富差距不断拉大、阶层固化以及阶层之间矛盾冲突尖锐化的西方道路截然不同,这是一条不断增加人民获得感的道路。同时,中国特色社会主义民主政治的推进与发展,对西方国家不断出现的民粹与专治主义、无政府主义与国家主义的反复摇摆,有着重大的启示及矫正作用。另一方面,中国特色社会主义在处理人与自然之间的矛盾问题时,强调建设社会主义生态文明,不断增强"绿水青山就是金山银山"意识,把人与自然作为生命共同体,坚持生产发展、生活富裕、生态良好的文明发展道路，实现永续发展。这一以人民为中心、可持续发展的生态之路，为解决世界所面临的日趋严峻的资源和环境问题，提供了可供参考的理念。

归根结底，中国特色社会主义的道路、理论、制度和文化在现代历史当中展开一条走向现代化的途径，既要完成中华民族复兴的伟大事业，又给世界上那些既希望加快发展同时希望保持自身独立性的国家和民族提供全新选择、给那些已然通过资本主义道路走向发达但积累了深层矛盾的国家提供对比启示，同时，它也意味着科学社会主义在 21 世纪的中国焕发出强大生机活力——党的十九大报告所提出的"为解决人类问题贡献了中国智慧和中国方案"，是同习近平在庆祝中国共产党成立 95 周年大会上指出的"中国共产党人和中国人民完全有信心为人类对更好社会制度的探索提供中国方案"相通的。

当然我们说，中国影响并改变了世界格局，让人类看到除了彼此对立关系之外还有一种新型关系，展现了构建自身美好生活方式的具体路径与希望，这也就相应重塑了社会主义与资本主义的关系。人类命运共同体可以成为当代历史条件下人类社会形态演进的新的合题形式，我们的"完全有信心"，也理应包括中国在不"输出革命"的条件下，以中国智慧的"抓住事物的根本"①的彻底性，以中国方案的"最进步最革命最合理"②的磅礴力，掌握群众，转化为物质力量。习近平反复强调共产主义远大理想和革命理想高于天的高尚情怀，这个更好的社会制度的理想，照耀着我们沿着当代科学社会主义即中国特色社会主义的必由之路，逐步走向共产主义。社会主义救了中国，近百年来，马克思主义普遍真理与中国的革命、建设、改革的具体实践相结合，生发出马克思主义中国化的理论成果，指导中国人民解决了中华民族救亡图存问题，并且"持续走向繁荣富强"；而今天，习近平新时代中国特色社会主义思想，也为世界各国人民提供了借鉴。

---

① 《马克思恩格斯选集》(第一卷)，人民出版社，1995 年，第 9 页。
② 《毛泽东选集》(第二卷)，人民出版社，1991 年，第 686 页。

（六）习近平新时代中国特色社会主义思想
对人类社会的重大贡献：重塑了社会主义与资本主义的关系

当今人类社会的一个至关重要的问题是社会主义与资本主义的关系问题。这一问题得不到妥善、合理的破解，人类文明的前途便会堪忧。社会主义就其"原生态"而言，不但是资本主义的对立面，而且也是资本主义的替代者。当世界上出现了社会主义的理念、社会主义的运动，就意味着资本主义末日的来临。社会主义在人们的心目中从来就不能与资本主义共存、共生，两者相互排斥、水火不相容。对于 19 世纪的社会主义者来说，资本主义就是他们不共戴天的死敌，消灭、埋葬资本主义是天经地义的，有时他们可能也对资本主义实施某种妥协，但这种妥协只有在"策略"的意义上才是合理的，才是可以被容忍的。进入 20 世纪以后，出现了以苏联为首的社会主义阵营，20 世纪的世界格局从总体上看就是社会主义阵营与资本主义阵营这两大阵营之间的对立和抗衡。斯大林曾经这样描述社会主义与资本主义的势不两立：对内，社会主义因素不可能在资本主义内部产生，它必须在"空地上"创造出新的经济形式；[1]对外，社会主义与资本主义之间的矛盾与斗争是不可调和的，其"经济结果，就是统一的无所不包的世界市场瓦解"，以及"两个平行的也是相互对立的世界市场"的出现。[2] 20 世纪的社会主义者正是从两个平行、对立的世界市场理论出发，认为社会主义与资本主义不再有和平共处的可能，只有严重的对立与对峙。[3]在那个时候，在社会主

---

① 参见《斯大林选集》（下卷），人民出版社，1979 年，第 542~543 页。

② 同上，第 561 页。

③ 参见蒲国良：《世界社会主义视阈下的中国特色社会主义》，《教学与研究》，2008 年第 8 期。

义阵营中，也不断地发出要与资本主义和平共处的呼声，但是这种呼声总是淹没在更为强烈的与资本主义相抗衡的声浪之中。而且，这种呼声因为缺乏富有说服力的理论依据和相应的社会环境，总显得理不直气不壮。当社会主义一直处于与资本主义如此对立的状态之时，社会主义不要说发展，就连自身的生存都十分艰难。对内"整齐划一"、对外与发达资本主义国家对垒的"社会主义阵营"肯定是没有前途的。

中国特色社会主义是一种开放和兼容的社会主义。中国特色社会主义道路对人类社会的发展一个重大意义就是它重新塑造了社会主义与资本主义的关系。中国特色社会主义道路的开创的一个重要标志就是不再一味地把资本主义视为"天敌"，而是用开放和包容的心态看待资本主义，更多地从共性的角度看待对方，认识到当代世界的社会主义与资本主义完全可以彼此兼容、相互渗透。在与资本主义的相互关系问题上，中国道路既看到了资本主义与社会主义的区别与矛盾，又正视了社会主义与资本主义的联系与共存。面对资本主义世界，中国道路既不搞"全盘西化"，也不采取"自我封闭"。中国道路既不放松对资本主义"和平演变"的警惕，又积极地与资本主义进行交往，利用资本主义来建设社会主义。中国道路坚持以科学的态度对资本主义进行具体分析，致力于把资本主义所创造的属于人类文明的成果与资本主义制度剥离开来，即把资本主义的基本制度与其体制、机制、方法等区别开来，强调对基本制度不能简单照搬，但对具体文明成果要积极吸取和借鉴。中国道路已形成了较为完整的、正确处理社会主义与资本主义相互关系的理论并付诸实践，为国际社会主义运动正确处理两者关系提供了成功的范例。由于中国道路的开创，传统的社会主义与资本主义的关系正在被重构，这将对世界社会主义运动的前途和命运产生重大而深远的影响，也是中国道路对世界社会主义运动的一个重大意义之所在。

中国共产党基于对国际形势的正确判断，改变了长期以来人们在看待社会主义与资本主义关系问题上的"对立"思维,重新思考和塑造两者的关系。中国道路的设计者正确地意识到,当今的时代不是战争与革命的时代,而是和平与发展的时代。这是一个以和平与发展为主题,以经济实力、科技实力和综合国力激烈竞争为特征的新时代。当今世界形势尽管错综复杂、动荡多变,但求得世界的稳定、和平与发展始终是全世界人民所追求的目标。基于对国际形势的这一判断,中国共产党认识到要坚持和发展社会主义,就必须学会与资本主义共处,必须充分利用世界和平的大好时机来壮大自己,必须实现自身的发展与国际和平环境的良性互动,必须积极参与经济全球化,趋利避害。邓小平这样说道:"中国长期处于停滞和落后状态的一个重要原因是闭关自守。经验表明,关起门来搞建设是不成功的,中国的发展离不开世界。"①中国道路的设计者是基于当前"一球两制"以及资本主义在"两制"中占据优势地位的客观现实,重新思考与资本主义的相互关系的。世界现实清楚地表明,社会主义与资本主义不仅是共存的问题,而且是"你中有我,我中有你"的问题。社会主义与资本主义的反复较量与冷战的长期对峙,改变不了这样一个基本事实:社会主义与资本主义这两种制度会长期共存。两种制度在意识形态上的差异是不容回避的,但这种差异并不意味着必然导致过去那样的相互隔绝,它完全可以在承认世界多样性的前提下实现共同发展。资本主义在短时期内显然是消灭不了的,尽管它不断地出现各种危机,这些危机甚至给它带来了重创,但目前看来这些危机不可能使其陷入覆灭的境地,还不可能动摇其根本。而社会主义尽管随着苏联解体、东欧剧变陷入低潮,但它还是顽强地活了下来,而且随着中国特色社会主义的崛起,越来越焕发出生命力和优越性。在这种情况下,两种社会制度只能走相互依存的道路。和平共处、合作交流、和平竞争必然成为两种制度相处的基本态势。面对这

---

① 《邓小平文选》(第三卷),人民出版社,1993年,第78页。

样一种态势，中国领导人及时地调整了与资本主义的关系，把共同发展、和平共处作为与资本主义相处的基本策略，这种策略不是短期的权宜之计，而是一项长期的战略。中国特色社会主义道路本着"开放式""共赢式"而非"封闭式""排他式"的发展战略积极应对当今所面临的各种挑战。邓小平说道："社会主义要赢得与资本主义相比较的优势，就必须大胆吸收和借鉴人类社会创造的一切文明成果，吸收和借鉴当今世界各国包括资本主义发达国家的一切反映现代社会化生产规律的先进经营方式、管理方法。"①邓小平在这里不但阐述了中国特色社会主义与资本主义相处的基本准则，更说清楚了实施这一准则的理由之所在。

在党的十九大报告中，习近平在谈及与包括资本主义世界在内的各国的关系时更明确地指出："要相互尊重、平等协商，坚决摒弃冷战思维和强权政治，走对话而不对抗、结伴而不结盟的国与国交往新路。要坚持以对话解决争端、以协商化解分歧，统筹应对传统和非传统安全威胁，反对一切形式的恐怖主义。要同舟共济，促进贸易和投资自由化便利化，推动经济全球化朝着更加开放、包容、普惠、平衡、共赢的方向发展。要尊重世界文明多样性，以文明交流超越文明隔阂、文明互鉴超越文明冲突、文明共存超越文明优越。要坚持环境友好，合作应对气候变化，保护好人类赖以生存的地球家园。"②习近平在这里所阐述的"五个要"不但重申了与资本主义世界的关系的基本原则，而且使这一原则更加明确有力。

中国特色社会主义道路是在全球化背景下重新塑造与资本主义的关系的。中国是在与包括资本主义国家在内的整个世界的联系中建设本国的社会主义的，与此同时，中国又只能在全球化的时空条件下建设社会主义。以全球性思维

---

① 《邓小平文选》（第三卷），人民出版社，1993年，第373页。

② 习近平：《决胜全面建成小康社会 夺取新时代中国特色社会主义伟大胜利——在中国共产党第十九次全国代表大会上的报告》，人民出版社，2017年，第59页。

审视中国特色社会主义的历史方位和时代特征,决定了中国必须与资本主义建立共存的关系。当今经济全球化伴随着政治多极化、文化多元化和科技信息化,立体性、全方位地深化和平与发展的时代主题,更深刻、更全面地开拓着人类社会走向现代文明。全球化既是各主权国家相互依存和相互影响加深的产物,又是需要各国通力合作、共同推进的长远进程。在全球化进程中,各国的多样性不是一种孤立的存在,而是共存于世界体系之中,以各种方式进行合作。全球化的不断推进使整个地球成为人类共有的"家园",在全球化面前,无论是在经济发展战略方面,还是在政治、文化和社会建设领域方面,资本主义和社会主义绝对对立的观念都将被摒弃。历史转变为世界历史,就意味着社会主义本身也成了世界历史的产物,社会主义只有在与包括资本主义国家在内的世界的联系中才能求得自身的生存。社会主义非但不能破坏生产力和世界交往的普遍发展,而且应该更加自觉地驾驭和发展这种全球的全面生产、全面依存的关系。①中国共产党科学地把握了经济全球化时代中国的发展与世界特别是同资本主义国家的关系,从世界的整体联系出发提出了对外开放的基本战略。所谓对外开放就是积极顺应和自觉融入世界历史进程,在应对经济全球化的挑战中获取自身的利益。显然,这一战略的要旨是与资本主义国家建立起互动、互利的关系。

中国特色社会主义道路在重构与资本主义的关系的过程中,在人类历史上第一次探索出了一条把社会主义建设规律同人类发展规律相结合的更加广阔的文明发展道路。中国特色社会主义通过重构与资本主义的关系,实际上把中国的发展纳入了世界文明的发展大道之中。中国已经把实现社会主义的价值追求与实现人类文明的价值追求紧紧地结合在一起了。这将中国建设社会主义的精神境界提到了新的高度。不管怎么说,这些发达资本主义国家内在地蕴含着

---

① 参见罗会德:《全球化视野下中国特色社会主义发展的历史方位和时代特征》,《当代世界与社会主义》,2013年第1期。

人类文明发展的成果，与这些国家隔绝在某种意义上是与人类文明成果隔绝，与这些国家对峙在某种意义上是与人类文明成果对峙。只要把资本主义与社会主义的时间继起性与空间并存性放在历史的长河中加以辩证考察，就能非常清楚地看到，社会主义与资本主义的关系，既有相互对立的一面，又有相互影响的一面，既有相互较量的一面，又有长期共存的一面。中国道路的经验表明，只有深刻认识到社会主义价值追求与人类文明的价值追求的一致性，深刻认识到发达资本主义国家内在地蕴含着人类文明的成果，才能自觉地、主动地重构社会主义与资本主义的关系。与此同时，中国道路的经验也表明，只有与资本主义国家建立起共存合作的关系，社会主义国家才能实现社会主义的价值追求。列宁曾经说，社会主义能否实现，就取决于我们把苏维埃政权和苏维埃管理组织同资本主义最新的进步的东西结合得好坏。列宁在这里所说的"社会主义能否实现"，当然首先指的是社会主义价值目标的实现。

不可否认，当今的全球化是由发达资本主义国家所主导的全球化。中国特色社会主义道路与资本主义的新的关系，可以促使这种全球化向更加公正合理的全球化转变。全球化本质上是资本主义生产关系和社会制度向全球扩张的历史进程，表明资产阶级在全世界范围内的追逐利润。全球化带有资本主义与生俱来的消极面，其经济构架显然是不合理、不公正的，广大第三世界国家在这一构架中处于被支配、被欺凌的地位。处于这样一种状态的广大第三世界国家似乎只有两种选择:或者拒斥全球化，紧紧地把"国门"关上;或者一头栽进全球化的经济体系中，随波逐流。这两种选择都是没有出路的。那有没有第三种选择呢?有，这就是中国道路所做出的选择。中国特色社会主义道路建立起与资本主义新的关系，并借助于这一新的关系，牢牢地把握全球化过程中的主动权，也就是说，中国道路的选择是积极地参与全球化进程，但面对全球化这把"双刃剑"始终保持清醒的头脑，最大限度地通过吸收资本主义的文明成果，实现社会主义体制转移和经济社会跨越式发展。

人们欣喜地看到，当今由发达资本主义主导的全球化出现了许多向公正、合理的方向转变的迹象，这显然与中国正确地实施对外开放的战略，与中国特色社会主义道路重构了资本主义的关系密切相关。中国特色社会主义道路为发达资本主义国家主导的全球化向公正、合理方向的转变起了积极的推动作用。自从资产阶级到处开拓市场以来，由西方列强主导的、对少数人有利的全球化终究要被公正合理的、对多数人有利的全球化替代，由发达资本主义国家主导的全球化终究要被由社会主义国家主导的全球化替代。[1]我们看到，由于中国特色社会主义道路建立起了社会主义与资本主义新的关系，这一目标的实现变得具有了现实的可能。社会主义与资本主义新的关系的建立，当然对两者都有利，但从长远来看、从根本上来说，显然对社会主义的好处远远大于对资本主义的，更重要的是，对人类文明的发展有利。

（七）习近平新时代中国特色社会主义思想蕴含着一种新的文明样式

每一个时代都有它的重大课题，解决了它们就会将人类文明又向前推进一步，显然，中国特色社会主义就是在正视和解决矛盾的同时，开辟着自己的道路的。虽然不能说中国已完全解决了当今人类社会内部的矛盾、人类社会与自然界的矛盾，但中国道路已经在解决矛盾的过程中积累了丰富的成果和经验，找到了前进的方向。改革开放以来，中国用不到四十年的时间获得了巨大的经济

---

① 参见郑洁、代金平、董朝霞：《中国特色社会主义的世界历史意蕴》，《山东社会科学》，2010年第5期。

成就，从站起来到富起来的历程已经世所公认。如果再用三十多年，中国在富强、民主、文明、和谐、美丽等方面获得同样大的成就，那会是怎样一幅激动人心的前景？如果说过去四十多年中国的经济成就已经给予中国人民以巨大的满足感，在非经济的方面尚有欠缺和失落感，那么未来在精神文明、政治文明、社会文明、生态文明方面的全面进步，又会带来多大的满足感？在这一意义上，我们绝不能一叶障目不见泰山，仅仅从物质需要与经济发展的狭隘视角出发考察中国特色社会主义，而要把它当作一个全面完整的文明体系来考察。

特别是在今天，习近平新时代中国特色社会主义思想已经以理论形态为解决时代矛盾提供了理论遵循。这一思想蕴含着当今文明的长足进步，指点着人类新文明类型的光明前景，对人类文明的发展做出历史性的贡献。我们常说，马克思主义普遍真理和马克思主义中国化成果"一脉相承"，或者如习近平所说，共产党人"不忘初心"，这种"脉"和"心"包含着人类文明的"文脉"和"心智"。这绝不是抽象的、空洞的文学比喻，而是有着实实在在的内容，它包括对人类社会的存在样态、运动规律、发展趋势的科学看法，以及为广大人民群众求解放谋幸福的立场取向。习近平新时代中国特色社会主义思想正是构成了人类文明当中看待这些问题的有机组成部分，指导新时代开创着文明的不竭道路，尤其是当我们行走在马克思所启示的既要缩短和减轻资本主义式分娩痛苦、又要经历不可跳过和取消的发展阶段的辩证发展历程时，当我们逐步走出马克思、恩格斯、列宁、毛泽东、邓小平所能直接预见到的历史任务轨道、开启新的"伟大斗争"和新的"伟大社会革命"时，我们愈来愈明确习近平新时代中国特色社会主义思想对不断朝着更高阶段迈进的未来新文明的贡献。

作为文明新样式的新的"伟大斗争"和新的"伟大社会革命"，生动体现在美好生活和美丽强国的"后–初级阶段"目标上，它在"持续走向繁荣富强"的"此岸性"成果基础之上，昭示着并部分实现了更加丰富的人民自由全面发展的"彼岸性"内容。当然,在社会主义初级阶段的新时代和未来"后-初级阶段"的更新时代当中,和马克思主义经典理论对未来共产主义第一阶段社会形态的设想的基本原则一样,人的自由且全面发展的维度,还只能是部分地实现。但与此同时,我们运用社会主义的活的制度因素,驾驭和引导经济社会发展方向,服务于作为劳动者的人的根本利益,不断为共产主义远大理想的实现积累条件,不断趋向于包括人的解放亦即劳动彻底解放在内的共产主义远大理想的诸项规定性。我们认为,我们可以模仿《共产党宣言》的句式说,未来作为文明进步尺度上"最先进的国家几乎都可以"借鉴 21 世纪的科学社会主义的思路"采取下面的措施":

第一,实行社会主义市场经济,合理地利用资本因素和原则,但不使劳动力成为纯粹的商品,不使劳动者充当纯粹受资本雇佣和剥削的对象。在可预见的一个历史时期,人类命运共同体式的和平发展样态,仍然还必须融入由资本原则所主导的全球经济体系,尤其是对于中国式的广大经济社会发展水平较低的国家而言,尤其需要侧重强调解放和发展生产力,必须调动一切积极因素,让一切创造财富的源泉充分涌流,必须让市场在资源配置中起决定性作用,并引导发挥资本的积极作用。但与此同时,社会主义的制度特征又超越了纯粹资本主义条件下那种劳动力商品化状态:劳动力同生产资料的完全分离、市场的自由竞争和产业后备军的存在,使得劳动力仅仅是以其"价值",即维持自身再生产的底线标准被资本所购买。这种劳动力商品化的形式,是资本主义社会中"资本-劳动"对立的实现方式,是资本雇佣劳动、资本在购买劳动力的同时占有剩余价值的具体方法。而在社会主义市场经济条件下,企业经营和劳动就业的体制机制,尽管也有着市场交换、契约自由的一般形式,但是从根本上说,它首先是为了推动现代大生产的发展,对劳动力而言也有助于"劳动的变换、职能的变动和工人的全面流动性",是实现劳动者的现代化生存方式的转型。因此,社会主义市场经济是实现对资本的有限制的超越、实现劳动的部分解放的基本形式。

第二,在社会主义市场经济体制下,在劳动力和劳动岗位的动态平衡中,在劳动生产过程的扩大中,实现经济的良性增长同劳动者物质利益的满足和发展的有机统一。从经济的社会形态的基础性条件来说,只有依托于劳动岗位,人们才能获取谋生的必要手段,才能进而得以向更高层次发展,包括要在底线上达成第一点所说的防止使劳动力成为商品、防止劳动沦为资本的附属物。要使市场经济的社会主义规定性和前进方向落到实处,也需要从劳动岗位和劳动者的平衡态势入手,改变资本主义条件下"资本-劳动"对立的局面。也就是说,社会主义需要改变资本主义为达成"自由"的劳动力"市场"所配备的基本前提:劳动人口的制度性过剩。在资本主义的改良者们看来,经济体的充分就业也是其缓解矛盾和危机的基本手段,即使在实证的经济学者和社会学者们的分析框架中,劳动者"谈判地位""议价能力"的提高也是其改善自身处境的必要前提。那么对社会主义而言,更应当从制度的内在目标和本质的高度,不断促进劳动力与劳动资料的充分结合,促进劳动者与适当的劳动岗位的充分匹配。在原有的计划经济体制下,我们采取劳动岗位的低水平广覆盖形式,并将社会保障同岗位直接绑定,社会主义市场经济改变了这种形式,并且在经济发展的具体局部场合,出于经济效益的考量也需要淘汰落后产能、减少劳动岗位。但是社会主义的制度属性要求以劳动者的根本利益为本,切实保障劳动者在局部转换中的利益诉求,并且从社会主义初级阶段的经济增长和生产力发展来说,不仅其根本任务是满足人们的需要,就是其过程本身,也意味着劳动生产过程的不断扩大,需要不断吸纳劳动者的加入,包括劳动者随着产业的升级,转换其岗位、提升其能力。

第三,社会主义使劳动者在匹配了相应的劳动岗位之后,进一步促使劳动任务、劳动过程与其自身生命活动的积极发展相结合。在马克思主义看来,劳动生产力的发展,不仅仅是服务于经济产出、经济效益,不仅仅是着眼于劳动者个体在物质利益、劳动报酬和福利待遇方面的提升,更全面地说来,社会主义使得人的整个的生命活动不断丰富,使人的主体能力不断提升。劳动作为人的首要的生命活动,劳动岗位也就成为人的生命活动的展现舞台,人们匹配了一定的舞台从事劳动,就是依托其上开展以劳动为基础的各项活动。在计划经济时代的单位体制下,劳动者所在的劳动组织,是与社会的组织结构直接同一的,是在直接生产过程之外直接附设了劳动者个人的全部生活方面的职能,使得劳动过程与劳动者生命活动的积极感直接同一。在社会主义市场经济体制下,我们重构了社会的组织结构,但这并不意味着将企业作为单纯的经济经营实体、单纯的"此岸",并不意味着它只用支付给劳动者货币报酬,让劳动者在其他场合、在"彼岸"自行发展其生命活动。社会主义即使在其初级阶段,仍然要注重在劳动的过程本身之中与劳动者的生命活动展现相结合。这种结合,包括劳动者的社会人格的养成和发展,例如其对劳动本身的幸福感和成就感培养,其科学知识技能的提升,其社会交往线索和"文明社交方式"①的塑造,等等。

第四,社会主义要以适当的公有制形式和社会治理体系,促进劳动者在劳动过程中作为劳动的经济组织的主人翁地位。马克思主义认为,劳动的解放"决定于生产力是否归人民所有",那么这种人民的所有制的实现形式、实现程度,当然也就决定着劳动的解放的实现程度。在计划经济时代,我们在经济的生产积累和工人群众的消费的综合平衡中,在国家统一计划管理体制和工人群众的各种参与机制和民主管理机制的辩证探索中,初步构建起了公有制的经济基础和工人在企业中主人翁地位、主人翁意识的基本格局。在社会主义市场经济的逐步探索和发展完善当中,我们改变了计划经济时代单一的公有制经济成分,包括国有企业也脱离了计划体制下对国家机器的职能部门的机械从属,转为主要从国有资产和资本的运营角度追求保值增值。在新的历史条件和体制机制

---

① 《马克思恩格斯选集》(第三卷),人民出版社,1995年,第151页。

下，劳动者的主人翁地位的实现，需要经由更加复杂、间接和迂回的进路，除了公有制成分本身在国民经济中保持主体地位，除了原先许多行之有效的劳动者在企业的微观层面的参与机制，仍然要根据具体情况加以改造和发扬，还要经由人民代表大会对经济社会发展制定规划，引导经济运行和资本投向的宏观路径，并经由政治的顶层设计和社会主义的法律体系等的制定，作为保障劳动者权益的基本制度保障。总而言之，社会主义在其动态发展当中要求宏观和微观层面相结合，在人民当家做主和劳动者直接参与的结合下，发挥劳动者对劳动过程和劳动组织的主人翁地位。

第五，社会主义要求不断促进劳动者之间的联合关系的形成。中国由于地域和人口规模广大，在国家内部，在经济资源、产业构成、发展水平上都有着极大的差异，这也相应带来了劳动者的相互区隔，形成复杂的利益本位和主体。在计划经济时代，我们已经注意到并初步探索了人民内部矛盾的处理、"十大关系"的统筹兼顾等，而如果在资本主义市场经济条件下，资本本身的逐利特性、规模效益和追求自由流动的内在冲动，无疑更会相应地造成劳动者诸个体追随资本投向，引发无序竞争、盲目流动的自发冲动。因此，社会主义市场经济实行宏观调控和统筹协调，除了国家运用法律和政策手段、运用财政和公有资本的投资导向对企业运营加以调控、使得发展成果可以普遍性惠及，也需要相应地在劳动者的层面运用组织手段。例如，社会主义市场经济仍然要求无产阶级政党在全局政治方向上集中统一领导，要求党的基层组织具有战斗堡垒作用，其在经济组织之中和跨经济组织中具有凝聚作用，还要求在党领导下的工会等群众性团体具有组织、协调和服务功能，等等。这其中，既包括中国担负着替代资本主义完成使"无产者组织成为阶级"①的任务，也包括社会主义向着新的文明

① 《马克思恩格斯选集》(第一卷)，人民出版社，1995年，第281页。

形态趋近的一般任务,是对人成为"人类社会"或"社会化的人类"进程的探索,是对劳动者的"联合体"形式的探索。

一种新的人类文明的诞生,也意味着人的一种新的存在方式的形成。

20世纪后半叶以来,整个世界的存在状态开始趋同,我把它概括为五个方面的"主义":消费主义、个人主义、现实主义、享乐主义、科学主义。人类在这五个主义的价值观念下生活。

或者可以这样说,消费主义、个人主义、现实主义、享乐主义和科学主义是当今人类存在方式的主要特征。现在的问题是,人类跨入21世纪以后是否应当继续在这五种价值观念的支配下生活?是否应当继续坚持这种特征的生活方式?

人类可能并没有完全意识到,当今世界普遍崇尚的以消费主义为导向的生活方式,正在把人类引向一种可怕的境地。人类如果不换一种"活法",即不改变消费主义的生活方式,前景堪忧。

所以危机就在我们身边,它的根源是人的生活方式。如果说我们人的生活方式不改变,那么人类没有希望、地球没有希望、世界没有希望。

中国特色社会主义道路是否具有世界历史意义,主要取决于它是否为人类文明应对所面临的人的存在方式的矛盾与危机做出了自己的贡献?它能否成为人类追求文明进步的一条新路?它能否为人类探索出一种新的存在状态?

习近平新时代中国特色社会主义思想明确地把实现美好生活作为奋斗目标,其重大意义是在人类历史上第一次超越了消费主义的界限,把真正"属人的生活"作为目标加以追求。这是对人类生活方式的一次重大革命。

在北京召开的全国生态环境保护大会上,习近平总书记发表了重要讲话。会议正式提出"习近平生态文明思想"这一概念。领悟这一讲话,领悟党的十九大报告中关于生态文明建设的论述,以及领悟党的十八大以来习近平关于生态文明建设的一系列讲话，我们深切地感受到，通过生态文明建设、通过建设美丽中国，中国共产党正在带领中国人民在中国这一古老的大地上创建一种人的新的存在方式，创建一种新的人类文明。

习近平总书记在全国生态环境保护大会上明确提出了一个时间表，即到2035年，美丽中国目标基本实现，而到21世纪中叶，建成美丽中国。

从习近平对什么是美丽中国的论述，以及如何建成美丽中国的措施的论述，我们可以清晰地看到，以习近平同志为核心的中国共产党带领中国人民创建的究竟是一种什么样的人的新的存在方式，什么样的新的人类文明。

第一，人与自然和谐共生，人充分地享受自然界给予人类的美感。人究竟如何生活，首先是人究竟如何面对自然，美好的生活方式取决人可否与自然和谐相处。按照习近平的描述，在这种新的存在方式下，基本消除重污染天气，还老百姓蓝天白云，繁星闪烁；基本消灭城市黑臭水体，还老百姓清水绿岸、鱼翔浅底；强化土壤污染管控和修复，让老百姓吃得放心、住得安心；打造美丽乡村，为老百姓留住鸟语花香、田园风光。

第二，人们生活在一个"生命共同体"之中，人与人和睦相处。一种生活方式是否美好除了视人与自然的关系如何，还要看人与人之间的关系如何。习近平总书记在这一讲话中特别提及"共享"的发展理念，提出良好的生态环境是最普惠的民生福祉，强调要坚持生态惠民、生态利民、生态为民。可以预料，随着生态环境作为最普惠的民生福祉的实现，人们所企盼的公平正义的价值目标也将实现，环境的公正是最大的公正。而环境公正了，人与人之间才能消除根本的冲突根源。

第三，人将真正为了自己的真实需要而生产。生活的重要内容是进行生产，而原有的那种仅仅是为了利润而生产的方式如果不改变，人的新的存在方式也根本建立不起来。习近平在这里再次提到"绿色发展方式"的概念，美丽中国、美好生活是与绿色发展方式联系在一起的。只要在生产过程中,真正做到如习近平所说的:坚持节约优先、保持优先、自然恢复为主的方针,贯彻创新、协调、绿色、开放、共享的新发展理念,坚持绿水青山就是金山银山的理念,那么这种生产就不是为了交换价值的生产,而真正是为了使用价值的生产。随着以"生态产业化"和"产业生态化"为主体的生态经济体系的形成,这种新的生产方式也将产生。人在这种生产中将获得无穷的享受与满足。

第四,人不再是商品的奴隶,真正成为自己生活的主人。如果目前这种消费主义的生活方式不改变,人的新的存在方式是不可能形成的。习近平特别强调了"绿色生活方式"的理念,倡导简约适度、绿色低碳的生活方式,反对奢侈浪费和不合理消费。这不是"占有"而是"存在"的生活方式。人满足的不再是"虚假的需求",而是"真实的需求"。

这正是马克思所期望的自由而全面的发展的人的新的存在方式,也是一种人类新的文明形态。

六、建成"社会主义现代化强国"的中国，必将成为第一座照亮新文明大陆的灯塔

党的十九大报告把社会主义初级阶段的奋斗目标调整为"在 21 世纪中叶建成富强民主文明和谐美丽的社会主义现代化强国"，原来"到 21 世纪中叶基本实现现代化"的目标提前到 2035 年。这引起发达资本主义国家的高度警惕。中美贸易摩擦表明，美国不愿意中国强大；美国和欧盟不承认中国的"市场经济"则表明，整个资本主义世界不希望社会主义的中国变得强大；美国及其盟国的态度表明，资本主义的富国和强国一致反对中国成为"社会主义现代化强国"。遗憾的是，连外部世界都看得清清楚楚，中国的市场经济不是资本主义市场经济，而是社会主义市场经济，欧美国家甚至称之为国际秩序中的"修正主义"，国内却仍然有学者误以为"社会主义现代化强国"中的"社会主义"只是一个标签，没有实质性内容。这说明人们对"中国特色社会主义进入新时代"的三个"意味着"缺乏深入的理解。如果说第一个"意味着"讲的是中华民族的伟大复兴，那么第二个"意味着"恰恰预示着科学社会主义的伟大复兴，第三个"意味着"指明了中国走向社会主义现代化强国的道路具有世界历史意义。三个"意味着"表明，我们必须跳出旧时代的老眼光去看"社会主义现代化强国"，必须旗帜

鲜明地划清"社会主义现代化强国"与"资本主义现代化强国"的界限。中国建成社会主义现代化强国意味着创建了一种人类文明的新形态。三个"意味着"在某种意义上可以概括为意味着创建了一种新的人类文明。

（一）"社会主义现代化强国"中的"强国"意味着什么？

三个"意味着"中的第一个"意味着"，即"中国特色社会主义进入新时代，意味着近代以来久经磨难的中华民族迎来了从站起来、富起来到强起来的伟大飞跃，迎来了实现中华民族伟大复兴的光明前景"，表明"社会主义现代化强国"中的"强国"有着特定的含义。

党的十九大报告中四次提到"社会主义现代化强国"。其中，第一次讲"全面建设社会主义现代化强国"；第二次、第三次讲"富强民主文明和谐美丽的社会主义现代化强国"；第四次讲"全面建成社会主义现代化强国"。显然，这里的"强国"不只是经济上"富强"，也不仅是具有强大的科技和军事实力，而且是"民主文明和谐美丽"，即共同富裕基础上的全面发展。从"全面建设"到"全面建成"，体现的正好是"从富起来到强起来"的过程。

由于不懂得社会主义与资本主义的根本区别，很多人误解了"从富起来到强起来的伟大飞跃"的性质，以为"从富到强"是沿着"从穷到富"的同一个方向往前延伸，没有意识到"富"是一个分歧点，社会主义与资本主义在这里分道扬镳，形成社会主义"强国"与资本主义"强国"的分野。从此以后，走向共同富裕基础上的全面发展即"富强民主文明和谐美丽"，就会成为社会主义现代化强国，而走向经济片面发展基础上的单纯科技和军事霸权，则会成为资本主义现代化强国。美国属于后者，中国正在走向前者。

理解这一分歧点的关键概念是"经济新常态"。

习近平所说的经济新常态，第一个特征是"经济增长速度放缓"，由高速增长变为中高速增长；第二个特征是"产业结构调整"，由第一产业和第二产业向第三产业过渡；第三个特征是"驱动力转换"，由要素驱动走向创新驱动。许多经济学家认为经济增长速度放缓是坏事。他们忧心忡忡，绞尽脑汁想提高经济发展速度。实际上，这正落入了西方资产阶级经济学的窠臼。习近平早就讲过，事情根本不是这样。他明确指出："经济发展面临速度换挡节点，如同一个人，10 岁至 18 岁期间个子猛长，18 岁之后长个子的速度就慢下来了。经济发展面临结构调整节点，低端产业产能过剩要集中消化，中高端产业要加快发展，过去生产什么都赚钱、生产多少都能卖出去的情况不存在了。经济发展面临动力转换节点，低成本资源和要素投入形成的驱动力明显减弱，经济增长需要更多驱动力创新。"①与由穷变富不同，无论是速度换挡，还是结构调整或动力转换，都是由富变强过程中的正常现象，因此对于社会主义国家来说，无所谓"好事"或"坏事"。

但这对于资本主义国家来说肯定是坏事。对于发达国家来说，经济停止增长本是国家强大的标志，这说明它身量已经长足了。对比一下各个国家的发展历程就可以看到，在正常情况下，经济增长速度高的都是发展中国家，而发达国家无一例外，发展速度都比较低。经济进入新常态、增长速度下降实际上是中国进入中等发达国家水平、开始向发达国家过渡的标志。原因很简单，发展中国家就像青少年一样，正处于长个儿的时期，而发达国家就像成年人一样，不可能再长个儿。作为发展中国家如果经济增长速度慢，那很可能像某些青少年那样，是由于营养不良；但发达国家再增加营养，也不可能再长个儿，只会导致营养过剩。

---

① 《习近平谈治国理政》（第二卷），外文出版社，2017 年，第 247 页。

为什么经济进入新常态对于社会主义国家来说是正常现象，无所谓好坏，而对于资本主义国家来说却是坏事？

因为社会主义与共同富裕联系在一起，而资本主义则与相对富裕/贫困联系在一起。共同富裕本身会带来强大的凝聚力，相对贫困则会导致离心离德。如此就会形成两类截然不同的"现代化强国"。只要全体人民群众都能分享发展的成果，都能感受到生活状况的持续改善，经济增长快一点还是慢一点并不会影响整体的团结。但如果存在相对贫困，那就只有通过经济的持续增长、通过"做大蛋糕"，才能让穷人也感受到生活状况的改善。经济一旦停止增长而资本家又想继续谋求利润，那就只好压低"劳动力成本"，从而降低人民群众的生活水平，导致共同体走向分裂。这正是目前中国和美国各自面临的局面。

一旦把国家的经济增长比作一个人长身体，我们就可以看到，对于社会主义国家来说，正如身体停止增长并不意味着死亡一样，经济停止增长并不是什么灭顶之灾。孔子早就讲过他的成长历程：三十而立，四十而不惑，五十而知天命，六十而耳顺，七十而从心所欲不逾矩。显然，从"而立"到"不惑"，再到"知天命"，这是一个在格物致知中认识能力提高的过程；然后到"耳顺"，再到"从心所欲不逾矩"，则是一个从知性到感性、从情感到意志的发展过程。由此观之，长身体不过是基础而已。一个国家的经济、政治、文化、社会和生态发展也是这样。经济的发展只是政治、文化、社会、生态发展的基础，因此在早期只能以经济建设为中心，但经济发展起来之后，政治、文化、社会、生态的发展就提上了日程，从而使"现代化强国"成为可能。

在社会主义的语境中，中国把经济和科技的发展当作建设社会主义现代化强国的基础，至于军事和国防实力的提升，则以"有效防御"为限度，不是越"强"越好。只要中国在合作共赢的基础上坚持构建人类命运共同体，而不是迷信于零和游戏、不是追求以"绝对安全"为目标的军事霸权，经济、科技和军事就不可能喧宾夺主，不会凌驾于共同富裕之上成为社会主义现代化强国的唯一内容。

与此相反，美国所理解的"强国"则是经济、科技和军事霸权基础上的"绝对安全"。它不仅不允许任何国家对它构成实际威胁，连潜在的可能威胁都不行。从特朗普政府一系列"退群"举动就可以看出，美国不仅不会追求真正的"富强民主文明和谐美丽"，而且它所理解的"富强"是建立在其他人和其他国家相对贫困的基础上的。从控枪等相关议题来看，如果不影响选票，美国统治阶级甚至不在乎本国人民的生死。只要其他人比自己穷、其他国家比自己国家穷，而且追赶不上自己，那它自己就是"强国"。欧洲国家仍在坚持的政治正确，则被美国政府弃若敝屣。至于全世界如何反应，美国根本不在乎。它相信，只要它是世界第一强国，其他国家就对它无可奈何。

所谓相对贫困即工人相对于资本家来说的贫困。资本家雇用工人是为了获取利润，而不是为了养活工人。因此，即使工人再勤劳、勇敢、智慧，只要不能给资本家带来利润，资本家就不会雇用，至于工人因此而饿死，那是工人自己的事。对于资本家来说，工人的工资是有待压低的"劳动力成本"。工资越低，利润率就越高。

由此我们就能够理解，所谓"中等收入陷阱"，正如"高平衡陷阱"一样，是资本主义的固有产物，对于社会主义国家来说并不存在。

首先，"中等收入陷阱"的本质是中等收入条件下的两极分化陷阱。在群众处于绝对贫困状态的时候，由于生活必需品的生产处于绝对短缺状态，任何供给都可以被需求所消化，用"萨伊教条"的说法，任何供给都会创造自己的需求。但到中等收入阶段，由于绝大多数无产阶级群众收入低于平均收入，导致其刚性需要无法转化为有效需求，从而使整个社会陷入相对过剩的危机。这就是所谓的"中等收入陷阱"。在这种情况下，"萨伊教条"失效，凯恩斯的理论具备了实现条件。如果由于无产阶级的斗争，资本主义国家被迫建立"福利社会"，就可以通过总有效需求扩大所形成的需求拉动走出所谓的"中等收入陷阱",进入发达国家行列。美国和欧洲都是这样。在这个过程中,虽然由于无产阶级群众的收入不断增加,导致资产阶级的利润率相对下降,但下降的利润率可以为上升的供给量所抵销,从而使总利润量呈现上升的局面。对此,资产阶级并不满意,但无可奈何。

其次,"高平衡陷阱"的本质是高收入条件下的片面发展陷阱。随着收入的提高,全体社会成员的生活必需品逐渐得到满足,市场饱和,这时候再出现的生产过剩就成为绝对过剩,从而使资本主义国家经济停止增长。这就是由绝对过剩导致的"高平衡陷阱"。目前所有发达资本主义国家都掉入了这一"陷阱"。这是因为,由相对过剩到绝对过剩是资本主义国家由富到强的必然后果。在市场经济条件下,价格围绕价值上下波动是价值规律的表现形式。粮食供不应求,价格就会高于价值,投资农业就有利润,农业就会得到发展;等到粮食供过于求,价格就会低于价值,再投资农业无利可图,这时候就需要发展轻工业,也就是服装、鞋帽等行业。服装、鞋帽供不应求,轻工业产品价格高于价值,投资轻工业就有利润,轻工业就会得到发展;等到服装、鞋帽供过于求,价格就会低于价值,再投资轻工业就无利可图,这时候就需要发展重工业,特别是房地产、基建之类能够拉动钢筋、水泥等生产资料的行业。住房供不应求,房子价格就会高于价值,投资房地产就有利润,重工业就会得到发展;等到房子、基建等供过于求,价格就会低于价值,再投资重工业就无利可图,这时候农业、轻工业、重工业产品市场都饱和,就只能转到服务业和科技创新等部门、转到第三产业了。就像一个人不可能再继续长个儿一样,这时候经济的增长只能是高质量增长,而不可能再是高速度增长。同对粮食、衣服、房子等生活必需品的"刚性需要"不同,对服务和高新科技的需要原本是不存在的,或者说,它不是"刚性需要",而是"弹性需求"。所谓"弹性需求"的意思是说:第一,它必须通过广告、推销术等宣传手段被人为制造出来,因而是"弹性的",不是"刚性的";第二,它是"需求"(Demand),而不是"需要"(Need)。需求是通过货币来满足的需要,因此只有有钱人的需要能够转化为需求,穷人的需要如果缺乏货币作为满足手段,则无法化为市场需求。市场只为需求生产,不为需要生产。作为人为制造出来的、通过货币满足的需要,一开始只能是少数富人的特权,而且其满足的原因正在于多数人得不到满足、只有自己能够得到满足的那种高高在上的感觉。诸如象征性消费、符号消费等,都是由此派生出来的。只有当更高级的产品作为奢侈品创造出来时,原来的奢侈品才能走向大众化,成为日用品。然后,更高级的产品再来一轮从奢侈品到日用品的循环。

资本主义由满足需要走向制造需要,更加突出地表现出发达资本主义国家生产的特征是"相对贫困"的生产。正是靠着这种消费上的贫富等级之别,资本主义才能摆脱灭亡的命运,继续向前发展。问题是这样一来,人不再是追求美好生活的主体,而成了为资本谋取利润服务的消费机器。消费社会到来的结果,则导致了严重的环境问题。正如印度圣雄甘地所说的那样:地球上的资源足以满足人类的需要,但不足以满足人类的贪婪。

由此,我们能够理解为什么当时特朗普政府要退出"巴黎气候协定"和"武器贸易条约"等国际协议和联合国教科文组织等国际组织。因为这些协议和组织虽然能够让世界变得更加美好,但却不利于美国资本家的资本增殖,不利于巩固美国世界第一强国的地位。中国之所以努力推进这些国际协议和国际组织的发展,恰恰表明它有利于巩固中国走向现代化强国的国际地位。中国的强大不仅仅是经济、科技和军事实力的强大,更重要的是由共同富裕、合作共赢带来的向心力和凝聚力,因而不仅是硬实力强大,而且是软实力强大。

这同特朗普理解的美国强大正好相反。在特朗普政府眼里,所谓"使美国变得重新伟大"就是让它变得更加有钱。它正在把它的软实力兑换成硬实力,把硬实力兑换成货币和资本。为此,它连自己的盟国也可以损害。这同走向社会主义现代化强国的中国正好相反。中国要把过剩产能和过剩资本转移到更高级需要的满足上,要由高速度发展转为高质量发展。中国人民深知,社会主义现代化强国意味着不仅要有富裕的经济和强大的军事以及由此带来的硬实力,而且要有政治、精神、社会、生态等方面文明的高度发展,要有社会需要和个性需要等更高级需要的满足。中国共产党和中国政府始终坚持"以人民为中心"的发展观,把经济发展视为社会发展和人的发展的手段。与此同时,中国摒弃零和思维,欢迎全世界各国人民搭乘中国经济高速发展的列车,全力推动人类命运共同体的建构。中国共产党和中国政府充分认识到,实现中国梦不仅造福中国人民,而且造福世界人民。

(二)"社会主义现代化强国"中的"社会主义"意味着什么?

第二个"意味着"即"中国特色社会主义进入新时代……意味着科学社会主义在 21 世纪的中国焕发出强大生机活力,在世界上高高举起了中国特色社会主义伟大旗帜",更加明确了"社会主义现代化强国"的"社会主义"含义,尤其是它的世界历史意义。

社会主义与资本主义的根本区别在哪里?

这看似一个无解的问题。因为存在种种不同的社会主义,仅《共产党宣言》第三章就列举了"反动的社会主义""保守的社会主义"和"批判的空想的社会主义"等种种形态,马克思和恩格斯逝世以后又出现了布尔什维主义和民主社会主义的历史分野。但具体到"社会主义现代化强国"的语境,我们讲的当然是"中国特色社会主义"。只要把中国特色社会主义视为"科学社会主义在 21 世纪的中国焕发出强大生机活力"的形态,这个问题就很容易解决。

首先让我们看一下科学社会主义的创始人如何看待共产主义社会与资本主义社会的根本区别:"代替那存在着阶级和阶级对立的资产阶级旧社会的,将是这样一个联合体,在那里,每个人的自由发展是一切人的自由发展的条件。"①这里所说的"阶级对立"与"联合体"的区别,正是我们在前文谈到的离心离德与向心力、凝聚力的差别。而"每个人的自由发展",正是党的十九大报告所说的"美好生活"的题中应有之义。

党的十九大报告指出,随着中国特色社会主义进入新时代,中国社会的主要矛盾已经由"人民日益增长的物质文化需要同落后的社会生产之间的矛盾"转化为"人民日益增长的美好生活需要和不平衡不充分的发展之间的矛盾"。这不仅要求实现高速度发展向高质量发展的转化,而且要求在继续坚持"以经济建设为中心"的社会主义初级阶段基本路线的同时,把"以人民为中心"提上首位。

中国共产党提出"以经济建设为中心",是为了纠正在社会主义制度初步建立以后还要"以阶级斗争为纲"的错误,而不是为了反对"以人民为中心",更不是为了让货币和资本凌驾于人民群众之上。相反,邓小平不仅提出了生产力标准,而且提出了三个"有利于"标准,即"是否有利于发展社会主义社会的生产力、是否有利于增强社会主义国家的综合国力、是否有利于提高人民的生活水平"。且不谈这里讲的都是"社会主义社会"的生产力、"社会主义国家"的综合国力,其前提都是"社会主义"的;单就第三个"有利于"即"有利于提高人民的生活水平"来说,它恰恰是邓小平所说的区分"姓社""姓资"的标准。②因此,对于邓小平来说,"以经济建设为中心"与"以人民为中心"始终是高度统一的。其中,"经

① 《马克思恩格斯文集》(第二卷),人民出版社,2009年,第53页。
② 参见《邓小平文选》(第三卷),人民出版社,1993年,第372页。

济建设"这个"中心"是一个阶段性的中心,是一个工作中心;而"人民"这个"中心"则是永恒的中心,是经济建设必须服务于它的终极中心。"三个代表"重要思想和科学发展观延续了社会主义物质文明与社会主义政治文明、精神文明、社会文明和生态文明的有机统一关系。它们都表明,中国特色社会主义是科学社会主义,而不是别的什么主义。

习近平提出的中国梦也是这样。有一些人从"民族复兴中国梦"的概括出发,仅讲"民族复兴"这一个方面,没有深入研究中国梦所包含的"民族振兴、国家富强、人民幸福"三个方面之间的关系,没有看到"民族振兴""国家富强"都是手段,"人民幸福"才是目的。其结果,是割裂了民族振兴与国家富强、人民幸福的关系,在中国与美国、中国与西方、甚至中国与其他发展中国家的关系问题上陷入狭隘民族主义,导致盲目排外。这不仅背离了改革开放的基本国策,而且背弃了自己的国际主义义务,显然是一种背离科学社会主义的观点,是对中国特色社会主义失去自信的结果。

人们感到困惑的原因在于不懂得社会主义的实践性,不理解社会主义首先是一条"道路"(例如在"坚持四项基本原则"中讲的就是"坚持社会主义道路"),因而无法理解社会主义的动态本质。邓小平曾经明确提出:"社会主义的本质,是解放生产力,发展生产力,消灭剥削,消除两极分化,最终达到共同富裕。"①可见,与一般的理解不同,邓小平是从"社会主义道路"的角度界定社会主义的动态本质的。在他看来,要允许和鼓励一部分人先富起来,然后先富带动后富,最终实现共同富裕。先富带动后富,正是前文说的"长个子"的时期;而实现共同富裕之际,正是中国建成"社会主义现代化强国"之时。

有些人之所以误以为改革开放走了一条资本主义道路,原因就在于他们是

---

① 《邓小平文选》(第三卷),人民出版社,1993年,第373页。

拿作为共产主义第一阶段的社会主义作为静态标准、理论标准来衡量社会主义初级阶段，没有意识到共产主义第一阶段是资本主义自我否定的结果，因此其生产力水平高于发达资本主义国家，而中国1956年底进入社会主义社会的时候，连中等发达国家的生产力水平都没有达到。换言之，共产主义第一阶段的那种社会主义是社会主义高级阶段，而中国的社会主义却仍然处于初级阶段。我们不能拿社会主义高级阶段的标准衡量社会主义初级阶段，而只能拿社会主义初级阶段的道路标准、实践标准，来区分所走的是社会主义道路，还是资本主义道路。

即使是在中国特色社会主义发展处于最困难的时期，在国际共产主义运动陷入低潮时，中国共产党对社会主义和共产主义的未来仍然充满信心。邓小平在1989年曾经说过："首先中国自己不要乱，认真地真正地把改革开放搞下去。没有改革开放就没有希望。这十年的成绩哪里来的？是从改革开放得来的。中国只要这样搞下去，旗帜不倒，就会有很大影响。当然，发达国家会对我们戒心更大。……我看总的局势是这样，唯一的办法是我们自己不乱。我们的基础好，是几十年打出来的，这个威势一直要传到后代，保持下去，这是本钱。别人的事情我们管不了，只讲一个道理：中国的社会主义是变不了的。中国肯定要沿着自己选择的社会主义道路走到底。谁也压不垮我们。只要中国不垮，世界上就有五分之一的人口在坚持社会主义。我们对社会主义的前途充满信心。"①他在1992年又说：社会主义经历一个长过程发展后必然代替资本主义，"这是社会历史发展不可逆转的总趋势，但道路是曲折的。……一些国家出现严重曲折，社会主义好像被削弱了，但人民经受锻炼，从中吸收教训，将促使社会主义向着更加健康的方向发展。因此，不要惊慌失措，不要认为马克思主义就消失了，没用了，失败了。哪有这回事！"②正是基于这种自信，邓小平坚决反对重新走向封闭，他指出：

① 《邓小平文选》(第三卷)，人民出版社，1993年，第320~321页。
② 同上，第382~383页。

"社会主义要赢得与资本主义相比较的优势，就必须大胆吸收和借鉴人类社会创造的一切文明成果，吸收和借鉴当今世界各国包括资本主义发达国家的一切反映现代社会化生产规律的先进经营方式、管理方法。"①

今天回顾邓小平的话，我们不得不佩服他深邃的历史眼光：第一，中国几十年打下的好基础，确实是靠苦干。邓小平说这话时，正当中华人民共和国成立40周年前后；从那时到现在，又过了三十多年，中国有了更大的进步，发达国家确实"对我们戒心更大"了。中美贸易摩擦、欧盟拒绝承认中国的"市场经济"，试图迫使中国放弃自己的基本经济制度、政治制度，就是其突出表现。现在的关键是我们自己是否有足够的定力，能否"沿着自己选择的社会主义道路走到底"。第二，"我们对社会主义的前途充满信心"，这不仅表现在，面对挫折我们不会气馁，相信"社会主义经历一个长过程发展后必然代替资本主义"；而且表现在面对困难和挑战，我们不是封闭和收缩，而是进一步加大改革开放的力度，"大胆吸收和借鉴人类社会创造的一切文明成果，吸收和借鉴当今世界各国包括资本主义发达国家的一切反映现代社会化生产规律的先进经营方式、管理方法"。

这两个方面是不可分割的。中华人民共和国成立后的30年内，依托土地公有制和国有企业，中国建立了较为完备的工业体系，农业也获得巨大发展。更重要的是，在勒紧裤腰带进行积累并支援第三世界国家的同时，中国的人均寿命、受教育程度、健康状况都进入了发展中国家的前列，表现出鲜明的"社会主义"取向和"人民"取向。同毛泽东一样，邓小平始终坚持中国必须走社会主义道路，要求青少年做有理想、有道德、有文化、有纪律的四有新人。他一方面强调"以经济建设为中心"，另一方面强调物质文明和精神文明两手抓、两手都要硬；一方面强调"改革开放"，另一方面强调"四项基本原则"。之所以如此，正如习近平指

① 《邓小平文选》（第三卷），人民出版社，1993年，第373页。

出的那样，是因为"热爱人民，是邓小平同志一生最深厚的情感寄托"；邓小平始终把群众冷暖挂在心上，"他反复强调，要把人民拥护不拥护、赞成不赞成、高兴不高兴、答应不答应作为制定方针政策和作出决断的出发点和归宿"。[①]自从邓小平南方谈话之后，中国不仅加快改革开放的步伐，建立了社会主义市场经济体制，形成了全方位对外开放的格局，而且把"两个文明"发展为"五位一体"总体布局和"四个全面"战略布局；不仅实现了经济的持续高速发展，而且实现了人民生活水平的持续稳定提高，大大增强了人民群众的获得感。

中国改革开放的成功，表明在资本主义的现代化道路之外，还有另外一种现代化途径。

（三）"社会主义现代化强国"中的"现代化"意味着什么？

第三个"意味着"即"中国特色社会主义进入新时代……意味着中国特色社会主义道路、理论、制度、文化不断发展，拓展了发展中国家走向现代化的途径，给世界上那些既希望加快发展又希望保持自身独立性的国家和民族提供了全新选择，为解决人类问题贡献了中国智慧和中国方案"，指明了国际主义复兴的时代意义，由此我们能够理解"社会主义现代化强国"中的"现代化"含义：西方的现代化预示着福山所说的"历史的终结"，即以民主、自由面目出现的资产阶级丛林法则的最终确立；而中国的现代化则指向人类命运共同体，预示着真正的人类历史的开端。

人类命运共同体思想有两个来源：一个是中国古代的天下主义，一个是马

---

① 《习近平谈治国理政》（第二卷），外文出版社，2017年，第5、5~6页。

克思主义的国际主义。这表明，"中华民族的伟大复兴"同时就是科学社会主义运动在世界上的伟大复兴。从现代化的路径来看，人类命运共同体思想与西方的本国优先主义或本民族至上主义形成了鲜明的对比。中国从传统到现代的历程，本质上是从天下主义到国际主义；西方从传统到现代，却是从封建主义到民族国家主义。人类命运共同体思想是对马克思主义的国际主义的发展，它一方面为中国特色社会主义现代化道路提供了国际空间，另一方面为发展中国家的现代化道路提供了另一种国际秩序背景、另一种选择。

中国真正进入天下主义时代是从秦灭六国开始的。此前虽然也讲"普天之下莫非王土，率土之滨莫非王臣"，但由于封邦建国制度的后遗症，春秋战国陷入了各民族国家争霸天下的局面，"王道"不复存在。随着秦灭六国、各个国家为郡县所代替，爱国主义失去了存在的土壤，民族融合成为主流。此后漫长的天下主义时期，所谓"中国"，并不是单纯地理位置上的富国、强国，更重要的是文化上的富国、强国。各王朝虽然实际上往往是外儒内法，但"文"被认为高于"武"，"王道"被认为优于"霸道"。相反，1648 年的《威斯特伐利亚和约》确立了近代以来西方的民族国家体系。它的前提是大国之间保持均势。各国内部的所谓"民主"和"自由"也是这种货色。在社会达尔文主义的眼光中，正如人对人像狼一样，国家对国家也像狼，和平只能是强国对强国即狼对狼之间的和平。强国和弱国即狼和羊之间不存在和平，只存在吃与被吃的关系。同样，如果狼群中走出一头狮子，强国中走出一个霸王，和平也将不复存在。用天下主义眼光衡量，这正是一种"霸道"秩序而不是"王道"秩序。两次世界大战都是由于均势被打破，德国和日本这样的国家想成为狮子并把别的国家变成羔羊。二战以后，美苏两头狮子之间形成了均势，维持冷战式的和平局面近半个世纪，直到苏东剧变以后中国加入由资本主义国家主宰的世界市场体系、被误认为能够成为资本主义国家和平演变的对象为止。

　　随着中国的崛起，习惯了独霸世界的美国焦虑感上升，开始向成为"暴秦"的道路狂奔。有些人认为中美贸易摩擦缘起于中国"辜负"了美国和其他资本主义发达国家的"期望"。这些人不了解：当今国际秩序的本质是狼与狼之间的均势，而资本主义世界对中国的"期望"却是让中国成为一只大肥羊。但是中国为发展中国家的现代化提供了另外一种榜样，使中国成为美国的心头大患。早在两百多年前，拿破仑就警告过：中国是一头被催眠的狮子而不是一只无辜的大肥羊。这种说法所透露的正是《威斯特伐利亚和约》背后的"国家对国家像狼"的国际关系心态。哪怕中国再三说明，西方人还是无法理解"天父地母""普天之下皆兄弟也"的天下主义世界观。

　　实际上，早在 2014 年 3 月 27 日，习近平就在巴黎召开的中法建交 50 周年纪念大会上表明过中国的态度："拿破仑说过，中国是一头沉睡的狮子，当这头睡狮醒来时，世界都会为之发抖。中国这头狮子已经醒了，但这是一只和平的、可亲的、文明的狮子。"①问题是不仅已经独霸世界二十多年的美国听不进这话，就连强调"欧洲价值观"的英法德等国家，也已经习惯了"均势思维"，不理解狮子怎么可能是"和平的、可亲的、文明的"。在西方人看来，世界无非是一片大丛林，哪有什么"天父地母"？ 在丛林中，正如狼和羊之间不可能存在什么"兄弟之情"一样，怎能指望一头狮子成为吃素的动物？

　　中国有必要让世界了解自己"王道"文明的习性和马克思主义的国际主义本质，但这必须以确立中国在国际秩序中的话语权为前提。几百年以来，资本主义发达国家已经习惯了对其他文明指手画脚，尤其是以"上帝选民"自诩的美国，就像以"天子"自居的中国古代昏君一样，早已丧失倾听民心民意的能力。中

---

　　① 《习近平成功展示中国"醒狮"形象》，人民网国际版，访问时间为 2019 年 1 月 20 日，http://world.people.com.cn/n/2014/0404/c1002-24830937.html；另见人民日报评论部：《习近平讲故事》，人民出版社，2017 年，第 2 页。

国古代的贤明帝王至少还有谏臣提醒"天视自我民视,天听自我民听",特朗普政府却是谁的提醒都听不进去。它认定了一条:上帝只垂青美国,世界只能有美国这一头狮子,否则就无法保证美国的"绝对安全"。因此,必须通过催眠,让中国重新把自己当成一头大肥羊。羊再肥大些都不妨事,狮子再"和平、可亲、文明"都有威胁。

在中国道路成功之前,走向现代化的成功道路只有一条:资本主义道路。马克思和恩格斯曾经认为,只有在这条道路的尽头,才能出现一个共产主义世界。至于俄国那种土地公有制没有完全破坏的国家能否不经过资本主义的卡夫丁峡谷而进入共产主义社会,马克思和恩格斯的回答是:"假如俄国革命将成为西方无产阶级革命的信号而双方互相补充的话,那么现今的俄国土地公有制便能成为共产主义发展的起点。"①可见,在马克思和恩格斯看来,吸收资本主义文明所创造的一切优秀成果,是建成社会主义的必要条件。实际上发生的是:俄国的土地公有制遭到了破坏,俄国革命虽然成为西方无产阶级革命的信号,但西方无产阶级革命失败,因此未能形成"互相补充"的局面。后来苏联社会主义制度的变形和苏联模式的失败,很大程度上是基于对来自外部资本主义世界的敌对势力的过激反应。

中国比俄国幸运。当初,正是1919年巴黎和会上遭受的屈辱和列宁-托洛茨基无条件归还中国权益的宣言所形成的鲜明对比,让中国选择了马克思列宁主义。列宁的国际主义使中国的天下主义走向复兴,不仅形成了李大钊的"世界主义",而且促使孙中山先生改造自己的三民主义,形成了"联俄、联共、扶助农工"的三大政策,从而为国共走向第一次合作奠定了基础,并在21世纪成为新时代人类命运共同体思想的前驱。与苏联不同,中华人民共和国成立以后,在中

---

① 《马克思恩格斯文集》(第二卷),人民出版社,2009年,第8页。

国共产党的领导下，不仅建立了土地公有制和国有企业主导下的较为完备的工业体系，而且通过改革开放努力吸收人类文明特别是资本主义文明所创造的一切优秀成果，从而开创了一条社会主义的现代化道路。至此，"历史终结论"成为笑柄。各种各样的社会主义运动深受鼓舞，甚至资本主义世界的大本营——美国，都试图引入欧洲的民主社会主义，以至于特朗普在 2019 年的总统咨文中都不得不表明态度："在这里，在美国，我们对在我国实行社会主义的新呼声感到震惊。……今晚，我们重申我们的决心，美国将永远不会是一个社会主义国家。"①

美国走什么道路是美国人自己的事。其他国家的人民选择什么样的发展道路，同样是其他各国人民自己的事。中国无意干涉美国，也无意干涉其他国家。但如果有国家愿意选择中国式的现代化道路，正在走社会主义现代化强国之路的中国将举双手欢迎。

（四）全面建成小康社会表明中国已迈入人类新文明的门槛

早在《共产党宣言》中，马克思和恩格斯就揭示了与以往由短缺经济导致的危机不同的新型危机：由产能和资本的相对过剩导致的危机。在他们看来，这表明为解决短缺问题而建立的旧的文明类型已经过时，必须建立一种以过剩经济为基础的新文明类型。然而由于长期生活在短缺经济社会，人们已经习惯于旧的思维方式；历史惯性主宰着整个 20 世纪下半叶的经济理论和政治实践，导致经济上的消费社会和纵欲主义、政治上的新社会运动和无政府主义。虽然表面

① 特朗普最新国情咨文万字精华全收录(中英文对照)，中国贸易金融网，访问时间为 2019 年 2 月 8 日，http://www.sinotf.com/GB/News/1002/2019-02-07/0MMDAwMDMzMDE0MQ.html。

上花样百出,但实质上人类文明的变革却陷入停滞状态。中国全面实现小康,进入经济新常态不仅表明中国也已迈入人类新文明的门槛,而且表明人类命运共同体的建构已经提上了日程。

对于马克思来说,"资本主义"和"共产主义"等词汇主要不是意识形态概念,而是政治经济学概念。资本是能赚钱的钱,资本主义为赚钱而赚钱;共产是共有资产或资本,共产主义是资本归公共占有,以便保证每个人和所有人的全面发展和自由发展(而不是以牺牲多数人的发展为代价让个别人赚钱)。资本主义作为一种生产方式,意味着虽然表面上有的人(资本家)依靠资本谋生,有的人(雇佣劳动者)依靠劳动或工作谋生,但实际上整个社会以雇佣劳动这种特殊的"谋生劳动"为基础,不工作的人分割的无非是整个工人阶级创造的剩余价值。共产主义作为一种生产方式,意味着生产力发展到能够消灭"谋生的劳动",实现"各尽所能,按需分配",让每个人都以全面发展和自由发展作为目标。因此,从资本主义到共产主义首先是一种经济转型,它标志着"经济的社会形态"(以谋生的劳动为基础的社会形态)的终结和传统经济学的终结,以及人类社会的开端和社会学、人类学的兴起。

尽管马克思明确宣告了传统经济学的终结,但传统经济学的终结并不是马克思一个人的看法。任何不带偏见的经济学家都会得出这样的结论。这是因为,经济学的前提假设是"短缺",随着经济由短缺状态进入过剩状态,传统经济学自然会走向终结。这种对传统经济学的前提和范围的批判属于马克思和恩格斯所说的"历史科学"。它无关意识形态。

因此毫不奇怪,以维护资本主义制度为己任的凯恩斯得出了同马克思类似的看法。早在1928年,凯恩斯就提出:"假如日后没有重大的战争事件,人口也没有大规模的增加,那么经济问题是可能会在100年之内得到解决,或者至少在100年之内有解决的希望。这就意味着,如果我们展望未来,可以看到,经济问题并非是人类永恒存在的问题。"①之所以说经济问题从历史上看只不过是暂时性的问题，是由于在他看来，作为"绝对需要"的经济需要并非人类的全部需要，而只是满足更高级需要的基础；人们之所以误以为需要似乎是永无止境的，是由于存在他所说的"相对需要"，但是"只有当对这种需要的满足，能使我们有一种凌驾于他人之上的优越感时，我们才会感受到这种需要的存在"②。而"满足优越感的这种需要"虽然带有物质需要的外观，但本质上是一种社会需要而不是自然需要，因此本来应当以非物质的、社会的方式得到实现，而不是通过金钱、以经济的方式加以满足。他把由追求"相对需要"而形成的"作为守财奴式的占有欲"称为"令人憎恶的病态"，这是"一种一半属于犯罪、一半属于变态的性格倾向"、一种社会精神疾病，到过剩经济时代，"人们不得不心怀恐惧、战战兢兢地把它交给精神病专家去处理"。③凯恩斯通过对人的需要状况的分析得出的结论是："那些全心全意、孜孜不倦地扑在求财谋利上的人，也许可以把我们大家带到那种经济上的富裕之境。但是，当这种丰裕社会实现之后，那就只有那些能够懂得生活的艺术，能够保持这种艺术精神，并把它加以发扬光大，臻于更为完美之境界，而非为了生活把他们自己给出卖了的人，才可以从这种丰裕之中获得享受。"④

又过了 30 年，到 1958 年，美国著名经济学家加耳布雷思出版了《丰裕社会》一书。他不仅引用了凯恩斯关于"绝对需要"与"相对需要"的划分，以及凯恩斯关于经济问题百年之内可以有解决的希望的观点，⑤而且明确指出，传统经济学（他称为经济学的"传统智慧"）已经终结。现在人们面对的已经不再是物质需

---

① ［英］约翰·梅纳德·凯恩斯：《劝说集》，李井奎译，中国人民大学出版社，2016 年，第 212 页。

② 同上，第 211 页。

③ 同上，第 214 页。

④ 同上，第 213 页。

⑤ 参见［美］加耳布雷思：《丰裕社会》，徐世平译，上海人民出版社，1965 年，第 127~128 页。

要得不到满足的问题;相反,资本家不断制造出新的需要,即凯恩斯所说的相对需要,以便通过这种需要的满足而继续赢利,由此,人不仅为了生活而出卖自己,还进一步把自己变成了消费机器。换言之,资本主义生产方式的继续维持依靠的是不断制造出超过"需要"(need)的"想要"(want),加耳布雷思把这称为"依赖效果"。①在他看来,丰裕社会面对的真正的经济问题是不平衡不充分的发展,即私人产品过剩、公共品短缺,物质产品过剩、精神产品短缺。为了解决这些问题,他提出了"社会平衡"和"投资平衡"的学说,认为今后的任务是满足人们对公共品和精神产品的需要。

如果说凯恩斯预见了一个消费社会的来临,那么加耳布雷思的观点就可以视为对消费主义的批判。在加耳布雷思看来,通过广告和推销术制造出来的超过"需要"的"想要"使人类走向堕落。同马克思一样,凯恩斯和加耳布雷思都把闲暇或自由时间视为真正的财富,而把工作或物质财富仅仅视为满足更高级需要的手段。加耳布雷思甚至认为,那种以为"福利养懒人"的看法是错误的:"假若我们对于生产的需要是如此的并不迫切,那么我们为了稳定的利益起见,也能够养得起某些失业人数……我们能够供应失业者以维持其惯常生活标准所必需的货物。"②现在,财富和贫穷的标准都应当加以改变。

在西方,马克思不仅被视为经济学家,而且被视为社会学家,甚至同韦伯、涂尔干一起被吉登斯称为"传统社会学三大家"。马克思认为,对于人类社会或社会化的人类来说,"富有的人和人的丰富的需要代替了国民经济学上的富有和贫困。富有的人同时就是需要有人的生命表现的完整性的人,在这样的人的身上,他自己的实现作为内在的必然性、作为需要而存在。不仅人的富有,而且人的贫困——在社会主义的前提下——同样具有人的因而是社会的意义"。在

---

① 参见[美]加耳布雷思:《丰裕社会》,徐世平译,上海人民出版社,1965年,第135~136页。

② [美]加耳布雷思:《丰裕社会》,徐世平译,上海人民出版社,1965年,第284~285页。

社会学和人类学的意义上，只有全面发展和自由发展的人才是富人；一个缺乏爱和不能自我实现的人即使物质财富再多，也仍然是个穷人："贫困是被动的纽带，它使人感觉到自己需要的最大财富是他人。"①要实现全面发展和自由发展，就必须有与职业时间不同的自由时间，因此与"福利社会"致力于解决就业问题相反，在马克思和恩格斯看来，真正的财富并不是工作时间和由工作时间带来的收入，而是工作时间之外的自由时间。真正的"福利"在于消灭谋生的劳动，把全部时间变为自由时间，因为对于绝大多数人而言，只有在自由时间才能塑造自我和实现自由个性。

作为受马克思影响的杰出社会学家，吉登斯和哈贝马斯都对资本进行了批判。哈贝马斯把资本和权力对生活世界的殖民化视为当代社会问题的根源，吉登斯则提出"生活政治"，用以摆脱资本和权力的束缚。但他们都不是经济学家，没有意识到传统经济学的终结，因此无法解决新社会运动的经济基础问题。而在马克思看来，无论是追求归属与爱的需要、尊重的需要，还是追求自我塑造、自我超越、自我实现的需要，都必须以消灭谋生的劳动、把全部时间变为自由时间作为前提，而消灭谋生的劳动又必须以生产力和客体分工高度发达、由无人工厂生产所有的生活必需品，从而消灭职业和主体分工为条件。没有这样的条件，一切社会学或人类学都是空想。

20 世纪七八十年代以来的事实证明了这一点。在经济学家们看来，"滞胀"的到来表明的仅仅是凯恩斯经济学的终结，而不是全部传统经济学的终结。因此，他们不仅没有提出短缺经济向过剩经济过渡的对策，反而试图从凯恩斯主义倒退回经典自由主义。这当然是不可能的。相反，如果说凯恩斯的国家干预政策并没有推翻自由主义，而只是形成了"新自由主义"（New Liberalism），那么，由

---

① 《马克思恩格斯文集》（第一卷），人民出版社，2009 年，第 194~195 页。

推翻凯恩斯经济学的努力而形成的只能是一种哈耶克式的"新自由主义"（Neo-liberalism），即新资本主义、反人类主义。正如哈维在《新自由主义简史》中指出的那样，在过剩经济条件下，不管怎么挣扎，"新自由主义"都不可能回到经济高速增长的道路上去。相反，发达国家的经济增长速度越来越低，利润率也只是由于资本的输出而人为造成资本短缺才保持在一定水平上，没有下降为零。"新自由主义"的唯一成功是重塑了阶级结构。以美国为例，1974 年的国内生产总值为 1.55 万亿美元，2008 年为 14.72 万亿美元，一方面其年均增长率远远低于实行凯恩斯主义政策时期，另一方面经济总量仍然有巨大的增长，但与此同时美国中等收入群体的人数却由超过 70%下降为 50%左右。2008 年金融危机以后，美国政府出手拯救大资本，却任由普通群众破产，从而使中等收入群体的生活状况继续恶化，到 2011 年终于导致"99%反对 1%"的占领华尔街运动。此后占领运动向其他发达国家蔓延，使得这一运动同 20 世纪 90 年代以来的反全球化运动一道，成为"阶级政治"与"新社会运动"的合题。

于是，在经历了一个否定之否定的过程之后，西方发达国家的社会运动使得它们不得不重新正视经济基础问题。反全球化运动实际上是资本输出破坏福利国家、福利社会，造成阶级力量重构的必然结果，正如占领运动实际上是阶级政治重新被意识到的结果一样。现在，甚至对作为全球资本主义大本营的美国来说，曾经长期被妖魔化的"社会主义"也不再可怕了。如果不是由于无政府主义和后现代主义的掣肘，美国本来甚至有可能选出一个自称"社会主义者"的总统（桑德斯）。

与政党政治和工会政治不同，新社会运动本来就没有统一的领导机构和组织部门。在无政府主义和后现代主义的影响下，参与者庞杂分散，各自为政，纪律涣散，许多人只注重自我目标，不考虑大局。由于缺乏共同的目标，即使存在短暂的联合，也难以形成持久的统一战线。斗争方式大多采取罢工、集会、游行示威等和平方式。面对暴力镇压，组织者往往自设"非暴力""合法""改良"等界限，从而不可能对问题的制度根源形成任何有威胁的触动。这与马克思和恩格斯在《共产党宣言》中提出的"共产主义革命就是同传统的所有制关系实行最彻底的决裂；毫不奇怪，它在自己的发展进程中要同传统的观念实行最彻底的决裂"的主张形成鲜明的对比。

如果没有中国的崛起，西方发达国家有可能还将在这种"经济的社会形态"下继续停滞下去。中国特色社会主义的成功让西方发达国家的先进群众看到了希望。反全球化运动的口号是"另一种选择是可能的"，针对的是撒切尔夫人所谓的除资本主义之外"我们别无选择"的口号。中国的崛起让"另一种选择"不再停留于纸面，而成为一种活生生的现实。同样，占领运动的口号是"我们是99%"，而中国正在把两极分化当作短缺时代的痼疾加以治理，坚定地维护99%的人的利益。党的十八大以来的经济新常态让中国共产党认识到，中国也已经进入产能过剩和资本过剩的"新时代"。新时代的三个"意味着"和五个"时代"一方面让班农这样顽固的资本主义卫道士惊恐万状，另一方面让全世界被剥削者和被压迫者看到了建构人类命运共同体的美好前景。如果到21世纪中叶，中国能够解决好"人民日益增长的美好生活需要和不平衡不充分的发展之间的矛盾"，无论是阶级政治的目标，还是新社会运动的目标，都将在中国率先得到贯彻。届时，实现了中华民族伟大复兴的中国将会成为茫茫的旧文明大海中第一座照亮新文明大陆的灯塔。

附　录

（一）上海应成为新的人类文明的标识①

　　只要乘了汽车在上海的南京路、淮海路、徐家汇、五角场、虹桥开发区、世博会展览区等处兜上一圈，人们一定会感到，上海的繁荣程度一点也不亚于纽约、伦敦、东京、巴黎等国际大都市。只要站在上海的外滩，往黄浦江对面的陆家嘴眺望一下，也会感觉到这里完全可以与纽约的曼哈顿相媲美了。

　　但仔细想一下，把上海建设成为如纽约、伦敦、东京、巴黎等一样的国际大都市这就是上海的奋斗目标吗？纽约、伦敦、东京、巴黎等国际大都市是现代工业文明的产物，也是现代工业文明的标识。难道上海的目标就是在现代工业文明大都市的名单上，添上自己的名字吗？当后人在回顾上海的发展史时，难道仅

---

① 本文为 2019 年 9 月 11 日陈学明在第八届世界中国学论坛第一圆桌会议上的发言。

仅会津津乐道于在太平洋西海岸的长江口,建设了一个如纽约、伦敦、东京、巴黎一样的国际大都市吗? 难道上海对人类的贡献就在于在一连串的现代工业文明大都市名单中赫然增加了一个上海?

如果上海的发展目标仅仅着眼于经济和物质的方面,那么上海的历史地位就是如此。然而我们认为,上海的历史地位不能仅限于此。

现代工业文明正处于危机和历史的转折点上。全人类都在思考如何超越工业文明创建新的人类文明。上海的定位应是成为一种新的人类文明的标识。

为了使上海成为新的人类文明的标识,我们必须改变传统的工业文明的发展思路,而走上一条富有中国特色的通向新的人类文明的思路。中国特色社会主义道路,特别是习近平开创的新时代中国特色社会主义道路,就是一条富有中国特色的通向新的人类文明的新路。

只要我们上海坚定不移地沿着习近平开创的新时代中国特色社会主义道路往前走,上海的前景不会仅仅是建设成为一个代表现代工业文明的国际大都市,而是建设成为一个作为一种新的人类文明标识的国际大都市。

党的十九大报告提出,当今中国社会主要矛盾已经转化为人民日益增长的美好生活需要和不平衡不充分的发展之间的矛盾。当今中国共产党把人民对美好生活的向往作为奋斗目标。

党的十九大报告进一步指出,我国社会主要矛盾的变化是关系全局的历史性变化。我们要在继续推动发展的基础上,着力解决好发展不平衡不充分问题,大力提升发展质量和效益,更好满足人民群众在经济、政治、文化、社会、生态等方面日益增长的需要,更好推动人的全面发展、社会全面进步。

这一重大判断迫切需要进入学术视野并作出理论阐释。新时代美好生活的出场是与社会主要矛盾的演化历程相承接的,表明了中国人民生活样式的变迁进入了一个崭新的、高层次的阶段。

一种新的人类文明是否形成，最终是看有没有形成一种人的新的存在方式。

党的十九大报告对美好生活的描述就是对人的一种新的存在方式的描述，也是对一种新的人类文明的描述。

美好生活是一种丰裕的生活，同时，又是一种总体的生活，因为它满足的不仅仅是人对物质方面的需求，而且是对人的各个方面的需求，包括精神的、文化的、心理的，等等；普适的生活，因为它不仅仅是一部分人生活得美好，而且应是全体人民群众的生活都十分美好；可期的生活，因为它不是属于彼岸世界的生活，不是可望而不可即。

当然美好生活是一种符合人的本性的生活，不是人的本质的异化，而是人的本质的真正实现。

那么上海如何构建人类新文明的蓝图，在全国乃至在全世界率先创建出一种人类新的文明形态呢？要做的事情很多，下面则是必须要做的：

其一，上海应当高度重视生态文明建设，在上海率先实现人与自然的高度和谐。马克思在《1844年经济学哲学手稿》中认为未来的共产主义社会的一个主要特征就是实现人道主义与自然主义的高度结合，实现人与自然矛盾的真正解决。目前工业文明社会的一个瓶颈就是陷入了人与自然的矛盾而不能自拔。不解决这一点就不能走出现代工业文明，而进入新的文明。中国的生态文明建设会创建一种新的人类文明。

其二，上海应当走出个人原子主义，使上海建立在集体本位、类本体的基础之上。现代工业社会是以个人原子主义为基础的，现代启蒙就是张扬个人本位，坚持这一点，新的人类文明是不可能形成的。新的人类文明必然是以类为本位的社会，必然是一个"自由人的联合体"。

其三，上海应当在实现人与自然和谐的过程中致力于实现人与人之间的和谐。马克思对未来共产主义社会的设想一是实现人与自然之间的和谐，二是实现人与人之间的和谐。上海人必须认真审视当下在上海流行的交往方式,花大气力解决上海人在社会交往过程中遇到的新问题和新情况,倡导相互关注、信任、依存的人际关系。面对人际交往中的这种与日俱增的冷漠与功利主义趋向,上海人不能听之任之,熟视无睹。

其四,上海应当逐步地实现为了人类的真实需要而进行生产。只要人类存在着就要进行生产活动,关键在于是为了什么而进行生产? 现代工业社会是为了交换价值,为了利润、赚钱而进行生产,未来新人类文明必须改变这一点,即为了人的真实的需要,为了使用价值而进行生产。

其五,上海人的消费应当是适可而止,而不是挥霍无度。在西方社会常见的那种情景在上海滩上也可看到:疯狂奔泻的车流、令人倾倒的时装模特的表演、光怪陆离的霓虹灯、有着几十个版面的报纸、豪华的高层大厦、灯红酒绿的夜总会……就消费时的挥霍无度而言,一些上海人的某些方面与西方人相比还有过之而无不及, 这只要在夜晚跨进上海的饭店和酒吧间去瞧一瞧就一清二楚了。那里充斥着纵情欢乐、醉生梦死的人群,餐桌上的各种高档菜上了一道又一道,可真正吃进肚子里去的又有多少,用餐者拍拍屁股一走了事,留下的本可供几十人吃上几天的菜都倒进了垃圾箱。上海人是到了认真思考一下我们是否应该继续沿着消费主义的路子走下去的时候了。消费主义是一种"温柔的陷阱",当前最主要的是改变消费主义。人满足的不再是"虚假的需求",而是"真实的需求"。

其六,上海人应当非常重视休闲的价值,通过闲暇活动来获得自我肯定和精神生活的满足。现实告诉我们,人们闲暇时间的增多并没有与精神生活和文化生活的满足成正比,也就是说,在一些人那里,他们的精神生活和文化生活并没有随着闲暇时间的增多而变得丰富多彩,并没有通过闲暇活动获取真正称得上美的享受的愉悦。问题出在一些人过多地把闲暇时间用于消遣娱乐型活动上,而且活动方式和内容又是如此低俗和低廉,甚至还存在"反文化"的活动方式。赌博的盛行就是一个实例。在一些人那里,闲暇活动直接等于赌博活动。针对这种局面,就要着力于对休闲活动的改造。我们不但要守住来之不易的闲暇时间,而且还要在闲暇时间里活得有价值。世界上多少个社会学家、哲学家在设计人类美好的生活方式时,都把重点放在对闲暇时间的有意义的安排上。如果我们上海在这方面做出实质性的成绩来,那将是一种世界性的贡献。

当在那一天,在上海穿街走巷,所看到的是一群群的上海人不是在室外跑步健身,就是在室内琴棋书画,其中既有白发苍苍的老年人,也有稚气未脱的幼童,这是一幅幅美丽的画面。新的人类文明可能正是从这里开始诞生。

马克思曾对人类社会发展进程中的三类社会形式进行了划分,"人的依赖关系"是最初的社会形式,"以物的依赖性为基础的人的独立性,是第二大形态,在这种形态下,才形成普遍的社会物质变换,全面的关系,多方面的需要以及全面的能力的体系。建立在个人全面发展和他们共同的社会生产能力成为他们的社会财富这一基础上的自由个性,是第三个阶段。第二个阶段为第三个阶段创造条件"。基于此,我们不难定位,新时代美好生活的时空方位实际上便是处于从"物的依赖性"向"自由个性"转换的过程中所出现的一种生活样式。这一生活样式的生成,既合乎人类社会的一般性发展规律,又深刻体现出中国发展的特殊性质。

美好生活的中国出场具有世界历史性的意义。我们期望上海在中国,率先实现对美好生活的期望,与此同时,率先进入一种新的人类文明。当后人在书写人类发展史时,不是仅仅把上海与纽约、伦敦、东京、巴黎等作为现代工业文明的国际大都市并列在一起,而是把上海作为一种与现代工业文明有别的新的人类文明的代表性城市载入史册。

（二）关于我国下一个时期奋斗目标表述
为创建"人类新文明"的建议

　　2021 年是中国共产党成立 100 周年，我们宣布实现了第一个百年奋斗目标，在中华大地上全面建成了小康社会。这里，我们就下一个历史时期中国奋斗目标的表述提出一些建议。

　　中国共产党是以实现共产主义作为自己的最高理想和最终目标的，中国人民在中国共产党的领导下一直走在社会主义的大道上。党的十一届三中全会以后，认定中国还处于社会主义的初级阶段。现在尽管尚没完全超越这一初级阶段，但显然经过几十年的努力奋斗，中国已经大大向前推进了社会主义的进程。下一个历史时期，我国的社会主义历程究竟将进行到一个什么样的阶段，下一个历史时期，我国的社会主义究竟是一种什么样的社会主义，应当用一个非常清晰、贴切的概念加以表述。我们建议用"发达社会主义"的概念来表述。人们早已用"发达资本主义"的概念来指称当今的资本主义，相应地，我们也可以用"发达社会主义"的概念来指称我们将要建设的社会主义，用这一概念与"发达资本主义"相对应。"发达社会主义"的概念可以表明，在走向共产主义的过程中，相对于以前，我们已更加接近这一目标。比较麻烦的是，苏联也曾经用"发达社会主义"的概念来称呼他们的社会，我们今天使用这一概念会与苏联所使用的概念相混。这就需要做些说明，苏联的"发达社会主义"是名不副实的。只有在中国所达到的社会主义的水平与程度，才真正称得上是"发达社会主义"。

　　中国要建设小康社会是邓小平于 1979 年 12 月 6 日在会见来访的日本首相大平正芳时首次提出来的。他用小康社会来表达"中国式的现代化"，这是一个中国化的概念。它来源于古代而赋予现代内容,上承温饱社会,下启基本实现现代化。从古到今上千年来,"小康""小康之家""小康生活"等词在民间广为流传。而当中华民族的历史车轮行进到 20 世纪 70 年代末以后,"小康"这个概念由于邓小平的倡导而具有时代气息。在《邓小平文选》第二、第三卷中,"小康"这个概念一共出现了四十多次。这一概念被当今中国人民所热切接受绝不是偶然的,它表述了当今中国人民对于一种无忧无虑的新生活的向往。中国共产党从第十一次全国代表大会以后的历次代表大会都把"建设小康社会"作为首要的奋斗目标。

现在全面小康社会基本建成了,接下来我们应当用一个富有中国传统文化色彩的、能够被中国人民广泛接受的概念来承继小康社会。我们建议用"美好社会"的概念来承继小康社会,也就是说,我们在小康社会建成以后,进一步的奋斗目标可以表述为建设美好社会。显然,小康社会侧重于物质生活方面,小康社会实际是一个富裕社会。现在我们在物质生活方面已经告别了贫乏状态,我们已有了更全面、更高级的追求。可以把这种对更全面、更高级的追求理解为对更美好的生活的追求。这样,我们把在小康社会的基础上所要建立的社会表述为美好社会也是题中应有之义。更重要的是,把要建立的社会表述为美好社会,可以与党的第十九次全国代表大会的基本精神相衔接。党的十九大把我国社会的主要矛盾表述为人民日益增长的美好生活需要与不平衡不充分的发展之间的矛盾,明确地宣布中国共产党就是要为实现人民对美好生活的需要而努力奋斗。在这一基础上,进一步提出要建立"美好社会"也是顺理成章的。中国文化传统中有大同社会的提法,但大同社会显然与共产主义社会相近,紧接在小康社会后马上提出建设大同社会似乎不妥,还是先提美好社会为好。

自从辛亥革命以来,中国一直以实现现代化作为奋斗目标。中华人民共和国成立后,特别是党的十一届三中全会提出将工作中心转移到经济建设上来以

后,中国实现现代化真正具有了现实的基础。现在又提出到 2035 年,基本实现
社会主义现代化,到 21 世纪中叶建成社会主义现代化强国。看来,中国的前进
目标总离不开对现代化的追求。用实现现代化作为我们的前进目标,一个好处
就是与世界的发展路径相一致。但须知,现代化以及与此相应的现代性等概念
都来自西方,西方社会走出中世纪以后,西方资产阶级就明确地把实现现代化
作为前进方向。所以现代化这一概念带有强烈的资产阶级文化的印记。资本主
义社会的现代化有着明显的资产阶级属性。以现代化作为奋斗目标从某种意义
上说是把资本主义社会的奋斗目标作为自己的奋斗目标。马克思并不敌视现代
化,他高度肯定现代化对人类文明的促进作用。但与此同时,他对现代化又持辩
证的态度,他一方面肯定其历史作用,另一方面又对其加以批判。马克思主义的
现代性批判理论视野中的现代性概念非常复杂。他看到了现代性必然卷入到各
种复杂的关系与矛盾之中,所以他在论述现代性的实现与超越之时,也就强调
这是一个复杂的过程。马克思对现代性的反思和批判,体现了西方启蒙运动以
来对现代理性精神的深刻反省和复杂现代性内在矛盾的揭示。马克思主义的现
代性批判理论中包含着对现代性的诊断、批判和超越的理论框架和思维模式。
马克思对资本主义社会的现代性加以批判,首先就是批判资本主义社会的现代
性是片面的现代性,只是在社会的某一个领域,即经济的领域实现现代性,批判
资本主义社会的现代性的片面、畸形的发展,是马克思批判资本主义社会的一
个主要视角。

　　除此之外,马克思又提出,在资本主义社会中,现代性展开的过程必然产生
强烈的负面效应。马克思强调,现代的危机与动荡,正是产生于现代性的分裂与
矛盾,产生于现代性自身的悖论。马克思通过政治经济学批判,深刻洞见了现代
性矛盾的经济学基础,并把这一基础看成是现代性的基本框架。正因为马克思
对现代性以及基于形成的现代化运动有着这样一个基本的认识,所以他又提出

对现代性和现代化,不仅要实现它,更要超越它。根据马克思主义的现代性批判理论,现代性是可以也应当超越的。马克思强调现代性的流动性、历史性,根本目的是为了指引人们超越它。马克思对现代性的批判的核心是开启了超越现代性的理论可能性空间。

马克思对现代性和现代化的基本态度可能归结为:一是全面地实现它,二是批判它,三是超越它。如此看来,当我们基本实现现代化以后,下一步的目标仅仅归结为全面地实现现代化还是不够的,还应加上超越现代化和赋予现代化新的内容。实际上这些年我们所做的不仅仅是在实现现代化,而且是在不断地改造现代化。如习近平就提出我们要实现的现代化是"人与自然和谐共生"的现代化,这就是对现代化内容的一个明确的改造,资本主义现代化的一个重要内容就是制造人与自然的对立,而我们要实现的现代化是实现人与自然的和谐,这就给现代化赋予了新的内涵。而赋予现代化新的内涵的过程也就是超越资本主义现代化的过程。所以,当围绕着现代化来设定下一时期的奋斗目标时,建议完整地将此表述为全面地实现、超越现代化,并形成我们自己的社会主义的现代化。

人类自从走出野蛮状态进入文明状态以来,已经历了农业文明和工业文明。工业文明实际上就是资本主义文明。现代工业文明正处于历史的转折点上,全人类都在思考如何超越工业文明创建新的人类文明。中国下一步的定位应是成为一种新的人类文明的标识。事实非常清楚地摆在那里,当今的中国承担着创建一种新的人类文明的历史责任,包括一些西方的有识之士在内,都把建立新的人类文明的希望寄托在中国身上。中国在确定下一个时期的奋斗目标时,完全可以考虑把创立新的人类文明写在自己的旗帜上。实际上,中国特色社会主义理论,特别是习近平新时代中国特色社会主义思想本身就孕育着一种超越资本主义文明的新的人类文明。习近平新时代中国特色社会主义思想的一个最重要的实践意义就是可以引导人们走向一种新的人类文明。这只要分析一下习近平新时代中国特色社会主义思想的以下四个方面的主要内容就一清二楚了：

其一，目前工业文明社会的一个瓶颈就是陷入了人与自然的矛盾而不能自拔。不解决这一点就不能走出现代工业文明，而进入新的文明。习近平生态文明思想是当今世界任何与生态相关的理论、观点都不可比拟的。习近平生态文明思想系统论述了人与自然和谐共生的生态价值观，它将会引导人们走向一种新的人类文明。

其二，现代工业社会是以个人原子主义为基础的。现代启蒙就是张扬个人本位，坚持这一点，新的人类文明是不可能形成的。新的人类文明必然是以类为本位的社会，必然是一个"自由人的联合体"。习近平提出构建人类命运共同体的主张。在构建人类命运共同体的过程中，新的世界的建制不可能是以"原子个人"为基本前提的，在这一过程中，一种新的文明由此而产生。

其三，现代文明的危机在一定意义上说是人的生活方式的危机、人的存在方式的危机，一种新的人类文明是否形成，最终是看有没有形成一种人的新的存在方式。习近平提出的"美好生活"观点就是要创建一种新的人的存在方式。这种新的存在方式的形成标志着一种新的人类文明的产生。

其四，人类走出野蛮状态进入文明状态以来，所经历的文明形态都是建立在一小部分人对大多数人的统治的基础上，资本主义文明、现代工业文明从形式上讲崇尚平等、正义，实质上没有改变。这一点我们看得越来越清楚。新的人类文明必须以人民为主体。

习近平新时代中国特色社会主义思想的核心和出发点，就是以人民为中心，只要始终不移地按照习近平的这一思想坚定地走下去，一种真正属于人民的新的文明将会诞生。中国特色社会主义道路，特别是新时代的中国特色社会主义道路，就是一条富有中国特色的通向新的人类文明的新路。只要我们坚定不移地沿着中国特色社会主义道路往前走,中国的前景不是仅仅建设成为一个代表现代工业文明的大国、强国,而是建设成为一个作为一种新的人类文明标识的国家。习近平新时代中国特色社会主义思想的中国出场具有世界历史性的意义。

马克思曾对人类社会发展进程中的三类社会形式进行了划分,"人的依赖关系"是最初的社会形式,"以物的依赖性为基础的人的独立性,是第二大形式,在这种形式下,才形成普遍的社会物质变换、全面的关系、多方面的需要以及全面的能力的体系。建立在个人全面发展和他们共同的、社会的生产能力成为从属于他们的社会财富这一基础上的自由个性,是第三个阶段。第二个阶段为第三个阶段创造条件"。基于此,我们不难定位,新的人类文明的时空方位实际上便是处于从"物的依赖性"向"自由个性"转换的过程中所出现的一种新的文明样式。把中国的下一步时期的奋斗目标确定为创建一种新的人类文明,也正符合马克思的关于人类社会发展进程中的三类社会形式划分的理论。

参考文献

(一)著作类

1.《马克思恩格斯全集》(第 2 卷),人民出版社,1972 年。

2.《马克思恩格斯全集》(第 3 卷),人民出版社,1960 年。

3.《马克思恩格斯全集》(第 4 卷),人民出版社,1958 年。

4.《马克思恩格斯全集》(第 25 卷)(上册),人民出版社,1974 年。

5.《马克思恩格斯全集》(第 30 卷),人民出版社,1995 年。

6.《马克思恩格斯全集》(第 42 卷),人民出版社,1979 年。

7.《马克思恩格斯全集》(第 46 卷),人民出版社,2003 年。

8.《马克思恩格斯文集》(第一卷),人民出版社,2009 年。

9.《马克思恩格斯文集》(第二卷),人民出版社,2009 年。

10.《马克思恩格斯文集》(第三卷),人民出版社,2009 年。

11.《马克思恩格斯文集》(第五卷),人民出版社,2009年。

12.《马克思恩格斯文集》(第七卷),人民出版社,2009年。

13.《马克思恩格斯文集》(第八卷),人民出版社,2009年。

14.《马克思恩格斯文集》(第十卷),人民出版社,2009年。

15.《马克思恩格斯选集》(第一卷),人民出版社,2012年。

16.[德]卡尔·马克思:《1844年经济学-哲学手稿》,刘丕坤译,人民出版社,1979年。

17.《列宁选集》(第四卷),人民出版社,1995年。

18.《毛泽东选集》(第二卷),人民出版社,1991年。

19.《邓小平文选》(第三卷),人民出版社,1993年。

20.《江泽民文选》(第一卷),人民出版社,2006年。

21.胡锦涛:《坚定不移沿着中国特色社会主义道路前进 为全面建成小康社会而奋斗——在中国共产党第十八次全国代表大会上的报告》,人民出版社,2012年。

22.习近平:《决胜全面建成小康社会 夺取新时代中国特色社会主义伟大胜利——在中国共产党第十九次全国代表大会上的报告》,人民出版社,2017年。

23.[法]让·鲍德里亚:《符号政治经济学批判》,夏莹译,南京大学出版社,2009年。

24.[加]本·阿格尔:《西方马克思主义概论》,慎之等译,中国人民大学出版社,1991年。

25.陈嘉明:《现代性与后现代性十五讲》,北京大学出版社,2006年。

26.[美]大卫·格里芬编:《后现代科学——科学魅力的再现》,马季方译,中央编译出版社,1995年。

27.[美]大卫·哈维:《希望的空间》,胡大平译,南京大学出版社,2006年。

28.[美]戴维·哈维:《后现代的状况:对文化变迁之缘起的探究》,阎嘉译,商务印书馆,2013年。

29.[法]费尔南·布罗代尔:《文明史纲》,肖昶等译,广西师范大学出版社,2003年。

30.[美]费正清:《伟大的中国革命》,刘尊棋译,世界知识出版社,2000年。

31.[美]弗洛姆:《逃避自由》,陈学明译,周洪林校,工人出版社,1987年。

32.[美]弗洛姆:《寻找自我》,陈学明译,中国工人出版社,1988年。

33.黄颂杰主编:《弗洛姆著作精选——人性·社会·拯救》,上海人民出版社,1989年。

34.[德]哈贝马斯:《现代性的地平线:哈贝马斯访谈录》,李安东、段怀清译,严锋校,上海人民出版社,1997年。

35.[德]黑格尔:《精神现象学》(上卷),贺麟、王玖兴译,商务印书馆,1979年。

36.[德]黑格尔:《小逻辑》,贺麟译,商务印书馆,1980年。

37.[德]黑格尔:《法哲学原理》,范扬、张企泰译,商务印书馆,1961年。

38.[法]亨利·勒菲弗:《空间与政治》,李春译,上海人民出版社,2008年。

39.[联邦德国]霍克海默:《批判理论》,李小兵等译,重庆出版社,1989年。

40.[美]赫伯特·马尔库塞:《爱欲与文明:对弗洛伊德思想的哲学探讨》,黄勇、薛民译,上海译文出版社,1987年。

41.[美]赫伯特·马尔库塞:《单向度的人:发达工业社会的意识形态研究》,刘继译,上海译文出版社,2014年。

42.[保]基·瓦西列夫:《情爱论》,赵永穆、范国恩、陈行慧译,生活·读书·新知三联书店,1984年。

43.[英]卡尔·波兰尼:《大转型:我们时代的政治与经济起源》,冯钢、刘阳译,浙江人民出版社,2007年。

44.李真、汪锡奎:《当代中国生活方式论》,东南大学出版社,1997年。

45.罗骞:《论马克思的现代性批判及其当代意义》,上海人民出版社,2007年。

46.[匈]卢卡奇:《历史与阶级意识》,杜章智、任立、燕宏远译,商务印书馆,1992年。

47.[德]马克斯·霍克海默、西奥多·阿道尔诺:《启蒙辩证法:哲学断片》,渠敬东、曹卫东译,上海人民出版社,2003年。

48.[美]马尔库塞、[英]卡尔·帕泊尔:《革命还是改良》,帅鹏译,外文出版局,1979年。

49.[法]让·波德里亚:《消费社会》,刘成富、金志钢译,南京大学出版社,2001年。

50.童世骏:《中西对话中的现代性问题》,学林出版社,2010年。

51.[法]托马斯·皮凯蒂:《21世纪资本论》,巴曙松等译,中信出版社,2014年。

52.王伟光等:《社会生活方式论》,江苏人民出版社,1988年。

53.王雅林主编:《生活方式概论》,黑龙江人民出版社,1989年。

54.[加]威廉·莱斯:《自然的控制》,岳长龄、李建华译,重庆出版社,1993年。

55.余文烈等:《市场社会主义》,经济日报出版社,2008年。

56.张维为:《中国震撼—— 一个"文明型国家"的崛起》,上海人民出版社,2011年。

57.张一兵:《反鲍德里亚:一个后现代学术神话的祛序》,商务印书馆,2009年。

58.周凡执行主编:《新马克思主义评论》(第一辑),中央编译出版社,2012年。

(二)文章类

1.习近平:《顺应时代前进潮流 促进世界和平发展》,《人民日报》,2013年3

月 24 日。

2.习近平:《在纪念马克思诞辰 200 周年大会上的讲话》,《人民日报》,2018年5 月 5 日。

3.习近平:《坚持系统思维构建大安全格局 为建设社会主义现代化国家提供坚强保障》,《人民日报》,2020 年 12 月 13 日。

4.习近平:《在庆祝中国共产党成立 100 周年大会上的讲话》,《人民日报》,2021 年 7 月 2 日。

5.《习近平给"国际青年领袖对话"项目外籍青年代表回信》,新华网,2021年 8 月 11 日。

6.白刚、吴留戈:《"超现代性"的现代性——马克思的现代性追求》,《理论探索》,2015 年第 6 期。

7.邓安庆:《德国启蒙哲学永不过时的三大遗产》,《华东师范大学学报》(哲学社会科学版),2017 年第 2 期。

8.冯平等:《"复杂现代性"框架下的核心价值建构》,《中国社会科学》,2013年第 7 期。

9.高绍君:《存在论视域中的人的价值》,《湖南文理学院学报》(社会科学版),2004 年第 2 期。

10.郭万超:《中国特色社会主义道路的科学定位》,《新视野》,2009 年第 1 期。

11.韩庆祥:《现代性的本质、矛盾及其时空分析》,《中国社会科学》,2016 年第 2 期。

12.李姿姿:《法国社会保障制度变迁中的国家作用及其启示》,《欧洲研究》,2008 年第 5 期。

13.刘晨晔:《解读马克思休闲思想的几个问题》,《自然辩证法研究》,2003 年第 6 期。

14.漆思、于翔:《理性与资本:马克思现代性批判本质之辨》,《社会科学战线》,2016 年第 7 期。

15.宋希仁:《唯物史观视界下的"利己主义"与"自我牺牲"——被误解了的马克思、恩格斯的论断》,《中国矿业大学学报》(社会科学版),2004 年第 2 期。

16.汪行福:《复杂现代性与思想再解放》,《学术界》,2015 年第 10 期。

17.吴焕新:《劳动创造与实现人的全面发展:对马克思思想史的一种考察》,《探索》,2003 年第 6 期。

18.吴晓明:《论中国的和平主义发展道路及其世界历史意义》,《中国社会科学》,2009 年第 5 期。

19.郗戈:《马克思资本主义批判理论与现代性的"内在超越"问题》,《高校理论战线》,2012 年第 5 期。

20.张传开等:《探索、建构、确立和展开——马克思人与自然理论的历史发展》,《巢湖学院学报》,2005 年第 1 期。

21.张春满:《论共同富裕的政治基础——国内国际维度的考量》,《探索》,2019 年第 3 期。

22.张盾:《马克思哲学革命中的伦理学问题》,《哲学研究》,2004 年第 5 期。

23.张明:《西方现代性困境与中国道路的理论前景》,《毛泽东邓小平理论研究》,2016 年第 2 期。

24.张三元:《中国道路对西方现代性的超越》,《山东社会科学》,2017 年第 6 期。

25.中国社会科学院访欧代表团:《访欧纪要之二:欧洲学者谈马克思主义和社会主义》,《马克思主义研究》,1996 年第 2 期。

后　记

　　我初步整理完本书,发现内容还是有些单薄。于是我与我的几位同事和学界朋友商议,可否将他们的一些相关成果收集到书中,使内容更充实,他们均欣然同意。

　　本书由其他学者所撰写的章节有:上篇的"六、马克思主义中国化与人类文明新形态的可能性",是吴晓明教授已发表的文章;上篇的"七、从马克思主义的人类文明理论看 21 世纪人类文明新形态的中国道路",摘自彭召昌副教授的有关著作;中篇的"三、西方马克思主义的现代性批判理论坚定我们对中国道路的信念",摘自韩秋红教授已出版的著作;下篇的"四、中国实现共同富裕的过程是创建人类文明新形态的过程",是鲁品越教授已发表的文章;下篇的"五、习近平新时代中国特色社会主义思想蕴含着一种新的人类文明样式",是我与姜国敏合作撰写的;下篇的"六、建成'社会主义现代化强国'的中国,必将成为第一座照亮新文明大陆的灯塔",是马拥军教授已发表的文章。

　　谨向上述各位表示衷心的感谢!